제 2 판

21세기

경영학의 이해

장경천 · 황선웅 · 정헌용

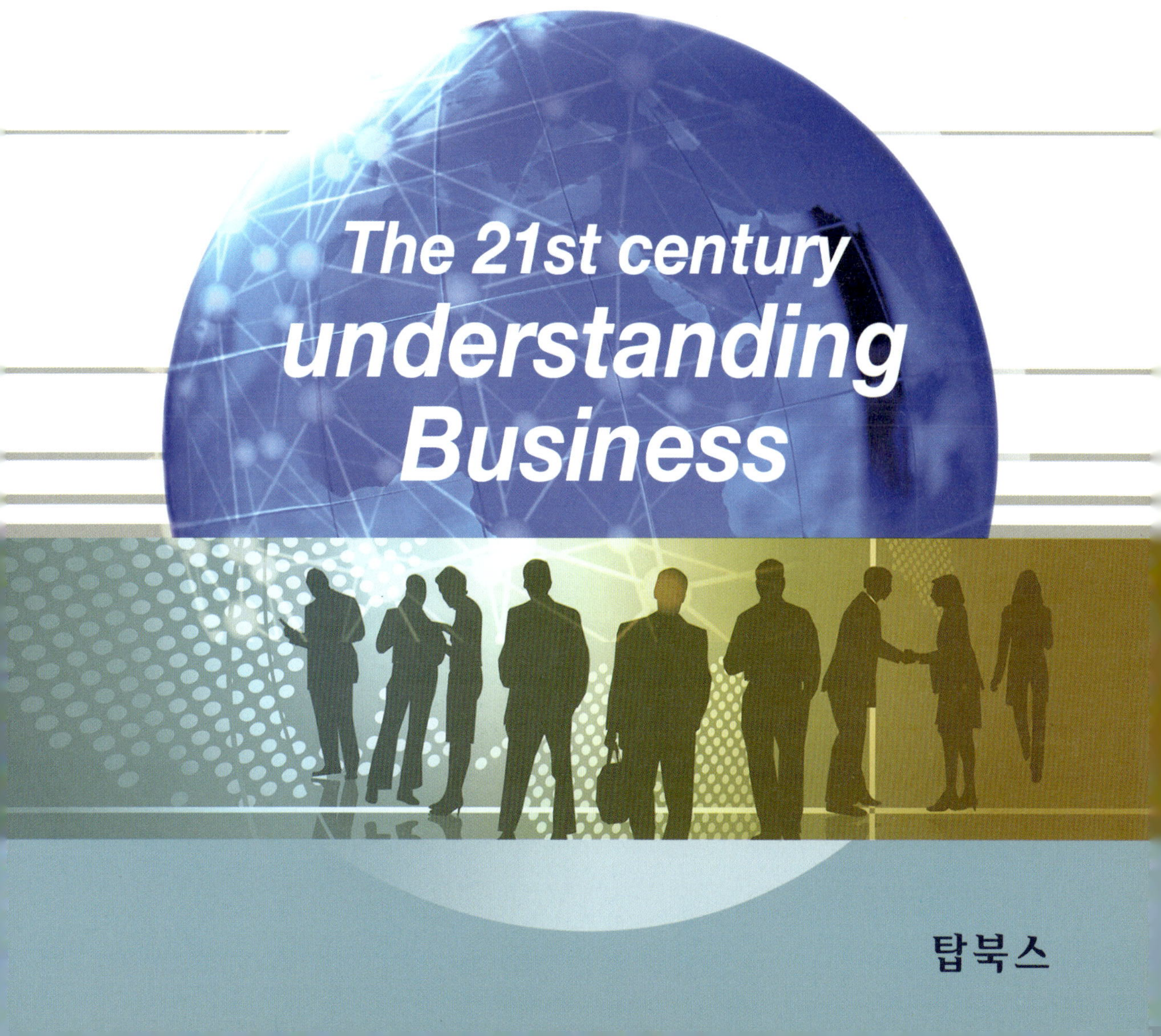

탑북스

머 리 말

오늘날 기업들은 글로벌화의 진전과 더불어 국경 없는 무한경쟁이 가속화되는 급변하는 기업 환경에 노출되어 있으며, 이러한 변화에 적극적으로 대처하느냐의 여부에 따라 성장과 퇴출의 기로에 서 있다고 해도 과언이 아니다. 급변하는 기업환경의 변화는 기업에게 위기이자 또한 기회가 되기도 한다. 세계경제는 성장의 한계에 부딪쳐 점차 보호무역주의의 경향이 강해지고 있으며, 기업들은 극심한 변화에 적응하기 위하여 각종 경영기법들을 적극적으로 활용하고 있는 실정이다. 기업들은 다각적인 경영혁신을 통해 무한경쟁의 시대에서 성장을 추구하고 있다.

환경의 변화와 그에 대한 적응이 기업의 흥망성쇠를 좌우한다. 우리나라는 1950년대에는 목재, 제당, 방직 등 경공업 분야의 기업들이 성장하였고, 1970년대에는 조선, 철강, 전기, 자동차 분야의 기업들이 성장하였으며, 최근에는 반도체, IT, 인터넷 등의 기업들이 급성장을 이루고 있다. 경제구조와 산업의 변화에 따라 기업들의 흥망성쇠가 변화하고 있는 것이다. 향후에는 이러한 주도업종과 기업들의 변화가 더욱 빨라질 것이다. 따라서 시대의 변화와 추세에 따라 변화를 시도하고 혁신하는 기업들만이 생존하고 성장할 수 있는 것이다. 시대와 환경의 변화는 경영의 변화를 요구하고 있으며, 변화하는 환경에서 올바른 경영자의 역할이 보다 중요해지고 있다.

이 책은 경영환경의 변화와 관련된 경영기법들을 기업현장의 경험을 가미하여 소개하고자 노력하였으며, 이에 저자들은 최근에 관심이 증폭되고 있는 경영패러다임의 변화에 따른 각종 경영관리기법과 경영혁신기법들을 다양하게 소개하고자 하였다. 또한 주제와 관련된 최근 기사들을 소개함으로써 독자들의 이해를 높이고자 하였다.

왜 어떤 기업들은 세계화의 과정에서 더욱 성장하고 어떤 기업들은 도중에 도태되는가? 기업들은 빠르게 변화하는 경영환경의 흐름을 파악하고, 이에 필요한 능력과 경영기법들을 갖추어 나가지 않으면 글로벌 경쟁환경 속에서 생존할 수 없다. 본서는 경영학도들이 기업에서 적응하고 성장할 수 있는 있게 하기 위하여 기업에서 요구하는 역량과 자질을 겸비할 수 있는 경영기법들을 두루 학습하도록 하였다. 또한 경영학을 전공하지 않는 독자들도 경영학을 쉽게 이해할 수 있도록 풍부한 사례들을 활용하고자 하였다.

이 책은 총 4부 13장으로 구성되었다.

제1부에서는 기업과 경영, 기업과 사회 및 기업의 소유와 형태 등 경영의 일반적 이해에 대해 설명하고 있다. 제2부에서는 기업경영, 경영전략, 기업의 성공과 실패 등 기업경영과 경영전략에 대해 다루었다.

제3부는 경영각론으로서 인적자원관리, 마케팅관리, 재무관리 및 생산정보관리를 다루었다. 제4부는 지식경영, 경영혁신과 6시그마경영, 창업 및 중소기업경영 등 경영패러다임의 변화에 따른 각종 경영관리기법과 경영혁신기법들을 다양하게 다루었다.

이 책은 저자들이 그동안의 강의와 연구 및 필드워크를 통해 얻은 지식과 경험을 온전히 담고자 노력하였으며, 특히 최근의 국내외 학계와 실무계의 내용들을 다양하게 소개하고자 하였다. 그러나 여전히 부족한 부분들이 많으며, 이에 대한 독자들의 질책과 충고를 겸허히 수용할 것이다. 이 책이 경영학을 공부하는 학생들에게 도움이 되기를 바라면서, 이 책의 출판을 맡아주신 탑북스의 김광식 사장님과 정헌명 상무님을 비롯하여 도움을 주신 모든 분들에게 진심으로 감사의 뜻을 전한다.

2017년 1월

저자 일동

제1부 경영의 이해

제1장 기업과 경영

제2장 기업과 사회

제3장 기업의 소유와 형태

제2부 기업경영과 경영전략

제4장 기업경영

제5장 경영전략

제6장 기업의 성공과 실패

제3부 경영의 부문별 기능과 역할

제7장 인적자원관리

제8장 마케팅관리

제9장 재무관리

제10장 생산정보관리

제4부 경영패러다임의 변화와 경영혁신기법

제11장 지식경영

제12장 경영혁신

제13장 창업 및 중소기업경영

제1부
경영의 이해

제 1 장

기업과 경영

제1절 경영의 대상으로서의 조직

경영의 대상은 조직이며, 조직이란 공통의 목표를 달성하기 위하여 함께 모여서 일하는 사람들의 공동체를 의미한다.

조직이라는 열린 시스템은 환경과 상호작용하면서 자원을 투입하여 상품과 서비스를 산출한다.

경영은 희소한 자원, 규제, 이해관계자들과의 관계 등 여러 가지 제약조건하에서 조직의 목표를 추구해 가는 일련의 과정을 의미한다. 경영학의 대상은 조직이며, 현대의 모든 조직에서 일하는 사람들에게 경영은 필수적이다.

그렇다면 조직은 무엇인가? 조직(organization)이란 공통의 목표를 달성하기 위하여 함께 모여서 일하는 사람들의 공동체를 의미한다.[1)] 이와 같이 조직을 구성함으로써, 조직의 구성원들은 한 개인으로는 달성할 수 없는 과업(tasks)을 달성할 수 있는 것이다. 경영학의 대상이 되는 조직 중에서 가장 중요한 것이 기업이다. 기업은 고객이 원하는 재화, 즉 제품이나 서비스를 제공하고 이익을 창출하는 조직이다. 조직으로서의 기업의 목표는 고객의 니즈(needs)를 만족시키기 위한 상품과 서비스를 생산 · 제공하는 것이다. 조직은 사회에 유익한 무엇인가를 생산하여야 하며, 그것이 그 조직의 존립의 당위성을 부여하는 것이다.

조직은 하나의 시스템이다. 시스템(system)은 공통의 목표를 달성하기 위하여 함께 기능하는 상호 관련이 있는 부분들의 집합을 의미한다. 그 중에서도 조직은 환경과 상호작용하면서 자원을 투입하여 재화와 서비스를 산출해내는 계속적인 열린 시스템(open system)이다.

1) Schermerhorn, John R., *Management*(New York, John Wiely & Sons, 1999), p. 5.

[그림 1-1] 열린 시스템으로서의 조직

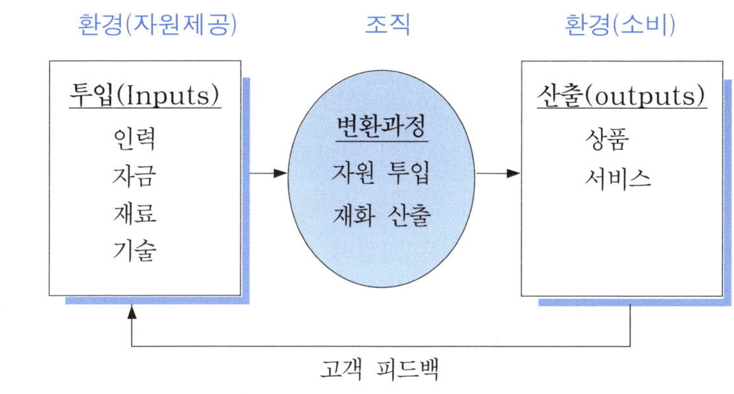

[그림 1-1]에서 보듯이, 조직을 열린 시스템으로 볼 때 외부환경은 중요한 요소이다. 외부환경은 조직에 자원과 고객피드백을 제공해주며, 이는 조직의 경영과 그 산출물에 지대한 영향을 미친다. 환경으로부터의 피드백은 조직이 고객과 사회의 니즈에 얼마나 잘 부합하고 있는지를 말해준다.

기업은 기업을 둘러싸고 있는 외부환경의 변화에 따라 경영전략과 성과가 달라진다. 기업환경(business environment)은 기업의 내부와 외부에서 기업활동에 영향을 미치는 모든 요소 또는 영역을 말한다.

> 기업환경(business environment)은 기업의 내부와 외부에서 기업활동에 영향을 미치는 모든 요소 또는 영역을 말한다.

기업의 외부환경은 경제환경, 정치환경, 인구통계학적 환경, 사회환경 및 기술환경으로 분류할 수 있다. 경제환경(economic environment)은 기업활동에 가장 큰 직접적인 영향을 미치는 환경요인이다. 경제상황에 따라 기업의 매출액과 이익은 변화한다. 경제가 호황이나 불황이냐에 따라 기업활동은 활발해지기도 하고 위축되기도 한다. 정치환경(political environment)은 정부가 그 나라에서 활동하고 있는 기업의 경제활동에 개입하는 정도와 규제 및 정치적 안정성을 말한다. 정치환경도 기업에 영향을 미치는 중요한 요인의 하나이다. 인구통계학적 환경도 역시 기업활동에 무시할 수 없는 중요한 요인이다. 인구통계학(demography)은 인구에 관한 종합적인 학문

체계로서 인구의 성, 나이, 인종, 언어, 종교, 교육정도, 직업, 거주지 등의 분포와 특성에 대해 통계적으로 분석하고 연구하는 학문이다. 기업활동에서 인구통계는 중요하게 취급된다. 인류 수명의 증가와 저출산 추세에 따라 기업의 경영전략은 변화될 수밖에 없다. 사회환경은 사회를 구성하고 있는 개개인의 삶의 태도, 가치관, 전통과 관습, 생활양식 등과 같은 사회적 요인의 변화가 기업환경에 영향을 미치는 것을 말한다. 사회환경의 변화는 소비 패턴 등의 변화를 통해 기업에 영향을 미친다. 기술환경은 기업의 제조공정, 생산기술, 정보 등 기업의 기술적 요인을 말한다.

기업의 내부환경은 주주, 종업원, 고객을 들 수 있다.

[그림 1-2] 기업환경

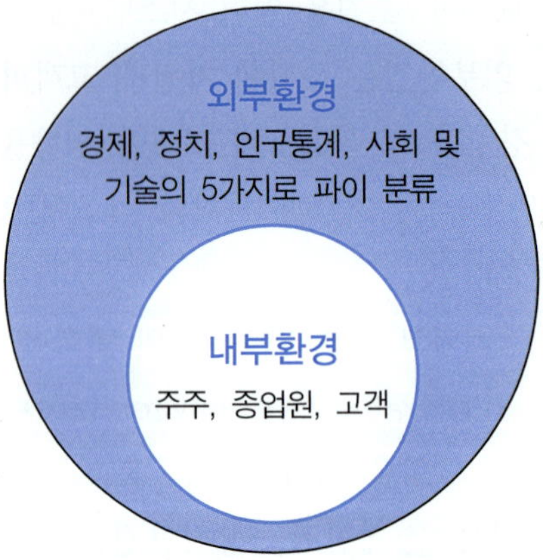

제 2 절 조직과 경영

경영이란 무엇인가? 경영은 거래의 시스템(system)이며, 경영은 사람이 원하는 상품과 서비스를 창조하는 작업이기도 하다. 결국 경영은 사회의 필요와 욕구를 충족시키기 위해 탄생한 시스템이다(Richard H. Buskirt, Donald J. Green, William C. Rodgers). 또는 경영이란 협동집단이 공통의 목표를 향해 행동을 지시하는 과정이다(J. Massie)라고 하여 경영의 의미가 여러 가지로 정의되고 있다.

일반적으로 경영(business)이라는 말은 두 가지 의미로 사용된다. 예컨대, 경영의 규모라고 할 때의 경영은 기업의 운영체로서의 단위체를 말하고, 회사의 경영이라고 할 때에는 기업을 실제 '운영하는 일'(administration)이라는 의미로 사용된다.[2)]

결국 경영은 목표를 달성하기 위하여 자원의 이용을 계획(planning), 조직(organizing), 지휘(leading), 통제(controlling)하는 과정을 의미한다.

경영은 목표를 달성하기 위하여 자원의 이용을 계획(planning), 조직(organizing), 지휘(leading), 통제(controlling)하는 과정이다.

기업이 경영활동을 해나가면서 경쟁사 간에 발생한 판매와 이윤의 차이는 경쟁(competition)기업에 대한 소비자의 용인 정도를 측정하는 수단이 되기도 한다. 결국 경쟁이라는 개념을 통해 기업은 판매와 이윤을 얻기 위해서 소비자의 높은 생활수준과 세련된 생활 스타일을 제공하는 제품과 서비스를 계속적으로 제공하도록 하는 결정적인 기구라고 할 수 있다.

무셀만(Musselman)에 의하면 소규모 기업의 90%가 관리적인 미경험과 무능력을 나타낸다고 강조하며 경영실패의 원인을 다음 4가지로 구분하였다.[3)]

대손(bad debt)은 거래 상대방이 파산하는 등의 사유로 인해 받을 수 없게 된 회수불능채권을 뜻한다.

첫째, 감독과 지휘능력의 결핍
둘째, 빈약한 재무적 관리의 지표인 자본의 결핍
셋째, 판매촉진능력과 판매관리기술의 결핍
넷째, 대손(bad debt)의 수급능력과 현명치 못한 신용정책의 축소능력 결핍

신용(credit)이란 차입능력 또는 구입 후 일정기간 동안 지급을 연기하고 상품과 서비스를 구입할 수 있는 능력을 말한다.

〈표 1-1〉에 제시된 바와 같이 소규모 기업의 경영실패원인 중의 92% 정도가 주로 빈약한 경영관리에 있음을 알 수 있다.

2) 권오익 외, 경제학 대사전, 박영사, 1974, p. 76.
3) Venom A. Musselman &Eugene H.Hughes, *Introduction to Modern Business*, Prentice Hall, 1973, p. 154.

〈표 1-1〉 소규모 기업의 실패원인

경영실패의 비율	실패의 원인	비 고
44%	무능력 (incompetence)	물리적, 도덕적, 지적으로 기업운영의 무능력
17%	관리적 경험의 결핍	종업원 및 기타 자원을 운영하는데 있어서의 경험부족
16%	불균형적인 경험	마케팅, 재무, 구매, 생산 분야에 대한 균형이 잡히지 못함
15%	라인(line)에의 무경험	기업을 운영하기 전에 제품이나 서비스분야에의 경험 결핍
1%	경시 (neglect)	나쁜 습관, 나쁜 건강으로 기업에 많은 관심을 가지지 못함
1%	부정 혹은 재난	거짓된 재무상태, 화재 등
6%	미상 (unknown)	

경쟁시장(competitive market)에는 완전경쟁시장과 불완전경쟁시장이 있다.

완전경쟁시장은 공급자와 수요자가 다수 존재함으로써 상품의 가격에 어느 누구도 아무런 영향을 줄 수 없는 시장을 말한다.

기업 시스템은 사회의 욕구에 대응하는 기업들 사이의 경쟁을 원칙으로 하고 있다. 즉, 경제를 통제하는 기구(mechanism)로서 경쟁의 규칙은 매우 필수적인 것이라고 할 수 있다. 따라서 기업은 사회의 욕구에 부응하는 적절한 반응을 나타내야 하고, 기업이 효과적인 생산적 기술을 적용하도록 강요받는다. 이는 곧 경쟁시장(competitive market)에서 손실이 큰 생산기술을 사용하는 기업은 효율적인 생산방법을 사용하는 기업과의 경쟁에서 결국 도태됨을 의미하는 것이다.[4)]

자본주의의 아버지라고 불리는 아담 스미스(Adam smith, 1723-1790)는 1776년에 편찬된 『국부론(*Wealth of nations*)』에서 '보이지 않는 손'(invisible hand)이라는 개념으로 이런 경쟁이 운영된다고 주장하였다. '보이지 않는 손'이라는 개념은 자본가가 영리추구를 위해 자유경쟁적인 경제활동을 하는 결과로 질이 좋고 염가의 상품이 생산되므로 소비자 측면에서 유리하게 작용을 한다. 즉 개인의 이익이

4) 김윤환, 경제학-이론과 정책-, 유풍출판사, 1975, p. 38.

사회의 이익으로 되게 한다. 그것은 가격등락을 통해 이루어지는데 이 가격의 매개적 기능을 '보이지 않는 손'이라고 하였다.[5] 아담 스미스는 '보이지 않는 손'에 의해 소비자가 가장 적절한 상품구입과 가격의 지급을 보증하는 기업을 선호하므로 비효율적인 생산자는 경쟁에 져서 결국 시장에서 제거된다는 것이다.

불완전경쟁시장은 완전경쟁시장의 조건인 1) 다수의 공급자와 수요자, 2) 상품의 동질성, 3) 기업의 자유로운 진입과 퇴출, 4) 완전한 시장정보 등의 조건 중에서 처음 세 가지 조건 중의 한 가지를 만족시키지 못하는 시장이다.

기업경영 알렉산더에게 배운다

"스무 살밖에 안 된 머리에 피도 마르지 않은 군주가 우리를 괴롭힐 수 있는가?"

알렉산드로스(Alexander) 대왕이 아버지 필리포스한테서 마케도니아를 물려받았을 때 마케도니아의 영향권에 있던 나라들은 이렇게 알렉산드로스를 비웃었다.

이 같은 조소는 곧 구체적인 움직임으로 나타났다. 아테네 의회가 마케도니아의 지배로부터 벗어나 과거에 누렸던 영광을 되찾기 위해 군대를 재건할 것을 결의하자 주변국인 테베 역시 비슷한 움직임을 보였다. 많은 신하가 평화와 안전을 위해 주변국 점령을 포기하고 타협할 것을 권했다. 위대한 제국의 경영자가 되느냐, 쇠락해가는 약소국의 군주가 되느냐의 갈림길에 놓인 알렉산드로스는 전자를 선택했다.

정예 기병 3000명을 이끌고 주변국 정벌에 나선 알렉산드로스는 테살리아, 테르모필레, 아테네, 테베를 차례로 정복했다. 만약 시간을 조금 늦추었거나 단기적인 평화를 위해 그들의 제안을 받아들였다면 역사는 달라졌을 것이다.

알렉산드로스가 집권 후 100일 만에 주변국을 평정한 이래 '첫 100일'(First hundred days)이라는 문장은 성공의 법칙이 됐다. 국가든 기업이든 취임 후 100일 안에 대부분의 저항이 닥쳐오기 때문이다.

알렉산드로스는 저항세력에 대해선 과감하고 압도적인 힘을 보여줬다. 초기 테베 지역을 무자비하게 공격하자 테베의 패배를 지켜본 다른 나라들은 자연스럽게 그 앞에 무릎을 꿇었다. 시간을 끌었거나 적당히 대처했다면 더 많은 피를 흘려야 했을 것이다.

알렉산드로스는 또 시스템 구축의 천재였다. 식량과 무기를 운반할 도로와 통신 수단이 부족했던 당시 알렉산드로스는 기발한 시스템을 시도했다. 원정을 가기 전에 선발대를 먼저 보냈다.

선발대에는 식물학자, 동물학자, 기상학자 등이 포함되어 있었다. 이들은 원정지역에서 서식하는 동물들과 식물의 식용 가능성을 연구해

---

5) Campbell R. Mcconnell, *Economics-Principles Problem and Policies*, McGraw-Hill book company, 1987, p. 79.

견적서를 알렉산드로스에게 보고했다.

알렉산드로스는 자신에게 유리한 지역을 골라서 전투를 벌였다. 군대의 훈련 정도, 인종적 특성 등을 감안해 불리한 지역에서는 전쟁을 하지 않았다.

이처럼 알렉산더의 세계경영 기술은 21세기 기업에 그대로 적용해도 될 만한 것이 많다.

(「전략의 기술」, 파사 보즈 지음, 매경출판)

제 3 절 기업의 활동

생산요소(factors of production)란 제품과 서비스를 창조하기 위해 사용된 자원을 말한다.

기업의 생산요소에는 천연자원(natural resource), 노동(labor), 자본(capital), 기업가정신(entrepreneurship)이 있다.

기업이 효과적으로 기업활동을 통해 생산물을 창조하기 위해서는 어떠한 투입요소(inputs)가 존재해야 한다. 이런 투입요소 중 경제적인 자원은 제품과 서비스를 생산하는 데 유용하므로 가치가 발생한다. 그러나 이런 경제적인 자원은 매우 희소하기 때문에 주의 깊게 취급되어져야 한다. 각 자원의 가치와 희소성의 영향으로 인하여 결정된 가격은 자원의 무절제한 사용을 막는 것이라 할 수 있다. 만약 자원이 너무 많아 가격이 존재치 않으면 우리는 이를 자유재(free goods, 공기, 물, 햇빛 등)라고 부른다. 그러나 시대가 변하여 어느 지역에서는 신선한 공기가 이미 자유재가 아닌 곳도 존재한다.[6)]

제품과 서비스를 창조하기 위해 사용된 자원을 생산요소(factors of production)라 부른다. 즉 기업의 생산활동을 위하여 투입되는 모든 재화와 용역을 생산요소라 하는 것이다. 이런 생산요소는 4가지 기본적인 그룹으로 분류되어진다: 천연자원(natural resource), 노동(labor), 자본(capital), 기업가정신(entrepreneurship).

6) Roger chisholm & Marilu McGarty, *Principles of Economics*, Scott, foresman and company, p. 20, 1981.

[그림 1-3] 기업의 생산요소

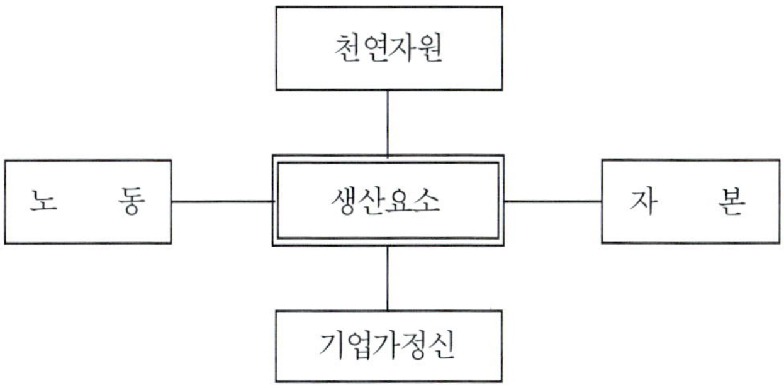

우리의 시장 시스템 하에서 생산의 모든 요소들은 총생산에 대한 그들의 기여만큼 가격이 지불된다. Abbott(1967)에 의한 각 생산요소의 정의를 살펴보면 다음과 같다.[7)]

첫째, 천연자원(natural resource)-생산에서 경제적 가치를 가지고 인간의 노력에 의해 그 가치가 상승되지 못하는 모든 물질(material things)을 말한다(토지, 목재, 광석, 씨앗, 수력 등).

둘째, 노동(labor)-경제적 생산에 기여한 인간의 신체적, 정신적인 노력을 말한다.

셋째, 자본(capital)-추가적인 생산을 위한 목적으로 이용된 노동과 천연자원의 모든 財를 말하는 것으로, 예를 들어 신문을 제작하기 위해 사용된 잉크나 전력공장에서 소모된 석탄 등이다.

넷째, 기업가정신(entrepreneurship)-생산에 필요한 어떠한 것이라도 맡을 수 있는 것과 관련된 창의적이고, 리더십이 있으며, 위험을 감수하려는 정신을 말한다.

경영자든 기업가든 본질적인 경영직능을 수행한다는 점에서는 별 차이가 없다고 할 수 있다. 그러나 경영자를 전문경영자로 국한시켜서 본다면 경영자는 일반적으로 기업가로부터 경영기능을 위임받아

기업가(enterpriser)란 영리 목적으로 인적, 재무적, 물적 자원을 기업에 투입하며 기업활동을 지휘·통제하는 의사주체이다.

기업가정신(entrepreneurship)이란 생산에 필요한 어떠한 것이라도 맡을 수 있는 것과 관련된 창의적이고, 리더십이 있으며, 위험을 감수하려는 정신을 말한다.

7) Lawrence Abbott, Economics and the Modern World, Harcourt, Brace & World, Inc., p. 25, 1967.

전문적인 경영지식과 경영능력을 발휘하여 기업활동이 합리적으로 수행되도록 기업경영을 전담해 나가는 자이다.

기업가(enterpriser)란 영리목적으로 인적, 재무적, 물적 자원을 기업에 투입하며 기업활동을 지휘·통제하는 의사주체이고, 이런 특징을 가진 기업가의 역할은 다음과 같다.

직원 사기 돋우는 요일별 행사

화요일엔 '화(火)가마', 수요일엔 '수(水)라상', 목요일엔 '목(木)마름', 금요일엔 '금(金)지옥엽'.... 삼성SDI의 수원공장 직원들은 특정 요일만 되면 묘한 이름의 모임을 갖는다. 이런 모임은 요일별로 임원과 직원들이 허물없이 어울릴 수 있도록 의미 있는 자리를 만들자는 차원에서 출발했다.

火가마, 水라상, 木마름, 金지옥엽...

'화가마'란 마음속에 있는 화(스트레스)를 불가마에서 대화를 통해 풀어버린다는 의미로, 공장장과 직원들이 실제로 사우나 불가마를 찾아가 함께 땀을 흘리는 이벤트를 말한다.

수라상은 수요일 점심시간을 이용해, 경영지원팀장이 생산 현장의 동아리장(현장분임조장) 10여명을 사내식당에 초청해, '수라상'을 대접한다고 해서 붙여진 이름이다. 수라상 단골메뉴는 사내 영양사가 정통궁중요리를 응용해 개발한 '궁중 쌈밥'이다.

매월 2회씩 목요일 저녁시간엔 인사담당자들이 현장 반장들과 어울려 '목마름 호프(HOF,맥주) 모임'을 마련해, 갖가지 의견을 듣고 교환한다. 술값은 회사에서 부담한다.

또 매달 한 번씩 금요일이 되면 제조팀장과 현장사원들이 함께 모여 식사를 하는 '금지옥엽'모임이 열린다.

수원공장 공장장 김동훈 상무는 "자연스럽게 상사와 직원들이 만날 기회를 제공해주기 위해 요일별 행사를 만들었다"고 말했다.

첫째, 기업이 형성, 운영되는데 필요한 자금을 투자하는 출자기능을 수행한다.

둘째, 기업이 변혁기나 확장기에 있는 경우 새로운 혁신에 도전하는 모험(venture)에 따르는 위험을 스스로 부담하는 기능인 위험부담기능을 수행한다.

경영혁신(innovation)이란 기술혁신에 수반하여 필연적으로 일어나는 경영상의 전반적인 혁신이다.

셋째, 전문경영자를 채용하기 이전에는 기업활동을 계획·조직화하는 관리기능을 수행한다.

넷째, 기업자원의 신 결합, 즉 혁신을 수행하여 환경변화에 적응하며 불확실성을 극복하는 혁신의 기능을 수행한다.

위의 역할 중 가장 중요한 것이 혁신기능(innovation function)의 수행으로서 이는 슘페터(J. A. Schumpeter)가 경제성장의 이론을 전개하면서 지적한 다음의 5가지 생산요소의 신 결합을 말한다.

① 새로운 제품의 생산
② 새로운 생산 기술이나 방법의 도입
③ 신 시장 또는 새로운 판로의 개척
④ 원료나 반제품의 새로운 자원 활용
⑤ 새로운 조직의 형성

제4절 기업경영시스템

근래에 많은 사람들이 기업경영(business)이라는 것에 매우 높은 관심을 가지고 이를 배우기 위해 노력을 하고 있다. 이는 후진개발국이었던 한국이 현재의 모습으로 성장하는데 있어서 중요한 역할을 담당했던 조직들을 훌륭하게 경영해왔기 때문일 것이다. 경영의 질이 우수함에 따라 높은 경제생활을 누리며 삶의 질을 향상시킬 수 있게 된다. 구체적으로 경영을 배우는 이유와 방법에 대해 살펴보자.

1. 기업경영은 왜 배우는가?

경영교육을 받는 이유는 1) 경력개발, 2) 기업운영, 3) 사회문제에 대한 접근, 4) 의사결정의 질 향상 및 5) 현실문제의 해결을 들 수 있다.

사람들에게 경영을 배우는 이유가 무엇인가? 하는 질문을 하면 여러 대답이 나올 수 있다. 혹자는 경영의 진정한 의미파악을 위해서, 혹은 자신의 경력개발을 위해서, 소득자와 소비자로서의 올바른 자신의 역할을 알기 위해서 등등이다. 일반적으로 경영교육을 받는 이유를 다음과 같이 들 수 있다.

첫째, 자신의 경력에 대한 선택과 개발이다. 여러 사람들은 자신의 관심분야, 예를 들면 경영, 공학, 의학, 농학 등에 대한 선택과 관심분야에 대한 미래 경력을 준비하기 위해 직무요구파악 및 능력배양, 직무에 대한 적정보수 수준결정 등 직무에 필요한 훈련들을 파악할 수 있게 하여 전문인에 해당하는 경력을 개발하도록 한다. 여러 분야에서의 경력개발이 체계화되어 있듯이 경영학도 재무, 마케팅, 인사, 생산 등 여러 분야로 구분되어 다양한 경력을 선택, 개발할 수 있도록 도와준다.

둘째, 자신의 기업운영이다. 학생들 중에는 스스로 전문경영자가 되기 위해서 경영의 원리와 개념을 배울 목적으로 경영학에 접근한다. 특히 많은 경영의 원리와 개념은 기업의 규모와는 상관없이 동일하므로 경영을 처음 시작하는데 매우 유용하게 활용될 수 있다. 각 학생들은 경영학의 전문과정을 통해 경영능력(business abilities)을 배양할 수 있는데 Weimer(1974)는 경영능력을 다음과 같이 분류하였다.

경영능력 ⇒

· 의사결정 · 의사결정의 실행 · 경영활동 과정 수행 · 인간관계 · 의사소통 · 창의적 생각 활동 · 직관적인 사고능력 배양 · 과학적 방법의 응용	⇒ · 목적의 설립 · 계획 · 자원의 조직 · 운영의 통제

GE, '실패한 도전'에 인사고과 더 준다

미국의 간판기업 제너럴일렉트릭(GE)이 100년이 넘는 회사 역사상 가장 큰 프로젝트를 추진하고 있다. 터빈, 기관차 등 신제품을 생산하는 일이 아니다. 31만5000명 임직원을 평가하는 제도를 완전히 다시 쓰는 작업이다.

㉡ 완벽 추구 대신 위험 감수

GE는 미국식 경영의 교과서로 불린다. 그만큼 GE가 시도하는 새로운 경영기법과 인사제도는 글로벌 기업 최고경영자(CEO)의 주된 관심사였다. 그 유명한 크로톤빌연수원에서 인재와 후계자를 양성하고, '6시그마 운동'으로 제품 불량률을 획기적으로 낮춘 경영전략이 대표적이다.

월스트리트저널(WSJ)은 그동안의 GE 인재상이 이번 프로젝트를 통해 달라질 것이라고 전망했다. 과거 수십년간 GE가 강조한 이상적인 직원의 모습은 제품의 결함을 찾아내고, 생산성을 높이며, 불확실성을 최소화하는 데 능숙한 인재였다. 그러나 급변하는 기술과 경영환경을 좇아가려면 혁신 주도형 기업으로 변신해야 하며, 이를 위해서는 위험을 적극 감수하면서 새로운 아이디어를 실행에 옮기는 인재가 필요하다고 GE는 결론 내렸다. 기존 인사평가 방식을 대대적으로 수술하기로 한 전략적 배경이다.

GE는 우선 직원을 '롤모델'에서 '저성과자'에 이르기까지 다섯 가지 등급으로 분류하는 방식을 폐기하는 방안을 추진 중이다. 혁신은 수평적인 협업이 강조되는 기업문화에서 나온다고 판단했다. 월가를 대표하는 투자은행 골드만삭스도 직원 개개인을 점수로 평가해 '낙인 찍는' 평가 방식을 버리기로 했다.

GE는 매년 한 차례 시행하는 성과측정 방식도 바꾸기로 했다. 직원들의 자기 평가와 문서 작성, 관리자 평가와 최종 책임자의 승인 등에 5개월이나 걸리면서 비효율이 커진 탓이다. 또 연중평가를 통해 연봉 인상과 보너스 지급이 수시로 이뤄지고, 관리자가 직원에게 동기를 부여할 수 있는 보상수단을 갖추는 방안도 검토 중이다.

'제조 공룡'에서 스타트업으로

WSJ는 GE의 새로운 인사평가 모델이 '패스트 워크'(fast work)에 뿌리를 두고 있다고 전했다. 경쟁회사보다 빨리 제품을 개발해 시장에 출시하고, 고객 반응을 제품에 즉각 반영해 완성도를 높이는 스타트업(신생벤처기업)의 경영전략 '린(Lean) 스타트업'을 모방했다는 것이다. GE가 미국을 대표하는 '제조 공룡'에서 벗어나 민첩한 스타트업으로 변신을 시도하는 셈이다.

비브 골드스타인 GE 글로벌 혁신촉진사업부 부사장은 "새로운 전략이 도입되려면 직원들이 새로운 실험이나 실패를 편안하게 받아들이도록 하는 것이 중요하다"고 강조했다. GE가 제조 현장에서 여전히 강조하는 6시그마가 완벽함을 추구하는 것과는 대조적이다. 직원 등급을 매기지 않는 평가 방식이 어떤 결과를 낳을지 불확실한 상황에서 이를 시도하는 일 자체가 이전의 GE 문화에서는 받아들이기 어렵다는 분석이다.

블룸버그통신은 제프리 이멜트 GE 회장이 의사결정 과정을 단순화하고 합리화하려 한다고 전했다. 직원들이 자신의 성과에 대해 상사와 의견을 주고받을 수 있게 모바일 앱(응용프로그램 · GE@PD)을 활용하도록 한 것이 대표적이라고 설명했다.

(한국경제, 2016년 6월 8일)

셋째, 사회문제에 대한 접근이다. 자유경제체제 하에서는 기업활동 중에 발생하는 많은 사회적 문제에 대해 관심을 가지고 이를 해결하고자 경영학에 접근한다. 에너지 고갈문제에 따른 대체에너지 개발, 환경의 오염, 실업문제, 소비자주의, 산업안전문제 등 매일 직면하게 되는 문제(issue)를 인식하게 하여 기업의 사회적 책임을 수행할 수 있는 미래를 준비시켜 준다고 할 수 있다.

넷째, 의사결정의 질을 향상시킨다. 어느 개인적인 문제든 혹은 소비자로서 어떤 상품이나 서비스를 구매해야 하는 문제에 직면했을 때 이를 과학적인 경영의 방법을 통해서 해결할 수 있는 합리적인 의사결정을 내릴 수 있게 경영기법이 도와주게 된다.

다섯째, 경영학은 오늘날의 문제를 취급한다. 많은 학생들이 여러 분야를 공부하는데 있어서 단순히 오늘날과 관계가 없는 학문이라고 이야기하는 경우가 있다. 그러나 경영학은 바로 현실의 문제를 취급하는 학문이다. 따라서 경영학은 매일같이 변해가는 기업환경을 즉시적으로 조명하고 연구하려는 태도를 가지고 있다.

2. 기업경영은 어떻게 배우는가?

경영(경영학)을 배우기 위한 방법으로는 여러 가지가 있을 수 있다. 여기서는 여러 측면에서 경영을 배우기 위한 접근방법을 기술하여 본다.

첫째, 공식적인 교육기관을 통한 접근방법이다. 경영전문기관이나 대학에서 실시하는 프로그램을 통하여 현대경영의 기본적인 개념이나 방법, 원리, 실행 등을 습득할 수 있다. 과거에는 이러한 공식적인 교육기관이 드문 관계로 경영에 대해 실질적으로 접근할 수 있는 방법은 경험을 통하는 수밖에 없었다.

그러나 시대가 변천해감에 따라 경영에 대한 경력을 계속 쌓아가기 위해서는 각 단계별 교육기관을 통하는 것이 상례화되어 있다.

이미 언급한 바와 같이 이러한 공식적인 교육기관에서는 경영의 각 분야에 대한 코스를 마련해 놓고 있다. 즉 인사(personnel), 마케팅(marketing), 재무(finance), 생산(production management), 경영과학(management science) 등 체계적인 학습이 가능하도록 준비해 놓고 있다.

현대의 경영은 사회의 욕구를 만족시키기 위해 설계된 하나의 시스템이다.

학생들이 이러한 코스를 거치는 과정에서 가장 중요한 것은 적극적인 참여(active participation)이다. 각 개인이 듣는 강의에 귀를 기울이지 않는다면 그 강의는 참으로 무의미한 행동이 될 것이기 때문이다. 강의를 듣고 그 내용과 자신이 생각하고 있는 바를 비교하려는 노력을 함으로써 강의자의 생각과 지식을 배우게 된다.

둘째, 직접적 · 간접적인 경험(experience)이다. 공식적인 교육기관을 통하여 경영에 대한 것을 배울 수가 있다고 하였는데 여기에 추가적으로 필요한 것이 교실 밖에서의 실질적인 경험이다. 옛말에 "경험이 최고의 선생이다."(experience is a good teacher)라는 말이 있듯이 경험은 보다 폭넓은 지식을 제공하여 준다.

그러나 이러한 경험을 얻기 위한 기회제공은 매우 한정이 되어 있다는 문제점이 있다. 이를 극복하기 위해서 동·하계 방학을 이용한 현장경험(work experience)과 각 기업에서 실시하고 있는 인턴 사원제가 보다 많이 활용되어 폭 넓은 기회제공이 있어야 하겠다.

셋째, 출판물을 통한 정보의 획득이다. 경영학을 공부하고 있는 학생들은 경영출판물을 규칙적으로 읽음으로써 자신의 지식(knowledge)을 더욱 심도 있게 할 수 있다. 이러한 출판물은 사전류(dictionaries), 백과사전류(encyclopedias), 안내서(handbook), 잡지류(magazine), 입문서(manuals) 등으로 구분되어 적절히 활용될 수 있다. 또한 대학이나 공공기관, 사기업에서 편찬한 참고물도 좋은 길잡이가 될 수 있다.

3. 현대의 기업경영 시스템

현대의 경영은 사회의 욕구를 만족시키기 위해 설계된 하나의 시스템이라고 생각할 수 있다. 따라서 기업을 경영한다는 것은 재화를 생산하여 소비자의 욕구를 충족시키고 이윤을 얻는 것이라고 할 수 있다. 물론 소비자로부터 외면당하는 기업은 시장에서 존재할 수 없게 된다.

> 시장욕구를 만족시키기 위해 한 기업에서 운영할 수 있는 변수(variables)에는 보통 5M (Money, Manpower, Machinery, Materials, Management)이 있다.

시장욕구를 만족시키기 위해 한 기업에서 운영할 수 있는 변수(variables)가 있는데 보통 5M(Money, Manpower, Machinery, Materials, Management)을 들고 있다. 기업은 이런 5M을 활용하여 만들어진 재화나 서비스를 가지고 주요한 4개의 시장(consumers, industry/organizations, government, foreign markets)을 만족시키는 과정에서 발생한 이윤을 얻는다고 할 수 있다.

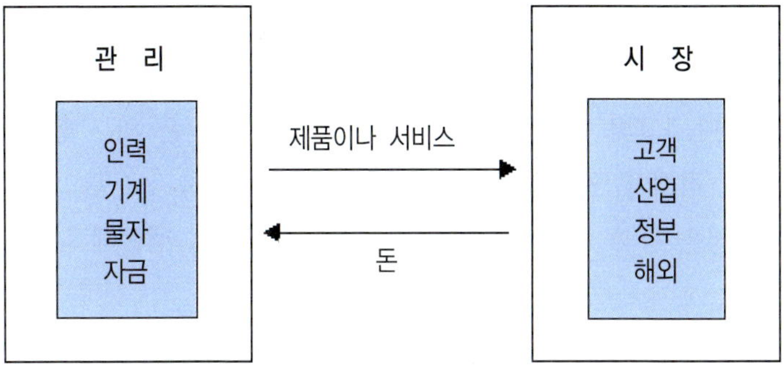

우리는 앞에서 경영을 시장만족을 통한 이윤획득활동이라고 하였는데 이에 필요한 조직의 시스템적 접근의 이해가 필요하다. 시스템(system)이란 "어떤 조직화되거나 복잡한 전체: 복잡하거나 단일체 전체를 구성하는 부분이나 사물의 조합 내지는 집합"이라고 정의할 수 있다. 예를 들어 우리들의 물질적 환경의 부분으로서 산 시스템, 강 시스템, 태양계 시스템을 가지고 있는 것이다.

[그림 1-4] 개방 시스템으로서의 기업

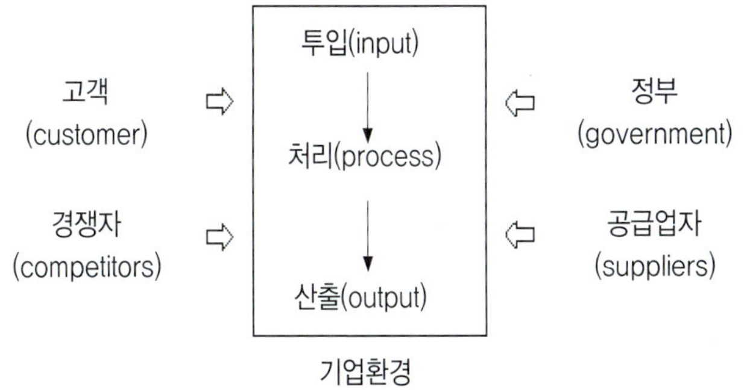

자료: *Principles of Modern Management*, Samuel C.Certo, 1989, p. 46.

이런 시스템에는 폐쇄 시스템(closed system)과 개방 시스템(open system)이 있다. 오늘날의 기업경영조직은 폐쇄 시스템이 아니고 개방 시스템이라고 할 수 있다. 폐쇄 시스템이란 시스템과 외부환경과의 사이에 에너지 및 정보의 교환이 없는 시스템이며 따라서 외부환경의 변화로 부터 영향을 받지 않는 시스템이라 할 수 있다. 개방 시스템이란 외부환경과 교류 또는 상호작용하며 변화에 적응해 나가는 시스템이다. [그림 1-4]에 나와 있는 바와 같이 조직은 외부 환경인 고객, 정부, 경쟁자, 공급업자로부터 얻어진 정보를 가지고 투입-처리-산출의 과정을 통해 시장에 제품을 공급하며 스스로 생존해 나간다.[8)]

한국 '기업 환경 세계4위' 역대 최고
세계은행 발표 'Doing Business 2016'… OECD 국가 중 3위

세계은행(WB)이 10월 28일 오전(한국시간 기준) 발표한 2015년 기업환경평가 'Doing Business 2016'에서 우리나라가 189개국 중 4위를 차지했다. 이는 역대 최고 순위로 우리나라는 2009년 19위, 2010년 16위, 2011년과 2012년 8위, 2013년 7위, 2014년 5위를 기록한 바 있다.

'Doing Business 2016'의 1위는 싱가포르, 2위는 뉴질랜드, 3위는 덴마크, 5위는 홍콩, 6위는 영국, 7위는 미국, 8위는 스웨덴, 9위는 노르웨이이며 일본은 34위에 그쳤다. 우리나라는 OECD 국가 중에는 뉴질랜드, 덴마크에 이어 3위를 차지했다.

세계은행 기업환경평가 우리나라 세부 지표별 평가 순위

구 분	2014	2015
창업	17	23
건축 인허가	12	28
전기 공급	1	1
재산권 등록	79	40
자금 조달	36	42
소액 투자자 보호	21	8
세금 납부	25	29
통관행정	3	31
법적 분쟁 해결	4	2
퇴출	5	4

세계은행 기업환경평가는 국가별 기업 환경을 기업 생애주기에 따라 창업부터 퇴출에 이르는 10개 부문으로 구분한다. 그리고 각 부문별로 기업이 직면하는

8) Max S.Wortman & Fred Luthans, *Emerging Concepts in Management*, The Macmillan company, p. 332, 1969.

규제를 절차, 시간, 비용 위주의 34개 세부 지표로 측정한다.

즉 표준화된 시나리오를 바탕으로 객관적 사실에 대한 설문조사, 법령 분석을 통해 기업 활동 관련 제도를 비교 · 평가한다. 1인당 국민소득(GNI) 10배 규모의 자본금으로 인구가 가장 많은 도시에서 주식회사를 창업할 때 소요되는 시간과 비용을 평가하는 식이다.

올해 세계은행의 기업환경평가 실적을 살펴보면 우리나라는 총 10개 분야 중 4개 분야가 지난해에 비해 순위가 상승했고, 1개 분야는 동일하고, 5개 분야는 하락했다.

구체적으로는 재산권 등록(79→40위), 소액투자자 보호(21→8위), 법적 분쟁 해결(4→2위), 퇴출(5→4위)은 순위가 상승했고, 전기 공급은 지난해와 동일하게 1위를 기록했다. 반면 창업(17→23위), 건축 인허가(12→28위), 자금 조달(36→42위), 세금 납부(25→29위), 통관행정(3→31위) 등은 지난해보다 순위가 하락했다.

기업환경평가의 분야별 순위를 좀 더 분석해보면 전기 공급, 법적 분쟁 해결, 퇴출, 소액투자자 보호 분야는 세계 10위권 이내로 상위권을 차지하고 있다. 전기 공급은 절차(3단계), 시간(18일), 전기 공급 신뢰도 및 요금투명성지수(8점 만점에 8점)에서 높은 평가를 받으며 최고 수준을 유지하고 있다. 법적 분쟁 해결은 시간(230일), 비용(소송가액 대비 10.3%) 및 사법 절차의 효율성지수(18점 만점에 13.5점)에서 높은 평가를 받았다.

사법 절차의 효율성지수는 소액사건 처리를 위한 간소화된 소송 절차 존재 여부, 전자 사건 관리 시스템 존재 여부, 대체적 분쟁 해결 시스템 도입 여부 등을 측정해 평가한 것이다. 퇴출은 채권회수율지표가 개선(83.1→83.6%)돼 상승했고, 소액투자자 보호는 주주보호지수가 상승(6.3→7.7)해 상위권에 진입했다.

주주보호지수는 외부 감사의 선임과 해임을 주주가 승인하고 감사위원회 설치 의무를 부과하는 등 소액주주들의 권리 보호를 위해 노력한 점이 인정됐다.

창업(23위), 건축 인허가(28위), 세금 납부(29위), 통관행정(31위) 분야는 지표 추가, 평가방법 변경 등으로 순위가 약간 하락했다. 창업 부문은 평가에 변동은 없었으나 순위가 지난해 17위에서 23위로 떨어졌다. 건축 인허가는 새롭게 추가된 건축품질안전관리지수(15점 만점에 8점)에서 낮게 평가돼 순위가 하락했다.

세금 납부는 납부 횟수(10→12회), 실효 세율(32.4→33.2%) 등의 변화로 순위가 떨어졌고, 통관행정은 평가방법의 변화로 순위가 3위에서 31위로 급감했다. 기존에는 해상으로 수출입을 할 때 필요한 서류, 시간, 비용 등을 측정했으나 평가방법이 바뀌어 선박, 항공, 육상 중 택일해 수출입 시 필요한 시간, 비용 등을 측정해 내륙국가나 관세동맹을 맺은 국가의 순위가 상승하고 아시아권 국가들의 순위가 떨어졌다.

세계은행 기업환경평가 국가별 종합 순위

1위	2위	3위	4위	5위	6위	7위	8위	9위	10위
싱가포르	뉴질랜드	덴마크	대한민국	홍콩	영국	미국	스웨덴	노르웨이	핀란드

IMD, WEF, WB 국가경쟁력 평가 결과 우리나라 순위

구분	2009	2010	2011	2012	2013	2014	2015
IMD 평가	27	23	22	22	22	26	25
WEF 평가	19	22	24	19	25	26	26
WB 평가	19	16	8	8	7	5	4

IMD, WEF, WB 국가경쟁력 평가 비교

	IMD	WEF	WB
중점 분야	경제, 기업, 정부, 기술 및 인프라 등 4대 분야에 고르게 비중	제도 등 기본요인, 교육·상품·노동·금융·기술 등 효율성 요인, 기업 혁신 및 활동요인 등 3개 분야	창업~퇴출에 이르는 기업 생애주기에서 필수적으로 거쳐야 하는 행정 절차 관련 창업, 건축 인허가, 법적 분쟁 해결 등 10개 분야
조사 방법	61개국 대상 조사 총 342개 세부 항목 중 86개 배경정보 제외한 256개 항목 통계조사 : 138개(54%) 설문조사 : 118개(46%)	140개국 대상 조사 총 114개 세부 항목 중 통계조사 : 34개(30%) 설문조사 : 80개(70%)	189개국 대상 조사 총 34개 세부 항목에 대한 객관적 설문조사 후 통계조사 및 법령 분석(100%)
장점	기업 환경 뿐만 아니라 정부, 교육, 노동, 금융 등 국가경쟁력 전체적인 면을 평가		객관적 제도의 비교평가로 신뢰성이 높음
단점	주관적인 설문조사가 포함되고 평가 당시의 분위기에 따라 결과가 다르게 나올 가능성		간접 규제, 소극 행정 및 노동·입지·환경 등 규제는 포괄하고 있지 못함

출처 : 기획재정부

재산권 등록 분야는 40위로 순위가 상승했으며, 자금 조달은 42위로 조금 하락했다. 재산권 등록 분야는 시간이 일부 단축(7→6.5일)되고 토지행정 절차상의 효율성지수(30점 만점에 27.5점)가 향상된 것이 높은 점수를 받아 순위가 79위에서 40위로 뛰었다. 자금 조달 분야는 평가에 변함이 없으나 순위가 36위에서 42위로 하락했다.

이번 세계은행의 기업환경평가는 "우리나라의 일반적인 기업 활동 관련 제도가 세계적인 수준에 도달했음을 평가받았다"는 데 의의가 있다. 이는 정부가 온라인 창업 시스템 구축을 통한 법인 설립 절차 개선, 전자 통관 시스템 도입 및 지속적 개선, 전자 소송 시스템 도입을 통한 신속 · 편리한 소송 정보 확인, 상법 개정을 통한 소액투자자 권리 보호 강화 등을 진행하며 기업하기 좋은 환경을 만들기 위해 노력한 것이 성과를 거둔 것이다.

세계은행 기업환경평가는 표준 시나리오에 대한 객관적 평가에 치중해 기업환경 전반에 대한 평가를 하지 못한다는 지적도 있다.

앞으로 정부는 세계은행 기업환경평가가 담고 있지 못한 업종별 규제, 노동 · 입지 · 환경 분야 규제의 개혁 등 기업 환경을 지속적으로 확충할 계획이다. 아울러 우리나라가 다양한 평가 지표에서 높은 평가를 받을 수 있도록 서비스 분야별 진입 규제, 신기술 사업화를 가로막는 규제, 노동 · 입지 · 환경 등을 개선할 방침이다.

(위클리공감, 2015년 11월 3일)

주요용어

경영(business)
경쟁시장(competitive market)
계획(planning)
과업(tasks)
기업가(enterpriser)
니즈(needs)
보이지 않는 손(invisible hand)
산출(outputs)
생산요소(factors of production)
시스템(system)
열린 시스템(open system)
조직(organization)
지휘(leading)
통제(controlling)
투입(inputs)

개념확인

1. 경영의 대상으로서의 조직은 무엇인가?
2. 기업의 내부환경과 외부환경은 어떤 것들이 있으며, 이들은 기업경영에 어떤 영향을 미치는가?
3. 기업의 생산요소에는 어떠한 것들이 있으며, 이들은 기업의 활동에 어떤 영향을 미치는가?
4. 소규모 기업의 경영실패 요인은 무엇인가?
5. 기업가와 기업가정신은 무엇인가?
6. 개방 시스템으로서의 기업은 무엇인가?

제 2 장

기업과 사회

제 1 절 기업과 사회와의 관계

기업은 한 국가의 경제에서 중요한 역할을 한다. 기업이 규모가 확대되면 더 이상 개인소유가 아닌 사회를 구성하는 하나의 공동체가 되는 것이다. 이에 따라 과연 기업이 이윤추구를 넘어 사회적 책임을 지는가에 대한 논란이 제기되고 있다.

기업은 영리추구와 더불어 기업행동에 대한 사회적 책임(social responsibility)을 수행하여야 한다.

기업이 계속 기업으로 존재하기 위해선 경영활동을 통하여 이윤(profit)을 획득하지 않으면 안 된다. 그러나 기업은 이런 영리추구와 더불어 기업행동에 대한 사회적 책임(social responsibility)을 수행하여야 한다. 현대의 기업은 사회체제의 일부분으로 존재하므로 반드시 환경과 상호작용을 해나가야 하며 또한 기업의 사회에 대한 영향력이 너무나 크므로 사회적 책임을 수행하여야 한다.

기업은 사회적 책임을 실행하는 절차의 규정과 평가체제를 구축하여야 한다.

[그림 2-1]은 플런켓(W. R. Plunkett)이 제시한 사회 내 하위 시스템으로서의 기업을 나타낸 것이다.1)

사실 대부분의 기업이 경영철학으로 사회적 책임을 승인하고 있으나 이를 실행할 때에는 많은 차이가 발생할 수 있다. 이와 같이 기업윤리(ethics)로서 존재하는 사회적 책임을 실행하지 않는 기업에 대해선 정부통제가 뒤따르게 된다. 그러므로 기업은 사회감사(social audit)제도 등을 통하여 자신들의 사회적 활동을 확인

1) W. R. Plunkett & R. F. Attner, *Introduction to Management*, pws-kentpublishing company, 1985, p. 502.

소비자 중심주의(Consumerism)는 경제적 약자인 소비자의 힘을 강화하고 사회경제 부문에서 소비자의 주권을 확립하려는 주장과 운동을 말한다.

[그림 2-1] 기업에 영향을 미치는 제변수

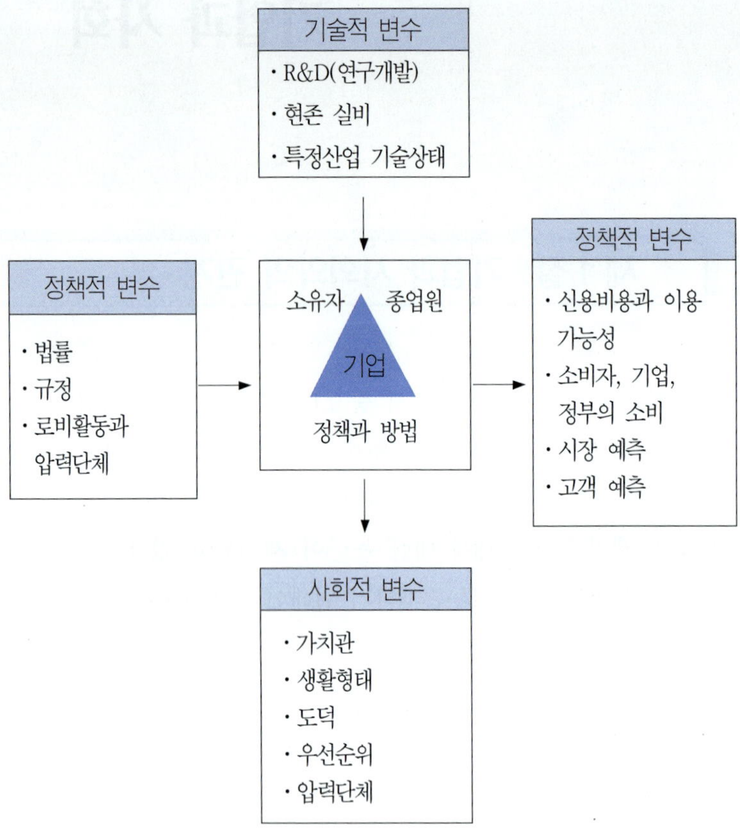

할 필요가 있다. 즉 기업은 사회적 책임을 실행하는 절차의 규정과 평가체제를 구축하여야 한다는 것이다.

경영활동은 불확실하고 빠르게 변화하므로 기업들이 현재 직면하고 있는 사회적인 이슈와 윤리적인 이슈를 기업이 인식함으로 해서 이에 대비할 수 있다.

기업에 대한 사회적 책임을 요구하는 공공의 바램은 더욱 커져만 가는 현실에서, 기업은 사회적 책임의 실행(implementation)과 평가(evaluation)라는 근원적인 문제에 직면하게 된다.

따라서 기업은 이런 책임들을 실행할 제도적 장치의 마련과 경영관의 재정립이 반드시 이루어져야 한다.

기업의 사회적 책임 수행제도를 평가하는 제도로서 사회감사(social audit)라는 제도가 있다. 사회감사는 1970년대에 나타난 것으로 조직의 사회적 책임수행에 관한 평가와 체계적인 연구로서[2) 사회에 대한 기업활동을 여러 범위로 구분하여 보고하는 시스템이라 할 수 있다. 이러한 사회적 생활의 질(social quality of life)에 대한 기업의 기여에 더욱 관심을 가지고 있다.

사회감사(Social Audit)는 기업의 사회적 책임을 이행하기 위해 벌리는 노력을 평가하는 것으로 경제적 책임, 법적 책임, 도덕적 책임 등을 완수하는지에 관심을 두고 있다.

사회감사를 실시하는 목적은 기업이 사회적 활동을 실시한 내용과 얼마나 이를 잘 수행했는가 하는 정보를 제공하여 현재 시행되고 있는 사회적 활동 프로그램의 수정과 새로운 분야의 개발을 달성하려는데 있다.

경제적 책임은 건전한 영업활동을 통해 이익을 창출하는지 또는 그 기업이 부실화될 가능성은 없는지를 살펴보는 것이다. 특정 기업이 법에서 정한 기준보다 더 엄격한 내부기준을 정해놓고 이를 준수한다면 법적, 도덕적 책임도 완수하고 있는 것이다.

이러한 사회감사는 기업들이 외부압력에 의해서 하는 의무적인 차원의 것이 아니고 기업 스스로 자발적으로 사회적 활동을 평가하는 시스템이라는 데에 그 특징이 있다. 따라서 사회감사에 포함되는 내용은 기업마다 다를 수가 있다. 보통 사회감사의 내용은 사회적으로 중요한 영향을 주는 분야, 예를 들어 환경의 질이나 동등한 고용기회의 제공 등을 포함시킨다. 스타이너(G. A. Steiner)는 사회감사의 범위 내용에 다음과 같은 사항을 포함하고 있어야 한다고 지적한다.[3)

윤리경영의 허와 실

최근 한 베스트셀러에 나온 이야기다. 매일 시장에서 양파를 파는 인디언 노인이 있었다. 어느 날 백인 관광객이 양파 한 줄의 가격을 물었더니 노인은 10센트라고 대답했다. 백인은 떨이로 모든 양파를 다 사면 얼마인지 물어보았다. "그렇게 팔 수는 없습니다." 노인은 천천히 그러나 담담한 어조로 말했다. "나는 이 시장을 사랑합니다. 북적대는 사람을, 햇빛을, 바람에 흔들리는 종려나무를 사랑합니다. 이것이 내 삶입니다. 그 삶을 위해 여기 앉아 있는 거랍니다. 양파를 모두 팔아 치운다면 내 하루도 끝이 나지 않겠습니까."

2) Kelth Davis & Robert L. Blomstrom, *Business and Society - Environment and Responsibility*-, 1975, p. 511.

3) G. A Steiner, *Business and Society*, 2nd, N. Y. : Random House, 1975, p. 201.

> 우리 사회에는 이 노인의 양파처럼 팔 수 없는 것들이 있다. 양심처럼 금전적으로 타협하면 안 되는 전통적 가치들이 그런 사례다. 이 같은 팔 수 없는 양심이 기업에 있어서는 기업윤리 혹은 윤리경영이다.
>
> 적지 않은 기업들이 아직도 사회적 정당성과 기업 효율성을 이율배반적인 것으로 보고 이윤을 추구하기 위해 사회적 책임을 저버리는 사례를 곳곳에서 볼 수 있다. 그러나 그 대가가 어떤 것인지는 최근 비윤리적 경영으로 도산한 많은 기업들이 말해주고 있다.
>
> 제너럴 일렉트릭(GE)의 경우는 충실히 윤리경영을 실천하는 기업 중 하나이다. 최근 GE의 회장인 제프 이멜트는 중국에서 한 인터뷰 중 까다로운 질문 하나를 받았다. 그것은 성과가 좋지만 윤리경영에 소홀한 직원과 윤리경영에는 충실하지만 성과가 부족한 직원 중 누구를 회사가 더욱 높이 평가하느냐 하는 것이었다.
>
> "정말 쉽지 않은 결정이다. 그러나 경험에 비춰볼 때 윤리의식이 부족한 사람은 조직에서 항상 제외돼야 한다. 윤리의식이 결여된 성과란 단기적인 결과일 뿐이다."
>
> GE는 윤리경영에 많은 투자를 하고 있다. 이것이 거대한 한 다국적기업을 유지시켜온 원동력이라 할 수 있다.
>
> (서울경제, 2003년 3월 14일)

① 법률이 요구하는 활동에 관한 사항

② 노조와의 계약을 완수하기 위한 활동

③ 기업에 의해 자발적으로 취한 사회적 활동에 관한 사항

④ 사회적으로 유익한 기타의 활동에 관한 사항

위에서 살펴본 사회감사나 사회평가 시스템(social assesment system) 같은 기업의 사회적 책임 평가제도는 미래에 더욱 폭넓게 활용됨과 동시에 그 내용이 발달되어야 한다. 이런 제도의 시행이 필수적인 이유는 비록 기업이 사회적 책임을 느끼고 이를 실행한다고 하더라도 적절한 평가제도가 존재하지 않는다면 의미 있는 사회적 목표의 성취는 늦어지게 될 것이기 때문이다.

제 2 절 기업과 사회적 규제

사회적 책임에 대한 공공의 요구는 날이 갈수록 커져만 가고 있다. 따라서 현명한 경영자는 기업환경에 적용, 생존하기 위해 이를 인식하고 기업 스스로의 행동을 통해 실행하고 있다.

기업은 스스로 규제하는 것이 바람직하나, 이것이 실행되지 않으면 정부의 규제가 행해진다.

기업 스스로의 규제(self-regulation)가 기업생존에 필수불가결한 요소가 되고 있으나 이런 규제가 단지 인식하는 차원에서 그치고 실행(practice)이 되지 않으면 공공의 힘은 어떤 수단을 통해 이를 통제하게 된다. 이런 수단이 되는 것이 정부에 의한 규제(government regulation)이다.

1985년에 미국 로스앤젤레스에 있는 가구 제조업체인 아메리칸 캐스터사(American Caster Corporation)의 두 경영자(executives)가 중독성 물질을 땅에 매립하고 하수도에 오염물질을 방류한 혐의로 구속되었다. 더군다나 이 기업은 정화비용으로 $40,000를 지불하고 Los Angels Times에 사과의 광고문을 내야만 하는 사례가 정부규제에 의한 기업의 사회적 책임수행 면을 잘 보여주고 있는 것이다. 요컨대 사회 전체 시스템의 최대효율을 생각하지 않고 부분 시스템인 기업만의 부분 효율만을 고려하는 것을 방지하고자 정부가 개입하여 이를 조정하는 것이다.

이와 같은 정부의 규제는 시대가 흘러갈수록 더욱 많아지는 추세이다. 따라서 이에 소요되는 비용 역시 높아져 가고 있는 실정이다. 그러나 가장 바람직한 현대 기업의 사회적 책임수행은 기업 스스로의 규제에 의한 완벽한 실행과 그에 따른 최소한의 정부규제일 것이다.

제 3 절 기업에 대한 사회적 문제

19세기 말~20세기 초에는 경영의 기본적인 목표는 이익의 극대화(economic maximization), 즉 경영의 경제적 책임 (economic responsibility of maximization)에 두고 있었다. 그러나 이런 경제적 책임을 수행하는 과정에서 필연적으로 사회적 해를 끼치게 되는 결과를 수반하게 되어있다. 따라서 기업이 수행하는 경제적 활동은 사회적 목표를 보장함과 동시에 사회적 해(social harms)를 상쇄시키거나 최소화하는 방향으로 제한되어야 한다. 오늘날 기업이 직면하고 있는 사회적 이슈(social issues)에는 5가지의 주요 그룹이 있다.

① 경제적 측면(The economy)
② 인간중심의 경영(People-oriented management)
③ 생태학적 측면과 환경보전(Ecology and environment protection)
④ 소비자 중심주의(Consumerism)
⑤ 에너지 위기(Energy crisis)

위의 5가지 내용은 특별히 독립적으로 존재하여 기업이 한 문제에만 관심을 갖고 해결해 나가야 할 성질의 것은 아니다. 각 문제는 서로 밀접하게 연관됨으로써 기업입장에서는 동시적인 초점을 가지고 각 논쟁에 접근해야 한다. 예를 들어 오존층을 파괴하는 프레온 가스의 사용은 환경을 파괴함과 동시에 소비자 측면과 경제적 측면에 그 영향력을 미친다.

대한상의, 기업의 사회적 책임 이슈와 트렌드 제시

"비용적 관점에서 벗어나 CSR 활동 강화해야"

올해 국내 기업의 사회적 책임(CSR) 성공을 위한 5대 이슈와 2대 트렌드를 담은 키워드가 제시됐다.

대한상공회의소(회장 박용만) 지속가능경영원은 최근 국내기업 CSR 담당자와 외부전문가 100여명을 대상으로 '2016 국내기업 CSR 트렌드'를 조사한 결과, CSR 성공키워드로 'S.U.C.C.E.S.S'를 꼽았다고 22일 밝혔다.

'SUCCESS'는 공급망 관리(Supply Chain Management), 유엔 지속가능발전목표(UN SDGs), 신기후체제(Climate Change), 공유가치창출(CSV), 윤리경영 고도화(Ethical management), 환경 · 사회 문제에 대한 해결책(Solution), 지속가능한 혁신전략(Strategy)의 첫 머리글자를 따왔다.

이번 조사에서 응답자들은 올해 CSR 5대 이슈로 공급망 관리, 유엔 지속가능발전목표, 신기후체제, 공유가치창출, 윤리경영 고도화를 꼽았다.

전체 16개 항목 중 우선 순위에 따라 3개 이슈를 고르는 설문 결과, '유엔 지속가능발전목표 대응'이 총 84점으로 가장 높은 점수를 받았다. 이어 '신기후체제와 온실가스 감축 노력'(80점), '공급망 관리'(62점), '공유가치창출'(46점), '윤리경영 고도화'(38점) 순이었다.

유엔 지속가능발전목표는 2015년 9월 25일 유엔 개발정상회의에서 채택됐다. 새천년개발목표를 승계해 2016년부터 2030년까지 글로벌 빈곤 종식과 지속가능개발을 위한 지침 역할을 한다.

신기후체제(파리협정)는 선진국만 온실가스 감축 의무가 있던 1997년 교토 의정서와 달리 195개 당사국 모두 지켜야 하는 첫 세계적 기후 합의이다. 2100년까지 지구 평균온도의 산업화 이전 대비 상승폭을 섭씨 2도보다 '훨씬 작게' 제한하고, 선진국들이 2020년부터 개발도상국 등의 기후변화 대처를 돕는데 매년 최소 1천억 달러를 지원한다는 합의를 골자로 한다.

올해 CSR 주요 이슈에 대해 기업 실무 담당자와 전문가는 다소 시각차를 보였다. 기업 실무자는 2020년 이후의 '신기후체제와 온실가스 감축노력'에 대한 관심이 가장 컸으나, 전문가들은 '유엔 지속가능발전목표 대응'을 최우선 순위로 꼽았다.

대한상의는 CSR 성공을 위한 두 가지 핵심 트렌드도 제시했다.

상의가 꼽은 첫 번째 트렌드는 '해결자로서의 기업 역할 증대'다. 지난해 발표된 유엔 지속가능발전목표와 신기후체제의 논의 과정에서도 국제사회는 환경과 사회 문제들을 해결하는데 기업들이 적극 참여해 줄 것을 요청했다.

대한상의는 "저성장기조와 함께 기업 경영환경이 악화되었음에도 국내기업 대다수가 CSR을 중요시 여기고 있었다"며 "기업이 사회문제를 완화하고 지역 발전에 기여하기 위한 CSR 노력은 앞으로도 더욱 강화될 것"으로 예상했다.

두 번째 트렌드는 '지속가능성을 고려한 혁신 전략의 강화'이다. 앞으로 기업의 신성장동력은 환경과 사회를 고려한 혁신전략이 아니라면 지속 가능하지 못하다는게 세계적 트렌드다.

대한상의는 "지속가능성을 고려한 혁신적 제품을 출시하고, 생산량도 규모의 경제성을 확보하는 수준으로까지 기업의 혁신전략을 확대 수립하고 이행하는 것이 중요하다"고 조언했다.

전수봉 대한상의 지속가능경영원장은 "기업의 CSR 활동 영역이 기후변화 대응과 양극화 완화 등으로 더욱 확대되고 있다"며 "기업은 CSR을 비용적 관점에서 파악하기보다 기업의 지속가능한 성장과 가치 창출의 토대로 인식하고 CSR 활동을 강화할 필요가 있다"고 말했다.

(노컷뉴스, 2016년 3월 22일)

1. 경제적 측면(The Economy)

한 나라의 생산능력은 꾸준히 증가하고 있는 추세로서 이런 안정적인 증가원인은 제품과 서비스를 생산하는데 사용되는 기술의 질(the quality of the technology)의 발달이다. 따라서 기업은 소비자가 요구하는 제품과 서비스를 생산하기 위해서 끊임없는 기술개발에 몰두해야 함은 기업의 생존과 경제적 환경을 위해 필수적이다.

경제적 측면에서 요구받는 또 하나의 논쟁은 실업(unemployment) 문제이다. 실업이란 보편적인 임금률(wage rage)을 받고 일할 능력과 의지가 있는 사람에게 직업이 불허용(nonavailability)된 상태를 말한다. 완전고용(full employment)은 매우 바람직한 목표라고 일반적으로 생각하고 있기 때문에, 실업은 한 나라의 경제안정 정도를 측정하는 중요 수단이 된다. 따라서 기업은 국민들의 경제적 생활을 보장하고 국가경제의 안정에 최선을 다해야 한다. 이를 위해 고용에 있어서 부당한 차별화를 실시하거나, 타 기업에서 육성하는 인력을 부당한 방법으로 유인하여 인력시장을 어지럽히는 행위는 마땅히 규제되어야 한다. 현재 정부에서 실시하고 있는 사원채용 안내문에서 남녀간의 구별을 둔 기업은 행정 조치한다는 생각은 고용안정을 달성하기 위한 방편이라고 생각할 수 있다.

기타 현대경제에 논점으로 제시되고 있는 인플레이션(inflation), 디플레이션(deflation), 스태그플래이션(stagflation) 등의 경제현상에 기업은 큰 관심을 가지고 국민경제의 안정에 기여해야 한다. 그 이유는 기업의 의사결정이 한 나라 경제의 안정에 결정적인 역할을 수행하기 때문이다.

2. 인간중심의 경영(people-oriented management)

인간중심의 경영을 달성하기 위한 가장 중요한 요건은 권한의 위양(delegation)이다.

기업의 경영자는 인간중심의 철학을 가지고 기업을 관리해 나가도록 노력해야 한다. 이런 인간중심의 경영개념은 기업의 사업특성, 경영규모 등에 관계없이 매우 귀중한 것으로 최근에 등장하고 있다. 그러나 기업집단에 있어 소유구조의 집권화된 본질이 바로, 다음과 같이 요약할 수 있는 한국기업의 관리특성을 야기한다.

① 상의하달식 의사결정
② 가부장적 경영스타일
③ 주관적인 업적평가 및 인센티브 시스템

물론 위의 각 관리특성이 효율적인 면을 내포하고 있는 것은 사실이다. 그러나 종업원들이 자기 자신이 속해있는 부서 혹은 자신에게 영향을 줄 수 있는 의사결정에 직접 참여하게 됨으로써 더 높은 생산성을 달성한다는 것은 의문의 여지가 없을 것이다. 따라서 기업이 노동자의 복지증진(작업환경 개선, 복리후생시설 확충 등)을 위해 노력하고, 노사협력체제를 강화(대화여건 조성, 노사협력체제 구축, 종업원의 귀속의식 함양 등)하는 데 노력해야 한다.

인간중심의 경영이 달성되기 위한 가장 중요한 요건으로서 권한의 위양(delegation)논리는 매우 중요하다. 권한의 위양이란 조직 내에서 특정 개인에게 직무활동(job activities)을 부여하고 관련된 권한(authority)을 부여하는 과정으로서 이런 권한위양이 효율적으로 이루어지기 위한 지침은 다음과 같다.

① 종업원 자신의 방법으로 업무를 추진할 수 있는 자유를 부여한다.
② 위양된 업무와 관련해 상호 일치된 결과와 실행표준의 설정
③ 업무에 대한 정의, 실행, 의사소통 과정에서 종업원의 활동적 역할을 장려
④ 프로젝트나 업무의 완성에 대한 종업원 신뢰
⑤ 보다 큰 프로젝트나 부문 혹은 조직목표와 위양된 업무의 상호 관련성의 설명
⑥ 업무수행을 위해 필요한 권한의 부여
⑦ 위양된 업무를 수행하기 위해 필요한 정보, 사람, 부문으로서의 접근 가능성 부여
⑧ 만족스럽게 위양된 업무를 완성하기 위해 필요한 훈련과 지침

의 제공

⑨ 가능한 종업원의 흥미에 기초한 업무위양

초기의 생태학(ecology)은 식물을 대상으로 하였으나 그 후 동물 나아가 인류를 포함하는 생물전체로 확대되어 20세기 초반에는 생물학의 종합분야로서 생태학의 기초가 형성되었다.

최근에는 환경문제가 심각해졌기 때문에 생태학의 대상이 전 인류적인 자연환경, 사회환경의 문제로 확대되고 있다.

3. 생태학적 측면과 환경보전 (ecology and environmental protection)

생태학적 측면과 환경보전은 현대기업에게 매우 중요한 사회적 논쟁이라고 할 수 있다.

생태학(ecology)-인간과 환경 사이의 관계-은 법적인 측면뿐만이 아니라 사회적 관점에서도 중요한 관리적 요소이다. 기업에서의 산업적인 생산은 필요한 제품과 서비스와 함께 필연적으로 쓰레기(waste)와 공해(pollution)를 만들어 낸다. 예를 들어 광석 등을 캐내기 위해 대지는 파헤쳐진다. 물은 원재료를 공정하기 위해 더럽혀지고, 공기는 공장, 자동차 등의 연소로 탁해진다. 이런 와중에서 생태계가 파괴되어 가는 것이다.

그러나 산업화되어 가는 사회에서 생태계를 파괴하는 오염과 쓰레기의 발생을 막을 수는 없어도 그 양을 줄일 수는 있고 이에 따라 사회적인 부담을 덜 수 있다. 과거 냉장고나 공기조절기에 사용되던 프레온 가스가 대기에 해를 끼치므로 대체원료를 사용하는 활동이 그 좋은 예이다.

공해(pollution)문제는 산업사회가 더욱 발달할수록 심각해져가는 문제이다. 이런 공해문제는 환경보전에 의해 살기 좋은 환경을 제공하고 후세에 오염되지 않은 깨끗한 환경을 물려준다는 의미에서 크게 사회성을 가지고 있다. 공해는 인간의 정신과 육체에 영향을 미치고 인간성 보호의 문제까지도 야기시키는 매우 큰 문제라 할 것이다.

따라서 기업의 사회적 책임인 공익성을 위반하는 환경문제는 반드시 해결되어야 한다.

이를 위해 각 기업은 공해관리에 만전을 기해야 하고, 공해방지시설에 대한 투자의 증가 등 자구책 마련에 노력해야 한다.

이와 동시에 공해문제가 사회성을 가진다는 말과 같이 사회 전체적으로도 기업의 공해방지활동을 촉진하기 위한 촉진자로서의 역할을 수행해야 한다. 현재 선진국들의 각 기업이 환경과의 조화를 이루는 인간 삶의 질 향상에 초점을 두고 시행하고 있는 그린 마케팅이 활발히 이루어지고 있고, 정부의 법적 규제 및 행정적 규제 이외에 민간단체를 통한 원천적인 공해방지활동을 수행하고 있다. 실례로 이런 활동의 대표적인 것이 환경마크(E-Mark)제도의 도입이다. 이는 환경적으로 권장할 수 있는 상품에 이 마크를 부여하고 있음으로 해서 환경개선을 위한 기업활동을 촉진하고 기업 스스로도 광범위한 활동을 전개해 나가도록 하는 것이다.

4. 소비자 중심주의(consumerism)

기업이 생산하는 제품과 서비스에 대한 소비자의 욕구는 또 하나의 사회적 책임문제를 야기한다. 소비자 중심주의(consumerism)란 미국에서 1960년대 초 관심을 받아온 소비자 보호운동을 말하는 것으로서, 기업과 소비자의 관계, 즉 판매자와 구매자와의 관계에서 구매자를 보호하기 위해 시민이나 정부가 추진하고 있는 사회적 이념이다.

고객은 기업의 활동과 관련된 불만이나 시정사항을 기업 측에게 요구할 수 있는데 이때 이런 고객의 반동(backlash)을 가능하게 하는 것이 소비자 중심주의라는 것을 알 수 있다. 미국의 랄프 네이더(Ralph Nader)는 자동차의 안전, 육류에 대한 연방정부의 검사, 광산의 안전 및 공장사고의 방지와 관련되어 의회에서 해당법의 통과에 주요 역할을 수행하였다. 이와 같이 과거 기업의 고압적 마케팅 개념을 탈피하고 소비자의 안전과 권리를 보호하기 위한 활동이 가능하게 된 것이 소비자 중심주의이다.

소비자의 권리(consumer's rights)에는 제품과 관련된 여러 측면(가격, 영양가 등)을 알 권리, 제품의 안전성을 기대할 권리 등 여러 가지 측면에서 접근할 수가 있으나, 1962년 케네디(J. F. Kennedy)가 의회에서 연설한 4가지 측면이 소비자 권리를 가장 잘 표현해 주고 있다.

소비자운동(consumer movement)은 소비자가 거래에서 발생되는 여러 문제를 주체적으로 해결하려는 사회운동이다.

1891년 미국 뉴욕에 소비자연맹이 결성된 것을 시작으로 주로 식품의 품질향상을 요구하는 운동으로 시작되었다.

1964년 랄프 네이더가 시작한 자동차 안정성과 관련된 '기업고발운동'은 새로운 형태의 소비자운동을 창출하는데 공헌하였다. 이를 네이더리즘(Naderism)이라 한다.

① 안전에 대한 권리
② 정보에 대한 권리
③ 선택에 대한 권리
④ 청취에 대한 권리

이런 소비자 보호운동에 발맞추어 기업은 경제적 약자인 소비자를 보호하기 위해 제공되는 상품이나 서비스의 품질 우량화와 가격 저렴화에 노력하고, 소비자의 복지가 향상될 수 있는 방향으로 의사결정을 내려야 한다. 이를 위해 소비자와 기업간의 의사소통 채널을 항상 마련하여 그들의 불평을 수렴하고 이를 해결해 나갈 전담부서를 기업에 설치・운영해 나가야 한다.

5. 에너지(energy)

대체연료는 일반적으로 석유의 대체물로서의 연료를 의미한다.

각국의 과학자들은 앞으로 석유자원의 고갈에 대비하여 자동차용 대체연료 개발에 힘쓰고 있다.

이 대체연료로서 유망한 것은 알코올, 식물성 기름, 어유, 석탄 액화유 등이다.

대체 에너지원에 대한 발견(finding)과 개발(developing)에 기업의 참여가 필요하다. 실질적으로 많은 양의 에너지가 기업의 생산활동에 투입・사용되기 때문에 주요 에너지 사용원으로서 대체에너지 개발에 노력해야 한다.

과거에는, 관리자가 장비를 운영하고 적당한 작업장의 불빛을 제공하는 등의 중요 목적으로 사용된 에너지가 도처에서 쉽게 얻을 수 있고 제한되지 않는 것으로 생각하였다. 그러나 현재에는 한정된 자원과 이런 자원의 에너지 사용의 증가는 계속적으로 이루어지고 있는 실정이다. 이로 말미암아 과거의 에너지 원(energy sources)은 점차 희귀한 존재가 되었으며, 에너지 비용 역시 매우 높아졌다. 전 세계적으로 에너지 수요가 급증하고 있으며 계속 증가할 것으로 예상된다. 우리나라의 경우에도 에너지 수요는 매년 급증하고 있다.

부존자원이 거의 없는 우리나라로서는 이런 에너지 문제는 더욱 심각해 에너지 소비의 증가에 따라 에너지 수입액이 크게 증가하고 있는 형편이다.

기업의 경우에 에너지와 관련된 사회적 책임은 1980년대 초에 논쟁화되었다. 이때 에너지와 관련되어 나타난 사회적 반응은 두 가지 측면, 즉 보존(conservation)과 대체연료의 사용에 초점이 맞춰졌다.

현재 에너지 원으로서 석유(oil)에 대한 의존정도는 갈수록 심화되고, 결국 석유가격이 크게 상승할 것으로 예상되므로 이런 에너지 원의 사용은 가급적 줄이도록 해야 한다. 또한 예기치 못하는 에너지 공급의 감소에 대비하기 위해 생산활동상에 존재하는 에너지 낭비적인 요소는 제거되어야 한다.

원자력(nuclear power), 바람(wind), 태양(sun), 합성연료(synthetic fuels) 등을 에너지 원으로 활용함으로써 석유나 천연가스 등을 대체할 수 있다. 이러한 대체 에너지 원에 대한 발견(finding)과 개발(developing)에 기업의 참여가 필요하다. 실질적으로 많은 양의 에너지가 기업의 생산활동에 투입·사용되기 때문에 주요 에너지 사용원으로서 대체 에너지 개발에 노력해야 한다는 것이다.

환경마크(E-Mark)제도

우리나라에서 실시하고 있는 환경마크제도는 같은 종류의 다른 제품에 비해 생산, 사용, 폐기과정에서 환경오염을 덜 시키거나 에너지 및 자원절약과 관련있는 저공해 상품에 대해 공인기관이 일정한 마크를 부여하는 제도이다. 따라서 소비자에게 환경오염이 적은 상품을 골라서 구매하도록 유도하며 결국 이러한 상품이 잘 팔리게 됨으로써 환경오염을 줄이는 데 기여하고 청정기술을 개발할 수 있도록 해주는 것이다.

이 제도는 1979년 5월 독일에서 최초로 시행된 이래 1980년대 후반부터 일본, 캐나다, 덴마크, 스웨덴 등 25개국에서 시행되고 있다. 우리나라는 1992년 6월부터 시행되고 있다.

환경마크를 부여받은 제품은 판매 시 환경보호단체, 소비단체 등의 지원을 받을 수 있으며 이 제도를 통해 기업 스스로 저공해제품이라고 판매하는 제품에 대해 객관적인 품질인증을 할 수 있어 소비자에게 혼란을 줄여줄 수 있다. 또한 소비자에게 환경정보를 제공하여 생활방식이 환경보전형으로 변하도록

도와줘 궁극적으로 환경보호에 기여하게 되며 기업의 이미지를 높이는 데도 효과를 얻고 있다. 따라서 우리 기업은 환경친화적인 상품을 만들어 모두 환경보호에 노력해야 할 것이다.

"마누라 자식 빼고 다 바꿔라" 삼성만? 현대차·SK·LG도 '바꾼다'

재계 서열 1위 삼성의 수장 이건희 삼성전자 회장이 그룹 전체의 강도 높은 변화와 혁신을 주문한 '신경영 선언'이 세상 밖으로 나온 지 23년이 지났다.

"마누라와 자식만 빼고 다 바꿔라"라는 이건희 회장의 일침이 오늘날까지도 삼성의 변화 근간으로 자리 잡고 있는 가운데 최근 현대자동차, SK, LG그룹 등 재계 '빅 4'에서도 총수들이 전면에 나서 과거 이 회장의 '신경영 선언'에 버금가는 환골탈태 수준의 변화를 주문하며 급변하는 경영환경에서의 생존을 위한 혁신방안 마련에 팔을 걷어붙이고 있다.

삼성의 변화는 아직도 진행형이다. 이건희 회장의 장남 이재용 삼성전자 부회장이 그룹 컨트롤타워를 맡은 이후 '잘하는 것에 집중하자'는 실용주의 체제로 전환기에 접어든 삼성은 전자와 금융, 바이오 등 핵심 3대 신수종 사업을 중심축으로 발 빠른 변화에 나서고 있다.

5일 삼성은 사내방송 SBC를 통해 소프트웨어 경쟁력에 대한 고찰과 자기반성 메시지를 담은 특별기획 방송 두 번째 이야기 '삼성 소프트웨어 경쟁력 백서 2부, 우리의 민낯'을 내보냈다. 지난달 21일 첫 번째 방송 '삼성 소프트웨어 경쟁력 백서 1부, 불편한 진실' 편에서 글로벌 기업이라는 외부 평가 뒤에 가려진 부족한 소프트웨어 역량에 대한 자성의 목소리를 낸 지 2주 만이다. '이재용 체제' 전환 이후 수평적 조직문화로 색깔을 바꿔가고 있는 삼성이지만, 부족한 부분에 있어 '당근'이 아닌 '채찍'을 선택, 할 말은 하는 컨트롤타워의 경영방식은 아버지 세대와 똑 닮아 있다.

이재용식 변화도 속도를 내고 있다. 삼성은 최근 그룹 핵심 계열사인 삼성전자를 중심으로 기존 연공서열적 방식에서 벗어나 철저히 전문성을 중심으로 한 인사제도 개편안을 내놓은 등 대대적인 조직문화 재편에 나섰다. 기존의 부장, 차장, 과장, 대리, 사원 등 7단계의 수직적 직급을 직무역량 발전 정도에 따라 4단계(CL1~CL4)로 단순화하는 것은 물론 직원 간 호칭 역시 'ㅇㅇㅇ님'으로 통일하기로 한 것이다.

한 재계 관계자는 "이 같은 삼성의 변화는 발 빠르게 변하는 글로벌 시장환경에 어울리지 않는 고루한 형식에서 벗어나자는 이재용 부회장식

실용주의가 반영된 결과로 보인다"며 "삼성의 변화는 다수 대기업의 변화의 바로미터로 여겨진 만큼 삼성의 조직문화 재편이 국내 재계 전체에 어떤 변화를 가져올지 지켜봐야 할 것"이라고 말했다.

현대자동차그룹 역시 정몽구 회장의 진두지휘 아래 기존의 경영 틀에서 벗어나 '고급차'와 '친환경차'를 중심으로 한 투트랙 전략을 내세우며 변화에 속도를 높이고 있다. 기존 대중차 브랜드 이미지 탈피를 위해 럭셔리브랜드 '제네시스' 출범하며 메르세데스-벤츠, BMW 등이 선점하고 있는 고급차 시장에 도전장을 내민 현대차는 최근 친환경차 개발에도 적극적으로 나서며 신성장동력 확보를 위한 발판을 마련하고 있다.

특히, 친환경차 개발에 대한 열의는 상당하다. 현대차의 '아이오닉'과 기아차의 '니로' 등 하이브리드 전용모델을 출시하며 기술력을 증명한 현대차는 오는 2018년까지 차세대 전용 수소전기차 전용 모델을 출시하고, 2020년까지 수소전기차 차종을 2개로 늘려 글로벌 친환경차 시장에서 '톱2'에 진입한다는 목표를 제시했다.

완성차 업계 관계자는 "현대차의 친환경차 개발 프로젝트는 최근 글로벌 완성차 시장에서 '디젤 게이트' 여파가 확산하고 있는 가운데 확실한 대응책이 될 수 있다는 점에서 상당한 의미가 있다"며 "미래 기술 선점에 성공한다면 글로벌 브랜드로서 확실하게 자리매김할 것"이라고 설명했다.

SK그룹의 수장 최태원 회장도 최근 예정에 없던 '2016년 SK그룹 확대경영회의'를 열고 그룹 주력 계열사 최고경영자(CEO)를 소집, 강도 높은 혁신방안 마련에 앞장설 것을 주문했다. 경영복귀 이후 하이닉스 등 주력 계열사 핵심 시설을 둘러보는 등 분주한 행보를 보인 최 회장이지만, 그룹 수뇌부를 향해 직접 '쓴소리'에 나선 것은 이례적이다.

최 회장은 한자리에 모인 CEO들을 향해 "그룹의 각종 경영지표가 심각한 수준이다. 현재 경영환경 아래 변화하지 않는 기업은 Slow가 아니라 Sudden Death가 될 수 있다"며 "기업 간 경쟁을 전쟁에 비유하는데, 진짜 전쟁이라면 용납할 수 없는 상황이다. 모든 것을 바꾼다는 자세로 임해야 한다"고 강조했다.

최 회장의 깜짝 행보와 관련해 재계에서는 최근 SK그룹 주력 계열사의 부진한 실적이 한몫을 차지한 것으로 내다보고 있다. 실제로 SK하이닉스의 경우 시장 불황 여파로 지난 1분기 영업이익(5,617억 원)이 전년대비 65%가량 급감했다. 일각에서는 올 하반기부터 SK그룹의 경영체제에 적지 않은 변화의 바람이 불 것이란 관측도 나온다.

SK그룹 관계자는 "최태원 회장의 주문은 급변하는 대외 환경 속에 기민한 대응을 위해 내부에서부터 변화에 나서야 한다는 점을 강조한 것"이라며 "'따로 또 같이'라는 경영철학에서도 알 수 있듯이 SK그룹의 변화는 하달 식으로 이뤄지지 않는 만큼 일방적이고 갑작스러운 변화는 이뤄지지 않겠지만, (최 회장이) 역동적인 변화에 대한 주문에 나선 만큼 기존의 방식과 다른 새로운 변화를 모색해 나갈 것"이라고 말했다.

구본무 LG그룹 회장은 불확실한 경영환경에 대한 불안을 여과 없이 드러내며 '생존'을 위한 변화를 강조하고 있다. 구 회장은 지난 5일 서울 여의도 LG트윈타워에서 열린 임원 세미나에서 "브렉시트(영국의 유럽연합 탈퇴) 등 최근 경영 환경의 불확실성이 커진만큼 기민한 대응이 필요하다"고 밝혔다.

'틀 바꾸기'에 대한 구 회장의 주문은 이번이 처음이 아니다. 지난 3월에는 곤지암리조트에서 열린 'LG혁신마당'에서 "지금까지와 차원이 다른 획기적인 혁신이 필요하다"며 경쟁에서 우위에 설 수 있는 이전과 다른 새로운 해법을 제시할 것을 주문한 바 있다.

구본무 회장의 이 같은 행보는 최근 LG그룹의 경영상황과 무관하지 않다. 그룹 주력 계열사인 LG전자의 경우 전략 스마트폰 'G5'의 부진으로 지난 1분기 2000억 원에 달하는 적자를 기록하는 등 부진에서 헤어나오지 못하고 있다. LG그룹은 지난 1일 위기 타개를 위한 대응책의 일환으로 LG전자의 스마트폰 사업을 담당하는 모바일 커뮤니케이션(MC) 사업본부와 관련한 대대적인 조직 개편안을 발표한 바 있다.

한 재계 관계자는 "최근 대기업 총수들이 전면에 나서 대대적인 변화와 혁신을 강조하고 있는 것은 '불안한 경제 상황에 대한 위기감'이 반영됐다는 점에서 공통점을 갖고 있다"며 "그룹 컨트롤타워가 직접 나서 강도 높은 변화를 주문한 만큼 올 하반기부터 각 그룹사별로 변화의 움직임을 보일 것으로 보인다"고 말했다.

(더팩트, 2016년 7월 6일)

에너지의 공급은 한정되어 있다. 미래에 에너지의 부족은 각 기업이 그들의 관리 시스템을 운영하는데 많은 변화를 가져다 줄 것이다. 즉 상품과 서비스를 생산하는데 가장 중요한 에너지를 안정적으로 공급하는 문제가 관리자가 해결해야 할 제1의 책임이 될 것이기 때문이다. 기업은 이런 문제를 인식하고 동시에 사회적 책임을 수행한다는 양 측면에 기초하여 자발적인 에너지 절약형의 생산활동과 대체연료 개발에 노력해야 한다.

제4절 기업윤리와 사회적 책임

1. 기업윤리 및 책임과 관련된 문제

기업이 직면하고 있는 사회활동의 문제들(societal issues)과 윤리적 문제들(ethical issues)은 그 의미와 영향면에서 매우 유사하다. 그러나 책임은 기업의 행위에 관련된 강제적이고 그 폭이 좁은 반면, 윤리는 기업의 경영범주를 벗어난 보다 폭넓은 개념을 포함하고 있음으로써 일반적인 사항을 대상으로 하는 경우가 많다. 책임과 윤리의 성질을 비교하여 보면 〈표 2-1〉과 같다.[4)]

기업은 의사결정 수립 시에 타 부문에 대한 이상적인 생각을 반드시 고려하여야 하며, 그럼으로써 기업이 직면하고 있는 윤리적인 책임을 수행할 수 있다.

〈표 2-1〉 책임과 윤리의 비교

	책 임	윤 리
본질	권한에 대한 대응	보편적
대상	지정	일반적
주체	인간과 조직	인간(조직)
영역	행위	행위와 태도

기업윤리의 초점은 기업의 운영환경 내에서 발생하는 올바르거나 잘못된 행동과 관련되어진다. 기업의 의사결정이 미치는 효과는 여러 부문으로 파급되어 간혹 타 부문(소비자, 종업원 등)의 이상적인 생각과 마찰을 일으킨다. 따라서 이런 타 부문에 대한 이상적인 생각을 의사결정 수립 시에 반드시 고려해야 한다. 그럼으로써 기업이 직면하고 있는 윤리적인 책임을 수행할 수 있다.

보통 기업의 경영자는 스스로 사회 및 특정 분야에 대해 윤리적인 책임을 모두 고려하고 있다고는 하지만 실질적으로 그렇게 행동하지 못하는 기업들을 우리 주변에서 쉽게 찾아볼 수 있다. 이를 방지하기 위해 기업내부에서는 사회윤리의 수행에 관한 체계적인 노력이 필요하다고 할 것이다. 참고로 미국의 존슨 앤 존슨사(Johnson &

4) 신유근, 기업과 사회-경영환경론, 경문사, 1986, p. 236.

Johnson)의 경영윤리에 관한 우리의 신조(creeds)를 보면 다음과 같다.

- 우리들의 첫째 책임은 우리들 상품의 수요자인 약사, 의사, 간호사, 병원, 주부, 그리고 모든 소비자에 대한 책임임을 확신한다.
  우리들의 상품은 항상 최고의 품질이 유지되어야 한다.
  우리들은 항상 우리들의 제품가격을 인하하는 노력을 경주해야 한다.
  우리들에 대한 주문은 항상 신속하고 정확히 처리되어야 한다.
  우리들의 제품을 취급하는 사업자도 정당한 이익을 올릴 수 있도록 해야 한다.

- 우리들의 둘째 책임은 회사에서 일하는 전 사원(남성, 여성, 사무원, 생산원의 구별 없이)에 대한 책임이다.
  전사원은 안심하고 일에 종사할 수 있어야 한다.
  급여는 정당하고 적절해야 한다.
  관리는 정당히 행해지고, 근무시간은 적절하고, 작업환경은 청결하고, 또한 정리되어 있어야 한다.
  전사원에 대해서 의견의 제출 혹은 애로사항의 건의가 가능한 기회와 방법이 마련되어야 한다.
  감독자 또는 각 부분의 책임자는 공명정대한 정신을 지님은 물론 관리자로서의 자격을 지니고 있어야 한다.
  능력 있는 사람에 대해서는 승진의 기회가 부여되고, 사원 한 사람 한 사람은 존엄과 가치를 지닌 개인으로서 존중되어야 한다.

- 우리들의 셋째 책임은 회사의 경영자에 대한 책임이다.
  회사의 간부는 풍부한 재능과 양식, 그리고 충분한 지성을 지니고, 나아가 경험과 능력, 이해력이 뛰어나야 한다.

- 우리들의 넷째 책임은 우리들이 존속하는 사회에 대한 책임이다.
  우리들은 선량한 시민으로서, 사회의 유익한 일에 공헌하고, 복리증진에 기여하고 시민으로서 적절한 세금을 부담해야 한다.
  우리들은 우리들의 시설을 항상 최적의 상태로 유지해야 한다.

우리들은 항상 사회의 발전, 건강의 증진, 교육의 향상에 공헌하고, 사회의 이해를 얻을 수 있도록 노력해야 한다.

- 우리들의 다섯째 책임은 회사의 주주에 대한 책임이다.
  사업은 건전한 이익을 올릴 수 있어야 한다.
  새로운 아이디어를 창출하고, 연구개발을 계속하고, 때로는 대담한 기획을 세우며, 실패의 경우는 이를 극복해 나가야 한다.
  항상 불황에 대한 대비를 해나가야 하며, 정당한 세금을 지불하고, 새로운 기계를 구입하고, 새로운 공장을 건설하고, 새로운 판매방법을 개발하고 참신한 기획을 추구해 나가야 한다.
  주주에게는 정당한 배당이 제공되어야 한다.
  우리들은 우리들이 지닌 전 역량과 최선의 노력을 경주 할 것을 결의한다.

기업은 매일 수없이 많은 윤리적인 논쟁에 직면한다. 이런 윤리적인 논쟁이 발생하는 부문을 크게 대별하여 보면 다음 4부문간의 관계로 나누어 볼 수 있다.

① 소비자와의 관계
② 기업구성원과의 관계
③ 기업투자자와의 관계
④ 지역사회에의 관계

1) 대고객관리(relations with customers)

경제적 약자로 분류되는 소비자와의 관계에서 기업은 실로 많은 비윤리적인 행동을 하여 왔다. 예를 들어, 상품의 불완전성, 판매촉진을 위한 부당한 약관에 의한 거래, 독과점을 통한 가격할당, 과대광고에 의한 고압적 판매(high-pressure sales) 등을 들 수 있다.

기업이 고객을 통하여 얻는 이익은 소비자 지향(consumer orientation)적인 소비자 중심주의(consumerism)를 채택하여 소비자의 만족도 제고를 통해서 이루어져야 한다. 결국 이것은 고객을 중시하는 기업활동으로서 이루어지는데 LG의 고객을 위한 가치창조활동은 그 좋은 예이다.

종업원은 내부고객이라고 불리운다. 고객만족이란 일반적으로 외부고객의 만족을 의미한다. 그러나 조직 외부에 양질의 서비스를 제공하려면 먼저 조직 내부에 양질의 서비스를 제공할 수 있는 체제를 구축해야 한다. 다시 말해 소위 '내부고객'을 중시하지 않는 한, 진정한 '고객지향적 조직'은 존재할 수 없다.

내부고객만족을 지칭하는 ES는 employee satisfaction을 의미하는데, 간혹 CS (customer satisfaction)에 대응되는 말로 사용된다.

이런 기업의 활동은 고객의 만족도를 향상시키는 활동을 수행함으로써 동시에 기업의 이익을 향상시키려는 것이다. 여기에서 고객만족도란 고객이 제품을 구입하여 특정 욕구를 충족시켜 주고, 그리고 소비 후 얻게 되는 소비자의 정신적 상태라고 정의할 수 있다. 이런 고객만족도를 결정하는 요인은 다음과 같다.[5)]

작은 나눔의 사랑이야기, '초코파이 정'

30년에 이르는 장수 브랜드 오리온 '초코파이 정'은 동양제과 최고, 대한민국의 최고 브랜드다. 러시아와 중국, 베트남, 인도, 미얀마 등 해외에서도 선풍적인 인기를 끌어 당당히 수출의 한몫을 차지한 자랑스런 한국과자이기도 하다. 지난 2000년까지 장장 22편으로 이어져 온 '초코파이 정' 시리즈의 광고 캠페인은 한국인의 구수한 정을 보여주는 것에서 시작해 초등학교 책걸상을 바꾸는 공익적 차원의 정을 보여주기도 했다. 뿐만 아니라 세계로 눈을 돌려 '정'이라는 보편적 심성을 공유하였고, 밝고 새로운 정으로 변신까지 시도한 국내에서 몇

5) 한국마케팅연구원, 경영과 마케팅, 1991. 4, p. 22.

안되는 최장기, 최고의 캠페인이다. 한국과자의 판매역사를 만들어가고 있는 국민과자 '초코파이 정'이 국내 2천여 과자류 중 최대 매출의 신기원과 함께 이토록 오랫동안 사랑 받아온 이유에서 광고가 지니는 힘을 간과할 수 없을 것이다. 제품출시 시점부터 줄곧 고성장을 기록해온 오리온 '초코파이'는 몇 가지 위기에 직면하게 되었다. 오리온을 모방한 경쟁사들의 제품출시, 매출액의 역신장 및 성장세 둔화, 장수제품이 갖는 소비자의 식상함에 대한 우려 등이 그것이다. 오리온 '초코파이 정' 캠페인은 이러한 절박한 위기상황 속에 태동하게 되었다. 물질문명의 발달로 인간의 고유가치를 상실한 사회상을 반영하여 누구나 공감할 수 있는 한국과 한국인의 정서를 주제로 휴머니즘을 강조하고, 넘쳐나는 광고 홍수 속에서 독특한 이미지를 구축코자 한 키워드가 바로 '정'이었다.

고객만족도의 판매활동 관련 요인 중 광고를 통한 기업이익을 획득한 사례를 들어보자. 기업에서의 촉진(promotion)전략으로 주로 사용하는 것이 광고이고, 이런 광고에서 인간적 차원을 벗어난 과대・허위의 단순 상품광고를 실시하여 윤리적 문제를 야기하는 경우가 비일비재하다. 그러나 기업의 제품광고를 통한 상품의 홍보뿐만 아니라 인간성 회복의 차원에서 크게 성공을 거둔 광고도 있다.

동양제과의 오리온 '초코파이 정' 시리즈 광고를 기억해 보자. 오리온 '초코파이 정'은 1989년 '선생님과 학생' 편을 시작으로 지금까지 20편 이상의 정 시리즈를 이어오고 있다. "말하지 않아도 알~아요~"로 시작되는 잔잔한 BGM. 이사 가는 날 옆집 사람들과의 가슴 찡한 정, 소나기 내리는 원두막에서 나누는 오누이의 정, 군대 간 삼촌을 바라보는 어린 조카의 정, 우편배달부 아저씨에게 혹은 가까운 이웃에게, 생일을 맞은 선생님에게 초코파이는 우리네의 애틋한 '나눔의 정'으로 그 역할을 다해온 것이다. 이 가운데 한 폭의 수채화 같은 '여름 원두막'편은 1992년 런던국제광고제에서 파이널리스트상을 받았고, 같은 해 한국방송광고대상 작품상을 수상했다.

2) 대종업원 관계(relations with company personnel)

> 국내 대기업들은 90년대 중반부터 사내대학을 잇따라 만들었다. 사내대학의 목적은 국내외 기업 모두 비슷하지만 국내 사내대학은 고급인력의 자체 양성에 보다 중점을 두는 점이 다르다. 외국기업들이 경영자 후보나 고급 샐러리맨을 수천 개의 경영대학원이나 다른 기업에서 데려다 쓰는 것과 대조적이다. 고급 인력의 외부충원이 쉽지 않은 경직된 국내 노동시장 미비점을 보완해주는 것이 우리 대기업의 사내대학이라고 할 수 있다.

기업이 직면하고 있는 또 하나의 어려운 문제는 종업원과의 관계라 할 수 있다. 이는 기업의 의사결정이 직접적으로 종업원의 작업환경에 영향을 주기 때문이다. 기업을 경영해 나가기 위해 필요한 종업원들의 고용·승진·이동·보상 및 해고결정이 관리자에게는 요구된다. 이런 과정에서 발생하는 윤리적 문제는 자칫 노사분규로까지 갈 수 있는 소지가 있는 것으로 조직의 분위기에 큰 영향을 줄 수 있다.

예를 들어 기업의 프로젝트(project)를 성공적으로 수행한 젊은 사원과 회사에 성실하게 근속하고 있는 중견사원이 있다고 가정해 보자. 당신이 경영자라면 두 사원 중에 누구를 승진시켜야 한다고 생각하는가? 이 문제는 당신의 승진결정대상을 지목한 후 자칫 조직 전체에 큰 파문을 던져줄지도 모른다. 이와 같이 종업원 관계에서의 문제는 더욱 복잡하고 결정적인 윤리의 문제를 야기할 가능성이 있는 것이다.

또 하나 고려해 보아야 할 사항이 기업환경의 극심한 변화이다. 과거의 산업화 시대에서 정보화 시대로 진행되어 가는 상황에서 기업은 세계화(globalization)라는 환경을 맞이하고 있다. 이런 환경은 과거 국가 내의 경쟁에서 세계적인 경쟁으로의 확장을 의미하고 불확실성 역시 더욱 심해진 환경이라 할 수 있다. 따라서 경영자는 종업원의 능력개발을 도와주어야 하는 환경변화에 따른 윤리적인 측면에 부딪치게 된다. 국내 기업들도 최근 기술 및 경영인력 양성의 필요성을 느끼고 사내대학이나 대학원 설치, 국내 대학의 위탁교육 등을 꾸준히 실시하고 있다. 이런 교육의 효과는 개인의 능력개발과 동시에 기업이익의 향상으로 나타나 종업원에 대한 환경변화 대응의 배려뿐만이 아니라 장기적인 기업이익도 획득할 수 있다.

3) 대투자자 관계(relations with investor)

기업이 지켜야 할 또 하나의 윤리적인 대상은 주주이다. 이 측면은 기업의 형태(합명회사·합자회사·주식회사·유한회사)에 따라 그 존재여부가 판가름 나지만, 현재 대부분의 기업형태가 주식회사 형태를 취하므로 기업의 출자자인 주주에 대한 인식이 등장하였다. 주주의 법적인 주요 권리는 다음과 같다. 따라서 기업은 그들의 권리를 보장해줌과 동시에 투자에 대한 수익을 증대시키기 위해 노력해야 한다.

1. 배당을 받을 권리
2. 투표의 권리 : 이사회의 구성 선출, 주요 인수 합병 등
3. 보고를 받을 권리 : 기업의 재무상태
4. 탄원의 권리 : 회사나 임원에 대한 반대
5. 매각의 권리 : 자신의 주식을 타인에게 매도

그러나 이런 주주에 대한 기업의 노력은 기업에게 있어 매우 민감한 부분이라 할 수 있다. 그 이유는 종업원 생활의 질(quality of life)을 향상시켜야 하는 측면과 주주에 대한 기업 본연의 의무 사이의 마찰 때문이다. 실례로 기업의 생산시설을 해외로 이주하고, 외국의 근로자를 고용함으로써 기업이익을 향상시킴으로 주주의 투자에 대한 이익을 향상시킬 수 있다. 그러나 이로 말미암아 발생하는 국내 종업원의 실직문제는 종업원에 대한 윤리적 문제를 야기한다.

따라서 기업은 주주와의 원활한 의사소통을 통하여 기업의 욕구와 주주의 욕구를 조정해야 한다. 이로 말미암아 양자가 균형된 입장을 취하여 기업은 물론 주주의 장기적인 이익확보를 달성해야 할 것이다.

4) 대지역사회 관계(relations with community)

자본주의 경제체제의 국가형태를 취하고 있는 우리나라는 기업 또는 기업인이 국민들로부터 존경의 대상이 되지 못하면 국민경제는 쇠퇴의 길을 걷게 될 것이다. 따라서 기업은 단순히 사적 사유의 이윤추구집단이라는 인식에서 벗어나 국민 전체와 관련된 공동체적 인식을 가지고 있어야 하는 것은 오히려 당연하다.

기업이 경제활동, 즉 생산활동 과정을 통해 이윤을 획득해야 하지만 그 가운데서 발생하는 유해폐기물 배출은 큰 사회문제화 되고 있다. 3M은 환경보호와 관련하여 타 회사의 모범이 되는 기업이다. 2015년 Fortune지 선정 세계 5백대 기업 가운데 377위를 차지한 3M은 환경보호팀을 만들어 활동하고 있다. 이 팀은 매년 매출액의 2%

Fortune지는 미국의 격주간 종합 경제지로 1930년 2월에 타임지를 창간한 루스에 의해 창간되었다.

1978년 월간에서 격주간이 되었으며, 매년 5월 제1주호에서 발표하는 전미 기업순위(Fortune 500)가 유명하다.

를 환경보호활동에 투자하고 있다.

기업은 변화하는 사회윤리에 초점을 맞춰 그 가치규범에 맞는 행동을 해야 한다. 그렇지 않을 경우 장기적으로 기업의 시장생존이 어렵게 된다는 것을 절실히 인식해야 한다. 기타 환경문제에 대한 지속적인 정부의 정책, 시민의 감시활동을 통한 대응 노력이 요망된다.

2. 기업의 사회적 책임에 대한 평가

대한상공회의소는 상공회의소법에 의해 설립된 민간경제단체로서, 주요 업무로는 경제현안 및 업계 실태에 관한 조사와 연구, 회원기업의 권익대변과 상공업계의 애로 타개를 위한 건의와 답신, 상공업 진흥을 위한 회의·연수·경영상담, 국제통상 진흥과 민간교류 확대를 위한 국제협력, 산업인력 양성을 위한 직업교육, 사무기능의 보급을 위한 국가기술자격 검정, 상공업에 관한 공공사업 및 각종 정보제공, 정부와 업계간의 가교 역할, 지역사회 개발을 위한 지원 등의 활동을 한다.

우리는 앞에서 기업이 직면하고 있는 문제를 사회적 책임 측면과 윤리적 측면으로 나누어서 살펴보았다. 기업이 사회시스템의 부분시스템으로 존재하고 있는 현실에서 기업의 욕구만을 추구하던 시대는 이미 끝이 났다. 주변환경과의 원활한 조화를 통해 그들의 욕구를 충족시키고, 기업책임을 성실히 수행하는 기업만이 존속할 수 있는 시대가 온 것이다. 따라서 기업이 수행하고 있는 매일 매일의 의사결정에는 반드시 기업의 사회적·윤리적 책임을 고려한 내용이 포함되어야 한다. 그럴 때만이 주변환경으로부터 공감받는 기업이 될 것이다. 앞으로 계속 기업으로 존재할 수 있는 기업의 모습을 정리하면 〈표 2-2〉와 같이 요약할 수 있다.[6]

〈표 2-2〉 좋은 기업을 위한 구축 방향

기업상	평가기준	대상	실현방향
강한 기업	경제가치: 효율화 전문화 규격화	이종, 동종 기업	전략적 제휴 본업의 명확화
공감 받는 기업	문화가치: 공익성 인간성 사회성	조직내 : 종업원 조직외: 고객 지역사회	분배적 정의 직무만족(자아실현) 시간적 재량권 고객만족 사회에의 공감 및 조화

6) 한국마케팅연구원, 경영과 마케팅, 1992. 7, p. 30.

〈표 2-2〉에 제시된 기업상은 '좋은 기업'이라는 측면에서 향후 기업들이 지향해야 할 모습이라 할 수 있다.

과거 공업화 시대에서는 경제활동을 통한 산출물의 극대화로 표현되어 온 규격화 · 효율화 · 전문화가 기업성장의 기준으로 여겨져 왔다. 그러나 탈공업화 시대와 정보화 시대에서는 소비자의 생활패턴이 생존의 추구에서 생활의 추구로 변함으로써 가치의 척도가 양적 · 물적 기준에서 정신적 · 질적 기준으로 변화하게 되었다. 따라서 기업은 물적 자원의 환경적응 이외에도 조직 내 · 외부에 존재하는 이해자 집단들의 인간적인 삶의 충족을 실현시켜주는 여건의 제시 및 공기로서의 기업위치 재정립이 반드시 필요하게 된다. 즉 기업은 경제가치의 극대화를 위한 '강한 기업'과 사회적 공기로서의 공익성 · 인간성 · 사회성 중심의 문화가치를 갖는 '공감받는 기업'을 동시에 추구해 나가야 한다는 것이다.

기업활동은 고립적으로 이루어지는 것이 아니라 기업과 긴밀한 관계가 있는 다른 여러 사회집단들과 끊임없이 상호작용을 하는 것이다. 이와 같이 경영에 관심을 가지며 영향을 미치는 다른 사회집단을 이해자 집단(interest group)이라 한다.

사실 전략적 경영시대라고도 말하는 80년대조차도 기업문화에 대한 기업의 태도는 생산성을 증대시키려는 물질적 차원으로서 인식하는 수준이었다. 그러나 바람직한 기업문화는 기업이 나아가야 할 방향을 제시해 주고, 대 사회적 활동과의 조화를 통한 질적 차원의 기업문화가 되어야 한다. 이러한 기업문화의 정착을 통해 기업이 사회와 고객으로부터 공감을 얻어 바람직한 기업 이미지를 형성하고, 기업시민으로서 기업의 사회적 책임과 윤리적 책임에 대응해 나갈 수 있다. 최근 기업 이미지 증진을 위한 CIP(Corporate Identity Program)나 기업의 기부 또는 기여활동(기업은 지역사회 구성원의 하나로 장기적인 관점에서 사회와 일체감을 추구하는 기업 행위) 등은 기업 이미지 쇄신을 위한 노력의 좋은 예라 할 수 있다.

기업이미지통합전략(corporate image identity program)은 고객에 대한 커뮤니케이션 차원의 시각적 요소는 물론, 기업의 경영이념을 재정립하고 이를 내부 임직원의 행동변혁으로 확산, 정착시키는 것까지 포함하는 기업 차원의 혁신적 프로그램이다.

산업의 성숙도가 더해가고 경쟁이 치열해질수록 기업 성장에 있어서 고객에게 기업의 실체를 명확하게 인식시키는 것이 중요하다. 그러나 CIP는 단순히 기업의 로고 · 심벌마크 등 시각적 요소의 변경이나 고객에의 인지도를 높이는 차원만이 아니다.

이러한 일들의 현대기업경영에서 게임의 규칙(rule of game)이 변하고 있다는 것을 보여준다. 이런 환경변화(경제가치 중심→사회 · 문화가치 중심)에 기업은 신속히 적응할 수 있는 체질의 개선이 시급하고, 사회와 공생한다는 개념을 기초로 기업의 공감대를 내 · 외부에 넓힐 수 있는 새로운 기업전략이 필요하다.

기업의 진면목…윤리경영과 사회적 책임

마법의 0.6%!…인간과 원숭이의 차이는 0.6% DNA 때문

장수기업의 DNA는 0.6% 사회책임의식

정말 오래 기업하려면 사회공헌사업 모델을 구축하라

인간과 원숭이 DNA는 얼마나 다를까? 연구결과에 따라 미세한 차이는 있지만 미국 미시간주에 있는 웨인주립대학 연구팀은 두 종의 핵심적인 DNA 가운데 99.4%가 동일하다는 사실을 밝혀냈다. 단지 0.6% 차이가 인간과 원숭이라는 엄청난 결과를 만들어낸다는 얘기다.

마법의 0.6%는 과연 무엇일까.

이 비밀을 풀기 위해 진화·발달심리학자인 마이클 토마셀로는 그의 저서 「이기적 원숭이와 이타적 인간에서」 생후 24개월 미만 유아와 침팬지 행동을 비교하는 독특한 연구를 진행했다.

이 연구에서 토마셀로는 원숭이가 보이는 합리적인 이기성과 달리 인간은 선천적으로 이타적인 본성을 지녔다는 사실을 밝힌다. 그리고 타고난 이타성에 따른 협력의 반복이 사회를 구성하고 제도를 만들어내면서 결국 '호모 사피엔스(인간)'의 성공을 가져왔다고 주장한다.

이를 기업과 사회에 적용해보는 것도 흥미롭다. 대부분의 기업조직은 형태가 크게 다르지 않다. 유사성으로 치면 인간과 원숭이의 유전자 차이 정도라고나 할까. 기업들이 서로 비슷한 형태와 구조를 가졌지만 잠시 반짝하다가 몰락하는 기업도 있고 100년을 넘어 지속 성장하는 '위대한 기업'도 있다.

마치 원숭이와 인간의 DNA처럼 1%도 안되는 차이가 기업의 운명을 가른다. 인간을 원숭이와 다른 만물의 영장으로 만들어낸 '이타성'처럼 기업의 차이를 보여주는 그 핵심에 '윤리와 사회적 책임'이 있다.

연일 뉴스의 중심에 서 있는 올림푸스는 분식회계 사건으로 내부를 개혁하려던 외국인 최고경영자(CEO)마저 회사를 떠나게 만들었다. 반면 캐논은 최근 '공공선을 위해 모두 함께 살아가고 일한다'는 슬로건을 내걸며 잘 나아가고 있다. '1%'의 차이가 두 기업의 운명을 가르고 있는 셈이다.

100년 넘는 위대한 기업으로 진화하기 위해 필요한 '윤리경영'과 '사회적 책임'을 주제로 다루기 위해 매일경제 MBA팀은 키이스 다시(Keith T. Darcy) 윤리·준법경영인학회(ECOA) 사무총장을 만나 단독 인터뷰했다. ECOA (Ethics & Compliance Officer Association)는 세계에서 규모가 가장 큰 기업 윤리, 준법감시, 감사 분야 전문가들의 비영리단체로 현재 전 세계 160여 국에서 각종 산업을 대표하는 1000여 개 기업이 회원사로 가입돼 있다. 포천지 선정 100대 기업 대부분이 ECOA의 회원사다.

키이스 다시 사무총장은 "요즘 기업에 재무 · 전략 · 운영 리스크보다 더 중요하게 관리해야 하는 것이 '평판 리스크'"라며 "기업의 부도덕성이 드러날 경우 또 그런 루머에 시달릴 경우 기업의 시장가치가 떨어지는 것은 물론 고객과 직원들마저 회사에 대한 충성도가 떨어지게 된다. 특히 직원들의 사기 저하는 진짜 치명적"이라고 설명했다.

직원들이 그들이 일하고 있는 직장에 대해 자부심을 갖고 회사의 리더들을 존경할 때 회사의 성과가 올라갈텐데, 윤리경영에 실패하면 이 모든 것이 사라진다는 것이다.

다시 사무총장은 "윤리경영을 통해 직원들의 충성을 확보하고 여기에 기업의 사회적 책임, 사회공헌활동을 더하면 고객들도 자신들이 '신뢰하는 기업'의 서비스나 제품을 사게 된다. 정직의 문화를 바탕으로 윤리경영과 기업의 사회적 책임 이행 전략을 짠다면 회사는 다른 리스크와 어려움을 견디고 지속가능한 성장을 할 수 있게 된다"고 강조했다.

그는 "기업이 계속적으로 자유로운 경영환경을 누리고 싶다면 자기 규제를 할 수 있어야 한다"며 "기업의 사회적 책임도 SR(Social Responsibility)에서 SA(Social Accountability)로 진화해야 한다"고 말했다. SR가 기업의 사회에 대한 단순한 '반응' 정도였다면 SA는 제대로 수행하지 않으면 문제가 되는 '진짜 책임'이라는 것이다.

함께 대담을 진행한 장영철 경희대 교수는 "많은 한국 기업이 법무팀과 홍보팀을 보강하는데, 그것보다는 사회공헌사업 모델을 구축하는 데 더 신경 쓸 필요가 있다"고 강조했다.

장 교수는 "경영의 구루였던 피터 드러커는 기업과 사회는 신체와 장기간의 유기적 관계로 비유했다"며 "건강한 신체(사회)와 깨끗한 장기(기업)는 상호 지속가능한 성장을 지지해주는 호혜적 관계를 견지해야 한다"고 말했다. 그는 "이런 관점에서 볼 때 만약 기업이 수단과 방법을 가리지 않고 수익을 올려 금전적으로 기부 · 기여를 하는 행위로 그 소임을 다했다고 천명한다면 기업과 사회의 유기적 관계를 심도 있게 이해하지 못한 것이라 할 수 있다"고 설명했다.

- '착한 기업가정신' 전도사 키이스 다시 ECOA 사무총장

(매일경제, 2012년 1월 13일)

<<<<<<<<<<<<<<<<<<<<<<<<<<<<<<<<<<<<<<<<<<<<<<<<<<

주요용어

게임의 규칙(rule of game)
경영의 경제적 책임(economic responsibility of maximization)
경제적 측면(The economy)
권한의 위양(delegation)
기업 스스로의 규제(self-regulation)
기업 이미지 통합전략(corporate image identity program)
기업윤리(ethics)
대고객관리(relations with customers)
대종업원 관계(relations with company personnel)
대지역사회 관계(relations with community)
대투자자 관계(relations with investor)
사회감사(social audit)
사회적 책임(social responsibility)
사회적 해(social harms)
사회평가 시스템(social assesment system)
사회활동의 문제들(societal issues)
생태학적 측면과 환경보전(Ecology and environment protection)
소비자 중심주의(Consumerism)
소비자 지향(consumer orientation)
에너지 위기(Energy crisis)
윤리적 문제들(ethical issues)
이익의 최대화(economic maximization)
인간중심의 경영(People-oriented management)
정부에 의한 규제(government regulation)

개념확인

1. 기업은 사회와 어떠한 관계에 있으며, 기업은 사회에서 어떤 역할을 수행하고 있는가?
2. 기업에 대한 사회적 규제에는 어떠한 것들이 있는가?
3. 기업이 직면하고 있는 사회적 이슈와 기업의 대응방안은 무엇인가?
4. 기업이 직면하고 있는 윤리적 논쟁은 무엇인가?
5. 기업이 직면하고 문제들을 윤리적 측면과 사회적 책임의 측면으로 나누어 살펴보자.

제 3 장

기업의 소유와 형태

기업의 종류는 크게 세 가지, 즉 단독기업, 공동기업, 그리고 주식회사 등으로 구분된다.

기업이란 "기본적으로 경제원칙에 입각하여 지출되는 비용(cost)에 비해 보다 큰 이익(benefit)을 창출하여 가치극대화(value maximization)라는 목표를 달성하기 위하여 운영되는 공동체조직"이라고 정의될 수 있다. 이 장에서는 기업의 경영조직상 법률적 형태에 대하여 논의한다. 기업목표의 달성을 위하여 어떠한 법률적 형태가 가장 적합한가는 기업 소유주의 입장에서는 사실 대단히 복잡하고 중대한 결정이 된다. 대기업이든 혹은 동네의 구멍가게이든 모든 사업은 경영상의 필요에 입각하여 가장 적합한 소유구조(즉, 단독기업, 공동기업 또는 주식회사 등)를 선택하지 않으면 안 된다.

법률적 소유구조(legal ownership structure)란 출자자의 수와 책임한도, 경영원리 및 특성, 그리고 기업내부의 주요기관 및 구조와 같은 분류요건에 의한 기업의 종류를 말한다. 이와 같은 분류에 따른 기업의 종류는 크게 세 가지, 즉 단독기업, 공동기업, 그리고 주식회사 등으로 구분된다.

① 단독기업(sole proprietorship)은 한 개인에 의해 소유되고 운영되는 경영조직체를 말한다.

② 공동기업(partnership)은 두 사람 이상의 개인이 공동소유자로서 운영하는 경영조직체를 말한다.

③ 주식회사(corporation)는 엄격하게 말해서 소유자로부터 완전히 분리된 법인체(legal entity)를 가리킨다.

기업을 구성할 때는 여러 가지 요소들을 고려해야 한다. 이러한 요소들 중에는 조직구성의 용이성, 재무적 책임한계, 활용 가능한 재무적 자원, 세제, 경영기술, 자본조달능력 및 구성원들의 개인적 이해관계 등이 포함된다.

제 1 절 우리나라 기업의 법률적 소유구조

우리나라 대기업의 대부분은 주식회사 형태를 가지고 있으나 중소제조업체의 경우는 아직도 상당부분 개인기업의 형태로 운영되고 있다.

기업의 법률적 소유구조의 각 형태 - 단독기업, 공동기업, 그리고 주식회사 - 는 각각 독특한 장·단점을 지니고 있다. 이러한 특징들의 개요는 〈표 3-1〉로 요약할 수 있겠다.

단독기업(sole proprietorships)은 가장 단순한 형태로서 한 개인이 전액 출자하여 통상 그 자신에 의하여 직접 경영되는 조직체이다. 따라서 단독기업의 자산, 이익, 그리고 부채는 전적으로 소유자에게 속한다.

〈표 3-1〉 기업 소유구조의 장단점

소유구조	장 점	단 점
단독기업	모든 이익금의 보유 설립과 해산의 용이성 소유의 유연성	무한재무책임 자본조달의 한계 경영능력의 결여 계속성의 결여
공동기업	설립의 용이성 보완적인 경영능력 확대된 자본조달 능력	무한재무책임 개인간의 갈등 계속성의 결여 해산의 복잡성
주식회사	유한재무책임 전문화된 경영기술 확대 자본조달 능력 대규모 경영의 경제성 확보	설립·해산 시의 복잡성 및 막대한 비용소요 세제상 불리 법적 규제

제 2 절 단독기업

단독기업(sole proprietorships)은 기업의 소유구조 중에서 가장 기본적인 형태이다. 단독기업은 가장 단순한 형태로서 경영주체인 개인과 소유주로서의 단독기업가와의 사이에 아무런 법적 구분이 명시되어 있지 않다. 단독기업은 한 개인이 전액 출자하여 통상 그 자신에 의하여 직접 경영되는 조직체이다. 단독기업의 자산, 이익, 그리고 부채는 전적으로 소유자에게 속한다.

관할세무서는 국세에 관한 사무를 처리할 수 있는 권한을 가지고 있는 세무서를 일컫는다. 관할세무서는 '지방세무행정기관의 명칭·위치 및 관할구역에 관한 규정'에 의해 정해진다.

이와 같이 단순함에도 불구하고 단독기업은 여전히 대부분의 국가들을 보면 사기업 중에서 가장 보편적인 형태로 꼽히고 있다. 단독기업의 형태는 여러 산업에 걸쳐 많이 이용되지만 특히 소규모 소매점 및 서비스 업체 등과 같은 영세소기업에 주로 집중되어 있다.

1. 단독기업의 장점

단독기업은 다른 소유구조에서는 찾을 수 없는 여러 장점들을 지니고 있다. 즉 총이익금의 유보, 기업설립과 해산의 용이성 및 소유의 유연성이 그 중 대표적인 것으로 꼽힌다. 단독기업의 총이익(또는 총손실)은 소유주에게 귀속된다(물론 그 중 개인소득세는 정부에 귀속된다). 회사가 수익성이 좋을 경우에 이것은 중요한 이점이 될 수 있다. 모든 이익금을 유보(그리고 모든 손실에 대한 책임)시킬 수 있다는 사실은 소유주로 하여금 기업경영을 가능한 한 효율적으로 하기 위한 유인을 제공하게 된다.

법적 요건이 매우 간단하므로 단독기업의 형태로 사업에의 진입 및 탈퇴가 매우 용이하다. 보통 단독기업을 설립하기 위한 유일한 법적 요건은 당해 관할 세무서에 기업명(또는 상호)을 등록하는 것과 사업에 필요한 면허(또는 허가)를 취득해야 하는 것이다. 단독기업의 경우 해체가 용이하다는 사실은 특정한 사업을 하는데 있어 아주 매력적인 특징으로 간주된다. 특히 한시적으로 특정 상거래를 위하여 설립되는 경영조직의 경우 효과적이다. 예컨대, 한 개인이 어느 운동경기장에서 음악회를 개최하기 위해 만든 사업체를 들 수 있다.

소유의 유연성 또한 단독기업의 이점이다. 소유주는 단독으로 경영에 관하여 신속한 의사결정을 내릴 수 있다. 소유주는 경영상 필요한 때에 즉각적인 행동을 취할 수 있을 뿐만 아니라 거래상의 비밀을 확고히 유지할 수 있다. 이러한 유연성은 흔히 얘기되는 '내가 나의 상관'이라는 말에서 나타나듯이 경영자의 개인적 만족에도 크게 기여할 수 있다.

2. 단독기업의 단점

단독기업의 단점으로는 무한재무책임, 자본조달능력의 한계, 전문적 경영능력의 부족 및 계속성의 결여를 꼽는다. 경영조직과 소유자 간에 엄밀한 법적 구분이 없기 때문에 기업가는 기업의 모든 부채에 대하여 무한책임(unlimited liability)을 지게 된다. 만일 회사의 자산으로 부채를 감당하지 못할 경우 소유주는 개인자산으로 기업부채를 상환해야 한다. 이와 같은 단독기업의 무한책임은 사업이 실패할 경우 소유주의 재정적 파멸을 초래할 수도 있다.

단독기업의 자본원천은 소유주의 개인자금과 차입자금으로 한정되어 있다. 단독기업은 보통 소액의 개인자금으로 영위되기 때문에 자본규모 및 자본조달에 있어 매우 취약하다. 대외신용을 확보하고 있지 못하기 때문에 은행을 비롯한 금융기관들은 종종 그러한 소기업에 대출하는 위험을 꺼려한다. 이와 같은 자본조달능력의 한계로 말미암아 단독기업은 사업확장에 많은 애로를 겪게 된다.

단독기업은 통상 소유자가 경영의 책임을 맡는다. 그는 광범위한 관리 및 생산 활동에 관하여 의사결정을 내려야 하는데, 한 개인의 경영능력에는 한계가 있기 마련이다. 기업이 성장함에 따라 소유주는 전과 같은 효율성을 유지할 수 없게 되고 또한 능력 있는 관리요원을 확보하기가 힘들게 된다. 단독기업은 다른 소유구조에 비하여 보통 종업원들의 승진기회가 적고, 복리후생이 빈약하며, 특히 직업의 안정성이 보장되지 않는다. 그러나 단독기업의 종업원들은 특정 사업에 대해 배울 수 있는 좋은 기회를 가진다.

단독기업은 장기적인 계속성이 부족하다. 소유주의 사망, 파산, 퇴직 또는 개인적 관심의 변화는 단독기업으로 조직된 경영체에 종말을 초래할 수 있다. 이상과 같은 단점으로 인하여 단독기업의 형태는 대규모자본을 필요로 하는 사업에는 부적당하다.

제3절 공동기업

> 유한책임은 채무자의 일정한 재산 또는 일정액을 한도로 하여 채무의 담보가 되는 경우이고, 무한책임은 채무자의 전 재산이 채무의 담보가 되는 경우로 구분된다.

공동기업(partnerships)도 사기업 소유구조의 한 유형이다. 공동기업은 자발적인 법적 합의에 의한 공동소유자로서 경영조직을 운영하는 두 사람 또는 그 이상의 합의체를 말한다. 공동기업의 형태로는 합명회사와 합자회사가 대표적으로 꼽힌다. 한편 주식회사에 가까운 형태의 공동기업으로 유한회사가 있다.

합명회사(general partnership)는 모든 출자자들이 공동소유자로서 함께 기업을 경영하고 기업의 부채에 대하여 연대 무한책임을 진다. 이것은 특성상 단독기업과 비슷하며 친밀한 관계에 있는 소수의 사람들이 인적 신용을 바탕으로 설립되는 것이 보통이다. 출자자들이 정관을 작성하고 법원에 등기함으로써 설립된다. 합명회사는 인적 요소에 치중하기 때문에 각 출자자는 법률상 여러 가지 구속을 받는다. 즉 대표사원 혹은 업무집행사원을 선정하는 경우라 할지라도 그 연대 무한책임에 있어서는 모든 출자자가 동일하게 취급될 뿐만 아니라 정관의 변경, 사원의 제명, 지분의 양도 등에는 출자자 전원의 동의가 필요하다.

합자회사(limited partnership)는 무한책임사원(general partners)과 유한책임사원(limited partners)으로 구성되는 기업형태이다. 합자회사는 합명회사보다 광범위한 투자자들로부터 자본을 조달할 수 있다는 장점을 가지고 있다. 기업경영은 일반적으로 무한책임을 지는 출자자에 의해 수행된다. 유한책임 출자자의 재무적 책임은 당사자가 경영에 적극적으로 참여하지 않을 경우 기업에 출자한 자본규모에 한하며 단지 출자에 따른 이익의 분배를 받는다. 이러한 형태의 기업에서는 무한책임사원의 신용이 기초가 되며, 출자지분의 양도는 무한책임사원 전원의 동의를 필요로 한다. 합자회사의 지분을 매각함으로써 자본을 조달하는 방식은 오늘날 일반화되어 있다.

유한회사는 회사의 자본을 다수의 균등액으로 분할하고, 모든 사원은 그가 인수한 출자좌수에 대한 출자의무만 진다(유한책임). 이는 뒤에 설명하는 주식회사와 유사한 성격을 가지지만, 사원의 총수제한(50인), 타인에 대한 지분의 양도제한, 주권과 같은 증권발행금지 등의 제약이 있다. 그러나 주식회사에 비하여 회사운영에 대한 법의 간섭이 적으므로 중소기업이 유한책임의 이점을 얻고자 할 때 이용되는 기업형태이다.

정관(articles of corporation)이란 법인의 조직, 활동을 정한 근본규칙을 말한다. 정관에는 선량한 풍속 기타 사회질서에 위배되지 않는 한, 여하한 사항이라도 기재할 수 있다.

공동기업의 또 다른 형태로서 합작사업(joint venture)을 들 수 있다. 이것은 중세의 범선시대에 무역을 사업으로 하는 무역상인과 선박 및 상품의 공급자 또는 자금출자자를 한 개의 기업조합에 결합시킨 집단기업을 말하는데, 주로 특수한 사업을 행하기 위한 둘 이상의 당사자가 관련하여 일시적으로 설립하는 경영조직형태이다. 이를 합작투자라고도 한다.

1. 공동기업의 장점

공동기업은 설립의 용이성, 상호보완적인 경영능력, 그리고 자본조달능력의 확장이라는 이점이 있다. 공동기업의 설립은 단독기업의 경우와 같이 비교적 쉽다. 출자자간의 합의사항을 보다 명확하게 하기 위해서 상세한 부분까지도 정관에 포함시킨다. 이렇게 함으로써 기업내부적 상호관계를 명확히 하고 공동기업이 기초한 본래의 합의사항을 유지시키는데 큰 도움이 된다.

기업이 공동기업의 형태를 취하는 보편적 이유로는 상호보완적 경영능력의 이용가능성을 들 수 있다. 관련된 사람들이 각자 단독기업을 운영하게 되면 그들 나름대로 어떤 경영기술이 부족할 수 있으나 그들이 공동기업의 형태로 결합함으로써 각자 자신의 특유한 경영능력을 제공할 수 있게 된다. 예를 들어, 기술자, 회계사, 그리고 마케팅 전문가 등이 공동으로 합명회사를 설립하여 상품 또는 서비스의 생산은 물론 판매까지도 관장할 수 있게 된다. 기업경영에 있어 추가적인 경영관리능력이 필요할 때에는 관련대상자를 종업원으로서 보다는 출자자로 참여시키는 것이 훨씬 수월할 것이다.

공동기업은 설립의 용이성, 상호보완적인 경영능력, 그리고 자본조달능력의 확장이라는 이점이 있다. 반면에 공동기업은 무한재무책임(유한책임 출자자는 제외), 출자자간의 갈등, 계속성의 결여, 그리고 해산의 복잡성 등의 단점이 있다.

공동기업은 각 출자자들이 투자하는 자금을 활용할 수 있으므로 자금조달능력이 단독기업에 비해 훨씬 커진다. 그들은 또한 일반적으로 단독기업보다 훨씬 차입규모를 늘릴 수 있다. 무한책임 출자자들은 기업의 부채에 대하여 무한책임을 지게 되므로 금융기관은 단독기업보다 공동기업에 우선적으로 대출해 주려는 경향이 있다. 따라서 더 많은 출자자가 기업경영에 참여하게 되면 그만큼 대출재원 활용가능 규모가 커진다는 것을 의미한다.

2. 공동기업의 단점

구상권은 채무자를 대신하여 채무를 변제한 연대채무자나 보증인 등이 그 채무자에 대해 가지는 반환청구의 권리를 말한다.

공동기업의 단점으로는 무한재무책임(유한책임 출자자는 제외), 출자자간의 갈등, 계속성의 결여, 그리고 해산의 복잡성 등이 주로 꼽힌다. 무한책임 출자자는 각자 회사의 부채에 대해 연대 무한책임을 져야 하며 다른 출자자의 행위에 대해서도 법적 책임을 부담한다. 즉 기업의 명의로 되어 있는 부채뿐만 아니라 타출자자의 사업수행상 과실의 결과로 소송이 제기된 경우에도 모든 출자자가 책임을 져야 하는 것이다. 단독기업의 경우와 마찬가지로 무한책임 출자자는 필요할 경우 개인재산을 사용해서라도 공동기업의 모든 부채를 상환해야 한다. 다시 말하면, 공동기업의 부채규모가 기업의 총자산을 초과할 경우에 채권자들은 무한책임 출자자들의 개인자산에 대해서도 구상권을 가진다. 만일 무한책임 출자자 중에서 단 한 사람만이 약간의 개인자산을 가지고 있는 경우에는 그 사람이 회사의 모든 부채를 갚아야 한다. 그러나 유한책임 출자자들은 그들이 회사에 투자한 자본규모만큼 손실을 볼 뿐이다.

공동기업의 경우 경영상의 의사결정 과정에서 출자자 상호간의 반목 또는 갈등이 표출될 가능성이 있다. 만일 이러한 갈등이 해소되지 않고 심화된다면 기업의 해체가 최선의 해결책일 수밖에 없다.

30조원 규모 공유경제 시장, '소유' 아닌 '사용'에 초점

차량·음식·재능 등 다양한 공유경제 서비스..국내도 카셰어링 서비스 활발

경제 불황이 이어지고 있는 가운데 사람들의 소비 형태도 변화하고 있다. 복합기나 정수기 등을 구매하지 않고 매달 일정 금액을 지급하면서 렌트하거나, 하나의 주택에 여러 사람들이 함께 모여 거실을 공유하는 형태로 거주하는 '쉐어하우스'가 대표적이다.

최근에는 차량을 공유하거나 자신의 주거지 일부를 여행객에게 제공하는 숙박공유 등 다양한 공유 서비스가 세계적으로 활발히 진행되면서 전세계 공유경제의 현재 규모는 약 30조원으로 추산되고 있다.

이에 국내에서도 공유경제를 활성화하기 위한 정책들이 추진되고 있는 상황이다.

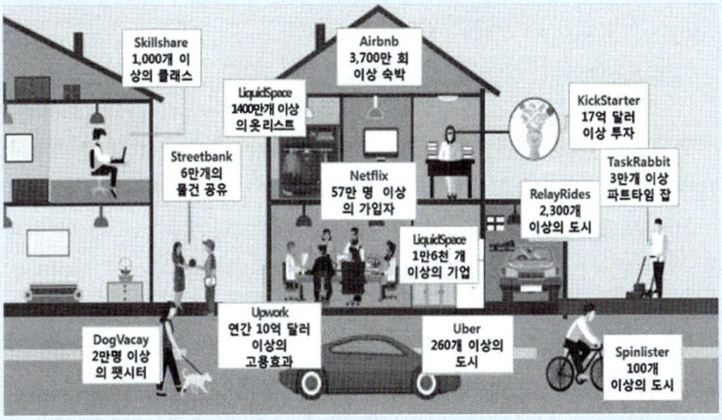

글로벌 컨설팅 업체 닐슨이 세계 대륙 각지의 소비자 3만명을 대상으로 공유경제에 대한 인식을 조사한 결과 아시아·태평양 지역의 공유경제 참여의향은 81%로 나타났다. 그 중 우리나라 소비자의 참여의향은 49%로, 북미(43%)·유럽(44%)보다 높게 나타나 성장 가능성을 보이고 있는 상황이다.

공유경제(Sharing economy)는 물품·생산설비·서비스 등을 개인이 소유할 필요 없이 필요한 만큼 빌려 쓰고, 또 자신이 필요 없는 경우 다른 사람에게 빌려주는 공유소비 개념이다. 즉 누구든지 '공급자'가 될 수 있다는 것이 핵심이다.

공유경제 참여의향

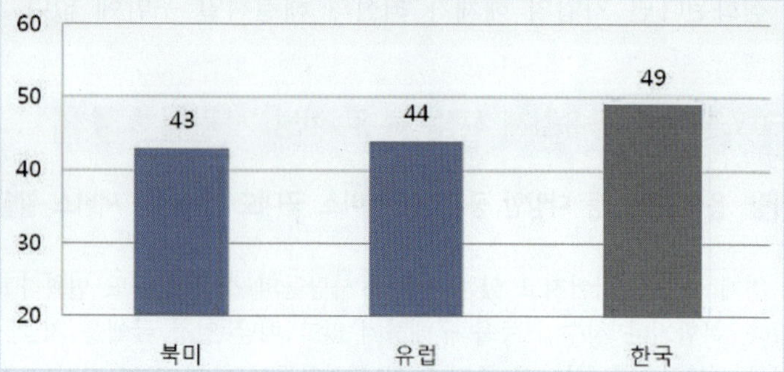

공유경제는 2008년 세계 경제위기 당시 본격적으로 논의가 시작된 후, 지난해 차량공유 '우버'와 숙박공유 '에어비앤비'의 성공으로 성장 가능성을 입증했다.

특히 에어비앤비는 2008년부터 사업을 시작한 후 현재 200여개 국가에 진출해 200만개가 넘는 숙박업체를 보유하면서 지난해 9월 기준 세계 주요 스타트업 중 3위를 차지한 바 있다. 에어비앤비는 숙박업이 아닌 일반 주거지 일부를 다른 사람에게 대여해 줄 수 있도록 연결시켜주는 서비스를 제공하고 있다.

이에 따라 공급자는 사용하지 않는 기간 동안 금전적 이익을 얻을 수 있고 이용자는 호텔 등 기존 숙박업과는 다른 분위기의 숙소에 머무를 수 있다. 또 일반 가정집이니만큼 세탁기 · 주방시설 등이 설비돼 있다는 것도 장점이다.

정부도 공유경제 세계 시장 규모를 오는 2025년까지 3350억 달러(한화 약 385조 8,195억원)로 전망하면서, 세계적 트렌드로 부상한 에어비앤비를 롤모델로 삼아 서비스 신산업으로 육성할 필요성을 강조했다.

기획재정부(이하 기재부)는 지난 2월 투자활성화 대책을 발표하면서 '공유 민박업'을 신설해 주거중인 주택을 숙박서비스에 제공할 수 있도록 허용하겠다고 밝혔다. 기존 민박업과의 형평성 · 공유경제의 취지 등을 감안해 일정 요건 하에 등록제로 운영하고 영업가능일수를 연간 120일로 제한하는 형태다.

자동차 공유서비스인 카셰어링은 이미 국내에서도 활발히 진행되고 있다. 국내 카셰어링 기업 '쏘카'는 2012년 출시된 이후 지난 2월 기준 앱 다운로드 수 150만을 넘기면서 현재 200만을 목전에 두고 있다. 100대로 시작했던 차량 대수도 이달 기준 5000대를 보유 중이며, 매출은 2012년 3억원에서 지난해 448억원으로 급성장했다.

'그린카' 또한 현재 150명의 회원과 4000대의 차량을 보유하면서 2013년 65억원이었던 매출액이 지난해 220억원으로 상승했다.

다만 우버와 달리 운전자와 같이 차량이 공유되는 것은 아니며 차량 또한 업체 소유이기 때문에 기존의 '렌터카'와 유사한 부분이 있다. 하지만 24시간, 즉 하루 이상을 대여하는 렌터카와는 달리 카셰어링은 10분 단위로도 예약이 가능하기 때문에 드라이브 등 짧은 거리를 이용할 때 유용하게 사용할 수 있다는 차이점이 있다.

또 렌터카의 경우 대여할 때마다 계약서를 작성해야 하지만 카셰어링은 회원가입만 하면 계약서를 따로 작성할 필요가 없다. 이 외에도 서울시 기준으로 도보 2분 거리마다 차량을 빌릴 수 있는 차고지가 설치돼 있어 빠르고 편리하게 차량을 픽업할 수 있다는 장점도 있다.

이 외에도 최근 유모차를 공유하고 스포츠카를 공유의 개념으로 사용할 수 있다고 홍보하는 공유경제 포털까지 등장하고 있다.

해외에서는 공유경제로 널리 알려진 우버와 에어비앤비 외에도 다양한 공유경제 서비스가 시행되고 있다.

지난 27일 KT경제경영연구소가 발간한 'ICT로 도약하는 가치중심 공유경제'에 따르면 2012년 설립된 'Eat With'는 집주인이 음식을 마련해 자신의 집으로 사람들을 초대하는 방식으로 운영되고 있다. 현재 30개국 150개 이상의 도시에서 500명의 호스트(요리사)를 확보하고 있으며, 6만명 이상의 게스트가 참여할 만큼 인기가 높다.

벼룩시장처럼 중고물품을 공유하는 서비스도 있다. 'Yerdle'은 많이 공유해야 많이 공유받을 수 있는 구조로 설계됐으며, 매달 수천개 이상의 물건이 등록되고 있다. 현재까지 거래된 물품만 60만개를 돌파했다.

물질을 공유하는 것을 넘어 재능을 공유하는 사례도 있다.

2008년 IBM 소프트웨어 개발자였던 레아 부스케가 사소한 일을 도와줄 사람이 있었으면 좋겠다는 발상에서 창업한 'Task Rabbit'은 3만명의 사람들에게 파트타임 일자리를 제공하고 있다. 일거리의 종류는 청소 · 쇼핑 · 배송 · 짐나르기 · 옷장정리 · 줄서기 등 사소한 재능까지 가능하다.

(데일리팝, 2016년 6월 30일)

공동출자자의 일방이 더 이상 경영에 참여할 수 없을 경우 기업의 계속성은 위협을 받게 된다. 이 경우 출자자간의 합의사항은 효력을 상실하게 되고 공동기업의 마지막 정리절차가 이루어진다.

앞에서 살펴본 바와 같이 기업의 해체에 관한 한 단독기업은 매우 간단하다. 그러나 공동기업의 경우는 그렇게 쉽지 않다. 공동기업으로부터 탈퇴를 원하는 출자자는 단순히 그의 출자분을 기업으로부터 인출하는 대신에 자신의 지분을 사고자 하는 투자자(잔류하는 공동출자자가 받아들일 수 있는 사람으로서 잔류출자자 또는 외부인)를 찾아야 한다. 공동기업에 출자한 지분을 타인에게 양도하는 것은 그리 용이하지 않다.

제 4 절 주식회사

주식회사는 유한재무책임, 전문화된 경영기술, 대규모의 자본조달능력 및 대규모 경영에 따른 경제성 등을 포함하여 수많은 이점이 있다.

주식회사(corporations)는 여러 투자자들로부터 자본을 모으는데 가장 편리한 기업형태로서, 자산과 부채가 소유주들의 그것으로부터 완전히 분리된 법인체(legal entity)이다. 주식회사는 상법에 따라 당국의 승인에 의해서만 설립될 수 있다. 이것은 자본금을 균등한 주식으로 분할하여 출자자, 즉 주주는 주식의 인수가액을 한도로 출자의무를 부담할 뿐, 회사의 채무에 대하여 아무런 책임을 지지 않고 회사자산만이 책임을 지는 기업형태이다. 주식은 유가증권의 형태를 취하여 양도가 자유롭고 주주는 유한책임을 지기 때문에 자본조달이 용이하다. 주식회사의 주주와 회사와의 관계는 비인격적이므로 자본회사 또는 물적 회사라 부르기도 한다.

주식회사의 소유지분은 당해기업이 발행한 주식 중에서 소유주가 보유하고 있는 주식 수에 의해 결정된다. 누구든지 1주 이상의 주식을 보유하게 되면 기업소유자의 일부가 된다. 주식은 공개시장에서 쉽게 매수하거나 매도할 수 있다. 그러나 모든 주식회사들이 규모면에서 다 거대하지는 않으며 수많은 중소기업들도 주식회사의 형태를 취하고 있다. 주식회사 형태는 최근 들어 소규모 회사들에게 더욱 인기가 높아가고 있는 추세이다.

1. 주식회사의 장점

주식회사는 유한재무책임, 전문화된 경영기술, 대규모의 자본조달능력 및 대규모 경영에 따른 경제성 등을 포함하여 수많은 이점이 있다.

주식회사는 독립된 법인체이므로 주주들은 유한책임을 지게 된다.

따라서 회사가 파산하는 경우 그들은 단지 자신들이 투자한 자금만큼의 손실을 보게 된다. 어떠한 경우에도 채권자들은 소유주들의 개인재산에까지 손을 댈 수는 없다. 주식소유에 따른 한정된 위험은 각국의 회사명에서도 명확히 나타나 있다. 미국에서는 주식회사를 나타낼 때 "Incorporated" 또는 "Inc."를 사용한다. 한편 캐나다와 영국의 경우 주식회사는 "Limited" 또는 "Ltd."를 사용하고, 오스트레일리아에서는 유한위험을 "Proprietary Limited" 또는 "Pty. Ltd."로 나타내며, 스칸디나비아 전역에 걸쳐서는 "Aktie Bolag" 혹은 "stock company"로 표시하여 사용하고 있다. 이러한 한정된 위험은 다른 모든 소유구조와 비교해 볼 때 주식회사의 가장 중요한 장점이 된다고 할 수 있다.

주식회사의 또 다른 특성은 소유와 경영이 분리(separation of ownership and control)되어 있다는 점이다. 단독기업과 공동기업의 경영기술은 통상 소유주의 능력으로 한정된다. 이에 반하여 주식회사의 경우는 다수의 소액투자자들이 자신들의 지분율에 비례하여 회사의 소유권을 가지지만 경영에 직접 참여하기에는 그 수가 너무 많고 또한 전문적 지식이 없기 때문에 전문적인 기업경영 자질을 갖춘 사람들을 고용하여 경영을 맡길 수 있다. 주식회사는 일반적으로 단독기업 혹은 공동기업보다 규모면에서 더 크기 때문에 고용인들은 전문화된 활동 또는 기능적 분야에 자신들의 노력을 집중할 수 있게 된다.

또 다른 장점의 하나로서 증대된 자본조달 능력을 들 수 있는데 이것은 주식회사가 단독기업 혹은 공동기업의 형태로 설립된 경우보다 더욱 효율적으로 성장할 수 있는 가능성을 의미하고 있다. 자본의 증권화(securitization)를 통하여 주식회사의 소유권은 수많은 소규모 단위(주식지분)로 분할되기 때문에 회사는 자본을 조달하기가 더욱 쉬워진다. 자본의 증권화란 출자의 단위를 균일한 주식으로 세분하여 출자를 용이하게 하고 이를 증권시장에서 매매가 가능하도록 하여 소유권의 이전을 용이하게 하는 것을 말한다. 주주 상호간의 주식의 양도에 의하여 주식회사의 전체 자본금은 영향을 받지 않기 때문에 기업은 자본상태의 변동 없이 독자적인 경영을 지속할 수 있다. 재산이

금융의 증권화(Securitization)란 금융시장에서 증권을 이용한 자금조달 및 운용이 확대되는 것으로 금융시장의 금융중개방식이 직접 금융화되거나 대출채권이 금융시장에서 증권화되는 현상으로 나타난다.

즉, 금융시장에서의 자금조달방식이 간접금융방식으로부터 주식·채권·기업어음 등 직접금융방식으로 전환되거나 금융기관의 자금조달 방식이 예금 등에서 CD·금융채 등으로 전환되고, 금융기관의 대출채권 또는 기업의 매출채권을 담보로 하는 증권을 발행하는 것을 말한다.

많은 사람이건 적은 사람이건 누구나 단지 주식을 매입함으로써 기업에 투자할 수 있기 때문이다. 더욱이 주식회사의 규모가 크고 어느 정도의 안정성이 유지될 경우에 추가적인 필요 자금은 차입을 통하여 쉽게 조달될 수 있다. 흔히 재무적으로 건실한 대규모의 주식회사는 소기업보다는 더욱 유리한 조건으로 자금을 차입할 수 있다.

이와 같은 주식회사의 특성 때문에 규모의 경제(economies of scale)의 실현이라는 대규모 경영이 가능해진다. 규모의 경제 실현의 의미는 주식회사가 소액단위의 자본을 여러 투자자들로부터 모집하여 대규모 자본형성이 용이한 기업형태라는 것으로, 자본규모가 커지면 결과적으로 생산원가의 절감, 정보수집의 용이, 시장지배력의 강화 등 규모경제의 이득을 볼 수 있게 된다. 이 외에도 종업원들로서는 그들이 가장 잘 수행할 수 있는 직무활동 분야에 종사함으로써 전문화가 가능하며, 많은 투자안들에 대해서는 회사내부의 한 부서로부터 다른 부서로의 자금이전을 통하여 내부조달이 가능해진다.

규모의 경제(Economy of Scale)는 각종 생산요소의 투입량을 증가시킴으로써 이익이 증가되는 현상을 말한다.

대량생산에 의하여 1단위당 비용을 줄이고 이익을 늘리는 방법이 일반적인데, 최근에는 특히 설비의 증강으로써 생산비를 낮추는데 주안점을 두고 있다.

이 경우에는 기술혁신을 수반하는 것이 보통이며 이를 '규모의 이익'이라고 한다.

2. 주식회사의 단점

주식회사의 경우도 여타의 소유구조와 마찬가지로 여러 가지 장점이 있는 반면에 몇 가지 단점을 지니고 있다. 주식회사는 보통 세제면에서 불리하며 많은 법적 규제를 받는다.

독립된 법인체로서의 주식회사는 정부에 소득세를 낸다. 주식회사의 이익금은 과세(법인소득세)되며 이후 배당금(세후 순이익 중에서 주주들에게 지급되는 금액)에 대해서도 또한 개인별로 과세(개인소득세)된다. 따라서 배당을 받는 주주의 입장에서 보면 이것은 주식회사의 이익금에 대한 이중과세가 된다. 반면에 단독기업과 공동기업의 경우에는 회사의 이익금이 소유주(들)의 개인소득으로 취급되기 때문에 단 한 번 과세(개인소득세)된다.

주식회사는 또한 단독기업의 경우에는 해당되지 않는 수많은 법적 문제를 안고 있다. 주식회사 정관(corporate charters)에는 회사가 수행할 수 있는 경영활동의 형태에 대한 규제내용을 담고 있다. 주식회사는 또한 그들의 영업상황에 대해서 수많은 보고서를 제출해야만 한다. 주식회사의 경영에 영향을 미치는 법규와 규제의 수는 최근 들어 급격히 증가되어 가는 추세이다.

3. 주식회사의 설립

주식회사는 정관(corporate charter)을 작성하여 설립등기를 함으로써 성립된다. 정관이란 회사가 제정한 자치법규로서 회사의 조직 및 활동에 관한 근본규칙을 일컫는다. 주식회사를 설립함에 있어서 발기인은 회사의 설립절차를 개시하기 전에 설립을 목적으로 하는 계약의 체결을 통하여 정관의 작성과 기타 설립에 관한 행위를 하게 된다. 여기에서 발기인이란 실질적으로는 회사설립의 기획자이지만, 형식적으로는 회사정관에 기명날인한 사람을 말한다.

설립등기는 설립절차의 마지막 단계로서 등기사항은 ① 회사의 목적・상호・발행주식의 총수・1주당 금액 및 회사가 공고하는 방법, ② 자본총액, ③ 각종 주식의 내용과 수, ④ 지점의 소재지, ⑤ 존립기간 혹은 해산사유를 정한 때에는 그 기간 및 사유, ⑥ 건설이자를 배당하는 때에는 그에 관한 규정, ⑦ 주식의 이익소각에 관한 규정, ⑧ 전환주식에 관한 사항, ⑨ 이사와 감사의 성명과 주소, ⑩ 대표이사의 성명, ⑪ 공동대표이사를 정한 경우에는 그 규정, 그리고 ⑫ 명의개서대리인을 둔 때에는 그 성명・주소 및 영업소 등이 포함된다. 설립등기를 마침으로써 회사는 비로소 주권을 발행할 수 있다.

> 발기인은 주식회사의 설립에 관하여 정관에 발기인으로서 서명한 사람을 말한다. 발기인은 1주 이상의 주식을 인수하지 않으면 안 된다. 발기설립은 회사설립에 있어서 발행주식의 전부를 발기인이 인수하여 회사를 설립하는 방법이다. 이 방법은 발기인이 전부를 인수하지 않고 남은 부분에 대한 주식을 모집하는 모집설립에 대응하는 것으로, 단순설립 또는 동시설립이라고도 한다.

4. 주 주

주주(stockholders)는 주식회사의 지분을 획득한 자를 가리킨다. 자연인은 물론 다른 주식회사와 같은 법인도 주주가 될 수 있다. 주식회사의 설립 시의 주주는 이 회사의 최초의 소유주들이다. 가족기업(family businesses)의 경우는 일반적으로 적은 수의 주주들에 의해 소유되고 있다. 이들은 흔히 폐쇄기업(close corporation)이라고도 불리는데, 주주들이 직접 회사의 경영활동을 통제하고 관리한다. 그러나 규모가 큰 주식회사의 소유권은 많은 사람들에게 널리 분산되어 있다.

예컨대, 우리나라의 한국전력 주식회사는 주주가 수만 명에 이르고, 미국의 제네럴 모터즈(General Motors)에는 약 1백만 명의 주주들이 있다. 이 경우 개개의 주주들은 분명히 이런 거대한 기업에 대해서 개별적 통제력이 거의 없을 것이나, 주주들은 자신들의 지분을 주식시장을 통하여 쉽게 처분할 수 있다.

보통주(common stock)는 우선주 등과 같은 특별한 권리내용이 없는 보통의 주식을 말한다. 우선주(preferred stock)는 보통주에 대해 배당이나 기업이 해산할 경우의 잔여재산의 분배 등에서 우선권을 갖는 주식을 말한다.

우선주에는 일정의 배당을 받은 후에도 역시 이익이 충분히 있을 경우에는 이것을 받을 수 있는 것과 보통주로 전환할 수 있는 것 등 여러 가지 종류가 있다.

대규모 주식회사의 경우는 주주들이 보유주식을 쉽게 처분할 수 있는 시장이 조성되어 있는 반면, 소규모 주식회사의 경우는 시장이 조성되어 있는 경우가 그리 많지 않아 주주들이 자신들의 보유주식을 처분하는데 많은 애로를 느낀다.

[그림 3-1] 주식의 견본

주식회사는 보통 일년에 한 번씩 주주총회를 개최하는데, 이때 경영자는 당해 회계연도 동안의 기업활동에 관한 보고서를 제출한다. 주주총회는 주주의 총의에 의해서 상법 또는 정관에 규정된 사항에 관해서 회사의 의사를 결정하는 회의체 형식의 의사결정기관이며, 회사 최고의 필요적 상설기관이다. 현행 상법에는 이사회제도의 채택에 따라 주주총회의 권한을 축소시켜서 상법이나 정관에서 규정해 놓은 사항만을 권한사항으로 한정하고 그 밖의 사항은 결의를 하더라도 무효가 되는 것을 원칙으로 하고 있다. 주주들의 동의를 요하는 의사결정사항은 주주총회시 표결에 붙인다. 이사진의 선출 및 결산승인 등은 거의 모든 주주총회시에 표결되는 두 가지 중요한 안건이다.

잔여청구권(residual claims)은 기업의 종업원, 사채권자, 우선주의 주주 등에게 약속된 금액을 지불하고 남은 현금흐름 및 자산에 대한 청구권으로서 주식회사의 경우 보통주주가 갖는 권리이다.

주주와 소통하는 풀무원…9년 연속 토크쇼 형식 '열린 주총' 눈길

풀무원은 25일 서울 중구 예장동 '문학의 집 서울'에서 '2016 풀무원 열린 주주총회'를 개최했다. 이날 주총은 풀무원 남승우 총괄 CEO와 유창하 전략경영원장 등 사내이사 6명, 사외이사 5명과 100여명의 주주 등 150여명이 참석한 가운데 2시간 동안 상호 소통하는 토크쇼 형식으로 진행됐다.

주총 1부에선 풀무원의 영업·감사보고가 진행됐으며 재무제표 승인과 이사 선임, 감사위원회 위원 선임 등의 안건이 다뤄졌다.

풀무원은 지난해 연결 매출 1조8500억원으로 전년 대비 약 10% 가량 성장하며 2년 연속 두 자릿수 성장의 성과를 거뒀다. 이는 내수시장 침체에도 풀무원식품, 푸드머스, ECMD, 풀무원건강생활 등이 국내 사업 분야에서 꾸준한 성장을 거둔 결과다.

2부에선 3자 토크쇼 형식의 '열린 토론회'가 진행됐다. 풀무원 남승우 총괄 CEO와 유창하 전략경영원장이 참석한 가운데 방송인 이익선씨의 사회로 풀무원의 경영·사업 현황과 비전에 대한 대화가 이어졌다.

이날 열린 토론회는 '풀무원, 가족을 부탁해'라는 콘셉트로 '풀무원, 신선함을 부탁해'(국내외 사업성과), '풀무원, 따뜻함을 부탁해'(환경성과·공유가치창출(CSV)), '풀무원, 즐거움을 부탁해'(퀴즈), '풀무원, 열린 대화를 부탁해' 등 4가지 주제로 나눠 1시간 가량 이어졌다.

남승우 총괄 CEO는 풀무원식품, 푸드머스, ECMD, 풀무원건강생활 등 지속적인 성장 기반을 확대해 가고 있는 국내사업 현황과 더불어 미국, 중국, 일본 등 글로벌 유통 네트워크 구축과 사업조직 개편을 통해 '글로벌 풀무원'으로 도약하기 위한 노력을 주주들에게 설명했다.

특히 중국 직소 방문판매 허가 획득, 일본 두부 사업 인수 등의 성과 외에도 이번 미국 두부시장 1위 '비타소이' 인수를 기점으로 국내는 물론 미국, 일본, 중국 등 글로벌 4대 빅마켓을 아우르는 세계 최고 두부기업으로 위상을 확고히 하겠다는 포부를 밝혔다.

풀무원의 환경경영과 CSV 활동에 대한 소개 시간도 가졌다. 지난해 4월 서울 종로구 인사동에 재개관해 우리 고유의 김장문화를 알리고 있는 김치박물관 '뮤지엄김치간'과 건강과 지구 환경이 모두 지속가능하도록 제품과 서비스 개발단계에서 탄소배출을 줄이는 '로하스 다이어트 모델' 개발에 대한 설명이 이어졌다.

특히, 제조공정을 개선해 폐기물과 온실가스 배출량을 감축하며 한국환경포장진흥원의 친환경 우수포장 공모전 GP 우수상을 획득한 '컵아이스' 사례를 통해 환경 경영에 대한 노력을 주주들에게 알렸다.

또한, 풀무원식품 여성가족부 가족친화인증 획득을 통해 일과 가정이 지속가능한 근무환경 조성에 노력 중인 풀무원의 가족친화경영 사례를 소개했다.

이러한 지속경영 활동에 힘입어 6년 연속 '대한민국 지속가능성지수' 종합식품부문 1위, 10년 연속 '한국에서 가장 존경 받는 기업' 올스타 부문 선정, 2015년 국내 선정 10대 기업 중 종합식품기업으로는 유일하게 수상한 '동아시아 30' 수상 등에 대한 성과 대화도 이어졌다.

토론회 중간에는 풀무원 제품과 사업을 주제로 퀴즈를 내는 시간을 가져 정답자에게 풀무원 제품을 선물하는 깜짝 이벤트가 진행했다. 이어 진행된 열린 대화 시간에는 주주와 경영진이 함께 질의, 응답하는 시간을 가졌다.

이날 주총은 또 7년 연속 '친환경 탄소제로 행사'로 기획, 진행됐다. 주총 관련 제작물을 최소화하고 사용한 물품은 재활용하는 친환경적인 주총이다. 참석 주주들의 교통수단과 거리를 확인해 탄소량을 계산할 수 있는 '그린카드'를 작성, 이로 인해 발생한 총 탄소량은 풀무원 환경봉사동아리 '풀바람'과 노을공원시민모임이 함께 나무심기를 통해 제로화하고 있다.

아울러 총회 현장을 사진으로 촬영, 인상적인 사진 속 주주에게 감사의 선물을 증정하는 '오늘의 포토' 시간을 통해 화기애애한 분위기 속에 '열린 주주총회'가 마무리됐다.

남승우 총괄 CEO는 "풀무원은 30여년간 주주들의 성원에 힘입어 '이웃사랑과 생명존중의 정신'을 바탕으로 한 지속가능경영을 통해 국내를 대표하는 식품기업으로 성장했다"며 "올해는 매출 2조원 시대를 맞아 세계 속의 글로벌 지속경영기업으로 도약해 나갈 수 있도록 주주들의 아낌없는 성원을 부탁한다"고 밝혔다.

한편, 풀무원의 '열린 주총'은 주주들의 참여를 확대하고 소통할 수 있는 주총을 마련하자는 의도 아래 미국의 세계적인 투자가 워런 버핏의 버크셔해서웨이의 주주총회를 벤치마크, 지난 2008년부터 올해까지 9회째 진행되고 있다.

또한, 20~30분만에 끝나는 관행적인 형태의 주주총회가 아닌 주주들과 일년에 한 번 진정한 소통을 하는 바람직한 주총 문화로 주목을 받고 있다.

(포커스뉴스, 2016년 3월 25일)

주식은 자기자본증권으로서 보통주(common stock)와 우선주(preferred stock)로 구분된다. 우선주의 보유자(우선주주)들은 모든 부채가 상환된 후 회사의 자산에 대하여 가장 우선적으로 청구할 수 있는 권리를 가지고 있으나, 그들에게는 대개 주주총회에서의 의결권(voting right)이 주어지지 않는다. 보통주의 소유자(보통주주)들은 비록 다른 모든 청구권자들(채권자와 우선주주)의 구상권이 충족되고 난 후에야 비로소 회사자산에 대하여 자신들의 몫을 청구할 수 있는 잔여청구권(residual claims)을 가지나 그들은 기업경영에 관한 의사결정권을 가지고 있다.

주주총회에서 어떤 안건이 표결에 붙여지면 주주평등의 원칙에 따라 보통주 1주마다 1표의 투표권을 가진다. 주주평등의 원칙이란 주주가 주주라는 자격에서 가지는 법률관계(권리와 의무)에 관하여 원칙적으로 그가 보유한 주식의 수에 따라 평등한 대우를 받아야 한다는 원칙이다. 이 원칙은 주주라는 인격체의 평등대우를 의미하는 것이 아니라 주주가 가지고 있는 주식의 평등대우를 의미하는 것이므로 대표이사(CEO 또는 representative director)는 대외적으로 회사를 대표하며, 대내적으로는 업무를 집행하는 회사의 필요상설기관이다.

이사회는 회의체로서 회의에 의해서만 그 기능이 가능하므로 업무집행에 대한 결정을 할 수 있지만 회의체인 이사회가 직접 업무집행을 담당하거나 회사를 대표한다는 것은 사실상 곤란하고, 경영능률을 기대할 수 없게 된다.

대표이사는 주주총회와 이사회가 결의한 사항을 집행하고 기타 모든 업무집행에 필요한 세부사항에 대하여 의사결정을 할 수 있는 권한을 갖는다.

주식평등의 원칙이라고도 한다. 예를 들어 400주를 가진 보통주주는 400표의 투표권을 행사할 수 있다. 만일 어느 보통주주가 사정으로 주주총회에 참석하지 못할 경우에 그는 자신의 투표권을 대신 행사할 수 있도록 다른 사람에게 위임장(proxy authorization)을 부여할 수 있다. 어떤 보통주주가 주주총회에 참석하지 않으면서 또한 자신의 투표권을 위임하지도 않으면 이사회에서 이러한 투표권을 임의로 행사할 수 있게 되어 결국 이사회의 입지만을 강화시켜주는 결과를 초래한다.

소액주주들은 회사경영에 특별한 영향력을 행사하지 못하는 것이 일반적이다. 개별이사를 선임할 경우 20만주를 가진 사람은 20만표를 행사하지만 50주를 가진 사람은 단지 50표만을 행사할 뿐이다. 그 결과로 주주총회의 개최 전에 누적의결권(cumulative voting)행사를 허용하는 경우가 생겨났다. 누적의결권이란 이사선임을 위한 의결권 행사에 있어 한 주주가 자신이 소유한 주수에 선출되어야 하는 이사의 수를 곱한 만큼의 투표권을 갖는 형태를 가리키며, 누적의결권 행사를 통하여 소액주주들은 그들의 투표권을 한군데로 결집시킬 수 있기 때문에 이사진의 선임에 있어 큰 영향력을 가질 수 있게 된다. 예를 들어 3명의 이사를 선임해야 하는 경우에 50주를 가진 보통주주는 3명의 이사후보에게 각각 50표를 행사할 수 있지만 만일 누적의결권을 행사하게 되면 특정 이사후보에 대하여 150표(50×3)를 던질 수 있게 된다. 이때 주주는 150개의 의결권을 3개의 이사선임안건에 대하여 자유로이 배분하여 행사할 수 있게 된다.

5. 이사회

주주들은 회사에 대해 경영지배권을 갖는 필요상설기관으로서 이사회(board of directors)를 선임한다. 이사회는 상설기관이지만 그 활동은 정기 또는 임시회의 형식으로 하게 되며, 법령 또는 정관에 의하여 주주총회의 권한으로 되어 있는 것을 제외하고는 회사의 업무집행에 관한 모든 의사결정을 할 권한이 있다. 이사회는 3인 이상의 이사로 구성된다.

이사회는 임원을 선출하는데, 특히 이사회를 대표하는 1명의 대표이사(chairperson of the board)를 뽑는다. 소기업 혹은 특수관계인에 의해 지배되는 회사와는 달리 대부분의 주식회사에는 많은 인원으로 구성되는 이사회가 있으며 이사회의 소집도 최소한 매분기마다 한번씩 하고 있다.

이사회는 회사와 관련된 주요 거래관계를 승인하고 회사의 전반적인 경영정책을 수립해야 한다. 이사회의 주요 권한 내용으로서 그 의결사항은 ① 회사의 업무집행, 최고경영자의 선임 또는 해임, 지점의 설치·이전 또는 폐지, ② 이사의 직무집행에 대한 감독, ③ 주주총회의 소집, ④ 대표이사의 선정과 공동대표의 결정, ⑤ 업무집행의 감독, ⑥ 이사와 회사간의 거래에 대한 승인, ⑦ 주식발행의 결정, ⑧ 사채발행의 결정 등과 같은 법적 권한이 있다. 이 중에서도 이사회의 가장 중요한 역할은 무엇보다도 회사의 최고경영자(chief executive officer; CEO)를 고용하는 일이다. 최고경영자란 보통 회사의 회장, 부회장, 사장, 부사장 등을 가리킨다. 최고경영자는 다시 다른 중역들(top executives)을 고용한다. 그리고 중간경영자들(managers)의 채용은 중역들에게 위임된다.

> 상법 제342조의2(자회사에 의한 모회사주식의 취득) ① 다른 회사의 발행주식의 총수의 100분의 50을 초과하는 주식을 가진 회사(이하 "모회사"라 한다)의 주식은 다음의 경우를 제외하고는 그 다른 회사(이하 "자회사"라 한다)가 이를 취득할 수 없다.

특히 소기업에서 이사회는 기업경영에 있어 매우 능동적인 역할을 하지만 대부분의 주식회사들에 있어서 이사회는 주로 경영에 관한 의사결정을 재검토하는 역할을 수행하고 있다. 이사회는 통상 회사의 집행부와 외부이사들(조직에 의해 고용되지 않은 사람)로 구성된다. 회사의 사장이 이사회의 대표이사를 겸임하는 일도 흔히 있다.

6. 경 영

최고경영자(CEO)를 포함하는 최고경영층(top management)이 주식회사의 실제운영을 책임진다. 최고경영층은 회사운영에 관하여 대부분의 핵심적인 의사결정을 하며 기타 업무에 관한 사항은 중간경영층(middle management)에게 위임하고, 이는 다시 일선감독층

(supervisory management)에게 위양된다. 최고경영층은 이사회에 대해 책임을 지며 이사회에 참석한다. 상법에는 보통 주식회사 임원들의 임무가 규정되어 있다. 다른 집행간부들의 역할은 이사회에 의하여 규정된다. [그림 3-2]에는 주식회사의 조직과 운영 및 조직의 각 계층별 의사결정사항과 역할 등이 나타나 있다.

[그림 3-2] 주식회사의 경영체계

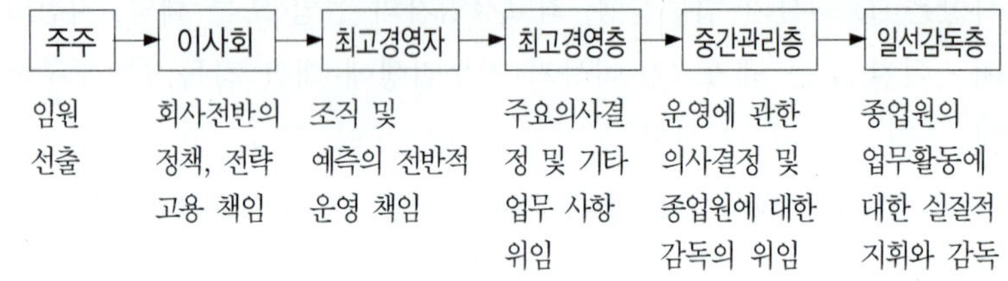

7. 자회사

두 개의 회사 간에 실질적인 지배종속관계가 있을 경우, 지배하는 회사를 모회사(parent company)라 하고, 피지배회사를 자회사(subsidiary company)라고 한다. 다시 말하면, 어느 주식회사의 발행주식 중에서 전부 또는 그 중 일부를 다른 주식회사가 소유하고 있을 때 전자의 회사는 후자회사의 자회사가 된다. 우리나라의 상법(342조)은 실질적인 지배종속관계가 없는 경우에도 지분을 기준으로 하여 다른 회사가 발행한 주식총수의 50%를 초과하는 주식을 가진 회사를 모회사라 하고, 그 다른 회사를 자회사라고 규정하고 있다.

일반적으로 자회사의 경영진은 모회사 이사회의 승인하에 모회사의 최고경영자에 의해서 임명된다. 널리 알려진 주식회사들 가운데 많은 회사들이 알고 보면 실제로 다른 회사의 자회사인 경우가 많다.

제 5 절 주식회사 소유구조의 최근 추세

주식회사 소유구조는 최근 들어 많은 변화를 겪고 있다. 잘 알려진 회사들이 다른 주식회사의 계열사로 편입되거나 혹은 여러 개의 작은 회사로 분할되기도 하였다. 최근 여러 국가의 기업들에서 가장 눈에 띄는 경향은 바로 합병 및 매수(mergers and acquisitions; M&A) 건수가 크게 증가하고 있다는 사실이다.

급변하는 경영환경 하에서 기업들은 성장을 위해 기업내부의 자원을 최대한 이용하다가 이것이 순조롭지 않거나 애로를 느끼면 자연히 외부 경영자원의 활용을 모색하게 된다. 이러한 방법의 하나로 시간 및 비용을 절약할 수 있고 또한 기술·자본 등을 이용할 수 있는 합병의 방법이 자주 이용되고 있다.

합병은 기존의 독립적인 두 개 이상의 개별기업이 결합하여 하나의 회사가 되는 것을 말한다. 한편 매수는 한 기업이 다른 회사의 자산을 매입함과 동시에 그 회사가 안고 있는 부채도 함께 승계하는 것을 나타낸다.

한편 우리나라에서는 기업의 계열화를 통하여 '재벌'이라 불리는 독특한 기업경영형태가 생겨났으며, 다른 한편으로 정부는 이러한 경제력 집중현상을 억제하기 위한 정책을 펴고 있다.

기업인수합병(Merges & Acquisition)은 기업의 외적 성장을 위한 발전전략으로, 특정 기업이 다른 기업의 경영권을 인수할 목적으로 소유지분을 확보하는 제반 과정이라고 할 수 있다.

이러한 M&A의 발전 배경은 기존 기업의 내적 성장한계를 극복하고 신규사업 참여에 소요되는 기간과 투자비용의 절감, 경영상의 노하우나 숙련된 전문인력 및 기업의 대외적 신용확보 등 경영전략적 측면에서 찾을 수 있다.

1. 합병의 유형

1) 경제적 기준에 따른 구분

주식회사의 합병은 경제적 관점에서 합병 당사회사의 결합형태에 따라 수평합병(horizontal merger), 수직합병(vertical merger), 그리고 복합합병(conglomerate merger)의 세 가지 형태로 구분되며, [그림 3-3]에서는 이들 세 가지 유형을 그림으로 설명하고 있다.

[그림 3-3] 합병의 경제적 유형

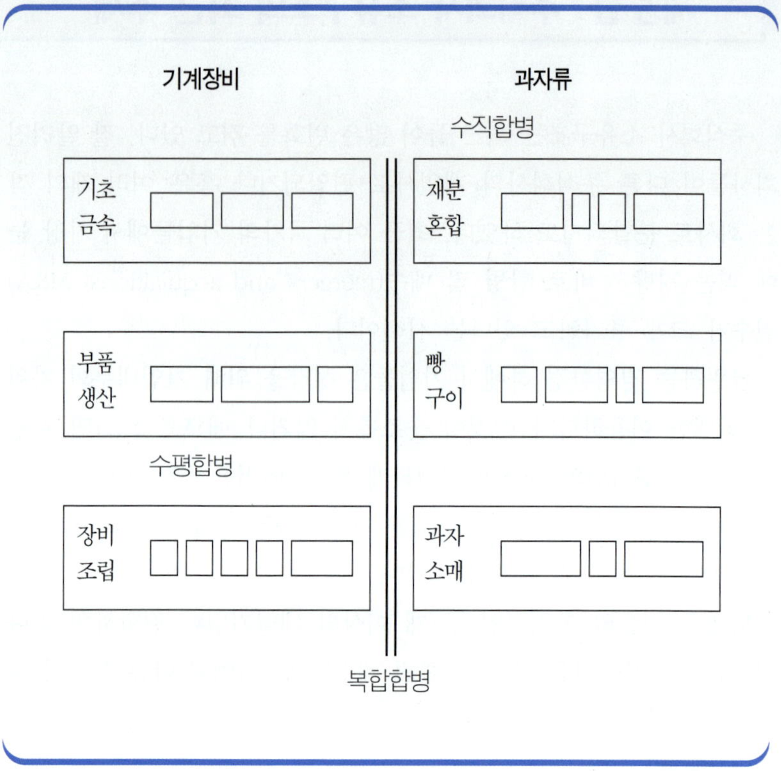

다각화(diversification)는 기업의 성장정책 또는 확장정책일환으로서 새로운 능력을 개발하거나 현재의 능력을 더욱 강화하기 위해서 신분야로 진출하는 것을 말한다.

이러한 경영다각화는 제품에 대한 기술의 공통성 유무 및 고객의 유형에 따라 ① 수평적(horizontal) 다각화, ② 수직적 종합화(vertical integration), ③ 집중형 또는 동심형(concentric) 다각화, ④ 복합기업(conglomerate)형 다각화 등으로 나누어진다.

중국 바오산·우한강철 합병…세계 2위 철강사 탄생

중국 2위 철강회사인 바오산강철과 6위 우한강철이 합병을 추진한다. 합병이 완료되면 조강 생산량 기준 세계 2위 철강사가 탄생한다. 글로벌 철강 공급 과잉의 진원지로 지목된 중국이 초대형 인수합병(M&A)을 통한 산업 구조조정을 본격적으로 시작했다는 평가가 나온다.

27일 외신에 따르면 바오산강철과 우한강철은 합병을 포함해 두 회사 간 전략적 구조조정을 벌이고 있다. 조강 생산량 기준으로 바오산강철은 중국 2위이자 세계 5위 철강사다. 우한강철은 중국 6위이자 세계 11위다.

두 회사가 합쳐지면 아르셀로미탈에 이어 세계 2위 철강사로 도약한다. 중국 1위 철강사인 허베이강철보다 조강 생산량에서 앞선다. 일본 신일철주금(신일본제철 + 스미토모금속)과 한국 포스코는 조강 생산량 순위가 한 계단씩 밀려 4위와 5위가 된다.

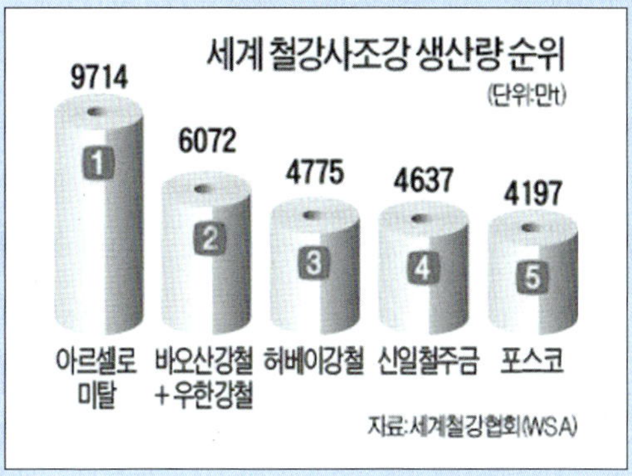

두 회사의 합병 추진은 중국 당국의 철강 공급 과잉 해소 의지에 따른 것으로 분석된다. 쉬사오스 중국 국가발전개혁위원회 주임은 두 회사가 합병을 추진하는 배경에 대해 "철강 과잉 생산 해소 차원"이라며 "올해 중국 철강업계가 4500만t의 과잉 생산을 감축하고 18만명의 일자리를 재배치할 것"이라고 설명했다.

(한국경제, 2016년 6월 27일)

(1) 수평합병(horizontal merger)

수평합병은 동일한 영업과 동일한 시장에 속해 있는 회사간의 합병을 말한다. 수평합병은 평면적 합병으로서 수평적 경쟁을 배제하므로 시장지배력을 증대시키고 규모의 경제를 통하여 이익을 제고시킬 수 있게 된다. 또한 이는 다각화를 꾀하거나 보다 완전한 생산라인을 확보하고자 하는 동일산업 내의 기업들 간에서 일어나기도 한다. 캘리포니아의 스탠다드 석유회사(Standard Oil Corporation)가 걸프석유회사(Gulf Oil Corporation)를 매수한 것은 수평합병의 좋은 예가 된다.

(2) 수직합병(vertical merger)

수직합병은 연속되는 생산과정에 있는 회사들이 서로 결합되는 것으로 원재료 확보 또는 판로의 확보 등을 위하여 원료부문과 제조부문, 제조부문과 판매부문의 관계에 있는 회사 간에 이루어지는 합병이다.

유통(distribution)은 상품, 화폐, 유가증권 등이 경제주체 사이에서 사회적으로 이전되는 상태를 말한다.
유통에는 증여 등과 같은 일방적 유통과 매매, 교환과 같은 쌍방적 유통이 있다. 쌍방적 유통은 크게 상품유통과 자본유통의 2가지로 나누어진다. 단순히 유통이라 하면 상품유통을 뜻하는 경우가 보통이다.

후방수직합병(backward vertical mergers)은 한 기업이 자기회사에 원자재를 납품하는 공급자를 획득함으로써 생긴다. 전방수직통합(forward vertical integration)은 한 제조업체가 자신이 속해 있는 산업 내에서 유통업무에 주로 관계하고 있는 기업을 획득할 때 일어난다. 따라서 수직합병의 주요 목적은 충분한 원자재의 확보나 유통채널의 확보를 확실하게 하고자 함에 있다. 이러한 수직합병은 회사간의 중복된 기능을 제거 또는 압축하여 생산의 능률화를 실현할 수 있고, 이에 따라 보다 값싼 제품을 생산·판매할 수 있어 경쟁력을 강화시킬 수 있으며, 산업을 전문화하고 계열화를 추진하는데 매우 유용한 방법이다. 예컨대, 우리나라에도 잘 알려진 7-Eleven의 모기업인 Southland사는 계열사인 7-Eleven점포들에 공급할 휘발유의 안정적 확보를 위하여 정유회사(CITGO사)를 인수하였다.

(3) 복합합병(conglomerate Merger)

복합합병은 전혀 다른 업종, 즉 제품의 관련성이 없는 상이한 업종의 회사들이 합병하는 다각적 합병형태이다. 예컨대, 광업회사가 항공기회사를 합병하고, 식품회사가 자동차회사를 합병하는 것과 같이 서로 관련이 없는 회사를 서로 결합시켜 두 회사가 합병 전에 달성할 수 있었던 것 이상으로 새로 결합된 회사의 전략범위를 보다 더 넓히기도 하고 다각화의 경제성을 추구하기도 한다. 이러한 복합합병은 규제할 법적 근거가 제대로 정립되지 않아 규제대상에서 제외되며, 공정거래법상의 맹점을 이용하기 위하여 최근 들어 더욱 증가하고 있는 추세이다. 따라서 일부회사에 경제력의 편중을 심화시키기도 한다.

복합합병의 주된 목적은 사업다각화, 급속한 매출액 증대 및 잉여현금자산의 효율적 이용(이러한 이유로 잉여 현금자산을 보유한 기업들은 합병시도의 좋은 표적이 된다) 등을 들 수 있다.

2) 법률적 기준에 따른 구분

합병을 법률적 기준으로 보면 신설합병과 흡수합병의 두 가지 형태로 구분되는데, 이는 합병 당사회사의 법적 실체가 합병 후 어떻게 존속되는가에 따라 구별하고 있다. [그림 3-4]는 합병의 법률적 기준에 의한 차이를 그림으로 나타내고 있다.

[그림 3-4] 합병의 법률적 유형

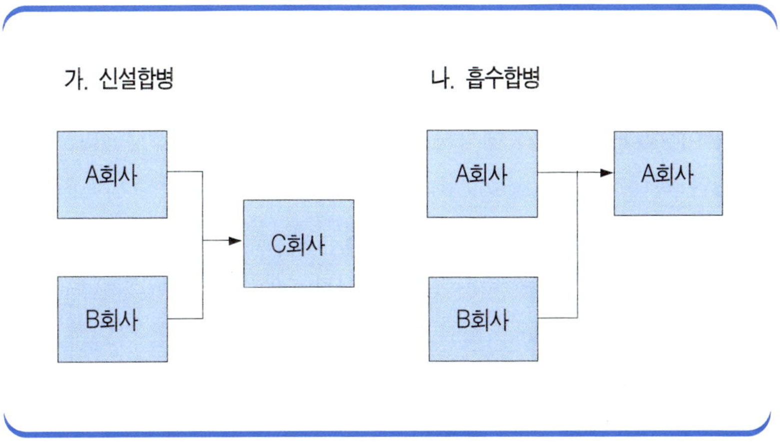

(1) 신설합병(statutory consolidation)

2개 이상의 독립된 회사가 모두 해산, 소멸하여 전혀 새로운 회사를 설립하고 모든 자산과 부채는 새로이 신설되는 회사가 포괄적으로 승계하는 방법이다. 이 방법은 ① 법률상 영업의 승계를 받은 자 또는 설립위원의 권한이 명확하지 않고, ② 회사의 설립, 주식의 전부를 교환하는 등 사무절차가 매우 복잡하고, ③ 합병이 종결되기까지의 시간과 비용이 많이 들며, ④ 주식상장이나 인가 등에 대하여 변경절차를 하여야 하는 번잡성 등이 있어 일반적으로 잘 선호되지 않고 있다. 우리나라에서도 1960년대에 경성전기(주)와 남성전기(주)가 합병하여 한국전력(주)로, 1973년 충주비료(주)와 호남비료(주)가 합병하여 한국종합화학(주)로 된 사례가 있으며, 그리 흔히 발생하지는 않는 유형이다.

신설합병(statutory consolidation)은 2개 이상의 독립된 회사가 모두 해산, 소멸하여 전혀 새로운 회사를 설립하고 모든 자산과 부채는 새로이 신설되는 회사가 포괄적으로 승계하는 방법이다.

회사합병시 합병회사(존속회사 또는 신설회사)가 합병회사의 주식과 함께 일정액의 금전을 피합병회사(해산회사)의 주주에게 지급하는 경우, 이때 지급되는 일정액의 금전을 합병교부금이라 한다.

일반적으로 합병교부금은 합병비율의 단액조정을 위하여 필요한 것으로 인식되고 있으며 단액조정을 위한 것이 아닌 그 밖의 모든 형태의 금전지급도 합병교부금으로 볼 것인가 하는 논쟁이 계속되고 있으나 우리나라의 경우 다수설은 합병교부금으로 본다는 것이다.

(2) 흡수합병(statutory merger)

이것은 합병 당사회사 중에서 한 회사가 타 회사의 자산과 부채 전부를 양도받고 타 회사는 해산하여 회사의 법적 경제적 실체가 완전히 소멸되는 방법이다. 따라서 합병회사는 피합병회사의 주주들에게 합병회사의 주식을 교부하고 합병교부금을 지급한다.

2. 우호적 · 적대적 합병

대부분의 합병은 합병에 관계된 양측 모두 조직의 변화에 동의한다는 점에서 우호적(friendly)인 것으로 분류된다. 그러나 일방의 합병제안이 상대방의 입장에서는 원치 않는 경우도 가끔 생긴다. 이것이 소위 적대적 매수(hostile takeover)이다.

적대적 매수는 일반적으로 인수희망기업[보통 침탈자(raider)라 불림]이 다른 회사의 주식 전부 혹은 일부를 시가 이상의 프리미엄으로 매수하려는 공개매수(tender offer)로부터 시작된다. 이러한 시도에 대항하여 인수대상기업(targeted company)의 경영진은 대개 다양한 방어적 행동을 취하는데, 주주들에게 주식을 매각하지 말도록 종용하기도 하고 때로는 법적으로 문제를 제기하여 이에 대응한다.

인수대상기업의 여러 가지 방어전략 중에서 기업확장을 위한 추가적 차입, 프리미엄에 자사주의 매집, 혹은 자사의 현금자산의 감소 등이 흔히 이용되는 것들이다. 인수대상기업이 이러한 전략을 수행하게 되면 합병의 이점이 감소하게 된다. 또 다른 방어전략으로서는 우호적인 합병대상자[이를 백기사(white knight)라고 부름]를 찾는 일로서, 이 경우 인수대상기업의 입장에서는 현 경영진을 그대로 보존할 것과 인수대상기업을 합병한 후에도 경영상 독립된 회사로서 운영되도록 허용되는지의 여부에 온갖 관심을 쏟게 된다.

또한 인수대상기업의 경영진은 합병 혹은 인수의 성공시 자신들의 일자리를 잃게 될 때를 대비하여 최대한의 퇴직수당을 포함한 자신들의 권익을 수호하기 위하여 온갖 노력을 다하게 된다. 이와 같은 퇴직수당제도를 금낙하산(golden parachute)이라고 부른다. 즉 매수에 의해서 경영진이 해임되는 경우에 일정기간은 보수, 보너스, 그 외에 다른 임원에 부여되는 주식 옵션(stock option) 등을 종래와 같이 받을 권리를 보장하고, 기업매수가 종료된 후에도 새로 설립된 회사에 그 계약이 승계되도록 하는 것이 금낙하산이다. 회사와의 고용계약에 이러한 규정을 만들어 두는 것은 직접적으로 경영자의 신분을 보장하는 것이 되는 동시에 매수비용을 상승시키는 것이 되기 때문에 매수에 대한 방어책으로서도 유용하다.

주식옵션(stock option)은 경영자에 대한 인센티브보상제도의 하나로서 기업이 경영자들에게 자사주식을 일정기간 내에 일정행사가격으로 살 수 있는 옵션을 주는 방법이다.

주가가 행사가격 이상으로 상승하면 경영자는 이 옵션을 행사하여 경영성과에 따른 보상을 얻게 된다.

외부당사자, 즉 인수희망기업은 때때로 인수대상기업의 이사회를 인수하기 위한 시도의 일환으로 주주들의 투표권에 대한 위임장을 얻으려 애쓰기도 한다. 물론 인수대상기업의 경영진 또한 주주들로부터 투표권의 위임장을 받으려고 노력한다. 이러한 양 당사자들의 경쟁을 가리켜 위임장경쟁(proxy fight)이라 부른다. 경쟁의 목적은 주로 자기가 지지하는 이사의 선임을 통하여 기업의 지배권을 획득하기 위한 것이며, 위임장경쟁이 있는 기업의 주가는 외부의 반대주주가 실패할 경우에도 상승하는 경향이 있는데 그 이유는 위임장경쟁이 현경영진에게 보다 효율적인 경영을 하도록 압력을 가하는 계기가 되기 때문이다.

적대적 인수를 위한 시도가 있는 경우 양 당사자간에는 종종 뜨거운 흑색선전이 벌어지곤 한다. 인수대상기업의 경영진 측에서는 종종 인수희망기업측이 사실은 회사를 실제로 경영하는 것보다도 단기간의 주가차익에 더 많은 관심을 갖고 있다고 주장한다. 이와는 대조적으로 인수희망기업 측에서는 인수대상기업의 경영진이 자사주에 대해 시가 이상으로 매입하겠다는 제안을 지적하면서 그들은 결국 자사주주들의 이익 보다는 경영진 자신들의 일자리를 수호하는데 더 많은 관심을 가지고 있다고 반박한다.

3. 합병에 대한 대안

오늘날의 기업환경에서는 앞서 언급한 합병 및 인수 추세와는 전혀 상반된 현상도 함께 나타나고 있다. 이러한 추세들 중에서 가장 기업공개(going public)는 개인이나 소수 주주로 구성되어 폐쇄성을 띠고 있는 기업이 그 주식을 법정 절차와 방법에 따라 일반 대중에게 분산하고 재무내용을 공시하는 것이다.

현대 기업은 개인이나 소수의 소유물이 아닌 사회적 공기로서 기업 외부의 여러 집단과 밀접한 관계를 가지고 있어 기업의 사회적 책임이 강조되고 있다.

중요한 것들을 든다면 영업양도(divestiture), 기업비공개화(taking a firm private), 차입매수(leveraged buyout), 그리고 종업원소유(employee ownership) 등이다. 이러한 추세들의 대부분은 서로 밀접한 관련이 있다.

1) 영업양도(divestiture)

기업의 몇몇 사업부 또는 지부를 매각하는 행위를 영업양도라고 부르며, 영리목적을 추구하기 위하여 영업의 동일성을 유지하면서 영업을 이전하여 소유와 경영의 법적 관계에 변동이 생기게 하는 채권계약을 말한다. Gulf & Western은 1980년대 중반 2년 동안에 걸쳐 약 46개 사업부에 대하여 영업을 양도하였다. 기업의 입장에서는 여러 가지 이유, 즉 현금자산의 제고, 회사의 다른 사업과는 잘 조화가 되지 않는 사업부서의 처분, 그리고 경영손실을 감소시키기 위한 노력 등의 일환으로 영업을 양도함으로써 기투자분을 회수하려고 한다. 이러한 사업부서는 때때로 사기업으로 전환되거나 현 경영진에 의해 차입을 통한 매수대상이 되거나 또는 종업원들에 의해 인수되기도 한다.

2) 기업비공개화(taking a firm private)

때때로 인수대상기업의 경영진 또는 대주주들은 자사가 발행한 주식의 전부를 매입하려고 한다. 만일 이러한 시도가 성공하면 회사의 모든 주식은 개인소유가 되며 공개적인 거래가 중단된다. 이것을 가리켜 기업비공개화라고 부른다.

3) 차입매수(leveraged buyouts; LBO)

차입매수에서는 일부 투자자들이 회사 전체 혹은 일부 사업부서를 매입하기 위해 은행, 투자회사, 또는 보험회사로부터 차입을 하게 된다. 매수대상이 되는 기업 혹은 해당사업부의 자산은 보통 차입을 위한 담보로 제공되는데 차입규모는 때때로 매입가격의 90%~95%에 달하기도 한다. 통상의 기업매수와 같이 기업의 소유권이 이전되는 한편 매수기업의 부채가 증가하여 자본구조가 일시에 변하게 되는 특징이 있다. LBO는 대상회사의 경영진에 의해 이루어질 수도 있고 또는 외부당사자에 의해 이루어질 수도 있다. LBO가 경영진에 의해 주도될 때 이를 경영자매수(management buyout; MBO)라고 부르며, 거의 모든 LBO에 있어서 경영자들이 자기자본의 상당부분을 인수하는 것이 일반적이다.

4) 종업원소유(employee ownership)

종업원들은 자신들의 일자리를 보전하기 위한 하나의 수단으로 자신들이 근무하는 공장이나 사업부서를 매수한다. 이 경우에 차입매수(LBO)의 방법을 흔히 원용한다. 종업원들이 매수한 이후라도 법인의 조직형태는 그대로 유보되는 것이 일반적이고 다만 종업원들이 주주가 될 따름이다.

제 6 절 공적 · 집단적 소유구조

대부분의 기업경영조직이 개인 또는 단체에 의해 사적으로 소유되지만 어떤 경우에는 국가나 지방공공단체에 의해 소유되기도 하며, 또한 어떤 기업은 특정회원들에 의해서 집단적으로 소유되는 경우도 있다. 전자를 공적 소유구조(public ownership), 후자를 집단적 소유구조(collective ownership)라고 부른다.

1. 공적 소유구조

사적 소유구조에 대한 하나의 대안으로서 정부부처 혹은 정부기관이 기업을 소유하고 이를 경영하는 경우가 공적 소유구조(public ownership) 혹은 공기업(public enterprise)이다. 흔히 전기회사, 가스회사, 전화회사 등과 같은 공익기업들이 이러한 소유구조를 갖는

지대(rent)는 토지를 생산과정에 제공한 대가로 받는 보수이다. 보다 일반적으로는 공급이 상대적으로 고정되어 있는 생산요소에 대하여 지불하는 비용을 'rent'라고 부른다.

외부경제란 생산자나 소비자의 경제활동이 시장거래에 의하지 않고 직접적으로 또한 부수적으로 제3자의 경제활동이나 생활에 영향을 미치는 것을 외부경제효과라고 부르며 그 영향이 이익이면 외부경제, 손해면 외부불경제라 한다.

외부경제효과가 있으면 시장기구가 완전히 작용해도 자원의 최적배분이 실현되지 못한다.

다. 또한 지방자치단체가 운영하는 주차시설과 상수도시설을 들 수 있다. 한국도로공사는 주요 고속도로를 운영하고 있다.

그러면 왜 공적 소유구조가 존재하는 것일까? 완전경쟁 하에서의 자연독점(natural monopoly)이나 외부경제(externality)가 존재할 경우에는 자원배분의 비효율성(inefficiency) 및 잉여지대(surplus rent)의 분배문제가 일어나는 바 이에 대한 공적 소유가 최선의 해결책인 것처럼 여겨왔고(예, 한전), 또한 소득재분배면에서도 가난한 자와 사회적으로 소외된 자들에게 정부가 금전적인 보조를 한다 하여도 그들은 필요한 것을 사지 않고 대신 다른 용도로 지출할 수도 있기 때문에 정부는 약자가 스스로 구입하기 힘든 의료서비스와 같은 사회적 서비스를 제공해야 한다는 생각에서(예, 근로복지공단) 공기업을 소유할 필요를 느끼게 된다. 또한 공공재의 경우 사적 생산수단에 의존할 경우 공공재의 특성인 비경쟁성 및 배제불가능성 때문에 효율적 자원배분이 이루어지지 않으므로 정부가 공기업을 형성하여 운영하게 된다.

공기업의 존재는 이러한 이론적 측면 이외에도 정치적 이유나 각국의 경제사정 등과 같은 현실적인 측면도 있다. 대부분의 개발도상국들은 경제개발의 초기단계에는 개인경영능력이 결여되어 있기 때문에 규모가 큰 경제개발사업을 추진하기 위하여 정부의 집적된 행정능력을 활용하는 경우가 있으며 때로는 민간주도의 거대기업을 정부 스스로 제어할 수 없는 경우가 있어 이에 대한 통제목적으로 국영화를 하는 경우도 있다. 반면에 프랑스의 석탄, 항공, 자동차나 영국의 철강 및 도로의 경우처럼 사기업의 실패로 인하여 공기업형태를 도입하는 경우도 있다.

한편 개발도상국가의 금융부문에 있어서 공기업의 존재이유는 다른 각도에서 고찰될 수 있다. 불완전 자본시장 하에서 금융시장은 독점경향이 있어 시장이 효율성을 얻지 못하는 요인이 되며, 또한 기업과 금융기관과의 유착으로 인한 내부정보(inside information)의 이용으로 인하여 금융자산을 많이 가진 자에게 부당한 이득이 돌아가는 사례와 같은 형평성에 어긋나는 일들이 종종 일어나게 된다. 이러한 문제를 해결하기 위하여 금융부문에 공기업조직을 도입하게 되면 금융권에 경쟁요소를 증가시킬 수 있고, 특별한 정보를 이용하여 얻어진 이득을 유착기관에 돌리지 않고 이를 형평성의 원리(the principle of equity)에 따라 배분할 수 있으며, 또한 외국자본 등으로부터 독립하여 국내유치산업을 보호 장려할 수 있는 이점이 있다.

그러나 공기업이 항상 효율적 자원배분에 기여한다고 볼 수는 없으며 공기업의 경우 공기업의 목적, 인센티브 결여 및 제약조건 등으로 인하여 사기업에 비해 오히려 비효율적일 수 있다. 공기업에 내재하는 비효율성을 요약해 보면 다음과 같다.

첫째, 경제적 효율성을 달성하기 위한 비용최소화 조건을 충족시키지 못함으로써 발생하는 문제들을 지적할 수 있다. 공기업은 이윤극대화에 대한 명확한 목적이 결여되어 있기 때문에 기업손실에 대한 원인을 공익성(public interest)으로 돌려 수익성의 저조를 오히려 정당화하려는 경향이 있다. 이윤극대화는 효율성을 실현하는 비용최소화의 맥락에서 인식되어야 함에도 불구하고 공기업의 불합리한 기업활동으로 인한 정부의 손해로 인하여 건실한 재정운용 및 경제성장의 장애요인이 발생하게 된다.

규제(regulation)란 조직의 구성원이 특정 상황에서 일정한 행위를 하도록 명하는 일반명제이다.

둘째, 공기업의 관료주의적 경영행태로부터 비롯되는 비효율성을 지적할 수 있다. 일반적으로 기업의 행동동기는 이윤극대화인 것으로 인식되고 있으나 공기업의 경우 관료주의적 경영행태가 낳는 예산극대화에 따라 행동하는 결과, 시장경제의 이윤동기원칙을 따르지 못하여 과잉투자, 과잉고용으로 대표되는 방만한 기업경영을 초래하게 된다. 더욱이 공기업의 재산권은 공유이며 이로써 공기업조직의 '만인의 주인'임은 곧 '주인이 없는 것'이 되는 바 자산의 운용을 감시할 유인을 거의 갖지 못하여 장비의 유지 및 관리 면에서 낙후할 염려가 있다.

셋째, 공기업의 수직적 조직구조가 비효율성을 낳는 요인으로 지적될 수 있다. 근래에 들어 급변하는 소비자선호로 인하여 시장은 소비자 중심으로 바뀌고 있으나 공기업에서는 기업의 대규모화, 기업경영의 경직성 등으로 인하여 기업의사결정의 경로와 시간이 길어지게 되어 환경변화에 대한 대응이 대체로 비효율적이 될 수 있다.

넷째, 정부의 과잉규제 및 통제로 인하여 일어나는 비효율성 역시 부인할 수 없다. 정부의 규제는 소비자를 보호할 목적으로 이루어지고 있으며, 이에는 자격조건규제(인가·허가·면허 등), 물량규제 및 가격규제(지대규제) 등이 있으나 자격조건규제는 독점기업의 출현을 가능하게 함으로써 소비자가격이 상승되며, 물량규제 및 가격규제 등은 초과수요 등을 유발하여 경제적 비효율성을 낳게 하고 있다.

민영화란 관에서 경영하던 것을 민간경영체제로 바꾸는 것을 말한다.

이러한 공기업의 비효율성에 대한 대안으로써 제시되는 것이 최근 들어 우리 정부에서도 흔히 채택하고 있는 민영화(privatization)이다. 민영화란 일반적으로 국가 또는 공공단체 등이 특정기업에 대하여 갖는 법적 소유권이 주식매각 등을 통하여 민간부문으로 이전되는 과정으로 정의되고 있다. 그러나 공기업 민영화의 본질적 목적이 기업경영을 민간부문이 담당하게 함으로써 경쟁을 통한 경제적 효율성이 증대될 것이라는 기대에 기초하고 있는 사실을 감안할 때 민영화의 개념은 단순히 소유권의 이전이라는 측면보다는 기업지배의 주체 이전이라는 측면에서 이해할 필요가 있다. 민영화가 경제적 효율성을 증대시킨다는 주장을 상세히 살펴보면 다음과 같다.

첫째, 기업의 사적 소유는 이윤추구를 목적으로 하며 비교적 정확한 성과평가지표인 주가변동을 매개로 한 주주의 행동이 기업 효율성의 증가를 가져올 수 있다. 즉 상품시장에서의 경영실패로 인한 수익성 악화는 자본시장에서 자금조달을 어렵게 하여 결국 기업은 도산하게 되며 이는 기업의 병합이라는 새로운 국면을 맞게 된다. 그러나 공기업의 경우는 기업이 도산된다거나 경쟁기업에 의하여 매수될 가능성이 존재하지 않기 때문에 고용이 상대적으로 안정되어 있고 또한 경영자나 종업원들은 회사발전에 대한 책임의식이 결여되어 결국 효율성을 저해할 우려가 있으며 아울러 사기업보다 높은 임금과 기타 여러 가지의 비금전적 혜택(perks)을 얻고자 하는 지대추구행위(rent seeking behavior)를 보이는 경향이 농후하다.

둘째, 소유와 경영이 분리(separation of ownership and control)되

어 있는 사기업의 조직에서 소유주와 경영자간에 정보의 비대칭(information asymmetry) 때문에 일어나는 대리인 문제(agency problem)는 경제적 비효율성을 초래한다. 이러한 문제는 주식시장에서의 기업합병위협 및 소유주의 집단적 행동 등으로 그 해결점을 찾을 수 있다. 그러나 국민이 주인이고 국민에 의해 선출된 정부(agent)가 다시 경영을 다른 대리인에게 맡기는 공기업의 조직에서는 그보다 더 심각한 일종의 복대리인의 문제가 발생한다.

복대리인 문제 하에서는 소유주인 국민이 방만한 공기업의 조직을 조정・감독한다는 것이 대리인 문제하에서 보다 더 어려운 일이겠으나 공기업의 민영화를 통해 복대리인의 문제를 다소 완화시킬 수 있겠다. 이외에도 민영화를 통하여 얻을 수 있는 긍정적 효과는 다음과 같다.

1) 소규모 정부지향으로 정치적인 간섭을 경영에서 배제한다.

2) 민영화 이후 이윤동기에 입각한 기업주는 사업영역의 확대 및 시장개척 등을 통해 기업의 수익성을 높인다.

3) 정부주식의 매각을 통한 민영화는 정부수익을 증대하게 하여 동액의 자금을 재정적자에 충당할 수 있으며 또한 새로운 투자 또는 출자에 대한 부담도 덜 수 있다.

4) 매각대금의 유입은 국공채발행 감소 및 국민의 조세부담을 경감시킬 수 있으며, 특히 조세부과로 인한 왜곡된 자원배분의 문제(deadweight loss)를 해결할 수 있다.

5) 주식매각을 통하여 우량주식을 확대 공급함으로써 증권시장의 육성을 도모할 수 있을 것이다. 정부주식의 매각을 통하여 국내주식시장 규모를 증대시킴으로써 자본시장의 개방에 따라 유입되고 있는 거대한 외국자본으로부터 국내자본시장을 어느 정도는 보호할 수 있을 것이다.

그러나 민영화가 항상 긍정적인 효과만을 갖는 것은 아니고 이와 아울러 부정적인 측면도 있다. 사기업 체제로서 개인의 다양한 욕구는 충족될 수 있겠으나 이는 때로는 너무 자기이익 추구적이고 이기

한 개인 또는 집단이 자신의 이해에 직결되는 일련의 의사결정과정을 타인에게 위임할 때 대리인 관계가 성립된다.

대리인관계에 있어 경제행위를 위임하는 자를 주인이라 하고, 위임받는 자를 대리인이라 한다. 대리인관계가 성공적으로 유지되기 위해서는 대리인이 주인과의 계약을 성실히 이행하여야 한다.

그러나 대리인관계에 있어서 이같은 정보의 비대칭성으로 인하여 양질의 대리인이 시장에서 축출되는 역선택(adverse selection)과 대리인의 태만으로 인한 도덕적 해이(moral hazard)로 인한 경제적 피해를 입을 수 있는데, 이러한 상황을 가리켜 대리인 문제라고 칭한다.

주의적 경영방식을 취하게 되어 윤리적이고 이타주의적인 경영방식은 기대하기 어렵다. 티트무스(Titmus)는 영국의 사기업이 헌혈사업을 맡고 나서 행정적으로 비용이 더 들고 단위당 혈액 값이 비싸고, 혈액의 질은 떨어지는 등 공기업에 비해 비효율적임을 발견한 바 있다.[1)]

2. 협동조합

사적 소유구조에 대한 또 다른 대안으로서 생산, 저장, 수송 및 마케팅 활동의 집단소유구조(collective ownership)를 들 수 있다. 협동조합(cooperatives)은 2명 이상이 상호 출자하여 산업의 전부 혹은 일부를 집단적으로 운영할 것을 약정함으로써 효력을 발생시키는 경영조직이다. 이때 조합원 전원은 무한책임을 지고 업무집행은 조합원 과반수의 찬성으로 결정한다. 이러한 경영조직은 종종 시장에서의 경쟁력을 확보하기 위해서 많은 소규모 생산자들에 의해서 생겨나기도 한다.

농업협동조합, 축산업협동조합, 수산업협동조합 등은 각각 농업·축산업·수산업부문의 생산자들이 결성한 대표적인 생산자 협동조합이다. 규모가 큰 협동조합들은 상당한 경제적·정치적 위력을 발휘해왔다. Mesta는 13세기에 창설된 스페인의 양 목축업자들의 협동조합이었다. 16세기에 와서는 총 300만 마리의 양을 길러 스페인에서 가장 큰 경제적 조직이 되었다. 규모가 매우 크기 때문에 이 협동조합은 정부의 정책수립에 상당한 영향력을 행사하였다. 이와는 대조적으로 미국의 협동조합들은 규모면에서 결코 그만큼 성장하지는 못하였다.

망한 항공사끼리 극적인 합병…세계1위로

파산한 두 항공사 실적 수직 상승 스마트 합병의 마력!

지난해 미국 인구(3억1384만명)의 절반 정도인 1억6383만명이 이 회

1) Titmus, R. M., *The Gift Relationship*, Chicago: Allen & Unwin, 1970.

사 항공기에 탑승했다. 연간 탑승객의 총비행거리(2669억km)로 지구를 665만번(지구 한 바퀴 4만120km) 일주하고, 전 세계에서 하루 5089대의 항공기가 63개국 332개 시(市)를 오간다. 애플은 1분당 362개의 제품을 팔지만, 이 회사는 1분당 311명의 승객을 맞는다.

애플이 땅을 호령한다면, 하늘길을 지배하는 이 회사는 델타 항공(Delta Airline)이다. 714대의 항공기와 8만명이 넘는 직원을 둔 세계 최대 규모 항공사다. 경제전문지인 「포천」지(誌)는 지난해 351억달러(약 41조원)의 매출을 올린 델타항공을 '2011년 가장 존경받는 항공사'(The most admired airline) 1위로 뽑았다. 2위와 3위는 각각 싱가포르항공과 사우스웨스트항공이었다.

하지만 델타는 한때 경영난으로 폐업 직전까지 갔다. 9·11테러 사태 후 여객 급감, 유가 급등, 임금협상 실패 등으로 2005년 3월 당시 세계 항공업계 3위인 델타는 100억달러의 누적적자를 못 견디고 파산보호 신청(chapter11·우리나라의 법정관리)에 들어갔다. 이후 직원 1만1000여명 감축과 연금폐지 같은 자구노력 끝에 2007년 파산을 졸업했다.

그해 델타의 CEO를 맡은 리처드 앤더슨(Anderson·56)의 생존전략은 독특했다. 같이 파산을 졸업한 노스웨스트항공(NWA·당시 업계 4위)과의 합병 추진이었다. 1979~2005년까지 33개의 미국 항공사가 파산했는데, 이 중 살아남은 5개사가 합병에 성공한 전례는 단 한 건도 없었다. 하지만 앤더슨은 "합병은 글로벌 경쟁자로 거듭나기 위한 필수 조건"이라며 "파산했던 항공사라는 통념을 깨자"고 밀어붙였다.

통상 파격적인 구조조정을 수반하는 일반기업의 합병절차와 달리 그는 감원 최소화와 조종사 급여 30% 인상 등을 약속하며 직원들을 설득했다. 아시아와 미국 북부에 노선이 집중된 NWA와 남미와 미국 동부를 중심으로 한 델타의 결합은 300여개 노선 중, 단 4개만 겹치는 시너지 효과를 냈다. 두 회사는 합병 2년 만에 흑자로 돌아섰고 세계 최대 규모 항공사로 거듭났다.

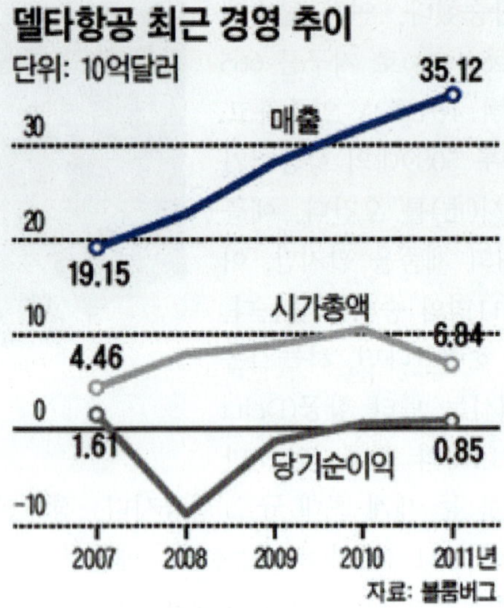

델타는 지금도 세계 항공업계의 살아있는 '롤 모델'이다. 매년 승객 탑승률을 평균 85% 이상 유지하면서 유류 헤징(hedging · 유가변동을 예상해 선제 대응하는 것)으로 매년 평균 4억달러씩을 절감한다. 항공사 최초로 미국 필라델피아에 있는 정유공장도 인수했다. 항공유를 직접 조달해 매년 3억달러(약 3500억원)를 줄이기 위해서다. 이외에 세계 최초로 한번 쌓은 항공 마일리지의 평생 사용제도, 침대처럼 수평(180도)으로 완전히 펴지는 비즈니스석 제공….

앤더슨은 그러나 "목표치의 절반도 못 왔다. 모든 고객에게 '잊을 수 없는 경험'을 선사해야 한다"고 말한다. 그래선지 델타항공의 캐치프레이즈는 '계속 올라가자'(keep climbing)다.

(조선비즈, 2012년 6월 2일)

주요용어

가족기업(family businesses)
가치극대화(value maximization)
공개매수(tender offer)
공동기업(partnership)
규모의 경제(economies of scale)
누적의결권(cumulative voting)
단독기업(sole proprietorship)
대리인 문제(agency problem)
모회사(parent company)
무한책임(unlimited liability)
무한책임사원(general partners)
법률적 소유구조(legal ownership structure)
법인체(legal entity)
소유와 경영의 분리(separation of ownership and control)
위임장(proxy authorization)
유한책임사원(limited partners)
이사회(board of directors)
자회사(subsidiary company)
잔여청구권(residual claims)
적대적 매수(hostile takeover)
주식회사(corporation)
주주(stockholders)
증권화(securitization)
최고경영자(chief executive officer; CEO)
폐쇄기업(close corporation)
합명회사(general partnership)
합자회사(limited partnership)
합작사업(joint venture)
협동조합(cooperatives)

개념확인

1. 기업의 종류를 법률적 소유구조에 따라 세 가지 형태로 구분하고 비교하여 설명해 보자.
2. 주식회사의 장점과 단점을 비교하여 설명해 보자.
3. 기업의 주인으로서의 주주와 기업의 의사결정기관인 주주총회를 설명해 보자.
4. 기업의 경영지배권을 갖는 필요상설기관으로서의 이사회를 설명해 보자.
5. 합병의 유형을 경제적 기준과 법률적 기준에 따라 구분해 보자.
6. 우호적 합병과 적대적 합병을 비교하여 설명해 보자.
7. 합병의 대안으로서의 영업양도, 기업비공개화, 차입매수 및 종업원소유는 무엇인가?
8. 공적 소유구조와 집단적 소유구조에는 어떠한 것들이 있는가?

제 2 부
기업경영과 경영전략

제 4 장

기업경영

제 1 절 기업경영의 의의와 계층

1. 기업경영의 의의

기업경영이란 사람과 여러 가지 자원을 통하여 조직의 목적을 달성하도록 하는 것이다.

기업경영이란 사람과 여러 가지 자원을 통하여 조직의 목적을 달성하도록 하는 것이다. 따라서 경영자는 그와 같은 경영활동, 즉 조직의 목적을 달성하기 위하여 사람과 자원을 결합하는 역할을 담당한다. 경영자는 직접 생산현장에서 작업을 하지는 않는다. 대신 그들은 다른 사람들의 노력을 한 방향으로 이끌어 줌으로써 기업의 목표를 달성할 수 있도록 한다. 기업을 구성하는 다섯 가지 요소[5M : 경영(management), 사람(man/woman), 원자재(materials), 자금(money), 기계(machinery)] 중 경영은 핵심적인 요소라 할 수 있다.

기업경영에 관한 여러 원칙과 개념은 영리기업이나 비영리기업을 막론하고 적용이 가능하다. 병원이나 지방자치단체, 또는 학교에서도 기업에서와 같은 경영기능이 필요하다.

사기업은 영리를 목적으로 하는 반면, 도서관, 박물관, 행정조직 또는 자선단체 등과 같은 비영리조직은 서비스의 제공을 목적으로 한다. 그러나 이들 양자가 공히 효과적인 경영을 함으로써 그 목적을 잘 달성할 수 있게 된다.

2. 기업경영의 계층

기업의 경영자를 최고경영층, 중간관리층, 일선관리층의 3개 계층으로 구분할 수 있다.

어떤 대학 내의 은행 출장소에는 3명의 직원이 근무하고 있다. 10평 정도의 사무실에 1명의 대리와 2명의 창구직원이 근무하고 있다. 반면, 삼성그룹에는 회장, 사장, 부사장, 전무, 상무, 이사, 부장, 차장, 과장, 대리, 직원으로 이어지는 수많은 직원이 있다. 이들 중 누구를 경영자라고 할 수 있는가? 은행 출장소의 창구직원, 삼성그룹의 평사원을 제외한 모두를 경영자라 할 수 있다. 이들 경영자는 사람들과 기타 자원을 결합시킴으로써 기업의 목적을 달성하도록 하는 일을 담당하고 있기 때문이다.

[그림 4-1] 기업경영의 계층

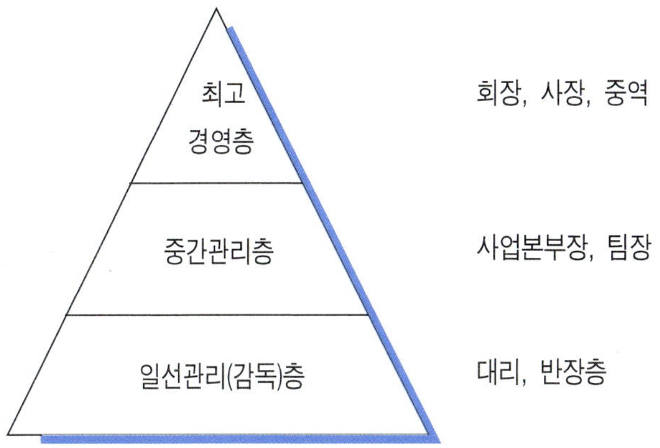

이와 같은 여러 계층의 경영자는 피라미드와 같은 모양을 이루고 있다. [그림 4-1]과 같이 기업의 경영자를 최고경영층, 중간관리층, 일선관리층의 3개 계층으로 구분할 수 있다. 이들 3개 계층의 경영자들은 각각 그 활동의 주안점이 다르게 주어진다.

1) 최고경영층

일반적으로 사장 및 중역들을 포함하는 기업의 상위경영층이다. 이들은 기업의 장기경영계획에 관한 결정을 담당한다. 신제품의 결정, 기업의 합병, 국제시장에의 진출 등과 같은 주요 의사결정을 담당한다. 이들의 활동 중 많은 부분이 정부나 은행 및 기타 이해집단 등 외부기관과의 관계에 할애된다.

2) 중간관리층

사업본부장, 부서장 등 다양한 계층을 포함한다.

3) 일선관리(감독)층

담당직원과 현장작업자를 직접 지휘, 감독하는 역할을 담당하며, 대리, 반장 등을 포함한다.

제 2 절 기업경영 능력

경영자는 직급에 상관없이 세 가지의 기본적인 능력을 가지고 있어야 한다. 즉 기술적 능력, 인간관계능력, 개념적 능력의 세 가지 능력이 필요한데, 이 세 가지는 직급에 따라 그 중요성의 정도가 다르기는 하나, 경영자의 경력이 쌓여 감에 따라 결국 필요한 능력들이다.

1. 기술적 능력

기술적 능력이란 특정 분야나 부서에 필요한 기법, 지식, 수단 등을 이해하고 활용할 수 있는 능력을 말한다. 이 능력은 특히 일선경영자에게 중요한데, 이들은 생산직근로자, 판매담당직원 등의 현업직원들을 지휘해야 하기 때문이다. 기술적 능력은 경영자가 점점 상위 직급으로 승진함에 따라 그 중요성이 줄어들게 된다.

2. 인간관계능력

인간관계능력이란 경영자가 사람을 통해 얼마나 효과적으로 업무를 수행할 수 있는가 하는 능력을 말한다. 그러한 능력은 의사소통, 지휘, 동기부여 등의 능력을 포함한다. 그 밖에도 상사 및 부서 외 인물과의 관계를 원활히 할 수 있는 능력이 필요하다. 이와 같이 구성원들이 능력을 최대한으로 발휘할 수 있도록 조직분위기를 이끌어 주는 것은 모든 계층의 경영자에 있어 필수적인 능력이라고 하겠다.

3. 개념적 능력

개념적 능력이란 경영자가 조직을 통합된 하나의 유기체로 보고 각 부문이 전체조직 속에서 어떻게 연결되어 있는가를 이해하는 능력이다. 즉 경영자가 정보를 획득하고 분석하고 의미를 종합적으로 해석함으로써 나무가 아닌 숲을 볼 수 있는 능력을 의미한다. 이와 같은 능력은 특히 최고경영층에게 필요한데, 이들은 회사의 장래를 위하여 창의적이고 분석적인 계획을 세울 수 있어야 하기 때문이다. 최고경영층은 그들이 특정한 전문분야(예를 들어 엔지니어링)로부터 승진했다 하더라도 타부문과의 협력관계를 이해하는가가 성공의 요건이 된다.

[그림 4-2]는 이 세 가지 능력이 각 계층의 경영자에게 어느 정도 중요한가를 나타내고 있다.

[그림 4-2] 각 계층의 경영자에 필요한 기업경영 능력

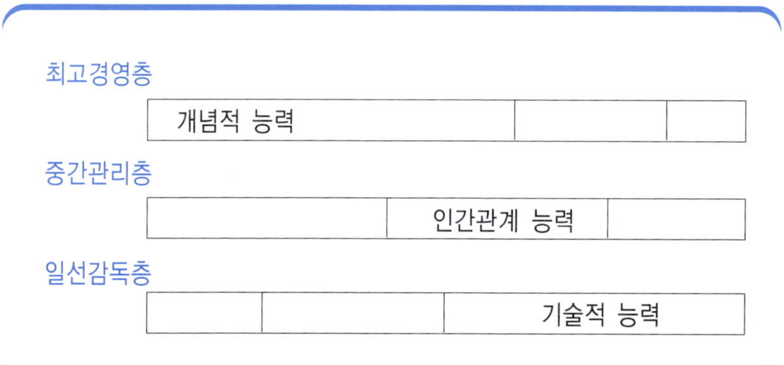

따라가는 기업은 멸종한다

『꿀벌과 게릴라』(개리 해멀 지음), 이 책은 혁명적이고 도발적이며 선동적이다.

지나간 시대는 진보의 세기였다. 효율성은 이때 지상의 명제였다. 그러나 21세기는 혁명의 시대다. 진보의 세기는 끝났다. 변화 자체가 변했다. 이제 변화는 불연속적이고 돌발적이며 선동적이다. 점진적으로 발전하는 기업은 이미 멸종의 길로 들어섰다. 경쟁은 혁신기업 대 기존기업, 혁명가 대 기득권자의 구도가 되었다. 게리 해멀은 이렇게 말한다. "혁신적 기업은 우선 당신 기업의 시장과 고객을 빼앗아 갈 것이다. 다음으로 당신의 기업의 가장 우수한 인재를 빼앗아 갈 것이다. 그리고 그 다음으로 당신 기업의 모든 자산을 빼앗아 갈 것이다."

이 책은 또한 경영자만을 위한 책이 아니다. 모든 직장인에게 또 이렇게 묻는다. "만일 노동 시간의 대부분을 보내고 있는 조직의 운명에 영향력을 끼칠 책임을 스스로 포기한다면 피고용인 이상의 어떤 의미가 있겠는가?"라고. 그는 직장인에게 '충성스러운 반대자'가 될 것을 권고한다. 조직은 '그들'이 아니라 바로 '당신'이기 때문이다. '의존'이 '충성'으로 착각되어서는 안 된다. 직장인은 더 이상 의존적이어서는 안된다. 당신에게 선택권이 있다. 또한 당신은 동료에 대한 의무가 있다. 평범한 사람들이 비범한 일을 성취해 내도록 서로 돕는 것이다. '그들의 승리'이기도 하고 '나의 승리'이기도 하다.

미래란 그저 주어지는 것이 아니라 만들어 가는 것임을 믿는 사람들의 것이다. 열정을 믿는 사람들의 것이며, 어떤 경우에도 자신의 꿈을 희생하지 않는 사람들의 것이다. 만들어 주는 대로 살지 않는 사람들, 과거의 유산에 매몰되지 않는 사람들, 그리하여 자신의 이야기를 가지고 싶어 하는 사람들의 것이다. 이 책은 바로 이런 사람들을 위해 쓰여 졌다.

(동아일보, 구본형)

제 3 절 목표의 중요성

개인이나 조직이나 '목표'를 가지고 있지 않으면 그것을 달성할 수도 없다. 즉 목표가 있어야 그것을 달성함으로써 성공을 이룰 수 있는 것이다. 목표란 예컨대 수익성, 고객 서비스, 사회적 책임 등의 면에서 경영자가 달성하고자 하는 기준을 의미한다. 경영자는 조직이 이와 같은 목표를 얼마나 달성했는가를 점검함으로써 그 성과를 평가한다.

개인이나 조직이나 '목표'를 가지고 있지 않으면 그것을 달성할 수도 없다. 즉 목표가 있어야 그것을 달성함으로써 성공을 이룰 수 있는 것이다.

1. 목표의 기능

각 계층의 경영자가 내리는 의사결정이나 그들의 행동은 조직의 목표에 따라 달라진다. 조직의 목표는 다음과 같은 세 가지 기능을 갖는다.

경영자는 계층에 관계없이 계획, 조직화, 지휘, 통제의 네 가지 과정을 통해 기업경영 활동을 수행한다.

목표는 방향을 제시한다.
목표는 기준을 제시한다.
목표는 동기를 부여한다.

2. 목표에 관한 예

사업을 하는 목적이 이윤의 추구에 있다는 것은 대부분 인정을 한다. 기업의 결산공고에서 가장 관심의 대상이 되는 것이 당기순이익으로 가장 직접적인 기업성과의 척도가 된다.

그러나 이익만이 조직성과의 척도가 되는 것은 아니다. 비영리조직은 문자 그대로 수익성 이외의 목표를 달성하기 위해 존재한다. 기업의 생존을 위해 이익이 있어야 함은 자명하다. 기업은 이익을 통해서만 투자자를 유치하고 소유주나 투자자에게 배당을 할 수 있기 때문이다. 그러나 다른 목표 또한 마찬가지로 중요하다. 예를 들어, 기업은 소비자나 고객이 필요로 하는 제품이나 서비스를 제공해야 한다. 그렇지 못할 경우에는 이익을 얻을 수 없게 된다.

제4절 기업경영 기능

앞에서 기업경영이란 사람과 기타 자원을 통해 목표를 달성하도록 하는 것이라고 정의를 내렸다. 그와 같은 정의는 기업경영이 여러 개

> 계획, 조직화, 지휘, 통제의 네 가지 기업경영 과정은 상호 긴밀히 연관되어 있으며, 이들 간의 조정을 하는 것이 경영자의 역할이다.

의 활동들로 이루어지는 일련의 과정임을 시사한다. 제조업에 속한 기업의 예를 들면, 소비자를 만족시킬 수 있는 제품을 디자인해야 하며, 디자인된 제품을 생산하기 위하여 원자재, 기계, 사람 등을 단계별로 투입하여야 하며, 생산된 제품을 판매업자나 소비자에게 제공하여야 한다. 이와 같은 과정을 완료해야 기업의 목표를 달성할 수 있게 된다.

경영자는 계층에 관계없이 다음과 같은 네 가지 과정을 통해 기업경영 활동을 수행한다. 즉 계획, 조직화, 지휘, 통제의 네 과정을 통해서 경영자가 추구하는 목표의 달성이 가능한 것이다([그림 4-3]).

[그림 4-3] 기업경영활동의 과정

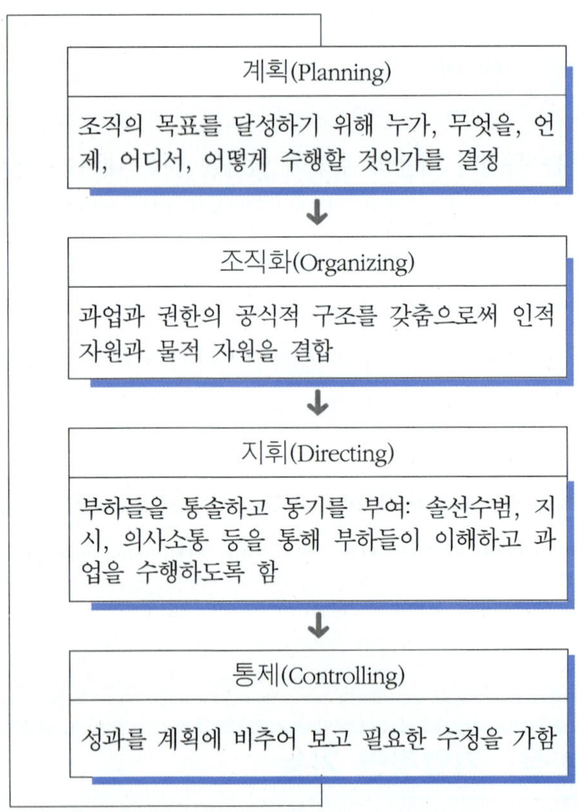

그와 같은 과정의 개수나 명칭은 분류하기에 따라 달라질 수 있다. 예를 들어 이 과정을 세분하여 충원, 의사소통, 혁신, 조정, 평가 등의 과정을 별도로 제시하기도 한다. 그러나 앞에서 든 네 가지 과정이 가장 일반적으로 사용되는 개념으로, 세부적인 과정을 포함하는 것이라 할 수 있다.

이와 같은 네 가지 기업경영 과정은 상호 긴밀히 연관되어 있으며, 이들 간의 조정을 하는 것이 경영자의 역할이다. 기업경영이란 계속되는 일련의 과정이기 때문에, 경영자는 조직의 목적을 달성하기 위해서는 각 과정이 다른 과정에 어떻게 영향을 미치는가를 면밀히 검토해야 한다.

1. 계획수립(Planning)

계획이란 미래를 예측하고 회사의 목표를 달성하기 위해 가장 적절한 행동을 취하도록 결정하는 기능이다. 즉 누가, 무엇을, 언제, 어디서, 어떻게 할 것인가에 대한 결정을 포함한다.

계획은 지속적으로 이루어지며, 변화하는 과정이다. 특히 현대의 기업환경이 급변함에 따라, 계획은 신속하게 그에 대응해야 한다. 예컨대 현대기업을 둘러싸고 있는 시장상황, 기술, 원자재의 공급은 물론 회사 자체의 조직특성 또한 지속적으로 변화하고 있다. 경영자는 기업의 상태와 환경의 변화를 지속적으로 파악하고 그에 따라 계획을 보완, 수정해 나아가야 한다. 적절한 계획수립이 없이는 성공적인 경영성과를 기대할 수 없다.

> 조직화란 과업과 권한의 공식적 구조를 설계함으로써 인적, 물적 자원을 결합시키는 기업경영 과정이다.

2. 조직화 및 충원(Organizing)

일단 계획이 세워지면 이의 실행을 위한 조직을 필요로 하게 된다. 조직화란 직무와 권한의 공식적 구조를 설정함으로써 인적 자원과 물적 자원을 연결시키는 것을 의미한다. 조직화 과정에서는 다음과 같은 제 단계를 통해 직무를 관리 가능한 단위로 분류하고 필요한 사람을 충원하게 된다.

> 경영자는 기업의 상태와 환경의 변화를 지속적으로 파악하고 그에 따라 계획을 보완, 수정해 나아가야 한다.

① 조직의 목표를 달성하기 위해 필요한 업무활동을 파악한다.
② 업무활동을 논리적, 체계적으로 분류한다.
③ 분류된 업무에 직책과 사람을 할당한다.

3. 지휘(Directing)

계획이 수립되고 이를 수행할 조직과 사람이 마련되면, 이들이 실제로 움직여서 조직의 목표를 달성하도록 지휘를 해 주어야 한다. 지휘란 부하들을 지도하고 동기부여시킴으로써 조직의 목표를 달성하도록 하는 것이다.

이에는 과업을 할당하고, 필요한 절차를 설명하고, 필요한 지시를 하고, 오류를 범하지 않도록 확인하는 활동들을 포함한다.

지휘기능은 특히 하위관리층에서 중요한 역할을 하는데, 이 계층에 가장 많은 직원들이 분포되어 있기 때문이다. 일선관리층이 '사람을 통해서' 업무를 성공적으로 수행하기 위해서는 효과적인 리더의 역할을 담당해야 한다.

4. 통제(Controlling)

통제란 조직의 성과를 평가함으로써 그 목표의 달성을 확인하는 기능이다. 통제는 계획과 밀접하게 연결되어 있는 것으로, 사실상 통제의 기본목적은 계획이 얼마나 잘 수립되었는가를 확인하는 것이라고 할 수 있다. 통제의 4가지 기본단계는 다음과 같다.

최고경영층은 하위 기업경영층에 비해 계획기능을 많이 수행하는 반면, 조직의 하위경영자인 일선감독자는 지휘와 통제에 많은 시간을 할애한다.

① 성과의 표준을 정한다.
② 실제성과를 측정한다.
③ 실제성과와 표준을 비교하여 차이를 확인한다.
④ 차이가 있는 경우, 그 원인을 파악하고 수정조치를 취한다.

예를 들어, 기업의 수익성, 투자수익률, 시장점유율 등에서 차질이 있는 경우 이의 수정을 위해서는 가격구조의 변화, 새로운 원자재 구입선, 생산방식의 변화, 새로운 포장디자인, 또는 그 밖의 다른 변화들을 필요로 하게 될 것이다. 기업의 통제 시스템은 판매실적, 생산비 자료, 재무실적, 또는 마케팅 조사자료로부터 유용한 정보를 추출해 냄으로써 조직목표달성의 차질 여부를 찾아낼 수 있어야 한다. 이와 같은 정보는 계획의 수정을 위한 결정적인 자료가 되며, 그에 따른 계획→조직화 충원→지휘→통제의 사이클의 변화를 가져오게 된다.

이상의 네 가지 기능은 기업조직의 모든 경영자에게 요구된다. 그러나 [그림 4-4]에서 보는 바와 같이, 각 경영계층에 따라 이들 기능들에 소요하는 시간이나 노력의 비중이 달라지게 된다. 최고경영층은 하위 기업경영층에 비해 계획기능을 많이 수행하는 반면, 조직의 하위경영자인 일선감독자는 지휘와 통제에 많은 시간을 할애한다.

[그림 4-4] 계층별 경영자의 과업수행노력의 비중

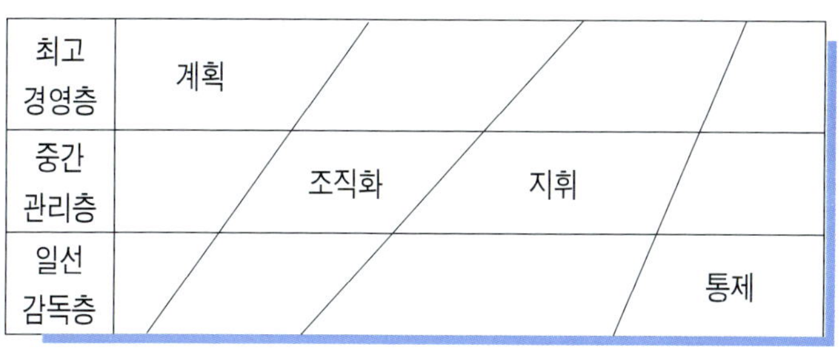

말보로 한 갑 사려면, 17분 일해야

서울의 경우 말보로 한 갑을 사기 위해서는 17분의 노동시간이 필요하며 이는 다른 외국도시에 비해 노동시간이 상당히 짧은 것으로 조사됐다. 이는 서울의 담배 값이 상대적으로 싸기 때문으로 분석된다.

이에 비해 빅맥(햄버거)이나 빵, 쌀 등을 사기 위해 소요되는 노동시간은 뉴욕, 싱가포르 등에 비해 상대적으로 긴 것으로 나타났다. 이는 세계 25개 주요 도시 중 도쿄(11분), 타이베이 · 룩셈부르크(각 13분) 다음으로 짧은 시간이다. 이에 반해 싱가포르는 무려 52분이나 됐고 이어 방콕(46분), 시드니(40분), 홍콩(36분) 등의 순이었다.

그러나 서울에서 빅맥 한개와 빵 1kg, 쌀 1kg을 구입하기 위해 걸리는 시간은 각각 28분, 25분, 38분으로, 뉴욕의 12분, 17분, 15분, 싱가포르의 21분, 26분, 11분에 비해 상대적으로 많은 시간이 필요했다.

보건사회연구원은 "조사된 25개 도시 중 서울의 물가수준은 13번째이나 말보로 가격수준은 21번째였다"면서 "서울의 말보로 가격은 1.68달러로 서울과 비슷한 물가수준인 암스테르담과 베를린의 말보로 가격 3.6달러와 3.49달러에 비해 상당히 낮은 것으로 나타났다"고 밝혔다.

(조선일보)

제 5 절 의사결정의 의의와 유형

1. 의사결정의 의의

의사결정은 문제의 인식, 대안의 개발 및 평가, 대안의 선택 및 실행, 결과에 대한 평가(피드백) 등을 포함하는 전 과정을 포함하는 것이다.

경영자에 있어 가장 중요한 업무는 의사결정이다. 경영자는 기업의 문제를 해결할 수 있도록 의사결정을 하는 대가로 봉급을 받는 것이라 해도 과언이 아니다. 그 외에, 경영자는 지속적으로 미래의 잠재적 문제를 예측하고 사전에 방지하여야 한다. 의사결정 과정은 다섯 단계로 나타낼 수 있다. [그림 4-5]는 경영자가 단계의 진행에 따라 체계적으로 접근하여 특정문제를 해결하거나 사업기회를 포착하기 위한 의사결정에 도달할 수 있는 방법을 제시하고 있다.

좁은 의미로 해석하면, 의사결정이란 둘 또는 그 이상의 대안들 중 선택을 하는 것이라고 할 수 있다. 그러나 좀 더 넓은 의미로 생각하면, 의사결정은 문제의 인식, 대안의 개발 및 평가, 대안의 선택 및 실행, 결과에 대한 평가(피드백) 등을 포함하는 전 과정을 포함하는 것이다. 일상적인 의사결정이든 비일상적인 의사결정이든, 단계별 체계적 접근은 효과적인 의사결정에 도움을 준다.

[그림 4-5] 의사결정과정의 제 단계

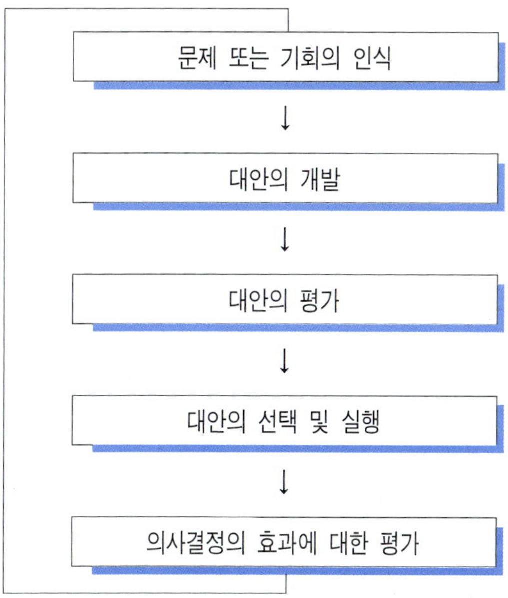

의사결정과정은 문제 또는 기회의 인식, 대안의 개발, 대안의 평가, 대안의 선택 및 실행 및 의사결정의 효과에 대한 평가의 5단계로 구성된다.

2. 의사결정의 유형

의사결정은 상대적인 반복성의 정도에 따라 일상적인 의사결정과 비일상적인 의사결정으로 구분할 수 있다.

1) 일상적 의사결정

일상적인 의사결정은 단순하고 자주 반복적으로 이루어지며, 해결책이 이미 정해져 있는 것이 보통이다. 일상적 의사결정의 예로는, 대졸신입사원의 급여수준에 대한 결정, 생산에 필요한 원자재의 주문시점에 대한 결정, 대량 구매고객에 대한 판매가격 할인율의 결정 등을 들 수 있다. 기업조직은 그와 같은 경우에 대해 규정, 방침, 절차 등을 마련함으로써 의사결정이 일관성있고, 신속하게, 적은 비용으로 이루어지도록 하고 있다. 그와 같은 해결책은 비슷한 상황이 발생할 때마다 매번 새로이 대안을 마련하고 평가하는 과정을 없앰으로써 시간을 절약시켜 주며, 경영자로 하여금 보다 비일상적인 의사결정에 많은 시간을 할애할 수 있는 여유를 제공한다.

2) 비일상적 의사결정

비일상적인 의사결정은 복잡하고, 중요하고, 비반복적인 문제나 기회에 관한 것이다. 그러한 의사결정의 예로는, 새로운 사업에의 진출 여부, 공장의 신축, 합작기업의 설립여부 등에 대한 결정 등을 들 수 있다. 이와 같은 결정은 기업내의 전례가 없으므로 대안의 설정, 평가, 실행 등이 매우 중요한 과제가 된다. 경영층의 성과는 비일상적인 의사결정을 얼마나 잘 내리는가 하는 능력에 의해 평가되는 것이 보통이다.

제 6 절 리더십(Leadership)

경영자는 사람들로 하여금 높은 성취의욕을 갖도록 동기부여시킬 수 있는 효과적인 리더가 됨으로써 조직의 목표를 달성할 수 있다. 경영자의 책무 중 가장 중요한 것 중의 하나인 리더십이란 다른 사람들을 동기부여시킴으로써, 그들로 하여금 특정목적을 달성할 수 있는 활동을 하도록 하는 것이다. 조직의 성패에 있어 리더십이 차지하는 중요성으로 인하여, 바람직한 리더의 특성에 관한 연구가 수세대에 걸쳐 진행되어 왔다.

초기의 리더십의 개념은 특성이론(trait theory), 즉 위인이론(great man theory)에 집중되어 있었다. 즉 이순신 장군이나 마하트마 간디와 같은 출중한 개인이 있어 리더십을 발휘한다는 것이다. 따라서 초기의 리더십 이론들은 바람직한 리더의 특성을 찾고자 하는 연구였다. 리더의 특성으로 매우 다양한 내용이 제시되었으나 흔히 다음과 같은 세 가지가 거론되었다 : 감정이입(emphathy : 자신을 타인의 입장에 놓을 수 있는 능력), 자아의식, 대인관계의 객관성 등의 세 가지이다.

'리더십 킬러'를 찾아내라

제1차 세계대전 초기에 영・불 연합군의 수많은 영관장교들이 독일군의 저격을 받고 쓰러졌다. 너무 눈에 쉽게 띄는 화려한 장교제복 때문이었다. 실수를 깨닫고 뒤늦게 장교들도 사병과 흡사한 복장으로 갈아입히고 눈에 띄지 않게 지휘하도록 했지만, 한동안 지휘 공백의 충격에서 헤어나지 못했다.

우리는 훌륭한 리더십에 대해 고민을 많이 한다. 하지만 그에 못지 않게 중요한 것은 우리가 보유하고 있는 탁월한 리더십을 공격하려는 요소들, 즉 '리더십 킬러'들로부터 현재와 미래의 리더들을 지키는 일이다. 이러한 잠재적 리더십 킬러는 우리 주변 곳곳에 있다.

첫째, 우리의 상사들이다. 탁월한 리더가 될 잠재력을 가진 사람도 후세를 양성하지 않는 자기도취적인 리더 밑에 있으면 리더십 자질이 다듬어지지 못하고 메말라 버리기 쉽다.

둘째, 질시하고 공격적인 동료(peer)들에게 둘러싸여 있어도 그 사람의 리더십 자질이 죽어버린다.

셋째, 불순종하고 부정적인 부하들을 만나면 그 리더의 리더십 자질이 죽는다. 한 저명한 리더십 전문가는 이런 힘든 부하들을 가리켜 '숨어 있는 상어들'(hidden sharks)이라고 불렀다.

혹 당신이 그 리더십 킬러는 아닌지 자문해 보라. 당신으로 인해 과연 당신의 부하・동료・상사들은 더욱 훌륭한 리더로 탈바꿈하게 되었는가, 아니면 그 반대인가?

그러나 가장 무서운 리더십 킬러는 바로 리더 자신의 내면세계에 있다. 리더의 가슴속에 있는 열등감, 교만, 질투, 게으름, 독선, 권력 중독, 병든 도덕성들이 소리 없이 그의 리더십 역량을 갉아먹는다.

그러나 이와 같은 특성들이 모든 리더에게 적용되지 않는다는 것은 쉽게 알 수 있다. 또 다른 특성들로, 외향성을 주장하기도 하나, 역사적으로 훌륭한 리더들 중 내향적인 인물은 많이 있었다. 초기의 학자들은 신체적 조건으로 신장을 내세우기도 하였으나 나폴레옹은 단신으로 훌륭한 리더십을 발휘했다. 또한 연륜으로부터 오는 경험을 리더의 조건으로 보기도 하였으나, 알렉산더 대왕은 18세에 그의 가장 중요한 전투에서 승리를 거두었으며, 마이크로소프트사의 빌게이츠는 20대에 사장의 역할을 훌륭히 해내었다.

이상과 같이 리더의 개인적 특성으로 리더십을 설명하고자 한 시도는 항상 일관된 결과를 얻지 못하였다. 따라서 리더십에 대한 연구는 점차 몇 가지 스타일을 찾게 되었고, 어떠한 상황에서 어떠한 스타일이 성공적인가를 연구하게 되었다. 몇 가지 유형의 스타일과 가능한 상황들을 결합시킴으로써, 특정 상황에서 적합한 리더십을 찾을 수 있게 되었다.

1. 리더십 스타일

리더십 스타일은 전제적 리더, 민주적 리더 및 방임형 리더의 세 가지로 구분할 수 있다.

리더십은 조직에서 권력을 행사하는 것을 의미한다. 권력(power)이란 다른 사람의 행동에 영향을 미칠 수 있는 능력을 의미한다. 그러한 권력은 하나 또는 그 이상의 원천으로부터 나올 수 있다. 먼저 리더의 권력은 그들의 지위로부터 나올 수 있다. 경영자로서, 그들은 부하의 활동을 지휘할 책임을 가지는 것이다. 한편, 리더의 권력은 전문적 능력이나 경험으로부터 오기도 한다. 자신이 일급 기술자였던 작업반장은 반원들로부터 인정을 받을 것이다. 또 다른 한편으로, 리더는 그들의 강한 성격으로 인해 권력을 가질 수도 있다. 그와 같은 카리스마적인 리더는 부하가 스스로 리더를 추종하고 닮기를 원하기 때문에 권력을 가지게 된다.

리더가 다른 사람을 이끌기 위해 사용하는 권력의 행사방법을 리더십 스타일이라 한다. 역사적으로 다양한 스타일이 사용되어 왔는바, 강요, 위협, 요구 등으로부터 간청, 회유, 애걸에 이르기까지 여러 가지가 있을 수 있다. 이와 같은 리더십 스타일을 하나의 연속선상에 배열할 수 있는데, 한쪽 끝에는 완전히 전제적인 스타일로부터 반대쪽 끝에는 완전히 민주적인 스타일을 배열할 수 있다. 이와 같은 연속선상에서 다음과 같은 세 가지 기본적 유형을 찾을 수 있다.

(1) 전제적 리더는 다른 사람의 의사를 묻지 않고 단독으로 의사결정을 한다. 전제적 리더는 의사결정을 하고, 이를 부하에게 알리고, 실행하도록 한다.

(2) 민주적 리더는 의사결정 과정에 부하를 참여시킨다. 예를 들어 민주적인 영업부장이라면 판매목표의 설정시에 영업사원을 참여시킬 것이며, 반면 전제적인 영업부장이라면 영업사원에게 판매목표액을 일방적으로 할당할 것이다.

(3) 방임형 리더는 최소한의 감독을 최선으로 여기며, 대부분의 의사결정을 부하에게 맡긴다.

2. 최적의 리더십 스타일

리더나 기업문화에 관한 수백 개의 연구결과를 종합하면, 이 문제에 대한 해답은 생각처럼 간단한 것이 아니라는 결론에 도달하게 된다. 연구가 정교화 되어감에 따라, 경영자가 최적의 리더십 스타일을 선택하는 데에는 몇 가지 요인이 영향을 미친다는 것을 알아내게 되었다.

적합한 리더십 스타일은 리더, 부하, 상황의 함수이다.

최적의 리더십 스타일이란 경우에 따라 변화하는 리더십이다. 즉 리더, 부하, 상황의 세 가지의 요인에 따라 적절히 변화하는 리더십을 말한다. 어떤 리더는 부하들을 격려해 주거나 의사결정에 참여시킬 줄을 모르는 경우가 있다. 어떤 부하들은 그와 같은 책임을 맡을 능력이 없거나 의욕이 없을 수 있다. 나아가, 특정기업의 문화나 상황이 효과적인 리더십 스타일을 결정하는데 도움을 준다. 예컨대 즉각적인 대응을 요하는 문제에 닥친 경우 부하와 상의하지 않은 채 결정을 내려야 할 수밖에 없을 것이다. 시간적 제약이 적은 경우에는 참여적 의사결정이 보다 효과적일 것이다.

최적의 리더십 스타일이란 경우에 따라 변화하는 리더십이다. 즉 리더, 부하, 상황의 세 가지의 요인에 따라 적절히 변화하는 리더십을 말한다.

많은 경우 민주적인 리더는 다른 사람들의 충고를 받아들이지만 최종적인 의사결정은 본인이 하게 된다. 크라이슬러사의 아이어코카 전 회장은 다음과 같이 표현하였다: "교과서에서 이야기하는 것과는 달리, 회사에서 대부분의 중요한 결정은 위원회에서 이루어지는 것이 아니라 개인들에 의해 이루어집니다. 나의 방침은 언제나 의사결정이 이루어지는 시점까지 민주적이어야 한다는 것입니다. 일단 결정이 이루어진 다음에는 나는 무자비할 정도의 지휘자가 됩니다. '자 이제 모든 사람의 의견을 들었습니다. 우리가 할 일은 이것입니다.'라고 말할 수 있는 것입니다" 아이어코카와 같은 리더십 스타일을 가진 경영자는 잘못된 조언이나 비논리적인 주장에 쏠리는 일이 없을 것이다.

리더십에 대한 많은 연구들을 행한 결과, Fred Fiedler 교수는 유일한 최상의 리더십 스타일은 존재하지 않는다는 결론을 내렸으며, Fiedler 교수는 가장 적합한 리더십이란 리더가 가진 권력, 주어진 과업의 난이도, 부하의 특징 등의 상황요인에 의해 달라진다고 주장하였다. 극도로 쉽거나 극도로 어려운 상황에서는 과업달성을 강조하는 리더십이 효과적이라는 것이다. 반면 양 극한 상황이 아닌 중간정도의 상황에서는 참여 및 부하와의 관계를 강조하는 리더가 효과적이다.

제 7 절 기업경영 조직

조직화란 과업과 권한의 공식적 구조를 설계함으로써 인적, 물적 자원을 결합시키는 기업경영과정이다.

우리는 다양한 형태의 조직과 관련을 맺고 있다. 스포츠 팀이나 사회적 모임, 종교단체나 직장 등은 모두 조직의 형태를 가지고 있다. 심지어 벌, 개미, 수달과 같은 동물들도 조직을 형성하고 있다.

조직구조는 조직화 과정의 결과이다. 전 장에서 정의한 바와 같이, 조직화란 과업과 권한의 공식적 구조를 설계함으로써 인적, 물적 자원을 결합시키는 기업경영 과정이다. 다시 말하면, 업무를 배열하고, 구성원에게 나누어 주고, 계획을 수행하여 목적을 달성할 수 있도록 조정하는 것이다.

조직화 과정은 [그림 4-6]과 같이 몇 단계를 거쳐 이루어진다.

이와 같은 조직화 과정을 거쳐 조직이 이루어진다. 조직이란 "공통의 목적을 달성하기 위해 상호작용 하는 사람들의 집단"이라고 정의할 수 있다. 이와 같은 조직에서 다음과 같은 세 가지 필수적 요소를 생각할 수 있다.

조직의 설계는 상호작용, 목표, 구조의 세 가지 요소들의 결합에 의해 이루어진다.

- 구성원들 간의 상호작용
- 목표지향적인 활동
- 구조

[그림 4-6] 조직화 과정의 단계

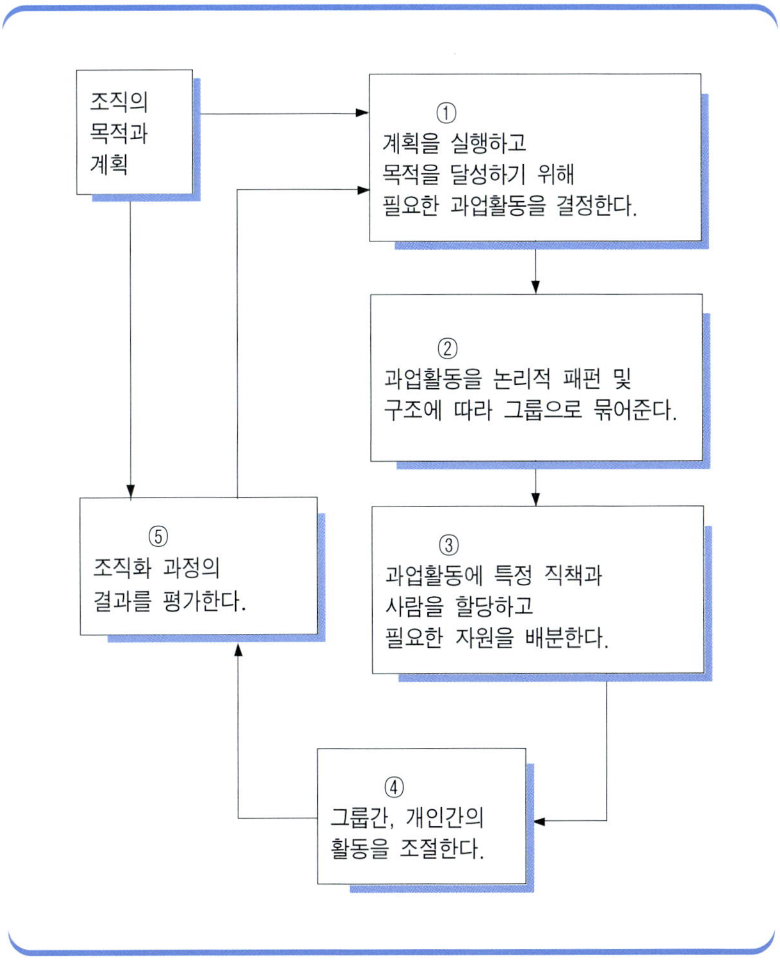

앞에서 언급한 바와 같이 조직의 설계는 상호작용, 목표, 구조의 세 가지 요소들의 결합에 의해 이루어진다. 즉 경영자는 조직의 목표를 달성하기 위해 구성원의 활동을 조정해 나가야만 하는 것이다.

우수기업 판별비법

"될 성 부른 나무는 떡잎부터 안다"는 속담이 있다. 이 말은 기업을 평가할 때도 딱 들어맞는다고 한다. 그래서 세계적 컨설팅 회사인 맥킨지는 기업실사를 나가면 우선 안내 데스크에서 일하는 여직원들의 자세나 구내식당의 음식을 유심히 관찰하는 것으로 알려졌다.

기업을 분석하고 주가를 예측하는 애널리스트들도 마찬가지다. 이들은 기업탐방을 나가 최고경영자의 비전이나 재무구조는 물론 화장실 청소상태까지 유심히 들여다본다. 이렇게 하면 금세 해당 기업의 주가향방에 대한 판단을 어느 정도 내릴 수 있다고 이들은 말한다.

이들은 우선 거짓말 않는 기업이 결국 신뢰를 얻는다고 강조한다. 기업 측이 회사내용을 외부에 알리는 데 솔직하고 적극적이면 주가도 오름세를 타는 경우가 많다는 것이다. 그만큼 해당 기업이 주주 이익을 위해 고심하고, 투명경영을 실천하고 있다는 방증이기 때문이다. 반면 말을 자꾸 바꾸고 실무직원들과의 접촉을 막는 기업들은 신뢰하기 힘들다고 밝혔다.

자금담당 부서에 직원들이 전혀 없거나 또는 소란스러울 경우 부도 가능성이 있는 것으로 의심을 하고, 회사내 게시판에 회사 경영이나 비전과 관련된 글이 많이 올라오고, 의사소통이 자유롭고 활발한 곳일수록 좋은 기업으로 판단한다.

애널리스트들은 한결같이 기업이 얼마나 유능한 최고경영자를 갖고 있는지가 회사주가에 가장 중요하다고 말했다. 중소기업은 최고경영자가 영업, 신규사업, 기술개발 등 회사경영 전반을 총지휘하는 만큼 이들의 능력과 도덕성이 기업의 사활에 직결된다는 것이다.

"최고경영자의 경영방식, 비전이 얼마나 합리적이냐가 매우 중요하다"며 "최고경영자는 야구팀에 견주어 보면 간판급 '투수'"라고 말하는 이도 있었다.

1. 조직목표의 계층(Hierarchy of organizational objectives)

기업이 "고객에게 양질의 제품을 저렴한 가격에 공급한다."는 목적을 가지는 경우, 이 목적에는 생산현장의 기술자가 얼마나 자주 생산설비를 검사해야 하는지 나타나 있지 않다. 기업전체의 목적은 상당히 넓은 범위에 걸쳐 추상적으로 주어진다. 따라서 조직의 구성원 하나하나가 각자의 활동에 있어 구체적인 목표를 가질 수 있도록 그 위치에 따라 목적을 구체화시켜 줄 필요가 있다.

조직목표는 기업의 전체적 목적으로부터 말단의 구성원 개개인에 이르기까지 계층적인 구조를 갖는다. 기업전체의 수익성, 매출액, 시장점유율, 서비스 등에 관한 목표는 각 사업본부, 공장, 부서, 팀, 개인에 이르기까지 단계별로 분할되어진다. 일단 조직의 구조가 체계적으로 정비되면, 조직목표에 대한 각 개인의 기여도 또한 일목요연하게 나타나게 된다. 이와 같은 계층의 수는 회사의 규모나 복잡성에 따라 달라진다. 작은 조직은 일반적으로 대기업에 비해 계층의 수가 적은 것이 보통이다.

2. 부서화(Departmentalization)

> 부서화란 과업활동을 조직 내 단위에 배분하는 것이며, 그 기준에 따라 다섯 가지 형태가 있을 수 있다 : 제품, 지역, 고객, 기능, 공정.

조직설계는 조직의 주요활동을 분석하는 데서 시작된다. 대부분의 기업에서는 생산, 마케팅, 재무 등의 기본적 활동을 필요로 한다. 각 활동은 부서별로 부서장 및 부서원에게 할당된다.

부서화란 과업활동을 조직내 단위에 배분하는 것이다. 부서화를 통해 각 구성원이 특정업무에 전념함으로써 효율성을 높일 수 있게 된다. 예를 들어, 마케팅 부서는 부서장 밑에 영업, 광고, 시장조사기능 등을 가진다. 인사부서는 채용, 훈련, 복지, 노사관리 등의 기능을 가진다.

부서화는 그 기준에 따라 다섯 가지 형태가 있을 수 있다 : 제품, 지역, 고객, 기능, 공정. 미국의 Sears사와 같이 넓은 지역에 걸쳐 사업을 하는 유통회사의 경우 지역별 조직을 취한다. 동아제약과 같은 제약회사는 병의원, 약국 등 고객유형별로 판매조직을 편성하고 있다. 단일한 사업을 하는 중소기업들은 구매, 생산, 조립, 판매, 재무 등 기능별 조직형태를 취하고 있다. 연속공정을 거치는 공장의 경우 업무의 흐름에 따라 주조, 단조, 절삭, 조립 등의 공정별 조직을 취할 수 있다.

한 회사내에서도 위의 여러 기준들을 동시에 복합적으로 사용하여 조직을 설계할 수 있다. 어떠한 기준을 우선적으로 적용할 것인가 하는 결정은 이들 간의 장단점을 회사가 지향하는 전략 및 주어진 상황에 비추어 봄으로써 이루어진다. 뿐만 아니라, 최고경영자의 경험과 의지가 중요한 역할을 한다.

3. 권한과 책임(Authority and responsibility)

권한과 책임은 조직의 구성원이 각자에게 부여된 업무를 수행할 수 있도록 균형을 이루어야 한다.

조직이 커짐에 따라 경영자는 자신의 업무 중 일부를 부하에게 위임함으로써 전략적 경영활동을 할 수 있는 시간을 가질 수 있다. 자신의 업무 중 일부를 부하에게 맡기는 것을 위양(delegation)이라고 한다.

위양에는 항상 두 가지 측면이 동시에 존재한다. 먼저 경영자는 부하에게 부여된 업무를 수행할 책임을 할당한다. 따라서 책임이란 할당된 과업을 수행할 부하의 의무를 뜻한다. 책임과 함께, 부여된 업무를 수행하는데 필요한 결정을 할 수 있는 권한이 부여된다. 권한과 책임은 조직의 구성원이 각자에게 부여된 업무를 수행할 수 있도록 균형을 이루어야 한다. 주어진 책임에 상응하는 충분한 권한이 주어지면, 자기가 맡은 일의 결과에 대한 책임감을 스스로 갖게 된다. 이와 같은 관계는 [그림 4-7]과 같이 나타낼 수 있다.

[그림 4-7] 권한위양 과정

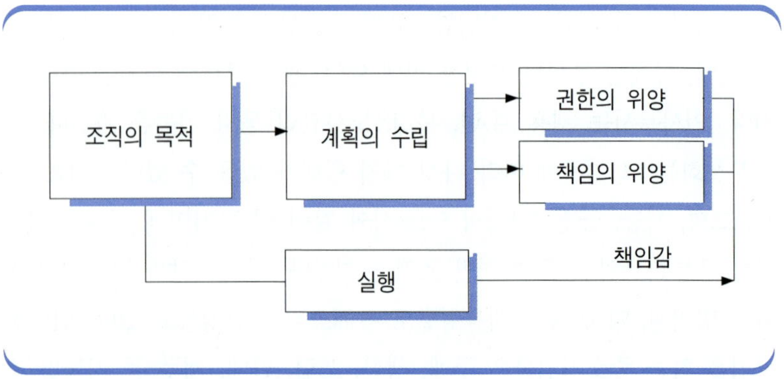

책임을 부하에게 위양하였더라도 최종적인 책임은 상급자에게 있다. 따라서 주어진 업무를 수행할 수 있는 능력이 있는 부하를 선정하는 것이 경영자의 중요한 역할이다.

4. 관리의 범위(Span of management)

조직화를 하는 주요 이유 중의 하나는 경영자가 주어진 시간에 수행할 수 있는 활동의 양과 지휘할 수 있는 부하의 수가 제한되어 있기 때문이다. 관리의 범위(즉, 통제의 범위: span of control)란 한 사람의 경영자가 효과적으로 지휘할 수 있는 부하의 수를 의미한다.

회사에 따라 차이가 있을 수 있으나, 일반적으로 상위경영층에서는 한 사람의 경영자가 직접 지휘할 수 있는 부하의 수는 4~8명 정도가 적절하며, 비교적 단순하고 반복되는 과업을 수행하는 일선작업자를 감독하는 관리자의 경우 훨씬 더 많은 부하를 직접 지휘할 수 있다.

관리의 범위를 결정하는 가장 중요한 요인은 상급자와 부하간에 얼마나 많은 의사소통이 필요한가에 달려 있다. 상급자와 부하간에 많은 의사소통이나 의견조정을 필요로 하지 않는 경우에는 한 상급자가 많은 부하를 지휘할 수 있다. 의사소통의 필요성을 결정하는 요소로는, 과업의 종류, 작업자의 숙련도, 서류 처리량, 경영자의 능력, 의사소통의 효율성 등 다양한 것들이 있다. 예컨대, 경험 많은 상급자 밑에서 숙련된 부하들이 분명한 작업지침 하에 반복적인 작업을 수행하는 경우 30명 이상의 큰 관리범위를 가질 수 있다. 반면 마케팅담당 이사는 자신에게 소속된 부장과 많은 의사소통을 필요로 하기 때문에 평균 5~6명 정도의 작은 관리범위를 갖는다.

관리의 범위를 결정하는 가장 중요한 요인은 상급자와 부하 간에 얼마나 많은 의사소통이 필요한가에 달려 있다.

5. 효과적인 의사소통(Communication)

작은 조직에서는 의사소통은 큰 문제가 되지 않는 것이 보통이다. 의사소통은 당사자간에 직접 이루어지므로 불분명한 점이 있을 때에는 대화를 통해 해결할 수 있다. 그러나 조직이 커짐에 따라 의사소통이 문제가 되기 시작한다. 의사소통은 많은 경우 문서를 통해 이루어지며, 공식적 조직 속에서 여러 계층을 거치게 된다. 따라서 문서의 발신자는 수신자가 정확하게 이해할 수 있도록 명확한 문서를 작성하도록 주의를 기울여야 한다.

6. 집권화와 분권화 (Centralization and Decentralization)

경영자는 어느 정도까지 권한을 위양하기를 원하는가? 집권적 경영자란 가능한 한 최소한의 권한만을 위양하고자 하는 경영자를 의미한다. 이들은 모든 권한을 자기가 가지고 있음으로써 가장 효과적인 의사결정을 할 수 있다고 생각한다.

집권적 경영자란 가능한 한 최소한의 권한만을 위양하고자 하는 경영자를 의미한다.

서울의 영등포 외곽에 있는 수많은 공업사들은 소수의 직원들로 이루어진 중소기업의 전형이다. 이 중의 한 회사인 A사(가상)에서는 사장이 거의 모든 의사결정을 한다. 사장은 기술자 출신으로 제품의 기술적 특성에 대해 누구보다도 잘 안다. 그는 동시에 큰 고객을 상대하여 주문을 받고 가격을 결정해 준다. 은행 관계, 세무서 관계, 정부 관계 등 그의 손을 거치지 않고는 아무런 의사결정도 이루어지지 않는다. 사소한 지출도 사장의 결재가 없이는 이루어지지 않는다. 이 회사는 상당한 이익을 통해 성장을 하였으나, 회사의 규모가 커지자 사장은 하루 24시간으로도 회사의 일을 다 처리하지 못하고 쩔쩔매게 되었다. 더욱이 독자적으로 결정한 몇 차례의 잘못된 사업확장 시도로 이 회사는 어려움을 겪게 되었다.

7. 불필요한 조직의 비대화 방지

조직의 규모가 커지고 복잡해짐에 따라 관리계층과 전문가들이 늘어나게 된다. 이와 같은 경향은 경영자의 통제범위의 한계에 따른 분권화의 진행에 따른 당연한 현상이다. 그러나 조직의 설계시에는 이와 같은 관리계층의 증가가 과연 반드시 필요한 것인지 또는 그에 상응하는 생산성이나 효율성의 향상을 가져오는 것인지 확인할 필요가 있다.

영국의 역사 철학자인 파킨슨(C. Norcote Parkinson)은 그의 저서인 『*Parkinson's Law*』에서 "일이란 시간이 있는 만큼 증가하는 법이다"라고 주장하였다. 그는 이와 같은 법칙을 연장하여, 조직에서 일의 양과 상관없이 시간이 지남에 따라 사람의 수가 증가되는 현상을 설명하고 있다.

예를 들어, 1914년 세계에서 가장 강한 영국 해군은 2,000명의 해군 장성에 의해 운영되었다. 1938년에는 그 숫자가 3,569명으로 늘어났으며, 1954년에는 '사실상 무력한' 영국 해군을 운영하기 위해 33,788명의 장성을 두고 있었다. 또한 대영제국이 쇠퇴하는 시기인 1935년부터 1954년까지, 영국 식민성 관료는 372명에서 1,661명으로, 매년 약 6%씩 증가하였다.

과연 일이 증가하는 것보다 사람이 증가하는 속도가 빠른 이유는 무엇인가? Parkinson은 다음과 같이 설명하고 있다 : ① 자신의 부하를 가짐으로써 아성을 구축하고자 하는 경영자의 이기적 욕구, ② 직원의 증가에 따른 관리업무의 증가. 이와 같은 현상을 방지하거나 최소화하기 위해, 최고경영자는 새로운 직책의 신설 안이 제시될 때마다 그것이 과연 꼭 필요한 것인가를 주의 깊게 평가하여야 한다.

제 8 절 비공식조직과 사내 기업가제도

회사의 공식적 조직구조나 명령체계에는 누가 어느 부서에 속해 있는가, 누가 누구에게 직접적으로 지시를 하고 누가 누구에게 보고를 하는가가 나타나 있다. 또한 공식적 조직은 누가 무슨 일을 하는가, 의사소통은 어떻게 이루어지는가를 결정한다.

그러나 실제의 조직을 보면 공식적인 조직 외에 수없이 많은 의사소통과 사람들 간의 모임이 이루어진다. 뿐만 아니라 공식적인 조직도에는 이와 같은 활동은 나타내지지 않는다. 비공식조직이란 조직구성원들 간에 스스로 이루어지는 모임으로, 비공식적인 의사소통과 접

> 비공식조직이란 조직구성원들 간에 스스로 이루어지는 모임으로, 비공식적인 의사소통과 접촉이 이루어진다.
>
> 사내기업가제도는 창의적인 아이디어를 갖고 창업을 원하는 사원들에게 사원 신분을 유지시키며 창업자금을 지원하는 제도이다.

촉이 이루어진다. 이와 같은 비공식조직은 계획적으로 만들어진다기보다는 사람들 간의 상호작용에 의해 생겨난다.

비공식조직은 회사의 업무와 관련된 것일 수도 있고 회사의 업무와는 무관한 것일 수도 있다. 이와 같은 비공식조직은 때로는 회사의 공식적 업무를 수행하는데 있어 강한 힘의 원천이 되기도 하고, 때로는 회사운영의 걸림돌이 되기도 한다. 따라서 건전한 비공식조직이 회사내에 정착될 수 있도록 지원을 할 필요가 있다.

사내기업가제도는 창의적인 아이디어를 갖고 창업을 원하는 사원들에게 사원신분을 유지시키며 창업자금을 지원하는 제도이다. 현재 대부분의 기업들은 사내기업가제도를 도입하여 시행하고 있다.

이와 같은 회사내 회사는 성공적인 경우 자체 사무실을 가지고 독립채산제에 의한 영업 및 예산의 단독집행 권한을 갖는다. 이 조직은 일본의 여러 기업 및 미국의 3M, IBM 등 혁신을 추구하는 회사에서 채택되어 많은 효과를 나타내 온 조직형태이다.

홍기준 한화케미칼 부회장 "사내기업가 정신 장려해야"

홍기준 한화케미칼 부회장은 24일 오전 9시30분(현지 시간)에 사우디아라비아 리야드에서 열린 국제경쟁력 포럼(The Global Competitiveness Forum)에 참가, 사내기업가 정신에 대해 연설했다.

이날 홍 부회장은 "직원들의 아이디어의 가치를 인정해야 하며 직원들이 제안하는 혁신적인 사업이나 연구과제가 시스템적으로 검토되어야 사내기업가 정신의 발현을 장려할 수 있다"고 설명했다.

한화케미칼이 에너지 절감과 관련된 직원들의 아이디어를 수집해 다양한 에너지 절감 전략을 도출하고, 이를 유용하게 활용했던 예를 소개했다.

아울러 저렴한 값으로 전기를 공급할 수 있는 발전소를 직접 만들어보자는 아이디어가 여수열병합 발전소 건설로 이어진 사례를 설명했다. 여수열병합 발전은 현재까지 한화케미칼 여수공장 연 전력 사용량의 60%가량을 공급하며 원가절감에 기여하고 있다.

이어 "나노물질에서부터 시작된 사업 아이디어가 현재 한화케미칼이 신성장동력으로 추진하고 있는 2차전지 양극재 사업과 탄소나노튜브 응용소재 개발 사업의 바탕이 됐다"고 강조했다.

홍 부회장은 "어떤 아이디어들은 기존의 경험적 지식의 틀을 벗어나는 경우도 있다. 그러나 그 아이디어의 가치를 알아보고 발전시키면 그 전에는 볼 수 없었던 기회를 포착하게 해준다"며 "이런 아이디어들은 단순한 기존의 잣대로 평가하기보다는 발전시켜줄 수 있는 제도가 필요하다"고 덧붙였다.

국제경쟁력 포럼은 국제사회의 다양한 경쟁이론과 사례를 공유하며 현 세대가 당면한 문제의 해결책을 모색하기 위한 자리로 사우디아라비아 투자청(Saudi General Investment Authority SAGIA)이 주최한다. 2007년부터 매년 개최되어 올해로 6회를 맞이했다.

(아시아경제, 2012년 1월 24일)

경영자가 독선을 경계해야 하는 이유

요즘처럼 리더십이 위협받는 시절도 없다. 기업을 비롯한 사회 곳곳에서 누구를 믿고 따라야 하는가를 심각하게 걱정할 정도로 리더십 부재에 대한 우려의 목소리가 크다. 리더십은 리더 본인의 믿음이 아니라 추종자들의 믿음에 의해 평가 받는다. 만약 추종자들의 존경과 믿음을 상실한 리더라면 그의 리더십은 곧 독선이 된다. 독선은 타고난 특성일 수도 있고 상황이 만들어낸 후천적 특성일 수도 있다.

그러나 분명한 사실은 경영자의 독선은 늘 불행한 결과를 가져왔다는 점이다. 독선의 출발은 달콤하고 중독성이 아주 강하다. 모두가 리더의 영향력 아래에 있다는 지배욕을 충족시켜주기 때문이다. 그래서 독선의 끝은 지배욕을 잃지 않으려는 탐욕의 함정에 쉽게 노출된다. 탐욕의 함정은 모두의 복종을 강요하기 때문에 주변에 건강한 반대자는 사라지고 맹목적으로 추종만 하는 기회주의자들로 가득하게 된다.

만들었던 원칙도 제멋대로 갑자기 바꾸거나 어이없는 방향으로 틀어버리는 깜짝쇼를 죄책감 없이 자행하게 된다는 점이다. 경영자의 변칙이 반복되면 직원들은 불안해지고 업무에 몰입하지 못한다. 언제 또 다시 변화가 있을지 모르기 때문이다. 일에만 집중하면 손해를 볼지도 모른다는 생각이 일반화되면 조직 전체의 혼란은 불가피해진다. 그렇다면 경영자가 독선을 경계해야 하는 또 다른 이유와 해법은 무엇인가에 대하여 좀 더 살펴보고자 한다.

경영자가 독선을 경계해야 하는 여러 가지 이유 가운데 가장 큰 이유는 바로 조직 내부에 '가려진 저항에 대한 불감증'이 증대한다는 점이다. 경영자의 독선이 심해지면 민심은 수면 아래로 가라앉고 검증되지 않은 소문만 무성해진다. 불안하고 상처받은 민심은 조직과 경영자에 대한 오해와 불신을 키우고 직원들의 부적절하고 부도덕한 행위에 정당성을 제공하게 된다. 이쯤 되면 겉으로 드러난 조용한 모습만으로 의사결정을 하는 경영자의 리더십이 제대로 통할 리 없다.

자신의 리더십이 먹히지 않는다고 판단되면 경영자의 독선은 더욱 심해지기 마련이고 심해진 만큼 직원들의 저항은 내성과 함께 더욱 정교해진다. 이 정도 상황이 되면 완벽한 '적과의 동침'이 되는 꼴이다. 결국 누구의 손해가 더 커질 것인가는 자명해진다. 경영자의 독선은 결국 경영자가 그토록 지키고 싶어했던 자신의 조직을 망가뜨리는 일등공신이 되고 만다. 리더가 실패하는 이유는 다양하다. 독선은 실패하는 리더들이 가장 흔하게 범하는 일종의 자해(自害)에 가까운 착각이다. 그 해법 가운데 한 가지는 '자신의 리더십을 점검 받을 수 있는 시스템'을 만드는 것이다. 두 가지 방법이 있다. 첫 번째 해법은 경영자의 생각을 검증해줄 학습 기회를 확대하는 것이다. 세상은 끊임없이 변하는데 경영자만 옛날의 성공신화에 젖어 있다면 경영자 본인만 곤란해진다. 최근 많은 경영자들이 이른 아침부터 조찬 세미나 등에 부지런히 참석하는 이유도 이 때문이다. 새로운 정보와 지식에 대한 학습도 중요하고, 엄청나게 늘어나는 정보와 지식을 감별하여 자신의 조직에 도움이 될 만한 자원으로 만들어가는 능력도 배워야 한다. 그렇다면 어떻게 하면 경영자가 자신의 독선을 최소화할 수 있을까?

학습이 실행으로 이어지지 않는다면 알고도 써먹지 못하는 시간낭비형 학습의 늪에 빠질 수 있다. 따라서 경영자 혼자 학습하면 오히려 위험할 수 있다. 적어도 평소 경영자의 의사결정에 영향을 미칠 수 있는 고위직 리더들과 함께 학습하는 것이 바람직하다. 경영자 혼자 학습한 정보와 지식이 조직에 올바르고 친절하게 전달되지 않거나 충분히 공유되지 않는다면 어설픈 지식으로 조직 내부에 불편한 지시사항만 늘어놓는 역효과를 초래할 수 있다. 그래서 같이 공부하고 같이 의논하고 같이 고민할 고위직 리더들과 함께 학습하기를 권장한다. 그래야 경영자가 배운 것을 조직을 위해 보다 정교하고 정제된 모습으로 활용할 수 있다. 아무래도 한 사람의 생각보다 여러 사람의 생각을 모으면 실패 확률은 그만큼 낮아지기 때문이다.

또 다른 학습의 방법은 외부에 멘토(Mentor) 집단을 구축하는 것이다. 단독 멘토가 아니라 신뢰할 만한 다수의 멘토를 두고 신중하게 자문을 받는 것이다. 객관적 의견을 제시해줄 수 있는 멘토 집단을 구성하는 게 중요하다. 너무 편안하고 경영자 자신에게 동조해줄 만한 멘토를 찾는다면 또 다른 함정에 빠지게 된다. 물론 비용이 소요될 공산이 크지만 그들의 뼈아픈 충고를 즐길 수 있는 기회를 만들어야 한다.

국내의 한 카드회사는 '포커스 미팅'이라는 회의 방식을 활용한다. 경영자가 직접 참여하는 것은 물론이고 직급에 관계없이 참여자 누구나 의견을 제시하고 검증 받을 수 있는 제도다. 포커스 미팅에서는 조직의 가려진 정보와 의견이 무차별적으로 공유된다. 수평적인 소통을 위해 누구나 넥타이 없이 참여하며 당연히 별도의 상석(上席)은 없다. 누구나 편안한 마음으로 그날 주제에 대해 솔직하게 의견을 제시하기만 하면 된다. 물론 뒤끝도 없다. 불필요한 통제나 강제 또한 존재하지 않는다. 때로는 불편한 의견과 비현실적인 의견도 공유되지만 적어도 경영자가 몰라서 잘못된 의사결정을 하는 경우는 최소화된다고 한다. 그래서 카드업계에서 가장 후발주자로 출발한 이 카드회사는 현재 업계를 리드하면서 지속성장을 하고 있다.

지난 2015년 구글과 애플을 누르고 미국 경영지 패스트컴퍼니(Fast Company)가 선정하는 가장 혁신적인 기업 1위에 오른 와비파커는 인터넷에서 안경을 판매하는 기업이다. 와비파커는 고객들이 홈페이지에서 마음에 드는 안경을 최대 5종류까지 고르게 한 후 집으로 이를 배송해준다. 고객은 3~5일간 안경을 써본 뒤 가장 마음에 드는 안경을 고른 다음 자신의 시력과 눈 사이 거리를 홈페이지에 입력하면 2주 뒤 맞춤 제작된 안경을 받게 된다. 가격도 기존 안경점에서 구입하는 안경의 5분의 1 수준으로 저렴하다. 이 같은 획기적인 판매방식은 와비파커를 최고의 혁신기업으로 만들기에 충분했다. 이러한 와비파커의 놀라운 혁신의 배경에는 '와블스(Warbles)'라고 하는 내부 인터넷 소통망이 있기에 가능했다고 한다.

이처럼 외부와 내부의 의견이 원활하게 수혈되는 조직을 만들어야 경영자의 독선을 최소화할 수 있다. 물론 외부 멘토 집단을 만들고 내부에 집단 의사결정 기구를 만드는 일은 어쩌면 번거롭고 어려운 일이다. 그러나 이러한 준비를 게을리하면 더 어려워진다는 사실을 경영자는 명심해야 한다.

경영자의 독선에 대한 논의는 경영자의 성공을 돕기 위해서다. 독선의 위험을 알면 덜 위험해지기 때문이다. 경영자의 리더십은 경영자 개인의 것이 아니다. 많은 직원들은 경영자를 믿고 따르고 싶어한다. 그만큼 경영자의 리더십은 존경의 대상이고 막중한 책임의 상징이다. 경영자의 말과 행동은 매우 민감하게 직원들에게 전달된다. 고객은 훌륭한 기업을 좋아한다. 훌륭한 기업은 훌륭한 직원이 만든다. 아울러 훌륭한 직원은 훌륭한 경영자가 만든다는 점도 의심의 여지가 없다. 경영자는 직원을 믿어야 한다. 그들을 믿어야 그들이 움직이고 그들이 움직여야 고객을 만족시킬 수 있다. 그래서 때로는 돈 버는 일이 생각보다 쉬울 수 있다는 생각도 해보게 된다.

두 번째 해법은 조직 내부에 집단 의사결정 시스템을 가동하는 것이다. 다양한 계층의 직원들이 계급장을 떼고 함께 모여 진지한 토론을 할 수 있는 조직문화와 팀을 만들어야 한다.

(서울경제, 2016년 5월 9일)

주요용어

개념적 능력(conceptual skills)
권력(power)
기술적 능력(technical skills)
기업경영(management)
기업경영기능
기업경영의 계층
기업문화(corporate culture)
리더십(leadership)
민주적 리더
방임형 리더
부서화(Departmentalization)
위양(delegation)
위인이론(great man theory)
의사결정(decision making)
인간관계 능력(human relations skills)
일상적 의사결정, 비일상적 의사결정
일선관리(감독)층(supervisory management)
전제적 리더
조직화(organizing)
중간관리층(middle management)
지휘(directing)
최고경영층(top management)
충원(staffing)
통제(controlling)
특성이론(trait theory)

개 념 확 인

1. 기업경영이란 무엇이며, 기업경영의 계층에는 어떤 것들이 있는가?
2. 각 계층의 경영자에게 필요한 기업경영능력은 각각 무엇인가?
3. 기업경영활동의 과정을 설명해 보자.
4. 의사결정의 의의와 유형을 설명해 보자.
5. 리더십 스타일에 대해 설명해 보자.
6. 조직화 과정을 거쳐 조직이 형성되는 단계를 설명해 보자.
7. 사내기업가제도를 설명해 보자.

제 5 장

경영전략

제 1 절 경영전략의 의의

경영전략이란 조직체의 기본적인 장기목표를 정하고 이들 목표를 달성하기 위하여 필요한 행동방식을 채택하고 이에 소요되는 자원을 배분하는 일이다(Alfred D. Chandler). 그리고 경영전략이란 경쟁자에 비해서 경쟁우위를 어떻게 가질 것인가 하는 문제이다(Kenichi Ohmae). 결국 경영전략(business strategy)은 변화하는 기업환경하에서 기업의 존속과 성장을 도모하기 위해 환경의 변화에 대하여 기업활동을 전체적 · 계획적으로 적응시켜 나가는 전략이라 할 수 있다. 기업은 장기적으로 존속, 발전하기 위해서는 현재의 경영환경을 잘 극복해야 할뿐 아니라 환경의 변화에 효과적으로 대응할 수 있어야 한다. 특히 기업환경의 변화에 얼마나 잘 대응하느냐는 기업의 장기적 생존에 결정적으로 중요하다.

경영전략에는 전략의 수립절차와 기법이 매우 유용하게 사용된다. 그러나 전략의 수립만으로는 기업이 급변하는 미래에 수동적으로 따라만 가지 않고, 자신의 미래를 만들어 가는 데에는 부족하다. 경영전략에는 경영자의 독창성, 기업가정신, 혁신노력, 리더십 등의 제측면이 포함되어야 한다. 따라서 전략적 경영은 단순히 전략의 수립 이상의 것으로 기업이 어떻게 전략적인 센스를 가지고 경영을 할 것인가 하는 것이다. 여기에는 전략의 수립(strategic planning)도 당연히 포함된다. 경영전략 또는 전략경영에는 다음과 같은 세 가지 유형이 있다.

1. 적응형 전략경영(responsive or preventive strategic management)

이 전략은 마치 생물의 환경에 대한 적응과도 같은 것이다. 즉 모든 환경변화(예측되든지 예측되지 않든지 관계없이)가 일어나면 그때에 적합한 대응을 하는 것이다. 이러한 전략경영에는 시간, 인력, 물자에 많은 여유(slack, flexibility)를 필요로 한다. 즉 시장수요의 변화라는 환경변화에 대응하는 전략으로 재고를 많이 쌓아두거나 유휴생산능력을 보유하는 것과 같은 것이다.

경영혁신(management innovation)은 기술혁신에 수반하여 필연적으로 일어나는 경영상의 전반적인 혁신이다. 혁신의 기본은 개성적인 경영이념을 밑바탕으로 한 경영전략과 시스템화이다.

2. 계획주도형 전략경영(planning-oriented strategic management)

이는 환경의 변화 정도나 시기가 어느 정도 예측되는 경우, 예상되는 환경에 적합한 행동계획을 하고 이에 따르는 것이다. 여기에서는 예측의 정확도가 매우 중요하다. 따라서 일어날 수 있는 환경에 따라 여러 가지 계획이 마련되기도 한다. 여기에서는 경쟁자의 행동에 대한 예측이나 자신의 전략수행 의지도 고려되어야 한다.

3. 적극적 전략경영(proactive strategic management)

이는 환경의 변화를 잘 예측하기 어렵지만, 바람직하지 않은 환경의 변화가 일어나는 것을 줄이거나, 바람직한 변화를 이끌어 내려고 의도적인 노력을 하거나, 혹시 바람직하지 못한 변화가 일어나더라도 기업에 나쁜 결과가 발생하는 것을 최소화시키려고 하는 것이다. 예를 들어 광고를 통하여 자기상품의 수요(환경)를 높이는 것, 연구개발투자로 혁신을 유도하는 것, 여러 가지 시장진입장벽을 만들어 경쟁자의 시장참여를 막는 것, 정치적인 영향력이나 해외진출로 노동비용을 줄이는 것 등은 이러한 부류에 속하는 기업활동이다.

이러한 전략경영의 형태 중 어떠한 것이 해당기업에 적합한지는 기업의 조직, 규모, 사업의 특성에 따라 달라진다. 예를 들어 작은 규모의 기업인 경우는 적극적 전략경영을 하지 못할 수도 있고, 적응형 전략경영의 이점이 있는 경우도 있다. 또 전략경영의 책임은 단순히 기업의 기획담당자에게만 있는 것이 아니라, 일선 책임경영자에게도 있는 것이다.

경영전략의 수립은 ① 외부환경의 분석, ② 내부능력의 분석, ③ 경영목표의 수립, ④ 중장기전략 수립, ⑤ 기능별 전략수립 및 ⑥ 활동계획 수립의 6단계로 구성된다.[1]

이에 대한 내용은 [그림 5-1]에 나타나 있다.

[그림 5-1] 경영계획의 수립과정

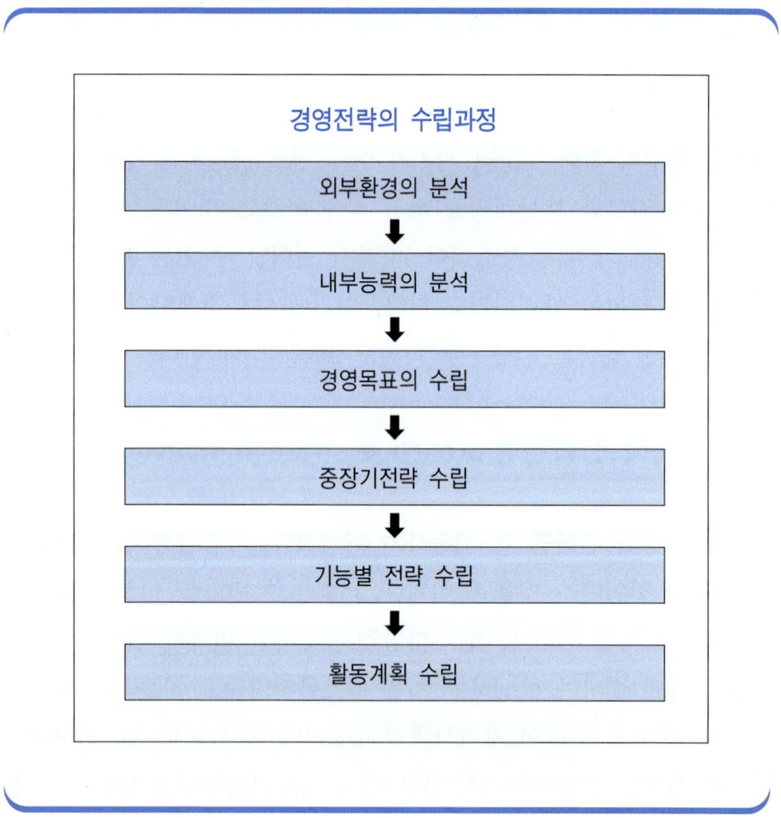

1) http://www.hunet.co.kr/

경영전략은 마케팅 전략, 생산전략, 재무전략, 인적자원전략 및 기술개발전략을 포함하며, 이러한 기능별 전략을 바탕으로 제품 및 시장전략을 수립한다. 그리고 이를 바탕으로 사업전략을 수립하고 최종적으로 기업전략이 완성된다고 할 수 있다([그림 5-2] 참조).

[그림 5-2] 경영전략의 위계

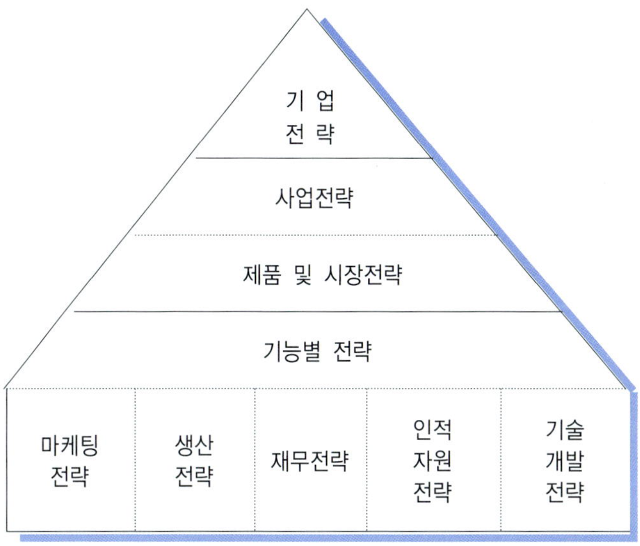

제 2 절 전략경영의 과정

전략경영의 대체적인 모형은 다음과 같이 요약될 수 있다. 즉 기업은 현재의 경영상태나 경쟁상태에 대하여 경영환경을 고려하여 기업은 바람직한 전략목표를 가지게 되고 이에 대하여 경영전략의 대안의 개발, 평가, 선정의 과정을 거쳐 이를 실제의 경영상황에 적용하게 된다. 이러한 전략적용은 기업내의 거의 모든 부문에서 새로운 변전략경영 과정에서의 의사결정 및 선택의 대상이 되는 전략요소로는 기업의 사명, 전략목표(objective), 전략대안, 구체적인 달성목표, 프로그램, 자원의 배분 등이 있다.

화를 유발하고 이에 대한 적절한 대응노력이 필요하다. 전략경영 과정에서의 의사결정 및 선택의 대상이 되는 전략요소로는 기업의 사명, 전략목표(objective), 전략대안, 구체적인 달성목표, 프로그램, 자원의 배분 등이 있다.

비전 공유의 경영전략

기업이 가야 할 명확한 미래 비전을 확립하고 제시하는 것은 CEO가 해야 할 가장 중요한 일임에 틀림없다. 그러나 "구슬이 서말이라도 꿰어야 보배"라는 말이 있듯, 비전을 확립하는 일보다 더욱 중요한 것은 비전을 임직원 모두가 공유하고 실행하는 일이다.

아무리 뛰어나고 분명한 미래 비전일지라도 임직원 모두가 공유하지 못하고 실행하지 못한다면 아무런 의미가 없는 것이다. "우리 회사가 도대체 어떤 방향으로 가는지 알 수가 없다"는 임직원들의 의견이 있다면 그것은 비전이 명확하게 정립되지 못했기 때문이다.

비전 공유를 위한 사내 커뮤니케이션을 제대로 하기 위해서는 크게 세 가지가 중요한데, 첫째가 커뮤니케이션의 통로를 만드는 일이다.

사내 커뮤니케이션은 수직적일뿐만 아니라 수평적으로도 원활해야 한다. 그래서 사내보, 사내방송, 사내 이벤트, 뉴스레터, 인트라넷 등의 물리적인 인프라를 구축하는 것뿐만 아니라 각 직급이 참여하는 여러 위원회나 동호회 등의 유연한 통로도 만들어야 한다.

둘째는 그 통로에 보내는 메시지의 관점이다. 커뮤니케이션의 통로를 통해서 전달되는 비전에 대한 메시지들은 임직원들의 관점에서 만들어진 것이어야 한다. 예를 들어 '고객만족'을 강조하는 메시지보다는 "고객만족을 위해 우리는 이런 일을 해야 한다"는 것이 훨씬 따라 하기 쉽다는 것이다.

셋째는 지속성이다. 잭 웰치 제너럴일렉트릭(GE) 회장은 "열 번 말하기 전에는 한번도 이야기한 것이 아니다"라고 말한 적이 있는데 그만큼 사내 커뮤니케이션은 지속적으로 해야 한다는 뜻이다. 그런데 지속적이라는 것은 반복을 의미하는 것은 아니다. 오히려 상호작용이라는 것을 의미한다. 보낸 메시지에 대한 반응을 살피고 그 반응을 바탕으로 하는 새로운 메시지를 만들어가는 활동을 계속하는 것이 지속성이다.

(1) 기업의 사명(mission)

기업이 하는 사업의 필요성에 관한 것이다. 여기에서는 기업의 주된 제품과 서비스, 주된 시장, 중요 기술 등이 포함되어야 하고, 전략적 경영활동의 중요한 지침이 된다(예: "세계시장에 대한 특정 상품의 제조와 판매").

(2) 전략목표(strategic objectives)

바람직한 기업의 미래상이다. 이는 기본적으로 이익극대화나 성장의 극대화 같은 기업존립의 목적과 밀접하게 관련된다(예: "투자수익률 20% 이상 확보", "시장점유율 30%").

(3) 전략대안(strategy options)

전략목표 달성을 위한 전반적인 기업경영의 방향이다(예: "신규제품의 도입", "기존제품에 대한 외국시장으로 진출").

(4) 달성목표(goals)

특정시기에 이루고자 하는 구체적인 경영활동의 결과이다(예: "금년 말까지 수익률 18%로 향상, 내년 말까지 19%, 3년 후 20% 달성").

(5) 프로그램과 프로젝트(programs and projects)

목표(goal)를 달성하고자 자원을 소모하는 일련의 기업활동으로 전략을 실제로 적용하는 경영활동이다(예: 신제품개발 프로젝트, 원가절감 프로젝트).

(6) 자원의 배분(resource allocations)

전략의 수립과 수행과정에 필요한 인적, 물적 자원의 할당을 말한다.

제 3 절 전략의 형성

1. 경영전략

기업의 전략 또는 경영전략은 기업이 활동하는 경영환경의 위협, 위험, 기회에 대하여 기업이 보유한 경영자원으로 대응하고자 하는 노력이다. 따라서 전략은 달성하고자 하는 목표와 기업활동의 기본방침을 연결시켜 준다. 따라서 경영전략이라 함은 기업활동의 계획으로 예상되는 기업의 경영환경하에서 기업의 목표를 달성하기 위하여 명시적으로 만들어지고 경영의 여러 분야에 걸쳐 규정된 경영방침을 말한다.

경영전략이라 함은 기업활동의 계획으로 예상되는 기업의 경영환경 하에서 기업의 목표를 달성하기 위하여 명시적으로 만들어지고 경영의 여러 분야에 걸쳐 규정된 경영방침을 말한다.

전략은 그 대상이 되는 기업활동이나 관련된 조직의 범위와 수준에 따라 흔히 전사적 전략(corporate level strategy), 사업전략(business level strategy), 운영전략(operational level strategy)으로 나누어지기도 하는데 전사적 전략에서는 기업이 수행하는 사업(business)들의 선택, 즉 사업 포트폴리오의 구성에 관한 것이다(business portfolio 참조). 사업의 선택기준은 시장의 성장성과 수익성 등이 적용될 수 있다. 사업전략은 기업내 사업단위(strategic business unit라고도 볼 수 있다)가 그 사업에 관련된 시장에서의 경쟁에 대한 전략이다. 운영전략은 기업의 여러 기능(재무, 마케팅, 제조, 연구개발 등)에 관한 전략이다. 여기에서는 관련자원의 생산성이나 효율성의 극대화가 그 초점이 된다. 한편 전략계획의 기간범위에 따라 장단기 전략을 나누기도 한다.

2. 전략형성의 과정

신규기업의 경우를 제외하고 기업의 전략형성은 연속적인 과정이다. 따라서 전략의 분석에서는 기존의 전략, 경영환경, 기업목표 등을 전략형성의 시발점으로 볼 수 있다. 기업의 경영환경적 요소인 소비자, 원자재공급자, 노동시장, 정부 등과 입출력물을 통하여 끊임없이 접촉하고 타 기업과는 경쟁을 한다. 이러한 경영환경은 기업에게 위협(threats)과 기회(opportunities)를 제공한다. 따라서 이러한 경영환경에 대한 평가는 전략형성의 중요한 부분이다. 또 전략대안의 모색을 위하여 기업의 보유자원에 대한 강점(strength)과 약점(weakness)을 파악하고 평가하여야 한다. 앞서의 환경평가와 기업의 강・약점 분석을 토대로 기업이 택할 수 있는 전략은 다양하다. 이러한 전략대안은 결코 아무렇게나 또는 우연히 만들어 내는 것이 아니라 경험과 지식에 의하여 유추, 시뮬레이션, 일반 전략(generic strategy)의 원용 등의 방법으로 만들어내는 것이다. 여러 전략대안들 중 전략은 경영자의 이성적 및 비이성적 의사결정에 의하여 선택되는 것이다. 이때의 선택기준으로는 개인의 가치체계, 인식, 사회적 기대, 효용함수 등이 복합적으로 작용하게 된다.

전략은 그 대상이 되는 기업활동이나 관련된 조직의 범위와 수준에 따라 흔히 전사적 전략(corporate level strategy), 사업전략(business level strategy), 운영전략(operational level strategy)으로 나누어진다.

한편 전략형성 내지 수립의 접근방법으로는 각 사업단위에서부터 전략이 형성되어 상위경영층의 승인과 전략의 통합을 해가는 상향식 접근방법(bottom-up approach), 상위경영층으로부터 전략목표가 주어지고 하위부서에서는 이 목표를 달성하기 위한 부문별 전략을 형성해가는 하향식 접근방법(top-down approach), 상위경영층의 전략목표와 하위부서의 사업전략이 반복적으로 상호 검토되어 전체 전략을 형성해가는 교호적 접근방법(interactive approach)이 있다. 상향식 접근방법(bottom-up approach)의 경우는 전체적인 일관성이 부족할 우려가 있고, 하향식 접근방법(top-down approach)은 일관성은 있으나 하부의 참여를 저해할 수 있다. 교호적 접근방법(interactive approach)은 상하조직간의 의견차이를 조정하는 능력과 상당한 시간과 노력을 소모시킬 수 있다.

제 4 절 경영환경 및 내부요소의 평가

기업의 활동에 영향을 미치는 중요한 경영환경으로는 기술의 진보, 경제환경, 인구특성의 변화, 사회심리적 및 문화적 변화, 법률 및 정환경의 변화는 기업이 공급하는 제품이나 서비스에 대한 수요형태를 변화시킬 뿐 아니라 기업의 투입요소의 조달, 즉 노동력의 채용, 자본의 조달, 공장설비의 가동조건 등에 영향을 주게 된다. 그러나 기업도 새로운 기술개발을 통하여 환경요소를 변화시킬 수 있.

부의 영향 등이 있다. 이러한 환경의 변화는 기업이 공급하는 제품이나 서비스에 대한 수요형태를 변화시킬 뿐 아니라 기업의 투입요소의 조달, 즉 노동력의 채용, 자본의 조달, 공장설비의 가동조건 등에 영향을 주게 된다. 그러나 기업도 환경에 영향을 미칠 수 있는데, 새로운 기술개발을 통하여 환경요소를 변화시킬 수 있다. 이러한 경영환경을 평가하기 위해서는 먼저 중요 환경요소에 대한 예측이 선행되어야 한다. 이런 예측에는 사회・정치 분야에 대한 예측, 기술예측, 경제예측 등이 포함된다. 한편 M. Porter는 산업 내 경쟁관계를 변화시키는 힘을 가진 환경요소로는 원자재공급자, 대체품, 구매자, 잠재적 시장참여자, 기존의 경쟁자를 들고 있다. 또 그는 이들이 사업경쟁의 정도와 수익성을 결정하는 주된 힘이라고 보았다.[2]

SWOT분석(SWOT analysis)은 기업의 환경분석을 통해 강점(strength)과 약점(weakness), 기회(opportunity)와 위협(threat) 요인을 규정하고 이를 토대로 마케팅 전략을 수립하는 기법이다.

〈표 5-1〉 SWOT분석의 예

내 부 요 소	
강 점	약 점
뛰어난 능력 시장의 선두주자 규모의 이익 경영의 질 자금력 제품의 차별화 혁신실적 명성	낡은 설비 경영능력 부족 기술부족 시장에서의 약한 이미지 연구개발능력의 부족 제품라인폭의 결여 낮은 경쟁력 전략적 방향을 모름
외 부 요 소	
기 회	위 험
신시장 또는 시장 세분화 신제품, 보완상품의 도입 제품다양화 수직적 결합 시장성장 경쟁자의 약화 인구특성의 변화	새로운 경쟁자의 진입 대체재의 출현 낮은 시장성장 정부정책의 변화 경기변동(불경기)의 영향 원자재공급자, 소비자의 힘이 커짐

2) Porter, M. E., Competitive Strategy, The Free Press, 1980 p.4 참조. 예를 들어, 신규시장 진입자에 대응하는 전략은 시장에 대한 진입장벽을 높이는 것인데, 여기에는 다음과 같은 방법들이 있다: 규모의 이익(economies of scale), 제품차별화(product differentiation), 대규모 자본의 필요성(capital requirements), 소비자의 구매처 교체비용(switching costs)의 증대, 제품유통채널 장악, 기타 원가상의 이점.

이들에 대한 미래전망도 필요하다. 그리고 이러한 환경요소의 변화가 기업에게 긍정적인 영향이나 어려움을 어느 정도 줄 수 있는지에 대하여 경영자는 잘 이해하여야 한다.

기업의 보유자원의 능력에 대한 평가는 전략의 형성에서 중요한 제약조건으로 이해되어야 한다. 중요한 내부요소로는 인력, 재무 및 회계, 마케팅, 생산, 연구개발기능과 관련된 자원들이다. 이러한 내부요소에 대한 평가는 기업의 강점과 약점을 잘 알 수 있게 한다. 평가방법으로는 흔히 체크리스트에 의한 정성적인 방법과 계량적인 자료를 이용한 평가방법이 복합적으로 이용된다. 앞에서의 환경요인과 내부요소에 대한 분석을 합하여 흔히 SWOT(strength-weakness-opportunities-threats) 분석이라고 한다. 다음은 SWOT분석의 예이다.

제 5 절 Business Portfolio 모형

전사적 전략의 모색에서 널리 사용되는 전략모형으로 포트폴리오 매트릭스(portfolio matrix)들이 있다. 여기에는 Boston Consulting Group의 성장-시장점유의 매트릭스(BCG growth share matrix), General Electric사의 산업의 매력과 경쟁상황에 따른 9-상한 매트릭스(nine cell GE matrix), 제품의 성장주기와 경쟁상황에 따른 제품/시장 성장 매트릭스(product market evolution matrix) 등이 있다. 이들 매트릭스 모형은 기업의 사업 포트폴리오를 전략적으로 어떻게 가져갈 것인지, 각 사업에 대하여 어떤 전략을 추구할 것인지를 결정하는 데에 유용하다.

BCG 성장-시장점유 매트릭스모형은 산업이나 시장전체의 성장률과 상대적인 시장점유율에 의하여 그려진 좌표공간에 해당회사 사업의 위상을 좌표와 원의 크기(매출액의 크기)로 나타내고, 이를 적절한 기준(성장률의 높고 낮음과 상대적 시장점유의 높고 낮음)에 따라 4개의 상한(cell)으로 나누어 각 사업의 현금흐름의 특징과 필요전략을 제시한 것이다.

한국기업의 생존전략은?

"기술융합능력 키워야 리딩 기업 된다"

치열한 글로벌 경쟁을 벌이고 있는 한국기업의 기술경쟁력은 어떤 수준이며, 생존전략은 무엇인가. 또 IT(정보기술)산업은 한국경제에서 주도적 지위를 계속 유지할 것인가?

한국은 한 가지 제품이나 부품, 즉 단품 제조기술은 세계수준과 격차를 많이 줄였다. 반도체나 휴대폰, 퍼스널 컴퓨터, DVD, TFT, LCD 등이 그런 예로, 이 분야에서 글로벌 경쟁을 하고 있는 삼성·LG 등 선도기업의 기술 경쟁력은 인정해야 한다. 특히 전자부품의 경우, 이 분야를 소홀히 했던 일본의 소니(SONY)가 오히려 한국기업을 부러워한다고 들었다. 물론 배터리처럼 제조기술이 아직 뒤처지는 부문도 많은 것이 사실이다.

문제는 이제 글로벌 시장의 주도권은 단품 제조기술이 아니라, 기술과 부품을 융합해 새로운 시스템을 만드는 쪽으로 넘어가고 있다는 점이다. 즉 한 대의 단말기가 아니라 전자교환기, 반도체가 아니라 이를 집적한 네트워크 장비를 개발할 수 있는 능력이 있어야 한다는 것이다.

기술융합 능력이 중요한 또 다른 이유는 단품 제조기술에 관한 한 중국이 무서운 속도로 추격해오고 있기 때문이다. 최근 중국 상하이의 하이테크 공단에 가보고 놀랐다. 20억~50억달러 규모의 반도체 파운드리 공장이 계속 들어서고 있었다. 장비만 사면 베낄 수 있는 산업기술로는 중국을 견제할 수 없다.

이런 점에서 삼성의 전략 변화는 상징적이다. 과거 삼성의 전략은 '재빠른 따라잡기'(quick follow)였다. 미국과 일본의 선진기업들이 새 제품을 내놓으면, 가장 빠른 시간 내에 따라잡는다는 것이다. '퀵 팔로' 전략은 그러나 이제 중국 전자회사들의 핵심전략이 됐다. 때문에 삼성은 소니와 같은 수준의 브랜드 가치를 갖고, 업계를 '리딩'(leading) 한다는 쪽으로 전략을 수정했다.

1. Boston Consulting Group의 성장-시장점유 매트릭스 모형

BCG 성장-시장점유 매트릭스 모형은 산업이나 시장 전체의 성장률과 상대적인 시장점유율에 의하여 그려진 좌표공간에 해당회사 사업의 위상을 좌표와 원의 크기(매출액의 크기)로 나타내고, 이를 적절한 기준(성장률의 높고 낮음과 상대적 시장점유의 높고 낮음)에 따라 4개의 상한(cell)으로 나누어 각 사업의 현금흐름의 특징과 필요전략을 제시한 것이다. 이때 시장의 성장률이 높은 것은 그 사업이 라이프사이클 상도입 내지 성장 단계에 있다는 것이고, 낮다면 성숙, 포화 내지 침체 단계에 있다는 것이다. 시장점유율은 해당기업의 그 사업에서의 경쟁력의 척도로 볼 수 있다.

먼저 상부왼쪽 상한에 나타나는 것은 "Star"사업으로 불리는데 시장의 성장도 빠르고 자기회사의 시장경쟁력도 높은 사업으로 최상의 성장전망과 이익전망을 나타내고 있다. 그러나 사업의 현금흐름 자체는 아직은 균형을 이루는 정도이다. 이러한 사업은 장기적으로 경험곡선효과[3]에 의한 상당한 이익을 얻을 수 있다고 보고 있다.

[그림 5-3] BCG 성장-시장점유 매트릭스모형

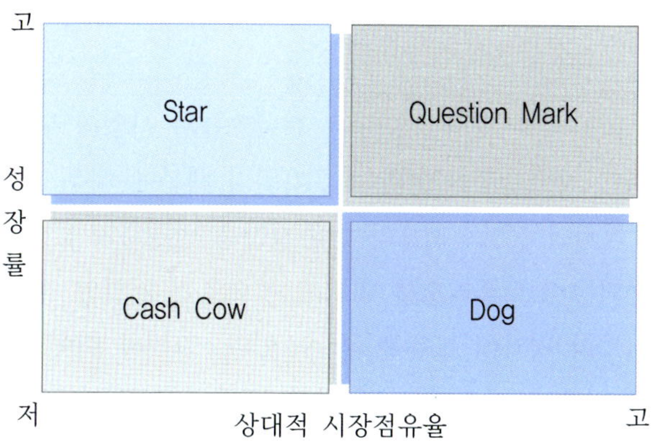

BCG Matrix에서 시장점유율은 시장의 가장 큰 경쟁자에 대한 상대적 시장점유율을 의미하며 시장점유율의 확대는 더 많은 수익을 올릴 수 있음을 의미한다.
반면에 성장률은 해당사업에서의 시장 연간성장률을 뜻하고, 더많은 투자비용의 투입을 통해 높일 수 있다.

시장점유율은 높으나 산업의 성장이 낮은 사업은 흔히 "Cash Cow"로 불리며 상당한 현금유입의 원천이 될 수 있다. 이런 부류의 사업들은 흔히 과거의 Star사업으로, 미래에는 "Dog"로 전락할 가능성이 있기 때문에 Cash Cow로 붙들어 두려는 노력이 필요하다. 이런 사업들은 기업의 신규사업이나 기업의 간접비에 필요한 자금원이

3) 경험곡선(experience curve)은 누적생산(판매)량이 커질수록 단위당 원가가 감소하는 효과로 자동차산업, 전자산업, 기계산업 등에서 흔히 나타난다. 이는 단위시간당 생산량(생산율)의 크기가 클수록 원가가 절감된다고 보는 대량생산의 이점과는 구분된다. 이 경험곡선은 BCG의 성장, 시장점유 매트릭스모델의 배경이 되는 매우 중요한 개념이다.

될 수 있다.

그림에서 오른쪽 아래 칸에 나타나는 사업은 낮은 경쟁력으로 인하여 "Dog"라고 불린다. 이런 사업은 낮은 성장전망에 시장경쟁력도 시원찮아 흔히 이익이 거의 없거나 손실을 보고 있다. 더욱이 이런 사업들은 기업의 자금을 소모하기 때문에 "Cash Cow"로 만들 수 없다면, 그 사업에서 손을 떼는 것이 유리하다.

경영진단 모델로는 BCG matrix, GE matrix, PLC이론 및 경험곡선 등이 있다.

그림의 오른쪽 윗 칸의 "Question Mark"사업은 시장성장률은 높으나 상대적 시장점유율이 낮은 사업으로 흔히 장래가 불확실한 모험적인 사업이 여기에 포함된다. 이러한 사업들은 시장의 성장에 따라가기 위하여 상당기간 대규모의 투자가 소요되지만 그렇다고 성공이 보장되는 것은 아니다. 이런 사업은 적절한 전략과 충분한 자금이 있다면 Star사업으로 발전할 기회가 있지만, 동시에 Dog사업으로 전략할 위험도 크다.

이러한 BCG의 매트릭스 모형은 현금흐름과 사업의 투자특징에 초점을 맞추고 있으므로 기업의 재무자원의 배분에 매우 도움이 될 수 있다. 또 현재의 포트폴리오와 기존전략을 변경하지 않았을 경우 미래의 예상되는 포트폴리오를 비교해 봄으로써 기업의 전략적 이슈의 인식과 전략의 평가에 도움을 줄 수 있다. 그러나 이에 대한 비판도 없지 않아 다음과 같은 비판도 있다.

- 사업의 구분을 이차원적으로 높다 낮다고 하는 것은 지나치게 단순화한 것이다. 중간에 해당되는 것에 대한 내용이 없다.
- 사업의 성장성만으로 사업의 매력도를 측정하는 것은 부적절하다.
- 사업의 성장성과 시장의 상대적 점유율 외에도 사업의 기회와 위협, 사업진출의 난이도 등 다른 중요한 요소도 고려되어야 한다.
- Star사업과 Cash Cow사업의 우열을 가리기 어렵다.

2. General Electric사의 9-상한 매트릭스 (nine cell GE matrix)

이 모델에서는 산업의 매력도(industrial attractiveness)와 경쟁지위(competitive position)를 축으로 하는 매트릭스를 이용하는데, 각 축을 여러 가지 요소를 고려하여 강, 중간, 약의 척도로 나타낸다(9개 상한으로 표시). 여기에서의 산업의 매력도는 시장의 성장률, 시장규모, 수익성, 시장구조, 경쟁정도, 계절변동요소, 대량생산의 이점정도, 필요기술수준, 필요자금규모, 법적 사회적 문제점 등을 각 요소에 대하여 5점 척도로 평가하고 이를 가중평균하여 종합적으로 고려한다. 경쟁지위에 대하여도 시장점유율, 경쟁력, 고객과 시장에 대한 정보의 보유정도, 기술적 능력, 경영능력 등의 요소가 복합적으로 고려된다. 각 사업은 각 해당 좌표에 시장규모와 해당기업의 시장점유를 나타내는 파이그래프로 표시된다.

이는 사업구분이 가능하고, 광범위한 전략변수들을 고려하는 이점이 있다. 그러나 이 모델도 첨단사업과 같이 새로이 나타나는 사업에 대하여는 표시하기가 어렵다.

한편 Hofer and Schendel(1978)는 GE모델을 변형하여 산업의 매력도의 축을 제품(사업)의 수명주기단계로 대체하여 제품시장의 성장 매트릭스(product market evolution matrix)모형을 제시하였다.

제6절 전략대안

전략대안은 사업이 처한 상황(경쟁, 성장성 등)과 내적 제약 및 경영환경을 고려하여 선택된다. 따라서 전략대안은 무수히 많이 있을 수 있지만, 여기에서는 일반적으로 많이 거론되는 전략(generic strategies)에 대하여 다루기로 한다. 이는 시장과 제품의 위상 등에 따라 일반전략 중 적절한 전략을 사용하는 것이다. 이러한 예로 I. Ansoff는 시장침투(market penetration)전략, 제품개발(product development)

일반적으로 많이 거론되는 전략(generic strategies)으로는 시장침투(market penetration)전략, 제품개발(product development)전략, 시장개발(market development)전략, 다각화(diversification)전략 등이 있다.

전략, 시장개발(market development)전략, 다각화(diversification) 전략[4)]을, M. Porter는 코스트우위(cost advantage)전략, 차별화(differentiation)전략, 집중(focus)전략[5)]을 제시하고 있다. 다음은 몇 가지 일반전략의 예이다.

1. 시장침투전략

이는 시장의 점유율을 확대하는 전략으로 경쟁관계의 변화를 야기한다. 시장이 확대되는 경우 시장점유율 확대전략은 유효하지만 쇠퇴하는 경우 시장 확대가 이익을 가져다줄 수 있는지는 의문이다. 이러한 침투전략은 차별화(제품, 시장, 디자인, 유통 등)와 코스트 리더십의 방법으로 추진될 수 있다.

2. 현상유지전략

현재의 시장점유율을 유지하는 것도 중요한 전략이다. 시장이 성장하는 경우 이런 전략을 사용하는 기업은 시장의 성장과 같은 정도의 성장을 하겠다는 것이다. 시장이 성숙 내지 정체 단계에 들면 경쟁을 안정적으로 만들고 투자수익을 늘이기 위하여 시장의 분할이나 설비 이용률을 높이는 쪽으로 초점을 돌리고자 하는 것이다.

3. 철수전략

시장에서 철수하는 전략은 흔히 간과되기가 쉽다. 특히 쇠퇴하는 시장에서의 철수전략은 중요한 대안이 된다. 예를 들어 해외직접투자와 같은 사업에서는 처음부터 철수의 시기나 방법이 고려되는 경우가 많다.

4) Ansoff H. I., Implanting Strategic Management, Pretice-Hall, 1984 참조.
5) Porter, M. E., *Competitive Advantage*, The Free Press, 1985 참조

4. 시장개발전략

기존시장에서만 팔던 상품을 새로운 시장으로 판매(사업)영역을 확대시키는 것이다. 예를 들어 국내에서 판매하던 제품을 해외시장에도 판매하는 것이다. 이러한 전략을 사용하는 배경에는 기존시장에 더 이상의 기회가 없는 경우(push전략)나 신규시장의 기회가 증대되는 경우(pull전략)가 있다.

5. 제품개발전략

이는 기존시장에 있는 제품의 혁신전략이다. 이러한 전략은 기업의 연구개발능력이 뒷받침되어야 한다. 예를 들어 컴퓨터 산업과 같은 경우는 기업의 생존을 위하여 제품개발이 필수적인 경우도 있다.

6. 다각화 전략

이 전략은 기업의 기존제품이나 기존시장을 넘어서 새로운 제품, 새로운 시장으로 나아가는 전략이다. 다각화 전략에는 수직적 결합(vertical integration)과 수평적 결합(horizontal integration)이 있다. 수직적 결합은 기존산업의 원자재를 공급하는 산업으로 사업영역을 넓히거나(backward integration), 기존제품을 원자재로 사용하는 산업으로 사업영역을 넓히는 것(forward integration)이 있다. 수평적 결합의 예로는 보완재나 경쟁재 산업으로 진출하는 것이 있다. 이러한 다각화 전략은 결합의 경제(economies of integration), 보유기술의 활용, 협상력의 이용, 차별화 능력의 향상, 진입장벽, 고수익 등으로부터 이점을 얻는다. 그러나 동시에 기업의 유연성 감소, 자금소요의 증가, 균형상실, 상이한 경영 패턴의 필요성 등의 어려움을 가져올 수도 있다.

다각화 전략은 기업의 기존제품이나 기존시장을 넘어서 새로운 제품, 새로운 시장으로 나아가는 전략이다. 다각화 전략에는 수직적 결합 (vertical integration)과 수평적 결합(horizontal integration)이 있다.

제7절 전략의 평가, 선택 및 수행

전략의 선택은 평가를 통하여 얻은 결과에서 기업의 전략목표를 가장 효율적으로 달성시킬 수 있는 전략대안을 고르는 것이다. 그리고 선택된 전략의 성공적 수행을 위해서는 기업의 계획(planning) 및 통제(control)시스템이 제대로 작동하여야 한다.

전략대안의 평가는 여러 가지 기법들이 이용된다. 앞에서 설명한 SWOT분석과 Business Portfoilo 기법은 평가의 기초가 될 수 있고, 각 전략의 예상 현금흐름에 대한 재무적 평가방법(예: DFC, NPV 등), 손익분기점 분석 그리고 여러 가지 민감도분석(sensitivity analysis) 등의 기법이 복합적으로 사용된다. 전략의 선택은 이러한 평가를 통하여 얻은 결과에서 기업의 전략목표를 가장 효율적으로 달성시킬 수 있는 전략대안을 고르는 것이다. 한편 여러 전략들은 상호 독립적인 경우도 있지만 대체로 상호간에 영향을 줄 수 있으므로 전략의 선택에서는 상호간의 영향을 고려한 전략군의 전체적인 효율성과 일관성을 고려하여야 한다. 최근에는 이러한 전략의 선정에 많은 경영과학적인 방법들이 이용되고 있다.

선택된 전략의 성공적 수행을 위해서는 기업의 계획(planning) 및 통제(control) 시스템이 제대로 작동하여야 한다. 이러한 계획 및 통제를 위해서는 흔히 예산통제 시스템이 활용된다. 계획은 미래에 예상되는 결과와 관련된 것이고, 통제는 나타난 결과와 예상과의 차이가 발생하였을 때 조직이 적절하게 반응하도록 하는 것이다. 그러나 계획 자체가 통제를 하는 것이 아니고 경영자가 통제한다.

새로운 전략의 수행은 불가피하게 기업조직내의 변화를 초래한다. 성공적인 변화를 이루는 데에는 전략을 조직내 실행방법으로 잘 연계시키는 새로운 전략 비전, 그러한 전략적 비전이 작동할 수 있게 하는 조직기술, 경영자를 포함한 기업구성원의 새로운 전략에 대한 참여가 반드시 필요하다.

기업의 구성원 개인이 느끼는 전략적 의사결정에 따른 주된 변화로는 자신의 직무와 관련된 기술적 변화와 조직내 다른 구성원과의 관계를 변화시키는 사회적 변화가 있다. 기술적 변화는 임금, 직업의 안정성, 직무내용, 승진기회 등에 영향을 주고, 사회적 변화는 사회적 지위의 변화, 동료그룹의 변화, 상위자의 변화를 가져온다. 이러한 변화에 대하여 조직원들은 적극적일 수도 있고 잘 받아들일 수도 있지만, 적대적이거나 변화에 대한 저항(resistance to change)을 보일 수도 있다. 새로운 전략의 적용에 따른 이러한 변화를 다루는 방법은 여러 가지가 있으나 각 방법 나름대로의 장단점이 있기 마련이므로 조직의 특성, 전략의 내용, 변화의 속도 등을 고려하여 적절한 방법을 택하여야 한다. 다음은 이러한 변화에 대한 대응전략의 예이다.

1. 참여전략

이는 변화의 설계와 실행을 하부에게 맡기는 것이다. 이러한 전략적 방법으로는 조직개발(organizational development)과 같은 것이 있다. 조직개발은 행동과학적인 방법을 적용하여 조직원 등의 태도와 행동을 기업조직의 효과를 높이는 방향으로 변화시키는 장기적인 프로그램이다. 조직개발을 위한 실행기법으로는 목표에 의한 관리(management by objectives), confrontation meetin(조직내 마찰요소에 대하여 여러 부서의 사람들이 참여하여 해결방안을 공개적으로 찾고자 하는 회의방법), 감수성 훈련(sensitivity training), team building 등이 있다. 이러한 교육과 커뮤니케이션에 의한 방법들은 변화에 대한 저항이 잘못된 정보에 기초한 것일 때는 효과적이다. 그러나 흔히 비용과 시간이 들고 기본적으로는 상호간 신뢰가 없고서는 성공하기 어렵다.

조직개발을 위한 실행기법으로는 목표에 의한 관리(management by objectives), confrontation meeting, 감수성 훈련(sensitivity training), team building 등이 있다.

2. 파워전략

조직에서의 파워란 조직행동을 이끌어가거나 최소한 영향을 행사할 수 있는 능력을 말한다. 기업조직에서의 파워의 원천은 파워를 가진 자에게 중요한 자원을 관리하는 것(예: 인사, 자금, 정보), 공식적 권위(예: 직위), 파워가 있는 사람에 대한 접근성 등에서 나온다.[6] 즉 파워를 이용하여 조직원들이 신전략수행에 따른 변화에 대해 수용하도록 하는 것이다. 이 방법은 변화가 단기간에 일어나야 하고 교육이나

6) Mintzberg, H. , *Power in and around Organizations*, prentice-Hall, 1983.

협상의 여지가 별로 없을 때에 효과적이다. 이런 파워를 이용하는 방법으로는 권유 내지 유도(inducement), 강압(coercion), 설득, 책무화(obligation) 등이 있다.

3. 협상전략

가장 흔하게 사용되는 변화대응전략은 협상이다. 예를 들어 생산성을 높이기 위한 전략의 수행을 위해서는 경영층과 노동조합은 고생산성에 대한 보너스를 협상한다.

美대기업 최고경영자 '절대 권력자 아냐'

최근 미국 대기업들이 주주들의 입김이 세지면서 독립적 외부인사를 회장직에 앉히는 경향이 강해지고 있다.

유로존(유로화 사용 17개국) 채무위기에 따른 장기 경기 침체와 경영 투명도를 높여야 하는 대내외 경영여건으로 최고경영자(CEO)를 중심으로 수렴하던 미국 대기업들의 절대 권력 시스템이 완화되는 양상을 보이는 것이다.

월스트리트저널(WSJ)의 최근 보도에 따르면 스탠더드앤푸어스(S&P) 500기업 중 독립적인 외부인사를 회장직에 앉힌 비중은 20%를 넘어 섰다. 이는 지난 2007년 12%인 수준에 비하면 큰 폭의 상승세다.

대표적인 예로 지난 4월 국제신용평가사 무디스 주주들은 사외에서 새 인물을 물색, 회장직에 앉혔다. 무디스는 현재 무디스의 CEO이자 회장을 겸직하고 있는 레이몬드 맥다니엘 CEO의 회장직을 박탈했다. CEO와 회장의 겸직을 막아 절대 권한을 제한하겠다는 움직임이다. 이들 주주들이 새로 선임한 헨리 맥키넬 회장은 화이자 제약 CEO 출신이자 대형 신용평가사 이사로 활동해 왔다.

WSJ은 미국기업들의 이 같은 움직임은 더욱 확산되는 추세라고 전했다. 에너지 기업 셈프라에너지와 오하이오주 최대 지역은행 키코프, 의료 서비스사 킨드레드 헬스케어 등 세 곳은 지난달 주주총회를 열어 회장직 독립안을 통과시켰다.

최고경영자의 절대권력 양상은 미국 경제의 하나의 허약한 면으로 지적돼 왔다. CEO들이 이사회 의장직을 수행하며 기업의 각종 현안에 강한 입김을 행사, 비리와 부패의 온상으로 기능해왔기 때문이다. 예일대 경영대학원 한 관계자는 "주주들이 이사회에서 발언권이 커지면서 CEO 권한 약화에 기여하고 있다"고 말했다.

주주들의 입김이 세지면서 월가의 고질병인 CEO들의 거품 연봉 관행도 종말을 고할 것으로 보인다. 월가의 보수·실적 비례화 경향이 자리잡아 가고 있는 상황인 데다가 주주가 CEO들의 보수에 대한 의결권을 묻는 토드프랭크 금융개혁법이 실시되면 실적을 근거로 보수를 결정하는 기업이 늘고 있기 때문이다.

(아시아경제, 2012년 6월 10일)

삼성전자, 해외거점도 정리·개편… 효율성 입힌다

삼성전자가 전세계에 분포된 해외 거점들을 효율적으로 정리하고 있다. 이미 글로벌 시장에 대한 '양적 공략'을 완성했다는 판단에 따라 이제부터는 '질적 성장'으로 전략을 수정해 효율성을 극대화하겠다는 것이다.

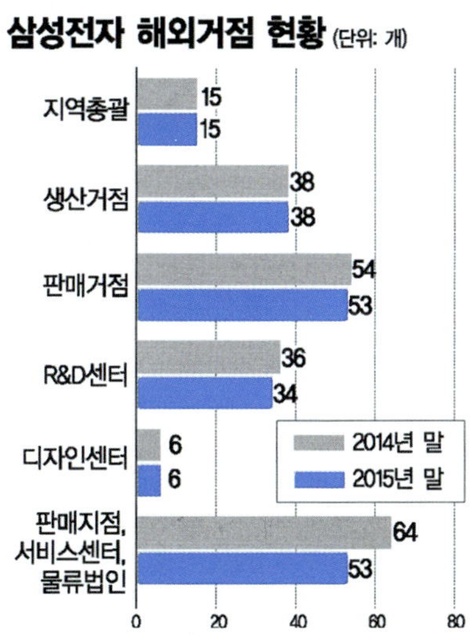

삼성전자의 '2016 지속가능경영 보고서'에 따르면 2014년 말 기준 210여개에 달하던 해외 거점은 지난해 말 기준 199개로 줄었다. 축소한 해외 거점 중 가장 많은 부분은 판매지점과 서비스센터, 물류법인이다. 각 지역마다 소규모로 운영되던 부분들 중 겹치는 부분을 정리하고 통합함으로써 효율성을 높였다. 지난 한 해 동안 정리한 판매, 서비스센터, 물류법인은 11개에 달한다. 또한 중국과 동남아시아 지역의 글로벌 생산거점을 각각 한개씩 줄였으며, 중동

지역에 위치한 글로벌 판매거점도 8개에서 7개로 축소했다. 북미에 위치한 글로벌 R&D(연구개발) 센터 2개도 없앴다.

이처럼 삼성전자가 해외 거점들을 축소하는 것은 효율화에 초점을 맞췄기 때문이다. 가동률이 떨어지는 생산기지를 통폐합하는 등 비용 절감을 통해 조직의 효율성을 극대화하겠다는 전략인 것이다. 실제로 삼성전자는 베트남 생산기지에 집중하기 위해 지난해 태국 법인의 TV 생산을 중단한데 이어 말레이시아 TV 공장도 정리했다. 올 초에는 러시아 현지에 운영 중인 판매와 서비스 법인 두 곳을 하나로 통합했다. 국내에서 꾸준히 조직 효율화 작업을 진행한 만큼, 해외 조직 전반에 대해서도 재검토 한 후 재편 작업을 진행한 것이다.

해외 각 지역 업황에 따라 임직원 숫자도 달라졌다. 2014년 말 5만6492명에 달하던 중국 지역 임직원은 지난해 말 4만4948명으로 1만1544명 감소했다. 전체 매출 가운데 중국 지역이 차지하는 비중이 2014년 18%(40조 1,000억원)에서 2014년 16%(33조원), 지난해 15%(31조원)로 하락했기 때문이다. 대신 삼성전자가 생산 거점을 옮기고 있는 베트남을 비롯한 동남아 · 서남아 · 일본 지역은 고용 인원이 크게 늘어났다. 이 지역 임직원은 14만437명으로 1년 만에 2만8000여 명 증가했다. 2013년(7만 9,601명)과 비교하면 두 배 가까운 수준이다. 스마트폰 등 주요 제품들이 베트남을 중심으로 동남아 지역에 생산 거점을 확충하면서 직원이 빠르게 늘고 있는 것으로 풀이된다.

한편 삼성전자는 이번 지속가능경영 보고서에서 리스크 관리와 사회적책임, 변화와 혁신 등 앞으로 삼성전자가 가야 할 방향에 대해 명확하게 제시했다. 백혈병 문제와 협력사 리스크 관리, C-Lab 등 혁신적인 활동을 통해 낸 성과 등에 대해서 공개했다.

사회적 가치를 계량화해 화폐가치로 처음 산출해 발표하기도 했다. 삼성전자가 자체 추산한 결과에 따르면 사회경제적, 환경적 영향을 포함해 지난해 총 22조 8,000억원의 사회적 가치(성과 가치, True Value)를 창출한 것으로 나타났다. 단순 재무가치(당기순이익, 약 19조원) 외에도 지역사회 개발, 환경오염과 같은 긍정적 · 부정적 효과를 모두 반영해 약 3조 8,000억원의 가치를 더 만들었다는 얘기다.

권오현 삼성전자 대표이사 부회장은 지속가능경영 보고서를 통해 "급속히 변화하는 경영환경 하에서 글로벌 동향을 지속적으로 모니터링하고, 리스크와 기회 요인을 파악하는 것을 출발점으로 삼겠다"며 "미진한 분야가 어디인지 스스로를 점검해보고 우리의 현재 상황을 정확히 인식한 다음, 미래의 추진방향을 설정함으로써 지속가능경영 전략을 수립할 것"이라고 강조했다.

(아시아경제, 2016년 7월 4일)

주요용어

감수성 훈련(sensitivity training)
경영전략(business strategy)
계획주도형 전략경영(planning-oriented strategic management)
기업의 사명(mission)
다각화(diversification) 전략
달성목표(goals)
목표에 의한 관리(management by objectives)
사업단위(strategic business unit)
사업전략(business level strategy)
시장개발(market development)전략
시장침투(market penetration)전략
운영전략(operational level strategy)
자원의 배분(resource allocations)
적극적 전략경영(proactive strategic management)
적응형 전략경영(responsive or preventive strategic management)
전략대안(strategy options)
전략목표(strategic objectives)
전사적 전략(corporate level strategy)
제품개발(product development)전략
조직개발(organizational development)
집중(focus)전략
차별화(differentiation) 전략
코스트우위(cost advantage)전략
BCG growth share matrix
confrontation meeting
GE matrix
SWOT(strength-weakness-opportunities-threats)분석
team building

개 념 확 인

1. 경영전략은 무엇이며, 경영전략에는 어떠한 유형이 있는지를 설명해 보자.
2. 전략경영 과정에서의 의사결정 및 선택의 대상이 되는 전략요소에 대해 설명해 보자.
3. 경영전략의 전략형성 과정에 대해 설명해 보자.
4. 기업의 환경을 분석하는 SWOT분석에 대해 설명해 보자.
5. Boston consulting group의 성장-시장점유 매트릭스 모형에 대해 설명해 보자.
6. 기업이 시장과 제품의 위상 등에 따라 취할 수 있는 전략을 설명해 보자.
7. 변화에 대한 대응전략으로서의 참여전략, 파워전략 및 협상전략에 대해 설명해 보자.

제 6 장

기업의 성공과 실패

제 1 절 기업의 성공과 실패 요인

도로 한복판에 주행방향을 구분하기 위하여 가운데 두 줄로 황색 실선이 그어져 있듯이, 기업경영에 있어서도 성공과 실패 사이에는 확실한 선이 그어져 있다. 그러한 황색 실선은 결코 넘어서는 안 되는 것이다. 그러나 수많은 기업들이 결코 넘어서는 안 될 이 선을 넘어 결국 파산하기도 하는 것이다.

이 장에서는 기업의 성공과 실패 요인을 다루게 될 것이며, 그 중에서도 기업의 실패요인을 중심적으로 다룰 것이다. 혹자는 기업의 성공요인이 실패요인보다 더 중요하다고 할지도 모른다. 그러나 기업의 성공보다는 실패를 예방하는 것이 더 중요하며, 장기적으로도 실패를 하지 않고 살아남아야 더 큰 성공을 기약할 수 있는 것이다.

기업의 성공보다는 실패를 예방하는 것이 더 중요하다.

우선 우리나라 대기업의 성공요인은 다음과 같은 것들을 들 수 있을 것이다.[1]

1) 정부시책에 부응
2) 노사신뢰와 공동체의식의 형성
3) 주인의식을 바탕으로 한 기업문화
4) 지속적인 신제품개발
5) 전문경영인을 활용한 책임경영체제 구축

1) http://www.biz-academy.co.kr

200년 넘게 정상을 지키는 힘

장수하는 기업들은 대부분 의식주와 관련된 업종의 작은 기업들입니다.

백제출신 장인이 설립해 1400년 동안 이어왔던 일본 '곤고구미'의 경우(2005년 파산 후 브랜드는 남은 상태) 거대 사찰의 유지보수를 한 기업이고, 이외에도 100년 이상 장수기업은 여관이나 의류, 음식료업체들이 많습니다.

첨단기업들은 신기술 분야의 경쟁자가 계속 등장하기 때문에 한 자리에서 버티기 힘듭니다. 사업다각화를 하면서 적절하게 업종을 갈아타지 않으면 살아남지 못하죠. 또 지나치게 커지면 경기 순환 사이클 상 침체기에 버티기 힘듭니다. 한두 번 버틴다고 해도 백년이상 버티기 힘듭니다. 업계 1등 기업이 수백 년 살아남기 어려운 것은 이 때문이죠.

크리스티와 소더비, 경매업계의 두 기업은 특이합니다. 두 기업 다 250년을 넘은 초장수 기업인데, 창립 당시부터 지금까지 업계 최고의 기업들입니다. 전자상거래 등 거래 플랫폼이 크게 변화하는 동안에도 두 기업은 흔들리지 않았죠.

크리스티는 원래 상장사였다가 1999년 프랑스 PPR그룹에 인수됐는데, 이 과정에서 다소 기업지배구조가 복잡해졌습니다. 대주주 측에서 이사회와 기업의 CEO를 맡고 있지만 실질적인 기업의 의사결정은 필카넨과 같은 크리스티 내부 출신 '글로벌 사장'이 맡고 있죠.

크리스티는 스스로의 장수 비결을 끊임없이 새로운 경쟁자를 상정하고 그에 맞춰 새 영역을 찾았기 때문이라고 자평합니다. 창업초기에는 당시 책이나 골동품 판매에서 탁월한 역량을 보인 소더비라는 1위 기업에 맞서 미술 경매 쪽을 개척했고, 프랑스 혁명 당시 귀족들의 물품을 팔면서 일약 성장했습니다.

그러나 이외에도 저는 크리스티나 소더비가 경기의 영향을 받지 않는 최상위의 고객과 끊임없이 유대를 가져왔다는 점, 그리고 그들이 의존할 수밖에 없는 전문가들을 가졌다는 점을 장수의 비결로 생각합니다. 경매업체와 비슷하게 고액의 자산가를 상대하는 기업은 프라이빗 뱅커들을 둔 소형 투자은행인데, 유럽에는 이들 중에서도 장수 기업이 많습니다.

경매 업체에는 미술품이나 고가의 진위를 판단하는 전문가적 역량, 웬만한 중견기업 1년 매출에 해당하는 초 고가의 상품을 살만한 고객들을 유지 관리하는 영업력을 가진 스페셜리스트, 그리고 여기에 경매를 진행하는 옥셔니어의 역량을 갖춘 사람들이 핵심을 이루고 있습니다. 결국은 사람 장사인 셈이죠.

> 크리스티의 경우 사내에 대학원과정까지 갖춰 전문가를 양성하고, 또 그런 전문가들이 성장해 기업을 이끄는 것을 전통으로 삼고 있습니다. "직원이 하고 싶은 것을 다 해볼 수 있도록 놔두는 회사는 흔하지 않거든요"라는 필카넨 최고경영자의 말이 그 분위기를 알 수 있게 해줍니다.
>
> (조선비즈, 2016년 7월 6일)

6) 기술개발을 위한 R&D투자
7) 우수 전문인력의 양성
8) 고객만족의 경영관리
9) 최고경영자의 사업예측력
10) 사업다각화(사업재구축)

사업다각화는 관련성이 적은 여러 시장에 진출하여 많은 제품과 서비스를 공급하는 것을 말한다.

그리고 우리나라 대기업의 실패요인으로는 다음과 같은 요인들이 선정될 수 있을 것이다.

1) 과시욕에 따른 무리한 사업 확장
2) 방만한 자금관리
3) 최고경영자의 독단적인 기업경영
4) 경영환경 변화에 대한 대응부족
5) 족벌경영의 심화
6) 정부와의 관계 악화
7) 경영자의 사업예측력 부족
8) 해외시장 개척에 대한 안일한 대응
9) 자금조달의 실패
10) 생산설비투자에 대한 소홀

대기업과 중소기업은 여러 가지 면에서 큰 차이를 보이고 있다. 따라서 중소기업의 성공과 실패 요인은 대기업의 그것과 다를 수 있다. 우리나라 중소기업의 성공요인으로는 다음 요인들을 들 수 있다.

1) 우수 전문인력의 양성
2) 기술개발을 위한 R&D투자

사업부제(divisional system)는 제품별, 지역별, 시장별로 하나의 사업부를 만들고 그 사업부 책임자에게 판매, 이익관리까지 일체의 권한을 부여하는 방식이다.

어음부도율은 어음교환소를 통해 교환회부된 약속어음, 당좌수표, 가계수표, 자기앞수표 등 각종 어음 및 수표 중 지급되지 않고 부도가 난 금액을 교환금액으로 나누어 계산된다. 이는 기업의 자금사정을 나타내는 주요 지표의 하나이다.

3) 인간적 노무관리 및 노사공감대 형성
4) 신제품 개발을 통한 제품고급화
5) 경영자의 뛰어난 선견력 및 사업안목
6) 정부의 정책적 지원혜택의 활용
7) 사업부장 중심의 사업부제 운영
8) 경영자의 원만한 대인관계
9) 경영자의 성실성 및 근면성
10) 수출위주의 전략으로 해외시장 다변화

반대로 우리나라 중소기업들의 실패요인은 다음과 같은 것들을 들 수 있다.

1) 방만한 자금관리
2) 무리한 사업확장
3) 경영자의 지식·경험 부족
4) 경영자의 독단적 기업경영
5) 기술개발노력 부족
6) 유통망 관리의 실패
7) 경영환경 변화에 대비 부족
8) 노사관계의 악화
9) 경영자의 부정
10) 마케팅 전략의 부재

이상과 같은 성공과 실패요인들을 바탕으로 이 장에서는 기업의 실패요인과 그 대응방안에 대해 살펴보게 될 것이다.[2)]

이제부터 우리는 기업경영을 파산으로 몰고 간 결정적인 의사결정들을 확인하게 될 것이다. 경영실패는 사실 여러 가지 측면에서 사람의 죽음과 흡사한 면이 많으며, 특히 기업이 실패하면 영업이 중단된다는 점은 더욱 그러하다. 그러나 인간의 죽음과는 달리 파산한 기업의 경우 여전히 재생가능성은 가지고 있다. 또한 죽음의 경우와 마찬

2) 이 장의 주요 내용에 대해서는 "황선웅, 기업이 실패하는 5가지 이유, 시그마인사이트, 서울, 2001"을 참조하기 바란다.

가지로 보통의 경영실패에 있어서도 그 원인이 분명한 경우는 그리 흔하지 않다. 마치 보행자가 주위를 살피지 않고 도로를 건너다 차에 치여 귀중한 목숨을 잃는 경우와 같이 어떤 기업의 경우에는 결정적인 하나의 의사결정으로 인하여 급작스러운 파탄을 맞기도 한다.

그러나 보통의 경우에는 경영진의 무능 혹은 의사결정자의 실책 등 여러 번의 연쇄적인 잘못된 선택에 기인한다.

망하는 회사는 술자리 예절만 깍듯

김경준 딜로이트 투쉬 이사는 『잘 되는 회사는 분명 따로 있다』(원앤원북스)는 책을 출간, 생생한 경험담을 전했다.

성공하는 회사와 망하는 회사를 판별하는 기준 60가지를 정리한 이 책에서 그는 “한국 기업들의 가장 큰 문제점은 자신들을 사교클럽이나 봉사단체라고 착각한다는 것”이라고 주장했다.

그는 “망하는 회사는 능력보다 동료애를 중시해 경쟁 없이 대충 먹고사는 데 지장이 없다”고 말하고 “그러나 사내 구성원 사이에 경쟁을 통해 남보다 앞서가겠다는 ‘건전한 탐욕’이 넘칠 때 회사는 살아 움직인다”고 주장했다.

그가 지적한 망하는 회사의 공통점은 다음과 같다.

▲ 채용은 설렁설렁 빨리 하지만 해고할 땐 머뭇거린다.
▲ 술자리 예절은 깍듯한데 회의 때 하급자를 윽박지르는 등 업무 예절은 형편없다.
▲ 회식자리가 잦지만 상사가 하는 말에 고개만 끄덕이고 애꿎은 술만 낭비한다.
▲ 자금상황이 어렵고 회계로 숨길 게 많아 자금 및 회계 관련 부서의 파워가 세진다.
▲ 모든 것을 토론과 말로 해결하려고 해 임기응변과 입씨름이 능한 탤런트들이 판친다.
▲ 사장이 항상 바쁘다. 부하가 해야 할 접대비 · 복사비 결제까지 직접 챙긴다.
▲ 장기적인 경영전략보다 이면지 아껴 쓰기, 30분 일 더하기 등 사소한 변화에 목숨 건다.
▲ 일보다 주식투자에 열중해 사내에 투자 성공담이 떠돈다.
▲ 점심 때 고객들을 만나지 않고 직원들끼리 식사한다.
▲ 전화벨이 아무리 울려도 다들 자기 일만 한다.

중소기업 절반 이상 "1년 전보다 경영상황 악화"

중소기업중앙회가 5일 현장 방문을 통해 중소기업 경기 등 실물동향을 점검한 결과, 절반에 가까운 47.5%가 1년 전에 비해 경영상황이 '악화됐다'고 응답했다. '개선됐다'는 곳은 28.9%에 그쳤다.

현재 경영상황 악화가 얼마나 계속될지를 물어본 결과는 '2년'(36.5%)과 '3년'(27.8%) 등 장기적으로 본 곳이 64.3%에 달했다. 경영악화로 인한 위기극복 방법으로는 '신규고객 확보 등 시장개척'(67%), '제품 및 서비스 고도화'(46.4%), '원가 및 비용절감'(34.8%) 등을 꼽았다.

금융기관의 중소기업에 대한 대출 태도가 1년 전에 비해 엄격해진 것으로 조사됐다. 1년 전에 비해 금융기관 대출태도가 '엄격해 졌다'는 응답은 40.2%에 달했다. '유연해 졌다'는 응답은 9.2%에 불과했다.

앞으로 1년 내에 투자할 의향이 '있다'는 응답은 73.6%에 달했다. 인력 채용 의향을 묻는 질문에는 81.5%가 '있다'고 답했다. 중소기업중앙회 측은 "중소기업들이 최근 경영위기에도 불구하고 소극적인 태도보다는 적극적으로 대응해 나가려는 의지로 보여진다"고 설명했다.

내수기업들에게 앞으로 수출을 추진할지 여부를 묻는 질문에는 절반이 넘는 51.3%가 '수출을 희망한다'고 답했다. 수출 추진 시 필요한 지원정책에 대해서는 '시장조사·바이어 발굴 등 1대1 맞춤형 지원'(41.4%)에 대한 응답이 가장 많았다. 이어 '수출초기기업에 대한 수출자금 지원우대'(36.4%)와 '해외전시회·시장개척단 참여기회 확대'(33.6%), '해외 규격인증 획득 지원확대'(29.1%) 등 순이었다.

경제 활력 회복을 위한 정부의 과제로는 '중소·중견기업 육성'(68.6%)을 가장 많이 꼽았으며 이어 '신속한 산업 구조조정'(33.3%)과 '신성장산업 발굴'(31.8%), '내수부양'(30.7%) 등 순으로 조사됐다.

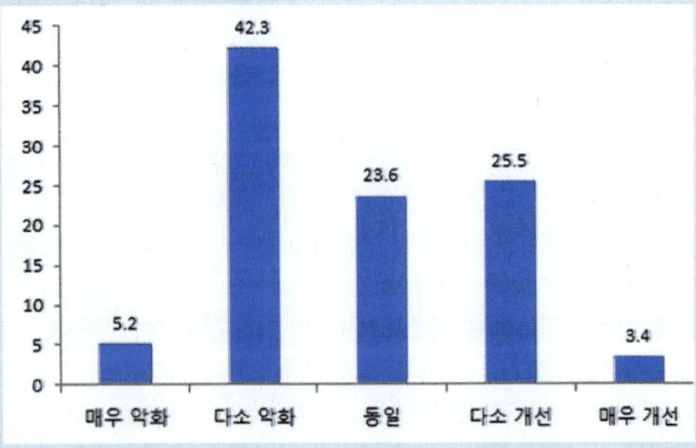

유영호 중소기업중앙회 산업지원본부장은 "직접 현장을 찾아 실물 동향을 점검해 본 결과 중소기업 경영상황이 매우 좋지 않은 것으로 조사됐다"며 "정부의 적극적인 내수부양과 최근 브렉시트(영국의 유럽 연합 탈퇴) 영향이 국내 실물경제로 전이되지 않도록 적극적인 대응이 필요하다"고 말했다.

제 2 절 기업의 특성별 분류

경영상 특성을 기준으로 하여 기업은 다음과 같이 독수리(eagle), 거북(tortoises), 콘도르(condors), 그리고 공룡(dinosaurs)의 네 가지로 구분될 수 있다. 어떤 기업이 어느 동물 군에 속하는지를 알아보기 위해서는 먼저 그 기업이 생산하는 상품의 품질(product quality)을 살펴보고, 그 다음으로 재무상태(financial condition)를 분석해 보아야 한다. 상품의 품질과 재무상태를 살펴보아 그 특성을 각각 건전함(healthy) 또는 취약함(weak)의 두 가지로 요약할 수 있을 것이다.

기업은 상품의 품질과 재무상태를 기준으로 독수리(eagle), 거북(tortoises), 콘도르(condors), 그리고 공룡(dinosaurs)의 네 가지로 구분될 수 있다.

[그림 6-1]은 행렬을 사용하여 기업의 상품과 재무상태와의 상호 관련성을 묘사하고 있다. 행렬의 왼쪽 변은 재무상태를 나타내고 있

[그림 6-1] 기업의 분류

		상품의 품질 및 산업의 상황	
		〈건전〉	〈취약〉
재무상태	〈건전〉	독수리 (Eagle)	거북 (Tortoise)
	〈취약〉	콘도르 (Condor)	공룡 (Dinosaur)

> 상품 혹은 산업의 건전성은 단순히 현재의 상황뿐만 아니라 앞으로 어떻게 변화될 것인지도 고려해야 한다.

> 재무상태는 기업의 재무적 요소들을 검토하여 예측 가능한 장래에 해당 기업이 잔존할 수 있는 가능성을 판단하는 것이다.

으며, 윗 부분은 상품 및 산업과 관련되어 있다.

산업이 건전하다면 기업은 소비자가 원하는 상품을 생산하여 이익을 창출할 수 있는 가격으로 공급하게 된다. 상품 혹은 산업의 건전성은 단순히 현재의 상황뿐만 아니라 앞으로 어떻게 변화될 것인지도 고려해야 한다.

재무상태는 보다 객관적으로 측정할 수 있는 요소이다. 이것은 기업의 재무적 요소들을 검토하여 예측 가능한 장래에 해당 기업이 잔존할 수 있는 가능성을 판단하는 것이다. 재무적으로 취약한 기업은 마치 심장이 약한 사람이 가지는 고통과도 흡사한 어려움을 겪게 된다. 심장이 약하면 당장은 그런대로 박동할지도 모르나 어느 순간에 멈출지 모른다. 마찬가지로 재무적으로 취약한 기업은 언제나 도산할 가능성을 가지고 있다.

[그림 6-1]에서와 같이 기업의 상품과 재무적 특성을 동시에 고려하여 해당기업을 네 가지 유형 중에서 하나로 구분할 수 있다. 이 네 가지 유형간의 가장 큰 차이점은 아마도 다음과 같이 그들의 장래 전망이라고 생각된다.

- 독수리(eagles)는 장래에 번창할 것이다.
- 콘도르(condors)는 일반적으로 생존하는 경향이 있다.
- 거북(tortoises)은 근근이 잔존할 것이다.
- 공룡(dinosaurs)은 필히 실패한다.

그러나 특정시점에서 관찰한 어느 기업의 상황이 결코 영원히 지속될 것이라는 보장은 전혀 없다. 단 한 가지의 실수나 오판으로 인하여, 심지어 독수리로 분류된 기업이 하루 아침에 공룡으로 전락하는 경우는 충분히 있을 수 있는 일이다.

제 3 절 기업실패의 특성

기업의 경영실패는 여러 가지 유형으로 나타난다. 양극단에는 파산(bankruptcy)으로 끝나는 완전실패(total failures)와 실패 후에도 오랫동안 사업이 유지되는 단순한 경제적 실패(economic failures)가 각각 있다. 〈표 6-1〉에는 경영실패의 결과로 나타나는 심각성 정도에 따라 경영실패를 열거하고 있다. 이 표에서 파산은 맨 나중에 나타나 있다. 기업이 파산하면 그 기업은 죽게 되고, 남는 것은 채권자들을 위한 청산보고서(liquidation report)라고 불리는 유언장뿐이다.

〈표 6-1〉 경영실패의 유형

구 분	경제적 실패	재무적 실패
1단계	■ 기회손실 ■ 이익규모 최저	■ 기술적 도산 ■ 유동부채의 상환 불능
2단계	■ 적자 시현 ■ 실제 손실의 발생	■ 파산 ■ 자기자본의 소멸

경제적 실패는 투하된 자본과 노력에 비해 사업성과가 충분히 나타나지 않을 때 주로 발생한다. 그러나 비록 이익을 실현시키고 있는 기업이라 할지라도 그 이익규모가 해당 사업에 투하된 인력과 기타 자원에 비하여 충분하지 못할 경우에는 이를 경제적 실패로 간주할 수 있다.

재무적 실패에는 두 가지 유형이 있다. 하나는 기술적 도산(technical insolvency)이고, 다른 하나는 파산(bankruptcy)이다. 기술적으로 도산한 기업은 보유자산의 실질가치(real value)가 해당기업이 부담하고 있는 부채의 가치보다 크다.

그러나 이러한 기업들은 주로 유동부채를 상환할 능력이 결여된 경우에 속한다. 기술적으로 도산한 기업은 당장에 닥친 유동성 위기(liquidity cricis)만 극복한다면 생존해서 오랫동안 번창할 수도 있다.

파산(bankruptcy)은 재무적 실패의 종착역이다. 기업이 이러한 상황에 빠지게 되면 일반적으로 상환해야 할 부채규모보다 보유하고 있는 자산의 실제가치가 훨씬 적다. 다시 말하면, 갚을 능력보다 빚을 더 많이 지고 있는 셈이 된다. 파산한 기업이라고 해서 모두 완전 소멸되는 것은 아니다. 어떤 경우에는 소멸시키는 것보다 회생시키는 편이 더 가치가 있다고 판단되어, 해체(liquidation)보다는 기업재편

유동성 위기(liquidity cricis)는 기업이 장·단기 차입금의 상환, 대금의 지불 등 재무적 의무를 이행하지 못할 위기에 처하는 경우를 말한다. 이러한 경우 기업은 기업재편을 피하고자 한다면 채무자들을 납득시켜야만 한다.

청산(liquidation)은 기업이 파산 등의 이유로 영업활동을 정지하고 자산을 매각하여 채무를 변제하고 잔여액이 있을 경우 출자자에게 분배하는 것을 말한다.

기업재편(reorganization)은 기업의 자산구조, 소유구조, 자본구조 등을 재편하는 여러 가지 활동 등을 지칭한다.

부채재편성 또는 부채재조정(debt restructuring)은 새로운 채무증서를 발행하여 이미 발행된 채무증서와 교환함으로써 원리금의 지불에 어려움을 겪고 있는 기업이 채무의 만기를 연장하고 당장의 이자지급규모를 감소시키는 것을 말한다.

이러한 부채재편성은 기업의 재무상태가 나아지리라는 전제하에 채권자들의 동의를 얻어 이루어진다.

(reorganization) 쪽을 택하게 된다.

그렇다면 경영실패를 피하는 방안은 무엇인가? 기업이 일단 재무적 실패에 빠지게 되면, 채권자들을 회유시킬 방안을 즉각 찾아야 한다. 그렇지 않으면 채권자들은 법원에 타의적 파산신청을 하게 될 것이다. 기술적으로 도산한 기업들은 부채를 연장하든지 또는 재편성하여야 한다.

〈표 6-2〉에서는 기업이 실패한 경우 취할 수 있는 여러 방안간의 주요한 특성을 비교하고 있다.

〈표 6-2〉 재무적 실패에 따른 결과의 유형

	부채 연장	부채 재편성	기업 청산	기업 재편
기업의 생존 여부	○	○	x	○
부채규모의 감소 가능성	x	○	○	○
부채상환의 유예 가능성	○	x	x	○
채권자 모두에 대한 적용 여부	○	x	x	x
법원의 참가 여부	x	x	○	○
신주발행의 가능성 여부	x	○	x	○
자산이 염가에 처분될 가능성	x	x	○	x
기업의 일부가 처분될 가능성	○	○	x	○

성공하려면 실패를 연구하라

미국의 경제전문 격주간지 포천이 최신호에서 '실패한 미국기업 사례 10가지'를 자세히 분석, 주목을 끌고 있다.

포천에 따르면 지난 2000년 미국의 상장기업 가운데 176개(총자산 950억 달러)가 도산했으며 작년에는 257개(2,580억 달러), 올 들어서도 1 · 4분기 중에 67개 기업이 간판을 내렸다.

포천이 분석한 기업파산의 10가지 사례 가운데 으뜸은 '성공에 따른 도취'다. 엔론, 루슨트, 월드컴 등이 문제의 기업으로 낙인찍히기 전까지는 모두 업계의 정상에 서 있었다. 회사가 잘 뻗어 나갈 때 CEO에게는 햇빛 뒷쪽의 그림자는 보이지 않았다.

포천은 "등반사고는 오를 때 보다 하산할 때 더 많이 일어난다"고 비유, 회사가 잘 나갈 때 여기에 마냥 도취돼서는 안 된다고 경고한다.

두 번째는 변화를 두려워하다가는 망하기 십상이라는 것이다. 요즘처럼 급변하는 시대상황하에서 변화를 두려워하다가는 개인도 마찬가지지만 기업은 더더구나 시장에서 퇴출당하기 십상이다.

기업이 실패한 10가지 사례 중 우리가 귀 기울여야 할 부분은 한탕주의 기업문화와 꼭두각시 이사회다. 이사회는 CEO의 독단과 위험을 견제할 수 있는 최후의 장치다. 엔론사를 조사한 미 의회 보고서는 '이사회가 거래의 위험에 대해 조금이라도 주의를 기울였다면 파국은 막을 수 있었을 것'이라고 결론짓고 있다.

(한국일보, 2002년 5월 14일)

기업이 실패로 끝나는 경우 채권자들이라고 해서 모두 동등하게 취급되는 것은 아니다. 선순위 채권자들이 제일 먼저 보상을 받게 되고, 그 다음으로는 후순위 채권자가 자신들의 권리를 행사하여 보상을 받고, 맨 마지막으로 그래도 남아있는 가치가 있다면 주주들 간에 분배하게 된다.

제 4 절 기업실패의 원인

1. 현금흐름주기의 비효율적 관리

기업경영에 있어서 매우 중요한 한 가지 개념은 시간요소(time factor)이다. 이러한 시간요소에서는 상품생산에 관한 의사결정을 하는 시점과 상품판매를 통하여 실제로 수입이 발생하는 시점간의 시차(lag)를 고려한다. 시간요소에서는 현금흐름의 주기를 계량화하고 있다. 현금흐름주기(cash- flow cycle) 동안에 기업의 은행잔고는 과소와 과잉수준을 하나의 주기로 삼고 변동하게 된다. 여기서는 과소수준(deficit)은 반드시 기업의 취약한 재무상태를 나타내는 것은 아

현금흐름(cash flow)은 투자로부터 발생하는 모든 현금의 움직임을 말한다. 투자로 인하여 들어오는 현금을 현금유입(cash inflows)이라 하며, 나가는 현금을 현금유출(cash outflows)이라 한다.

현금흐름은 일반적으로 각 기간마다 현금유입과 현금유출로 구분하여 측정하는 것보다는 현금유입과 현금유출의 차를 계산하여 측정하는 것이 편리하다.

니고 단지 기업이 이미 판매된 상품이나 서비스의 대금회수를 기다리고 있음을 의미한다. 그러나 기업이 이러한 현금과소 상태에 대비하여 어떠한 방안도 마련하지 않고 있다면 기업의 재무상태는 취약해질 수 있을 뿐만 아니라 기업의 존속마저도 위태롭게 될 수 있다.

〈표 6-3〉에서는 일반적인 현금흐름주기가 나타나 있다. 이 주기는 재료(노동력, 사무실, 원자재 등)의 구매로부터 시작된다. 이러한 구매행위는 동시에 매입채무를 발생시키고 재고자산을 출현시킨다. 다음 단계에서는 재고자산이 완제품으로 전환되고 이것은 소비자에게 판매된다. 판매는 통상 신용으로 이루어지고, 따라서 매출채권이 생긴다. 마지막으로 매출채권이 회수됨에 따라 기업에 자금의 유입이 발생한다. 이러한 일련의 과정간에 생기는 시차는 대개의 기업들이 경험하는 것이다.

〈표 6-3〉 일반적인 현금흐름주기

날짜	경영활동의 내용	현금유입/유출
1	원자재의 구입: 매입채무의 발생	현금흐름 없음
2~10	재료의 재고자산 편입: 생산활동의 개시	현금흐름 없음
10	매입채무의 변제	(-)
10	제품의 판매: 매출채권의 발생	현금흐름 없음
40	매출채권의 회수	(+)
시간요소 = 40(현금유입시점)-10(현금유출시점) = 30		

만일 기업에서 10일째 되는 날짜에 대금을 지불하고 40일째 되는 날짜에 매출채권을 회수하게 된다면 시차, 즉 시간요소는 30일이 된다. 이러한 시간요소에 충당할 자금을 마련하기 위해서 기업은 일반적으로 거래은행에다 신용한도(credit line)를 확보해 놓고 있다. 기업의 생산활동은 중단 없이 계속되고 현금흐름 주기는 반복되므로 이와 같은 신용한도는 단지 30일만을 위한 것이 아니고 경영의 정상화를 위해 일년 내내 확보되어 있어야 한다.

2. 유동자산의 부실관리

기업을 경영하기 위해서는 수많은 자산이 필요하다. 자산(assets)이란 기업이 보유하고 있는 가치 있는 물건들을 말한다. 자산은 수익을 창출할 수 있는 능력을 지니고 있으므로 기업은 이익을 내려는 목적으로 자산을 획득하려고 한다.

자산관리(assets management)는 그리 쉬운 일이 아니기 때문에 많은 노력을 기울여야 한다. 자산관리를 잘못함으로써 이익규모가 감소하고 심지어는 도산에 이르는 경우는 흔히 찾아볼 수 있다.

기업이 새로운 자산을 구입하기 위해서는 자금을 조달하여야 한다. 자금은 흔히 주식발행이나 부채의 형태로 조달된다. 주식발행을 통해서든 부채의 형태이든 간에 조달되는 자금은 공짜가 아니다. 자금조달로 인하여 기업에서는 비용이 발생한다. 구입한 자산이 이익을 발생시키지 않으면 기업은 결국 재정적으로 어려움을 겪게 된다.

기업의 자산을 어떻게 구성하느냐의 문제는 자산을 남용하는 것보다 훨씬 더 심각하여 기업실패의 주요 원인으로 지목되고 있다. 자산구성(assets mix)이란 유동자산과 고정자산에 대해 각각 투자비율을 어떠한 식으로 정하느냐의 문제로 인식된다.

〈표 6-4〉에서 살펴볼 수 있듯이, 유동자산과 고정자산은 수익성(profitability)면에서나 기업경영에 미치는 위험(risk) 수준에서 크게 차이를 나타낸다. 유동자산은 비교적 수익성이 낮은 반면 현금으로의 전환성이 매우 빠르다는 점에서 비교적 위험이 적은 투자라고 말할 수 있다. 한편 고정자산은 유동자산에 비해 수익성과 위험의 측면에서 모두 높다.

자산관리(assets management)란 기업의 부채가 주어진 것으로 보고, 기업의 유동성, 안정성 및 수익성을 확보하기 위하여 각종 자산을 어떻게 보유할 것인가를 다루는 것을 말한다.

자산구성(assets mix)이란 유동자산과 고정자산에 대해 각각 투자비율을 어떠한 식으로 정하느냐의 문제이다.

〈표 6-4〉 유동자산과 고정자산의 수익성과 위험

	유동자산	고정자산
수익성	낮은 수익성	높은 수익성
잠재적 위험	낮은 위험수준	높은 위험수준

일반적으로 의사결정에 있어서는 두 가지 서로 다른 상반효과(trade- offs)를 경험하게 된다.

기업경영에 있어서 과소투자로 인해 발생하는 결과는 과잉투자로 인해 발생하는 결과보다는 덜 위험하다.

재고자산이나 매출채권과 같은 유동자산은 그들이 단순히 매출을 용이하게 하는 기능만을 수행한다는 점에서 수익성이 낮다. 그러나 공장, 특허권 및 기계장비 등과 같은 고정자산은 상품을 생산한다는 점에서 수익성이 상대적으로 매우 높다. 그러나 고정자산은 유동성이 낮다는 점에서 유동자산에 비해 파산위험이 높다.

자산구성으로 인하여 발생하는 파산위험은 마치 '양날을 가진 검'에 비유할 수 있을 것이다. 유동자산이나 고정자산 어느 한 쪽이라도 지나치게 치우치는 자산구성을 가지게 되면 그러한 결과로 기업파산이 초래될 수 있다.

3. 고정자산의 부실관리

사람들은 매일 수많은 의사결정에 있어서 두 가지 서로 다른 상반효과(trade-offs)를 경험하게 된다. 기업의 의사결정 가운데 가장 중요한 것의 하나는 제품생산에 투입되는 기계의 수와 품질에 관련된 선택이다. 이러한 선택을 잘못하게 되면 기업은 결국 파산하고 만다.

기계장비는 기업의 대차대조표상에서 고정자산으로 분류된다. 고정자산(fixed assets)이라는 용어는 기계장비 등 고정자산과 관련된 비용(예컨대, 감가상각액, 유지관리비 그리고 세금 등)은 대개 일정한 수준으로 정해져 있기 때문에 기업이 그러한 자산을 사용하든 않든 또한 필요하든 필요하지 않든 비용이 일정하게 발생되는 데 연유한다.

경영자는 고정자산의 구입과 관련된 의사결정을 하여야 한다. 기업은 기계장비에 대한 과소투자를 하면 안 된다. 그러나 기업경영에 있어서 과소투자로 인해 발생하는 결과는 과잉투자로 인해 발생하는 결과보다는 덜 위험하다.

기업이 처음에 적은 수의 기계로 생산을 시작한다면 생산활동은 곧 한계에 도달하게 되며, 이 경우 모든 기계장비가 완전 가동된다는 이점이 있다. 그러나 생산량 부족으로 인하여 시장에서의 수요를 모두 충족시키지 못한다면 경쟁자들이 시장에 진입할 수 있는 기회를 제공하게 된다. 경쟁자들이 늘어날수록 기업이익은 그만큼 줄어들 것이다. 더욱 중요한 것은 기업의 생산시설이 완전 가동되고 있을 경우에는 잉여 생산능력이 있는 경우에 달성할 수 있었던 매출액을 놓쳐 버리고 만다는 것이다. 따라서 예상매출액을 지나치게 적게 추정하고 그 결과로 생산능력이 과소하게 확보되는 경우에는 비록 관찰할 수는 없지만 기회비용(opportunity costs)이 발생하게 되는 것이다.

다른 한편으로 예상매출량을 지나치게 과다하게 추정하고 그 결과 기계장비에 대하여 과다투자를 하면 기업은 큰 경영위험을 부담하게 된다. 이 경우 영업이익은 예상보다 낮아질 것이며 심지어는 손실도 발생할 수 있다. 때때로 초과생산시설은 처분되기도 한다.

비록 기업이 잉여생산시설이나 기계장비를 활용하지 않는다고 할지라도 시설 및 장비를 구입하기 위해서는 자금제공자에 대해 이자를 지급해야 한다. 이와 같은 상황에서 기업이 어떻게 효과적으로 대처하느냐가 곧 기업의 생존 여부를 결정하게 될 것이다. 기업으로서 가장 먼저 취해야 할 조치는 종업원을 일시 해고하고 기타 과다비용 항목들을 합리화시킴으로써 가변비용을 줄여야 한다.

그 다음으로 해당 기계장비 및 설비를 처분하거나 또는 매출액이 곧 크게 늘어나리라고 예측되면 기계장비 및 설비들을 언제든지 사용될 수 있도록 완전한 상태로 잘 보존해야 한다.

4. 취약한 자기자본

서점에 가 보면 부동산투자에 대한 책들이 많이 있다. 이러한 책들에서는 대개 자기자금(down payment)의 사용은 최저수준으로 하고 부동산 취득자금의 대부분을 부동산저당대출(mortgage)을 통한 차입에 의존하라고 권하고 있다. 대부분의 책들에서는 90% 이상은 차입해야 하며 심지어 차입비율 100%가 가장 이상적이라고 주장하기도 한다.

모든 기업들은 얼마의 자금을 타인자본에 의존할 것이며 또한 얼마의 자금을 자기자본으로 충당할 것인지를 결정해야 한다. 이와 같은 선택을 가리켜 자본구조결정(capital structure decision)이라고 부른다.

기업에서 내려야 하는 여러 가지 의사결정 가운데 가장 중요한 것

부동산저당대출(mortgage loan)은 은행이 대출을 해줄 때 부동산에 저당권을 설정하고 이를 근거로 대출재원을 조달하여 자금을 대출하는 것을 말한다.

은행은 대출 시에 취득한 저당권을 담보로 하는 증권을 발행, 유통시켜 또 다른 대출자금을 마련하는 특징이 있다.

> 어떤 기업의 부채부담능력(DAM)이 1.0보다 작다는 것은 그 기업이 부채를 지나치게 많이 사용하고 있다는 것을 의미한다.

의 하나는 자본구조, 즉 부채와 자기자본을 각각 얼마나 사용할 것인가이다. 그러나 어느 정도의 자기자본이 적정수준인가를 판단하는 문제는 사실 매우 주관적일 수밖에 없다.

기업이 어느 정도의 부채의존도를 감당할 수 있는지를 판별하는 일은 기업의 사활을 다루는 어떠한 정보 못지 않게 중요하다고 생각된다. 기업의 부채부담능력(debt affordability measure; DAM)을 측정하는 데 사용되는 가장 중요한 두 가지 요소는 현금유입(cash inflows)과 현금유출(cash outflows)이다.

기업의 부채부담능력은 현금유입을 현금유출로 나누어 산출한다.

$$\text{부채부담능력}(DAM) = \frac{\text{현금유입}}{\text{현금유출}}$$

이 비율이 1.0보다 작으면, 현금유입이 현금유출을 감당할 만큼 크지 않다는 의미이므로 해당기업은 지나치게 많은 부채를 사용하고 있다고 말할 수 있다.

어떤 기업이라도 부채부담능력에 관하여 다음의 사항을 반드시 숙지하여야 한다. 첫째, 부채부담능력이 과거 10년 동안 분기별로 어떻게 변화해 왔는지, 둘째 그 기간동안 경쟁기업의 부채부담능력이 어떠한 변화를 보였는지를 확인하여야 한다. 이러한 사실을 확인하게 되면 기업의 재무상태가 언제부터 악화되기 시작할 것인지를 알아낼 수 있을 것이다.

5. 단기부채의 과다사용

다른 모든 조건이 동일하다면 채무자들은 일반적으로 만기가 긴 쪽을 선호하고, 반면에 채권자들은 만기가 짧은 쪽을 선호한다. 이러한 현상을 흔히 유동성 선호(liquidity preference)라고 부른다.

모든 자산을 현금으로 보유하는 총유동성(total liquidity)은 자본의 기회가치(opportunity value)라는 측면에서 매우 비용이 많이 든다. 만일 모든 자산이 현금으로 전환된다면 투자자들은 그들의 재산에 대하여 어떠한 이자수입도 얻을 수 없게 될 것이다. 따라서 이자수입을 올리는 대신 투자자들은 약간의 위험을 부담하게 된다.

투자위험이 점점 더 커질수록 투자자들은 더 많은 이자를 요구한다. 이러한 이유 때문에 장기차입금에 대해서는 단기에 비하여 위험도가 더 높기 때문에 더 높은 이자를 부담해야 하는 것이다.

부채부담능력은 경쟁기업과 비교하여 과거 일정기간 동안에 어떻게 변화되어 왔는지를 분석하여야 한다.

[그림 6-2] 수익률곡선

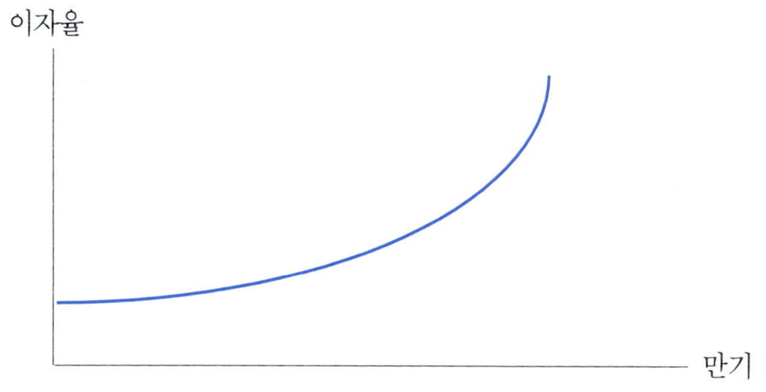

수익률곡선(yield curve)은 횡축에 만기까지의 기간을 표시하고 종축에 만기수익률을 표시하여 일정시점을 기준으로 만기까지의 기간의 차이에 따라 달라지는 채권수익률의 변동상황을 나타낸 것이다.

이상과 같은 이유로 일반적으로 수익률곡선(yield curve)은 만기가 길면 길수록 이자율이 높게 나타난다. 그러나 수익률곡선은 때때로 우하향하기도 한다. 미국의 경우 1979년, 1981년 및 1982년은 이러한 경우에 해당된다. 이 기간 동안에는 단기이자율, 특히 우대금리가 20% 정도까지 상승하기도 하였다.

장기이자율이 단기이자율에 비하여 낮을 경우에는 비용에 민감한 대부분의 경영자들은 자금을 장기로 차입하려고 할 것이다. 그러나 모든 이자율이 조만간 하락할 것으로 믿는 사람들은 당장은 단기로 차입을 하고, 나중에 장기자금으로 대체하기를 원한다. 만일 이런 상황에서 이자율이 종내 하락하지 않을 경우, 단기자금의 차입으로 인하여 큰 곤경에 빠지는 수가 있다.

우대금리(Prime Rate)는 은행이 일류 우량기업에 적용하는 최우대금리를 말한다. 각 은행이 대외적으로 고시하는 대표적인 금리지표로서 대출고객의 신용도에 따라 차등금리를 적용하는 기준으로 사용된다.

우대금리는 금융시장에서는 금융기관의 위상을 나타내는 지표로도 활용된다.

단기이자율이 높다는 사실 그 자체만으로 기업이 파산하지는 않는다. 다만 기업이 다음의 단계를 밟아갈 때에만 단기이자율이 결국 기업실패를 초래하게 되는 것이다.

1) 기업에서는 추가자금에 대한 수요가 있다.
2) 이러한 자금을 조달하기 위해 기업은 신주를 발행하는 대신 부채를 증가시킨다.
3) 경영진에서는 이자율이 가까운 장래에 하락할 것으로 내다보고 있다.
4) 경영자는 이자율이 하락할 때까지 계획된 투자를 연기할 수 없다고 결정한다.
5) 따라서 기업이 필요한 자금을 단기차입금으로 조달한다. 이때 이자율이 하락하게 되면 다시 차환(refinancing)한다는 계획을 세운다.
6) 이자율이 상승한다. 그러나 경영진에서는 아직 이자율이 장래에 하락할 것으로 예측하고, 다시 단기부채로 차환한다.
7) 6단계의 과정이 여러 차례나 반복된다.
8) 부채에 대한 이자비용으로 인하여 이익이 감소하게 되고 기업은 유동성 위기(liquidity crisis)에 몰리게 된다.
9) 은행으로부터 신용한도를 상실하고 부채는 더 이상 차환할 수 없게 된다.
10) 해당기업은 파산한다.

제 5 절 파산가능성의 탐지

기업의 파산가능성을 예측하는 방법에는 상식적 접근법, 재무비율 접근법 그리고 통계적 방법 등이 있다.

기업이 실제로 파산하기 전에 미리 파산가능성을 탐지하는 능력은 개인적인 차원에서뿐만 아니라 사회적인 차원에서도 큰 가치를 지니고 있다. 가장 중요한 것은 기업경영자들이 이와 같은 능력을 가짐으로써 문제점을 사전에 보다 정확히 파악하여 다가오는 재앙을 피할 수 있다는 데 있다. 더욱이 일반투자자들은 그들이 보유하고 있는 주식이나 채권의 위험도를 보다 정확하게 인식할 수 있게 된다.

기업의 파산가능성을 예측하는 방법에는 상식적 접근법, 재무비율 접근법 그리고 통계적 방법 등 세 가지 기본적인 방법이 사용되고 있다.

1. 상식적 접근법

약간의 상식을 활용하는 방법이 기업파산 예측에는 가장 나을 수도 있다. 이 방법에는 소위 세련된 절차나 방법이 전혀 필요가 없을 뿐만 아니라 기업에서 공시하는 모든 재무자료까지도 분석해 볼 필요가 없다. 그 대신 이 방법에서는 확실한 파산의 신호를 감지하기 위하여 시장에서 나타난 현실과 잘 조화를 이루어야 한다.

상식적 접근법(common sense approach)을 사용하여 기업파산을 감지하는 데 이용되는 신호는 크게 두 가지로 나누어지는 데, 하나는 기업신호(company signs)이고 다른 하나는 제품신호(product signs)이다. 기업신호에는 8가지가 있으며, 제품신호에는 5가지가 있다. 〈표 6-5〉에는 이러한 신호들이 열거되어 있다. 그러나 이러한 13가지의

재무비율은 일반적으로 유동성 비율, 레버리지 비율, 활동성 비율, 수익성비율, 성장성 비율 및 기업가치비율의 여섯 개의 그룹으로 나누어진다.

〈표 6-5〉 상식적 접근법에 의한 기업파산의 조기 탐지

기업신호(또는 재무적 신호)	제품신호
▪ 기업에서 기존 회계법인을 새로운 회계법인으로 변경하거나, 혹은 지금까지 거래하지 않던 은행과의 거래를 시작한다. ▪ 경영진 내부의 의견대립이 공론화된다. ▪ 이사회의 구성원들이 갑자기 사임한다. ▪ 신용한도가 감소된다. ▪ 주식시장의 침체기에도 해당기업의 주식이 저가에 활발히 거래되거나, 장부가치 이하의 가격으로 거래된다. ▪ 기업의 임원이 보유하고 있던 자사주를 매각한다. ▪ 대규모의 자산상각이 행해진다 ▪ 기업에서 기업실패의 원인들을 무시하고 있다.	▪ 신규 경쟁기업이 시장에 진입한다. ▪ 타 경쟁기업들은 상품의 주기면에서 한 세대 앞선 제품을 판매하고 있다. ▪ 연구개발비가 경쟁기업들에 비하여 훨씬 적다. ▪ 소매업자들은 항상 이 회사제품을 과다하게 보유하고 있다. ▪ 지인들이 나에게 그 회사의 제품을 무엇하러 구입했느냐고 묻는다.

신호들이 비록 기업파산의 가능성을 암시한다고 할지라도 해당기업은 그대로 살아남거나 심지어는 크게 번창할 수도 있다. 즉 이러한 항목들은 단지 특별한 범주 안에서만 위험신호로 받아들여져야 할 것이다.

상식적 접근법은 주관적인 척도를 사용하고 있다. 이 방법을 사용하면 실제로 파산하는 숫자보다도 훨씬 많은 수의 파산을 예상하게 된다. 그렇다고 하더라도 상식적 접근법은 특히 기업의 건전성을 평가하는 데 매우 유용하여 그 높은 가치를 알 수 있다.

2. 재무비율 분석법

재무비율은 기업의 손익계산서, 대차대조표, 또는 현금흐름표로부터 도출되는 통계적인 자료이다. 이러한 재무비율들은 산출과 이용이 매우 간단한 것이 특징이다. 재무비율의 계산에 사용되는 정보는 회계연도별 또는 분기별로 공표되는 재무제표에서 입수할 수 있다. 재무비율분석법(financial ratio approach)은 통상 상식적 접근법에 의하여 충분히 설명되지 않는 파산가능성 신호를 보다 자세히 살펴보기 위하여 수행되는 것이 보통이다. 더욱이 재무담당자나 투자상담사들은 그들이 관심을 가지고 있는 기업들의 경영상태를 파악하고자 재무비율들을 끊임없이 활용하고 있다.

〈표 6-6〉 재무비율의 유형

유 형	특 성
유동성 비율	유동부채를 부담할 수 있는 능력
레버리지 비율	자본의 조달시 사용한 방법
활동성 비율	자산의 효율적 활용 정도
수익성 비율	매출, 자산 및 투자에 대비한 이익규모
성장성 비율	기업의 장래전망을 나타내는 추이
기업가치 비율	시장이 평가하고 있는 기업의 가치

재무비율은 일반적으로 여섯 개의 그룹으로 나누어진다. 여섯 개의 그룹들은 각기 다른 특성을 측정하고 있다. 〈표 6-6〉에서는 여섯 개의 재무비율그룹들을 열거하고 각 그룹의 특성과 핵심적인 관심사항

을 설명하고 있다. 각 그룹에는 여러 개의 재무비율들이 포함된다. 모든 재무비율들을 보다 상세하게 알고자 하는 독자들은 재무관리 교과서를 참조하기 바란다.

3. 통계적 접근법

과학적 방법은 본래 실체적 진실을 발견하기 위하여 고안되었다. 과학적 접근법이 기업의 파산가능성 탐지에 적용될 경우의 근본적인 목적은 다가오는 경영실패를 정확하게 확인해 줄 수 있는 지표를 찾고자 하는 것이다. 그 동안 이러한 노력에 어느 정도의 성과가 있었다. 그 중에서도 특히 1968년에 발표된 알트만(Altman)의 연구, 1977년에 발표된 알트만-할더만-나레이안(Altman, Halderman, and Narayanan)의 연구, 그리고 1985년에 발표된 판탈론-플라트(Coleen Pantalone and Marjorie Platt)의 연구 등을 꼽을 수 있을 것이다.

통계적 접근법은 과거에 어떤 그룹의 회사들이 왜 실패하였으며, 다른 그룹의 회사들은 어떻게 하여 생존할 수 있었는지를 규명하고자 한다.

통계적 접근법에서는 과거에 어떤 그룹의 회사들이 왜 실패하였으며, 다른 그룹의 회사들은 어떻게 하여 생존할 수 있었는지를 규명하려고 하였다.

각 모형들에서는 어떤 기업의 실패가능성이 어느 정도로 큰가를 판단하는 데 항상 적용할 수 있는 일단의 재무비율들을 찾아내려고 시도하고 있다.

파산은 몰락 아닌 도약 발판

기업파산에 대해 보수적이던 일본 사회의 인식이 180도로 바뀌고 있다. 지난 2008년 파산신청 법안이 친기업적으로 간소화된 데 힘입어 일본항공(JAL)이 불과 2년여 만에 회생에 성공하자 파산을 '기업의 무덤'에서 '도약의 발판'으로 보게 된 것이다.

28일 월스트리트저널(WSJ)은 다음달 말 도쿄증시 재상장을 앞둔 JAL의 사례를 통해 이 같은 인식변화를 집중 보도했다. 과거 일본에서 법정관리는 기업과 경영인의 명예에 먹칠을 하는 것에 불과했다. 한번 넘어진 기업이 회생하는 것도 거의 불가능했다.

2010년 미국 기업의 파산건수는 6만여건에 달했지만 일본은 1,000여건으

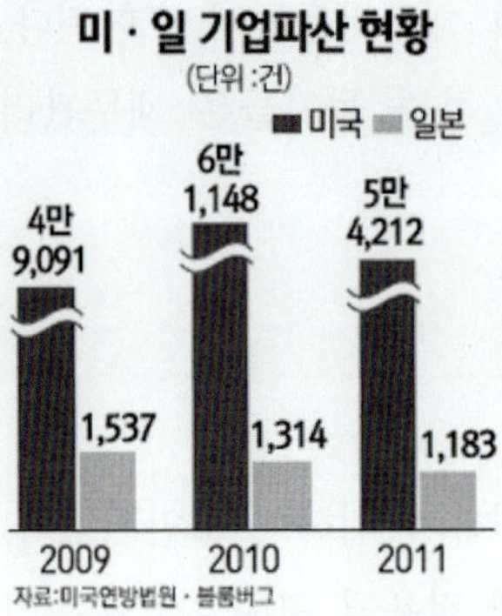

로 1.7% 수준에 불과했다. 글로벌 금융위기와 경기악화가 미국과 일본을 가리지 않고 덮쳤지만 파산만은 면해야 한다는 심리가 큰 이유로 작용했다.

복잡한 일본의 파산 관련 법안도 한몫을 했다. 1962년 시행된 일본 파산 관련법에 따르면 파산신청 기업은 의무적으로 경영진을 교체해야 하고 법원의 승인을 얻는 데도 상당한 시간이 필요했다. 1990년대 일본 경제위기로 쓰러진 아시카가홀딩스의 경우 2003년에야 법정관리 승인이 내려졌을 정도다. 정상적인 경영활동을 못하는 '식물기업'이 되느니 어떻게든 버텨야 한다는 인식이 기업인들 사이에서 만연할 수밖에 없었다.

하지만 2008년 기업회생금융(DIP파이낸싱)이 도입되면서 변화의 바람이 불기 시작했다. 파산신청 기업이라도 경영진이 회사에 남을 수 있고 영업활동도 정상적으로 이뤄지면서 법원의 승인을 얻는 데도 오랜 시간이 걸리지 않았기 때문이다. 도쿄-마루노치법률상담소의 시게루 나이토 변호사는 "과거 파산은 부실기업의 마지막 선택이었지만 이제 성공의 발판이 될 수 있다는 인식이 퍼지고 있다"고 말했다.

대표적인 사례가 2010년 파산을 선언한 JAL이다. JAL은 평소와 같은 영업활동을 하는 한편 구조조정을 단행해 눈부신 성장을 일궈냈다. 2011회계연도(2011년 4월~2012년 3월) 영업이익은 2,049억엔을 기록하며 2010년(1,884억엔)의 사상 최고치를 다시 한번 경신했다.

다음 달 말에는 도쿄증시에 재상장해 65억달러의 자금을 조달하면서 3년 만에 화려하게 부활할 예정이다. 지금까지는 일본 소매점 체인인 막스벨루도카이가 6년10개월 만에 회생한 게 최고 기록이었다.

파산기업에 대한 인식이 바뀌면서 2월 파산을 선언한 반도체 제조업체 엘피다에도 관심이 쏠리고 있다. 엘피다는 지난달 미국 마이크론테크놀로지를 우선협상자로 선정하고 8월 법원에 회생법안을 제출할 계획이다. 이치요시투자회사의 미쓰시게 아키노 선임 펀드매니저는 "엘피다까지 회생에 성공한다면 파산신청은 부실기업을 재건하는 효과적인 대안으로 급부상할 것"이라고 분석했다.

이 같은 파산기업의 '화려한 증시 귀환'이 일본경제의 엔진이 될 것이라는 분석도 나오고 있다. 마코토 이토 골드만삭스 일본지부장은 "침체된 일본 IPO시장에 파산으로 떠났던 기업들이 돌아오면 유동성을 불어넣고 투자기회를 늘리게 돼 경제에 힘을 실어줄 수 있을 것"이라고 전했다.

(서울경제, 2012년 5월 29일)

[실패의 성공학] "실패 아이템이 성공 가능성 가장 높다"

"외환위기 당시 실패의 쓴 맛을 보고 나서 심신이 너무 지쳐 구스다운(거위털) 이불 사업은 쳐다보기도 싫었다. 사업 실패 후 다른 사업에도 손대봤지만 가장 잘 알고 잘 할 수 있는 분야가 구스다운 이불 사업이라고 판단했다. 결국 10여년을 돌고 돌아 다시 출발점에 서게 됐다."

거위털 이불 및 원단 전문업체 ㈜내외의 이재일(54) 대표는 국내 구스다운 이불 사업의 1세대다. 서울대를 졸업하고 미국 암스트롱대에서 경영학석사(MBA)를 딴 뒤 1990년 부친이 운영하던 내외산업에 입사하면서 거위털 이불과 인연을 맺었다.

내외산업은 1980년 설립한 국내 최초 구스다운 이불 제조업체다. 솜이불이 주류였던 당시에는 매우 생소한 아이템이었지만 롯데백화점 전점에서 판매할 정도로 우수 중소기업이었다. 승승장구하던 내외산업이 다른 회사와 합병된 1995년 이 대표는 내외베딩이라는 회사를 설립하고 거위털 침구산업을 이어나갔다.

백화점 판매와 호텔 납품 등을 주로 하던 이 대표는 당시 막 태동을 시작한 통신판매업에 눈을 돌렸다. 통신판매업의 발전 가능성을 봤던 이 대표는 전체 매출의 90%를 통신판매를 통해 올렸다. 하지만 지나치게 높은 특정업체와의 거래 비중은 그의 발목을 잡았다.

이재일 대표의 실패원인 및 재기성공비결

실패원인	재기성공비결
특정 거래업체에 대한 지나친 매출 의존	거래처 및 사업영역 다각화
거래업체 사업현황 파악 부족	백화점 및 홈쇼핑 등 유통 대기업 중심 영업
재무전문가 부재 따른 위험관리 미비	보수적 경영으로 위험 사전 대비
전문성 부족으로 사업 파악 어려움(IT 사업)	전문성 확보한 기존 아이템에 대한 한 우물 파기

이 대표는 "통신판매업체가 발행한 어음을 은행에 할인판매한 자금으로 사업을 하면서 연매출이 100억원에 육박할 정도로 초기에는 매우 잘 돌아갔다"고 전했다. 하지만 외환위기로 통신판매업체의 어음이 부도가 나면서 자금줄이 막혀 결국 2001년 문을 닫을 수밖에 없었다고 한다.

외환위기라는 외부환경 탓도 있었지만 위험분산을 위해 거래처 다변화를 꾀하지 못했던 것이다. 당시 내외베딩에는 재무전문가가 아예 없었다. 주먹

구구로 회사 회계를 관리하다보니 사전에 위험관리를 제대로 하지 못했던 것이다. 당시 그는 거주하던 집까지 처분하면서 거래처 대금 등을 지급했다. 입은 피해만 약 18억원 가량이었다.

그는 "젊은 시절 열정을 쏟았지만 실패의 맛을 보고 나니 섬유, 구스다운, 이불 사업은 쳐다보기도 싫었다"고 회상했다.

이 대표는 재기를 위해 사업을 다시 시작했다. 2004년에는 로밍서비스를 하는 국제텔레콤서비스 지분을 인수하면서 IT(정보기술) 사업에 뛰어들었다. 그는 "IT사업에 대한 관심도도 높았고 해외로밍서비스가 지금처럼 편리하지 않은 상황이었다"며 "손쉬운 해외로밍 서비스가 사업성이 있다고 판단해 지분을 인수한 것"이라고 말했다.

지분을 인수하면서 마케팅 부문을 총괄했지만 IT산업에 대한 배경지식이 얕고 사업 계획보다 기술발전 속도가 훨씬 빨라 이 사업에서도 이 대표는 발을 뺐다. 그는 "다양한 종류의 사업을 했지만 잘 아는 분야가 아니다보니 힘들었던 것이 사실"이라고 전했다.

절치부심한 이 대표는 2012년 5월 5000만원의 자본금을 들고 본인이 가장 잘 할 수 있는 구스다운 사업을 재개하기로 마음먹었다. 과거 실패를 거울삼아 거래선도 백화점, 온라인 판매 등으로 다변화했다.

사업분야에 대한 전문성도 있지만 이 대표가 구스다운 사업을 재개한 이유는 발전 가능성 때문이다. 그는 "미국, 일본, 유럽 등 선진국의 구스다운 이불 보급률은 70%에 이르지만 우리나라는 10% 수준인 것으로 추정된다"며 "국민소득이 2만달러 이상이 되면 구스다운 이불 보급이 늘어날 수 있는 여건이 조성되는데 우리나라가 바로 그 시점"이라고 설명했다.

새롭게 사업을 시작하면서 가장 많은 도움을 받은 사람은 바로 아내다. 이 대표는 아내와 함께 전국을 돌아다니면서 시장 조사를 했다. 지난 10년간 구스다운 이불시장의 변화가 없었다는 점을 깨달은 이 대표는 성공가능성을 엿봤다고 귀띔했다.

이 대표는 "내외베딩 운영 당시 거래처 등에서 많은 도움을 받았다"며 "당시 사업을 정리할 때 거래처에 피해를 주지 않았던 신뢰감이 큰 역할을 했다"고 전했다. 거위털 부문에서만큼은 전문가를 자부하는 이 대표는 사업 첫해 9000만원의 매출을 기록했다. ㈜내외는 지난해 매출 40억원을 기록하며 재기에 성공했다. 올해는 매출 60억원을 목표로 한다.

지난 2013년 구스다운 원모 가격이 2배 이상 오르면서 이불 사업뿐만 아니라 구스다운 유통사업에도 진출했다. 세계 최고의 원단 기술력을 보유한 일본의 가게야마와 독일 원단회사와도 제휴를 맺고 원단 유통사업도 시작했다. 이불 하나에만 의존해서는 과거의 실패를 밟을 수 있다는 생각에서다.

특히 자체 브랜드 '구스앤홈'으로 현대백화점과 NC백화점 등에 매장을 개설하고 판매중이다. 2017년까지 백화점 내에 20개 매장을 개설한다는 계획이다. 그는 "백화점 MD(상품구매자)들이 국산 구스다운 이불 브랜드에 대한 관심이 높다"며 "브랜드 경쟁력을 강화하고 이불 원단과 구스다운 판매사업도 확대할 예정"이라고 전했다.

이 대표는 재도전을 하는 사람들에 대한 조언도 잊지 않았다. 그는 "실패를 경험한 뒤 다시 일을 시작하면 빨리 성공해야 한다는 조급한 마음을 갖게 된다"며 "오히려 재도전에 나섰을 때에는 처음보다 더 여유 있는 마음을 갖고 천천히 사업을 하는 것이 중요하다"고 강조했다. 이어 "재창업 지원정책이 빨리 자리 잡기 위해서는 자금과 함께 인력을 지원해줄 수 있는 시스템을 마련해야 한다"고 덧붙였다.

(이데일리, 2016년 4월 11일)

주요용어

경제적 실패(economic failures)
기술적 도산(technical insolvency)
기업재편(reorganization)
기회비용(opportunity costs)
부동산저당대출(mortgage)
부채부담능력(debt affordability measure; DAM)
부채재편성(debt restructuring)
사업부제(divisional system)
상식적 접근법(common sense approach)
상품의 품질(product quality)
수익률곡선(yield curve)
시간요소(time factor)
신용한도(credit line)
완전실패(total failures)
우대금리(Prime Rate)
유동성 선호(liquidity preference)
유동성 위기(liquidity cricis)
유동성 위기(liquidity crisis)
이사회(board of directors)
자본구조결정(capital structure decision)
자산관리(assets management)
자산구성(assets mix)
재무비율분석법(financial ratio approach)

재무상태(financial condition)
차환(refinancing)
청산보고서(liquidation report)
파산(bankruptcy)
해체(liquidation)
현금유입(cash inflows)
현금유출(cash outflows)
현금흐름주기(cash-flow cycle)

개념확인

1. 기업의 성공요인과 실패요인에 대해 설명해 보자.
2. 기업을 경영상의 특성별로 분류하여 설명해 보자.
3. 기업실패의 유형과 특성을 설명해 보자.
4. 기업실패의 원인을 설명해 보자.
5. 기업의 파산가능성을 예측하는 방법을 설명해 보자.
6. 재무비율 분석법을 재무비율의 유형을 이용하여 설명해 보자.

제 3 부
경영의 부문별 기능과 역할

제 7 장

인적자원관리

제 1 절 인적자원관리의 개요

인적자원관리란 조직의 목표달성에 필요한 활동을 수행할 능력을 갖춘 사람을 확보, 개발, 동기부여, 평가, 유지하고, 특정 활동이나 조직분위기를 개발함으로써 직원들의 만족도와 능률을 극대화하는 과정이다.

인적자원관리란 조직의 목표달성에 필요한 활동을 수행할 능력을 갖춘 사람을 확보, 개발, 동기부여, 평가, 유지하고, 특정활동이나 조직분위기를 개발함으로써 직원들의 만족도와 능률을 극대화하는 과정이라 할 수 있다. 인적자원관리의 영역은 인력의 수요예측과 모집 및 채용으로부터 시작하여, 교육훈련, 평가, 보상, 안전관리 등을 포함한다.

인적자원관리의 핵심적인 관리영역은 다음과 같다.

- 인적자원계획
- 모집과 선발
- 훈련 / 경영자 개발
- 업적 평가
- 보상 및 복지

이상의 기능들은 인적자원 관리담당자 뿐만 아니라, 사장(전체적 계획 수립)으로부터 일선의 관리자(신입사원 응시자 면접 및 훈련)에게까지 이르는 라인 경영자 공동의 임무이다. 이상의 필수적인 기능을 수행함으로써 다음과 같은 인적자원관리의 목표를 달성할 수 있다. ① 자질을 갖춘, 잘 훈련된 직원을 공급한다. ② 조직내에서 직원의 효용을 극대화한다. ③ 금전적 보상, 복지, 승진, 직무만족 등을 통해 직원 개개인의 욕구를 충족시킨다.

제 2 절 인적자원계획

인적자원계획은 3개의 단계로 이루어진다. 첫째, 현재의 인적자원을 평가해야 한다. 둘째, 미래의 인적자원수요에 대한 예측이 필요하다. 셋째, 미래의 인적자원수요를 충족시킬 수 있는 프로그램이 개발되어야 한다.

조직목표의 설정은 업적을 평가하는 기준을 제공한다. 그런데 그 달성에는 인적, 물적 자원을 필요로 한다. 인적자원계획이란 조직의 미래 인적자원의 필요를 충족시키키기 위한 체계적인 전략을 개발하는 것이다. 그것은 조직이 적절한 능력을 가진 적정 수의 인원을 적기에, 적소에 공급할 수 있도록 하는 과정이다.

인적자원계획은 3개의 단계로 이루어진다. 첫째, 현재의 인적자원을 평가해야 한다. 이 단계에서는 현재의 인력이 회사의 현 수요에 비추어 적절한가, 또한 이들이 적절히 사용되는가를 평가한다. 둘째, 미래의 인적자원수요에 대한 예측이 필요하다. 현재 직원들의 기술을 토대로 미래의 특정시점에서의 직원의 기술을 예측하고, 이를 조직의 필요 인력수준과 비교한다. 셋째로, 미래의 인적자원수요를 충족시킬 수 있는 프로그램이 개발되어야 한다. 앞의 예측결과는 조직의 필요에 따라 현재 인력의 교육과 새로운 인력을 충원하기 위한 계획을 수립하는데 사용된다. [그림 7-1]은 인적자원계획의 제 단계를 나타내 주고 있다.

인적자원계획은 현 인적자원의 기술과 능력 및 이들의 개발잠재력에 대한 정확한 평가의 기초 위에서만 이루어질 수 있다. 이에 유용한 정보를 제공해 주는 기법으로는 직무분석, 직무기술서, 직무명세서의 세 가지가 있다.

[그림 7-1] 인적자원계획 과정

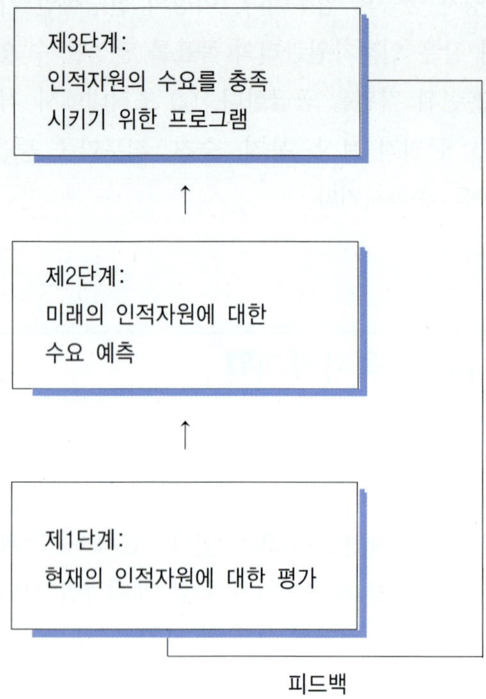

직무분석은 직무에 관해 체계적이고 세부적인 조사를 하는 것이다. 즉 직무를 이루는 요소활동과 직무의 특성, 그리고 그 직무를 수행하는 사람에게 필요한 요건 등을 조사한다. 직무분석결과를 토대로 하여 직무기술서를 작성한다. 직무기술서에는 직무의 목적, 수행하여야 할 일, 책임, 필요기술, 다른 직무와 명세서는 특정직무를 수행할 사람에게 필요한 능력이나 자격요건을 기록한 것이다. 직무명세서에는 필요한 경험, 교육, 기술 및 기타 필요요건이 기재된다.

직무기술서(Job description)는 직무분석을 통하여 얻은 직무에 관한 자료와 정보를 직무의 특성에 중점을 두고 정리, 기록한 문서이다.

직무기술서와 직무명세서는 보통 한 양식으로 통합하여 사용한다. 이들 정보는 인적자원계획으로부터 채용, 개발, 유지에 이르기까지 여러 인사관리활동의 기초자료가 된다. 직무기술서와 직무명세서는 공장의 생산직 사원에 먼저 적용되기 시작하였으나, 사무직, 유통업,

은행 등 현대의 많은 대기업에 적용되고 있다. 그러나 소규모의 기업이나 조직변화가 심한 기업에서는 적용의 어려움이 있다.

제 3 절 인적자원의 모집과 선발

직원의 선발에 있어 인력관리부서가 중요한 역할을 담당한다. 모집과 선발은 인적자원계획에 의해 이루어진다. 모집과 선발과정은 그 자체로도 많은 비용이 소요될 뿐 아니라, 조직을 움직여 나갈 주체를 받아들이는 과정이라는 점에서도 매우 중요한 의미를 가진다.

인적자원관리 부서는 특정 직무에 필요한 인력을 회사 외부는 물론 내부로부터 충원한다.

모집과 선발과정에서 광고비, 시험 및 면접의 실시, 신체검사 등의 비용이 발생할 뿐만 아니라, 오리엔테이션, 신입사원 교육 등에도 많은 비용이 발생한다. 그러나 선발에 의해 발생하는 더욱 큰 비용은 부적절한 인력을 선발함으로써 발생하게 되는 조직의 비효율이다.

우리나라와 같이 조직간 인력의 이동이 적은 경우에는 이 문제가 더욱 중요한 의미를 갖는다. 따라서 선발을 담당하는 인적자원관리 담당자와 최고경영층은 선발되는 인력이 회사가 필요로 하는 자질과 능력을 갖춘 사람인가를 평가할 수 있어야 한다.

모집과 선발은 다음과 같은 제 단계를 거쳐 이루어진다.

1. 모 집

직무기술서와 직무명세서에 근거하여 인력계획이 수립되고 충원계획이 구체화되면, 다음으로 적합한 인력을 모집하는 단계로 들어간다. 인적자원 관리부서는 특정직무에 필요한 인력을 회사외부는 물론 내부로부터 찾게 된다.

우리나라는 물론, 외국기업도 대부분 내부인력으로부터 우선적으로 충원하는 것을 원칙으로 하고 있다. 인적자원관리부서에서는 전 직원의 기술이나 능력, 자격 등의 정보를 활용함으로써, 특정직무에 적합한 내부인력을 찾아낼 수 있다.

특정직무에 필요한 인력을 내부인력으로 충원하는 방법은 상대적으로 비용이 덜 들 뿐 아니라, 직원들의 사기에도 긍정적인 영향을 미친다. 구미의 기업에 비해 우리나라나 일본의 기업은 중간관리자 이상의 경영자를 회사 내부인력으로부터 많이 충원하는 것으로 알려져 있다.

그러나 회사 외부로부터 인력을 충원해야 할 경우도 있다. 외부로부터 인력을 충원하는 경우에는 대졸이나 고졸 신입사원을 모집하는 경우와 경력사원을 모집하는 경우가 있다. 신입사원의 경우 소규모 기업을 제외한 중간규모 이상 대부분의 기업은 1년에 1-2회 공채를 통해 모집하고 있다. 경력사원의 경우는 회사의 필요에 따라 수시로 모집하는 경우가 많다. 외부로부터 모집을 하는 경우에는 대학, 직업학교, 신문광고, 취업알선기관 등을 통하게 된다.

최고경영자로 올라갈수록 비공식적인 네트워크를 이용하는 경우가 많다. 필요인원의 직급이나 전문성, 경력의 정도에 따라 적절한 경로를 이용하는 것이 필요하다.

2. 선 발

선발은 직무에 대한 지원자가 확인되면, 이들 중 누가 그 직무에 가장 적합한 사람인가를 가려내는 것이다.

직무에 대한 지원자가 확인되면 다음 단계로, 이들 중 누가 그 직무에 가장 적합한 사람인가를 가려내는 것이 필요하다. 선발과정에서는 다음과 같은 여러 가지 방법 중 전부 또는 일부를 선발목적에 따라 적절히 사용한다.

1) 지원서 및 서류전형

첫 번째로 지원자는 지원서를 작성하게 된다. 지원서는 기본적으로 지원자가 직무에 적합한 자질이나 자격을 갖추고 있는가를 판단하는 데 사용된다. 지원서에는 일반적으로 성명, 주소, 경험, 지원업무, 추천자 등의 정보를 기입한다. 지원서에 의한 서류전형은 특히 지원자가 많은 경우 일차적인 선별수단으로 비교적 적은 비용과 시간이 소요된다는 장점이 있다.

미국을 비롯한 서구의 경우에는 직무를 수행하는데 직접적으로 관련되는 것이 인정된 경우를 제외하고는 평등고용법에 의해 지원자의 가계, 연령, 피부 색, 종교, 성별을 묻지 못하도록 되어있다. 우리나라의 경우 그와 같은 개념은 별로 중요시되고 있지 않다. 그러나 점차 고령화 사회에 따른 고연령 인구의 취업, 남녀 역할의 인식변화에 따른 여성인구 취업의 급격한 증가현상이 나타나고 있다.

2016 그룹 공채… LG부터 줄줄이

2016 대기업 상반기 대졸 공채가 시작된다. 여전히 바늘구멍이다.

LG그룹은 3월 2일부터 LG디스플레이, LG유플러스, LG화학, LG전자 등의 순으로 대졸 신입 공채를 시작한다. 계열사별 채용 규모는 확정되지 않았다. 작년에 채용된 인원은 총 1만2000여명이었다.

지원서 접수는 LG 통합 채용포털 사이트인 'LG 커리어스'를 통해 이뤄지며 최대 3개 회사까지 중복으로 지원할 수 있다.

인적성 검사는 4월 16일 실시된다. 인성검사인 'LG 웨이핏(Way Fit) 테스트'와 직무수행 기본 역량을 검증하기 위한 적성검사로 구성된다. 적성검사 과목 중 2014년 하반기 신설된 '인문역량'은 한국사와 한자가 10문제씩 출제된다. 계열사별로 4월 중 인적성검사 결과를 발표하고 6월까지 면접을 거쳐 최종 합격자를 발표할 예정이다.

현대차그룹은 이번 주 중반 상반기 대졸 공채 서류접수에 들어간다. 4월 인적성검사(HMAT), 1 · 2차 면접, 6월 신체검사 등을 거쳐 최종 합격자를 선발한다. 현대차그룹은 지난해 9500명을 채용한 데 이어 올해는 1만여명을 뽑을 예정이다.

삼성그룹의 채용 일정은 아직 확정되지 않았지만 예년의 경우 3월 둘째 주부터 서류 지원을 받기 시작한 점을 고려하면 올해도 크게 차이 나지는 않을 것으로 보인다.

삼성은 지난해 하반기부터 학점 제한을 없앴다. 이전과는 달리 직무적합성평가를 통과해야만 삼성직무적성검사(GSAT)에 응시할 수 있다. GSAT는 4월 중 실시된다. 같은 접수기간에는 한 개 계열사에만 지원할 수 있다.

SK그룹은 3월 초부터 원서 접수에 들어갈 예정이다. 4월 말 필기 전형을 거쳐 5~6월 계열사별로 면접을 하고 6월께 합격자를 발표한다.

지난해 신입과 경력 사원을 합쳐 8000여명을 뽑았던 SK그룹은 올해도 비슷한 규모로 채용할 방침이다.

> SK그룹은 '바이킹챌린지' 전형을 통해 탈스펙 채용을 진행한다. 지원할 때 자유 형식의 포트폴리오를 제출해야 하며 지원 서류에는 이름, 생년월일 등 최소 정보만 기입한다. 자기PR 면접과 심층면접을 거쳐 2개월간 우수한 성적으로 인턴을 마치면 SK 계열사로 입사하게 된다.
>
> 올해도 대기업 신입사원이 되는 것은 쉽지 않아 보인다. 재계 관계자는 "경기가 어렵지만 대졸 신입사원을 최대한 뽑으려 한다. 하지만 한계가 있을 것"이라고 말했다. 잡코리아에 따르면 국내 매출액 상위 500대 기업 중 상반기 대졸 정규 신입직 채용을 진행할 것이라고 밝힌 86개사의 채용인원은 총 9403명으로 지난해보다 4.8% 감소한 것으로 조사됐다.
>
> (국민일보, 2016년 2월 28일)

2) 시 험

시험은 주로 신입사원 선발과정에서 사용되고 있다. 시험의 목적은 지원자가 직무에 적합한 능력을 가지고 있는가를 알아보기 위한 것이다. 즉 시험을 통해 직무에 부적절한 지원자를 가려내고, 직무수행능력이 우수한 지원자를 선발하고자 하는 것이다.

대기업 공채에서 많이 사용되고 있는 시험은 지원자가 많은 경우 비교적 적은 비용과 시간으로 실시할 수 있다는 장점을 가지게 된다. 따라서 원래 시험이 추구하는 목적인 직무수행능력의 평가에는 어려움이 있다.

3) 적성, 인성검사

시험의 단점을 보완할 수 있는 방법으로 적성이나 인성검사가 있다. 적성검사는 특정 직무나 직군에 대해 지원자가 기본적인 소양을 가지고 있는가를 테스트하기 위한 것이다. 인성검사는 지원자의 성격이나 취향을 알아내는 것으로, 조직생활에 대한 적합성 여부 등을 판단하기 위해 보조적으로 사용될 수 있다.

좋은 직업의 특징

1. 생계를 유지하기에 충분한 수입을 가져다준다.
2. 일감이 안전하고 계속성이 있다.
3. 안전하게 일을 수행할 수 있다.
4. 다른 사람에게 봉사할 수 있다.
5. 자유가 보장된다.
6. 사회적으로 책임과 역할도가 높다.
7 사회적으로 긍지감을 갖고 일할 수 있다.
8. 원만한 인간관계를 가질 수 있다.
9. 성취감을 맛볼 수 있다.
10. 새로운 기술을 수시로 받아들여 적용시킬 수 있다.
11. 개성적 일의 추진이 가능하다.

라인(line)은 직계조직, 스태프(staff)는 참모조직을 의미한다. 라인은 상급직원에서 하급직원의 순으로 라인을 계속 연결하는 조직으로 경영의 주된 활동을 할 책임과 권한을 갖고 있다. 스태프의 직원은 전문적인 지식을 활용해서 라인에 조언하는 것이 주요 역할이다.

영업부 · 생산부는 라인이고 기획실 · 총무부 · 인사부 등은 스태프이다.

4) 면 접

지원자가 회사내부의 사람과 최초로 공식적인 대면을 하는 기회가 면접을 통해 주어진다. 면접담당자는 훈련을 통해 지원자의 목표, 태도, 동기부여의 정도 등을 알아볼 수 있다.

지원자가 근무하게 될 라인 부서의 부서장이 직접 면접을 할 수도 있다. 결국은 근무하게 될 부서의 부서장 의견이 가장 중요하기 때문에 이들을 면접과정에 참여시키는 것이 바람직하다.

5) 신체검사

대부분의 기업은 선발과정에서 신체검사를 받도록 한다. 지원자의 건강상태가 직무를 수행하는데 적합한가를 검사한다. 또한 근무 중 질병이나 사고가 있는 경우 그 증상이 입사 전부터 있었던 것인지 입사 후 나타난 것인지를 판단하는 기준이 될 수 있다. 프랑스, 벨기에, 네덜란드 등 유럽 국가들은 입사 전 신체검사를 법으로 반드시 실시하도록 하고 있다.

6) 오리엔테이션

입사가 결정되면 오리엔테이션, 즉 입사교육을 받게 된다. 입사교육은 인적자원관리 부서와 라인 부서의 협조하에 이루어진다. 인적자원관리 부서는 회사 전반에 관한 소개와 안내서 등을 배부한다. 구미기업의 경우에는 출결, 복지규정, 휴가, 휴식시간, 점심시간 등에 관한 규정을 자세히 알려 준다. 라인 부서의 상사는 부서내의 동료, 부서의 업무, 신입사원의 직무와 부서업무와의 관계 등을 소개한다.

신입사원은 입사 초기에 많은 것이 생소하기 때문에 불안감과 소외감을 느끼기 쉽다. 또한 입사전의 기대와 입사후의 현실의 차이로 인해 초기 이직률이 높은 것이 보통이다. 따라서 부서장이나 상사의 친절한 소개와 환영은 신입사원의 초기적응을 도와 이직률을 낮출 뿐만 아니라, 생산성을 조속히 정상화시켜 주는 역할을 한다.

제4절 교육훈련, 평가 및 인사상담

교육훈련은 직원이 회사에 근무하는 전 기간을 통해 지속적으로 이루어져야 하는 것이다. 교육훈련에는 다음과 같은 두 가지 유형이 있다 : 직무현장훈련(on-the-job training : OJT) 및 직무현장 외 훈련(off-the-job training : OFFJT). 그 밖에 경영자를 육성하기 위한 특별교육 및 경력개발프로그램들이 있다.

교육훈련에는 직무현장훈련(on-the-job training : OJT)과 직무현장 외 훈련(off-the-job training : OFFJT) 두 가지 유형이 있다.

1. 직무현장훈련(OJT)

비교적 단순한 직무의 경우에는, 직무현장에서 실습을 통해 배울 수 있는 직무현장훈련 방법이 많이 사용된다. 신입사원이나 피훈련자는 숙련된 직원의 지도하에 직접 직무를 수행함으로써 배우게 된다. 지도자는 조언과 제안을 통해 효과적인 직무수행방법을 지도한다.

대학생이 가장 일하고 싶어 하는 회사는?

네이버가 지난해에 이어 올해도 '대학생이 가장 일하고 싶은 기업' 1위에 올랐다.

7일 취업포털 인크루트에 따르면 네이버는 160개 기업 가운데 무려 10%의 득표율을 기록하면서 2015년에 이어 2016년에도 대학생이 가장 일하고 싶은 기업 전체 1위에 선정됐다. 작년엔 '관심업종'이라는 이유로 첫 1위에 오른 네이버는 이번 조사에서 '성장, 개발 가능성과 비전'을 인정받아 선호도 1위 타이틀을 지켰다.

네이버는 인터넷에 친숙한 20대에 가장 많이 노출되는 브랜드이기도 하다. 일상생활 속에서 접촉빈도가 높은 기업이니만큼 네이버 선호 현상은 당분간 지속될 것으로 보인다.

이어 CJ제일제당(4.5%), 아모레퍼시픽(4.3%), 삼성전자(3.7%), 국민건강보험공단(3.6%)이 톱5에 진입했다. 한국전력공사(3.2%), 국민연금공단(2.7%), 현대자동차(2.5%), 아시아나항공(2.4%), 대한항공(2.0%)이 상위 10위에 올랐다.

지난 2004년부터 시작해 13년째 발표해온 이번 조사는 신입 구직자가 입사하고 싶어하는 기업을 전체 순위, 업종별, 그룹별로 구분해 보여줌으로써 대학생들의 기업 선호도와 함께 노동시장 트렌드까지 유추해볼 수 있다. 이번 조사는 지난 6월 15일부터 28일까지 14일간 실시했으며 전국의 구직 준비중인 대학생 회원 1375명의 응답을 바탕으로 집계됐다.

이번 조사에서 주목해야 할 부분은 '삼성전자의 반등'과 '공기업 선호 경향의 심화'에 있다. 작년 조사 결과 공동 6위까지 하락했던 삼성전자가 2계단 상승한 4위로 올라서면서 매출 1위 기업의 체면을 회복한 것과 톱10에 공기업 3곳이나 진입했다는 점도 눈에 띈다. 고용 불안이 지속되면서 안정적인 직장을 택하려는 성향이 반영된 것으로 풀이된다. 이같은 맥락에서 공기업 중 최고 인지도를 자랑하는 한국전력공사가 톱10에 재진입한 것으로 평가된다.

대학생들이 가장 일하고 싶은 그룹사로는 CJ그룹이 22.7%의 득표율을 기록, 작년에 이어 올해도 1위를 지켰다. CJ그룹은 재계 1순위인 삼성그룹(20.7%)를 2% 차로 따돌렸으며 작년보다 1%가 벌어진 것으로 나타났다.

온오프라인을 가리지 않고 문화 콘텐츠를 즐기는 대학생들에게 '문화를 만드는 기업' CJ는 매력적일 수밖에 없는 것으로 풀이된다. 뿐만 아니라 활발한 대학생 프로그램 및 서포터즈 활동, 다방면에 걸친 B2C 사업 등의 요소가 매력 어필에 주효했다. 2위 역시 작년에 이어 후순위인 LG와 10% 이상의 격차를 벌린 삼성그룹이 차지했다.

이어 LG가 3위(10.4%), 신세계가 4위(9.3%), 현대자동차가 5위(8.1%), SK가 6위(7.6%)를 차지했으며, 농협(5.9%), 포스코(5.3%), 현대(5.1%), 금호아시아나(5.0%)가 나란히 5%대의 선호 점수를 얻었다.

한편 '2016 대학생이 꼽은 가장 일하고 싶은 기업'은 2015년 회계결산 기준으로 분류된 매출 1000대 기업 중에서 매출 순위별 상위 10개 기업을 주요 업종 16개 군에서 각각 추출했으며, 설문 참여자들에게는 이들 160개 기업을 무작위 순으로 노출해 응답하게 했다. '대학생이 일하고 싶은 그룹사' 순위는 자산총액 5조 원 이상의 50대 기업집단 중 30대 그룹사에 국한했다.

(오마이뉴스, 2016년 7월 7일)

직무현장훈련의 한 유형으로, 도제식 훈련방법이 있다. 이 방법은 목공, 용접, 배관 등과 같이 비교적 오랜 기간에 걸친 훈련을 통해 상당히 높은 수준의 기술을 습득하여야 하는 경우에 필요하다. 도제식 훈련방법에서는 신입사원은 보통 선임자의 조수역할을 함으로써 배우게 된다.

2. 직무현장 외 훈련(OFF JT)

좀 더 어려운 직무의 경우에는 직무현장 외의 강의실에서 별도 교육훈련이 필요하다. 직무현장 외 훈련은 실제상황에서 오는 압박감

없이 차근차근 직무를 익힐 수 있다는 장점이 있다. 또한 현장훈련에 비해 실수에 의한 자재와 시간의 낭비를 줄일 수 있다.

강의실 훈련은 높은 수준의 기술을 요하는 어려운 직무가 많이 사용된다. 실제로 사용되는 방법으로는 강의, 토론, 필름, 비디오, 오디오, 컴퓨터, 특수 기자재 등 다양한 기법이 있다. 기업에 따라서는 모의훈련장을 마련하고 있다. 모의훈련장은 실제와 유사한 작업환경을 만들어 놓고 신입사원으로 하여금 실제상황에 익숙해지도록 하는 것이다. 비행사의 모의 비행훈련이 그 전형적인 예라고 할 수 있다. 최근에는 증권회사에 모의객장을 설치하고 신입사원으로 하여금 고객의 역할과 직원의 역할을 번갈아 하도록 함으로써 실제상황에 대비하도록 하는 방법이 사용되고 있다.

도제제도(apprenticeship system)는 중세 유럽도시의 수공업 기술자 양성제도이다. 유럽 도시에는 동직조합(길드)이 있었는데, 그 내부조직은 도장인・장인・도제라는 3가지 계층으로 구성되어 있었다.

수업기간은 대륙에서는 2~8년, 이 기간은 도장인 집에서 침식을 함께 하면서 기술을 연수하였다. 도제가 되는 연령은 10~16세이며, 도제기간을 마치면 다시 3년 정도의 장인과정을 거쳐야 했다. 장인기간을 마치면 도장인 시작품을 동직조합에 제출하여 기능심사에 합격해야 했고, 그 이후라야 한 사람의 도장인으로서 독립할 수 있었다.

3. 경영자 개발프로그램

앞에서 설명한 직무훈련이 정도의 차이는 있으나 직무의 수행을 위해 필연적으로 이루어져 왔던 것에 비해, 경영자개발 프로그램은 비교적 새로운 것이라 할 수 있다. 서구의 기업에서도 약 30~40년 전부터 채택되기 시작하였고, 우리나라에서는 70년대에 시작되었다고 해도 불과 30년 정도의 역사를 가지고 있다고 하겠다. 경영자개발 프로그램은 현재와 미래의 경영자들의 기술과 지식을 향상시키기 위한 것이다.

경영자개발 프로그램은 보통 공식적인 교육과정을 포함하는데, 이들 교육과정은 회사 밖에서 이루어지는 경우도 있다. 일부기업들은 사내 대학원과정을 마련하고 사내외 강사를 초빙하여 경영자개발 교육을 실시하고 있다. 또한 어떤 기업들은 대학과 공동으로 대학원과정을 마련하고 대학교수들로 이루어진 강의를 통해 경영자개발을 위한 교육을 실시하고 있다.

그 밖의 다른 형태의 경영자개발 프로그램으로 직무순환을 통한 경력개발과 코칭방법이 있다. 직무순환(job rotation)은 주로 하위직 관리자를 차례로 다양한 부서에 배치시킴으로써, 각 부서의 업무를

직무순환(job rotation)은 주로 하위직 관리자를 차례로 다양한 부서에 배치시킴으로써, 각 부서의 업무를 경험하고 각 부서의 역할을 이해하여 회사 전반에 걸친 시각을 가진 경영자로 성장하도록 하는 것이다.

코칭(coaching)은 초급관리자가 바로 최고경영층 밑에서 일함으로써 직접 배울 수 있도록 하는 방법이다.

경험하고 각 부서의 역할을 이해하여 회사 전반에 걸친 시각을 가진 경영자로 성장하도록 하는 것이다. 이와 같은 직무순환을 체계적으로 하여 전문가와 일반 관리자를 균형있게 개발할 수 있도록 하는 것이 경력개발 계획(career development plan : CDP)이다. 코칭(coaching)은 초급관리자가 바로 최고경영층 밑에서 일함으로써 직접 배울 수 있도록 하는 방법이다.

경영자개발 프로그램은 직급에 따라 다르게 적용되어야 한다. 초급관리자의 경우에는 부서의 필요한 기능 및 인간관계가 강조되어야 한다.

인생의 활동기 1, 2, 3 기

나는 일전에 20세부터 55세를 활동기 1기로, 56세부터 75세를 활동기 2기로 나누어 나이를 먹었어도 포기함이 없이 인생을 살아가자는 강의를 들은 적이 있다. 나는 76세에 대표이사 사장을 아들에게 맡기고 경영 일선에서 물러났지만 무료하게 은퇴생활을 할 것이 아니라 76세부터 85세까지 10년을 인생의 활동기 3기로 정하고 건강과 능력에 맞는 사업을 하고자 또 시작하였다. 이번 3기 기간은 약간의 사업소득을 올리면서 내 주위에 불우한 사람을 돕는 일에 헌신하고 싶다.

(김상회, 웰코스 회장)

중간관리자는 인간관계, 개념적 사고, 분석적 능력 등의 개발이 필요하다. 끝으로 최고경영층은 개념적 사고와 전략기능의 개발이 필요하다.

4. 평가 센터

경영자의 훈련, 개발 및 평가를 종합적으로 수행할 수 있는 방법으로 평가 센터(assessment center)가 있다. 평가 센터의 시작은 제2차 세계대전 기간 중의 스파이전으로 거슬러 올라간다.

미국 중앙정보부의 전신인 전략국은 이 방법을 사용하여 비밀요원을 선발하였다. 그 이후 평가 센터는 기업에서 경영자의 자질이 있는 사람을 선택하는데 이용되어 왔다.

평가 센터의 본질은 장소의 개념이 아니라 프로그램으로 이해되어야 한다. 즉 다양한 시뮬레이션 기법, 분임토의, 집단문제해결 등을 통해 직무와 관련된 문제들을 해결하는 능력을 평가하는 것이다. 예를 들어, '바구니 실험'(in-basket simulation) 기법은 후보자로 하여금 해당 경영자의 역할을 수행하되, 가상적으로 고객의 불만사항, 상사의 전화지시, 부서의 문제점 등에 대해 대처하도록 하여 평가하는 것이다. 이때 전문적 평가자(assessor)가 후보자의 반응을 관찰하고 점수를 매긴다.

상여급제(efficiency bonus plan)는 표준 이상의 과업을 달성하였을 때, 특별히 추가로 지급되는 급여이다. 근로자의 작업량에 따라 임금액을 계산·지급하는 능률급제의 한 형태이다. 근로자의 수입안정과 능률 향상의 효과를 실현하기 위한 제도로서 기본급에 일정률을 곱하여 산정된다.

우리나라에서 아직까지 이를 적용하는 기업이 별로 없으나, 구미의 경우 경영자의 업적을 예측할 수 있는 매우 효과적인 방법으로 보고되어 있다. 이를 적용하는 기업으로는 AT&T, GE, JC Penny, Boise Canada, American Airlines, Sears, IBM 등 우리에게 잘 알려진 기업들이 있다. 평가센터는 경영자의 선발도구로 사용되는 외에도, 신입 영업사원을 선발하는 경우나, Merrill Lynch의 신입사원 선발 등에도 이용된다.

5. 업적평가

업적평가란 개인의 실제 직무수행성과를 기대수준에 비추어 평가함으로써 보상, 승진, 교육, 전보, 퇴사 등의 객관적 결정에 필요한 기초자료를 제공하는 것이다. 1800년에 로버트 오웬은 영국 스코틀랜드의 한 공장에서 최초로 업적평가제도를 시행하였다. 그는 '특성'(character) 장부와 '특성' 블럭을 사용하였는데, 작업자의 일일업적을 특성장부에 기록하고, 다음날 작업대에 전날의 업적에 따라 다른 색깔의 특성 블럭을 놓아둠으로써 동료 작업자에게 업적을 알리도록 하였다. 색깔은 불량으로부터 최우수까지 여러 단계의 업적을 나타내는 것이었다.

업적평가란 개인의 실제 직무수행성과를 기대수준에 비추어 평가함으로써 보상, 승진, 교육, 전보, 퇴사 등의 객관적 결정에 필요한 기초자료를 제공하는 것이다.

업적평가는 다음과 같은 세 가지 주요한 목적을 추구한다.

- **직원을 위한 정보** : 직원들에게 자신의 업적수준을 알려줌으로써 자신의 장점, 단점, 개선이 필요한 부분 등을 알려준다.
- **경영자를 위한 정보** : 경영자는 업적평가에 의한 정보를 사용

하여 직원의 보상, 승진, 교육, 전보, 해직 등의 의사결정을 한다.

- **직원의 동기부여** : 업적평가에 의해 우수한 직원을 승진시키거나 보너스 등을 통해 포상함으로써 동기부여 시킬 수 있다.

위와 같은 목적을 달성하기 위해서는 객관적인 평가체계를 만드는 것이 필요하다. 평가를 직접 담당하는 것은 라인경영자의 역할이지만, 인적자원관리를 담당하는 스태프는 평가서양식과 채점방식을 마련하고, 한 부서의 평가결과를 회사 전체 평균과 비교하여 조정하는 역할을 한다.

앞에서 설명한 목표관리의 성패에 있어서도 업적평가는 중요한 역할을 한다. 목표관리제에 있어 주된 장점 중의 하나는 업적평가가 어떻게 이루어질 것이라는 것을 미리 알도록 하는 것이다. 직원 개개인이 목표설정에 참여하기 때문에 업적평가가 어떻게 이루어질 것이라는 것을 명확히 알게 되는 것이다.

6. 인사상담

직무성과에 부정적인 영향을 미칠 수 있는 개인적 문제가 있는 경우 우선 직속 상급자와 의논할 수 있다. 그러나 인적자원관리 부서에서 전문가를 두고 개인적인 문제나 인사상의 문제를 상담하도록 하고 있다.

제 5 절 승진, 전보, 이직

승진이란 조직내에서 더욱 많은 권한, 책임, 급여가 주어지는 상급직으로 이동하는 것이다. 이론적으로 승진은 업적에 의해 이루어져야 하는 것으로 보고 있다. 그러나 우리나라의 많은 기업은 연공을 승진의 기준으로 삼고 있다. 양자를 적절히 조화시키면서 점차 업적의 비중을 높여 나가는 것이 필요하다.

전보란 조직내의 동일한 직급 및 급여 범위내에서 수평적인 이동을 하는 것이다. 전보란 기존의 작업자를 새로운 직무로 배치하거나 작업자의 능력을 필요로 하는 부서로 옮기는 것이다. 회사에 따라서는 앞에서 설명한 바와 같은 경력개발 프로그램에 의해 체계적인 전보를 실시하는 경우가 있다.

승진이란 조직 내에서 더욱 많은 권한, 책임, 급여가 주어지는 상급직으로 이동하는 것이며, 전보란 조직 내의 동일한 직급 및 급여범위 내에서 수평적인 이동을 하는 것이다. 그리고 이직은 사직, 정년퇴직, 해고 등에 의해 직원이 회사를 떠나는 것이다.

이직은 사직, 정년퇴직, 해고 등에 의해 직원이 회사를 떠나는 것이다. 사직은 자발적 의사에 의해 회사를 떠나는 것으로, 다른 직장이나 직업을 갖기 위해 스스로 회사를 떠나는 것이다.

정년퇴직은 직원이 규정된 근로연한을 마치고 회사를 떠나는 것이다. 최근에는 고령화 인구의 증가로 이들의 활용이 필요해지고 있는 반면, 조기 명예퇴직제를 실시하고 있는 기업도 있어 기업에 따라 상반된 접근을 하고 있다.

해고는 규정의 위반, 회사에 손해를 입히는 행위 등으로 본인의 의사에 반하여 회사를 떠나도록 하는 것이다. 우리나라는 근로기준법에 의해 위와 같은 정당한 사유가 없으면 회사의 사정에 의해 직원을 해고시키는 것을 금지하고 있다. 그러나 정상적으로 운영되는 회사라면 위의 사유가 발생할 때에 일차적으로 직원을 문책하고, 계속 시정이 안 되면 해고시키는 신상필벌의 관행을 확립함으로써 회사의 운영을 합리화하여야 한다.

제6절 보 상

인적자원관리 기능 중 가장 어려운 분야의 하나가 보상에 관한 것이라 할 수 있다. 제조원가에서 임금이 차지하는 비중에 따라 임금이 상승하면 제조원가가 올라가게 되고 가격경쟁력이 떨어지게 된다. 우리나라의 기업들은 80년대 후반부터 계속된 임금상승 결과 고임금으로 인하여 국제적 경쟁력을 상실하고 있다. 반면, 과소한 임금은 사기 저하, 생산성 저하, 높은 이직률 등을 초래한다. 바람직한 보상체계는 양질의 인력을 유치하고, 이들이 자신의 직무에 만족하고, 열심

바람직한 보상체계는 양질의 인력을 유치하고, 이들이 자신의 직무에 만족하고, 열심히 일할 수 있도록 해 주는 것을 의미한다.

히 일할 수 있도록 해 주는 것을 의미한다. 따라서 보상체계의 확립과 그 관리는 인적자원관리 기능 중 가장 핵심적인 요소의 하나인 것이다.

효과적인 보상관리는 구성원들의 연령, 가족, 생활패턴에 따른 균형 있는 보상 패키지를 제공하는 것이다.

보상의 여러 형태로 임금, 봉급, 상여금 등 비슷한 용어들이 사용되고 있다. 이들 용어의 개념과 차이는 다음과 같다.

- **보상(compensation)** : 개인이 조직체를 위하여 일한 데 대하여 지불되는 금전적 대가로서 임금(또는 봉급)과 상여금 그리고 복리후생을 모두 포함한 포괄적 개념이다.
- **임금(wage)** : 주로 시간당 또는 일당 기본지급률을 말하며, 일반적으로 생산 근로직에 많이 적용된다.
- **봉급(salary)** : 주로 주당 또는 월당 지급률을 말하며, 일반적으로 사무직과 관리직에 많이 적용된다.
- **상여금(incentive)** : 보너스(bonus), 커미션(commission), 이윤분배(profit sharing) 등 원칙적으로는 성과에 따라 지급되는 것을 말한다.
- **복리후생(welfare benefits)** : 부가급부(fringe benefits)라고도 부르며 구성원의 생활안정과 생활의 질을 높이기 위하여 임금이나 상여금의 형태를 지니지 않고 구성원에게 직접 또는 간접적으로 부여되는 혜택을 말한다.

제 7 절 복리후생

1. 복리후생 프로그램

기업조직은 임금이나 상여금 등의 급여 외에도 직원들을 위해 여러 가지 형태의 경비를 지불하고 있다. 예를 들어 직원과 가족들의 일상생활에 필요한 의료보험, 통근, 주택, 운동, 오락 등에 대한 경비를 단체로 지불한다. 이는 모든 구성원의 일상경비로서 단체적으로

부담할 때에 규모의 경제에 의해 보다 효율적으로 관리될 수 있다. 따라서 구성원들은 간접적인 보상혜택을 받게 되고, 동시에 조직체는 구성원들의 욕구충족과 복지향상에 기여하게 된다.

효과적인 보상관리는 구성원들에게 균형 있는 보상 패키지를 제공하는 것이다. 구성원들은 각자의 연령, 가족, 생활패턴에 따라 다른 욕구를 가지고 있다. 이들의 각기 다른 요구에 따라 그들로 하여금 선호하는 복리후생 패키지를 선택하도록 하는 신축적인 복리후생 프로그램을 운영할 필요가 있다. 그와 같은 대표적인 예가 카페테리아 프로그램(cafeteria benefit program)이다. 즉 셀프 서비스 식당에서 자기가 원하는 음식들을 고르는 것과 같이, 구성원이 자기에게 할당된 복리후생 비용의 범위내에서 주어진 여러 복리후생 옵션(option) 중에서 자기에게 가장 적합한 것들을 골라 자기 자신의 프로그램을 만드는 것이다.

최근의 근무시간 단축추세와 더불어 앞으로의 인적자원관리에 있어 복리후생과 안전관리는 상대적으로 그 중요성이 점점 증가하고 있다.

Exxon, TRW 등 미국의 기업들로부터 시작된 이 프로그램은 특히 맞벌이 부부의 증가에 따라 생겨난 것이다. 기존의 일률적인 복리후생 프로그램은 가구당 한 사람만 일하는 경우를 전제로 하고 마련된 것이었다. 따라서 부부가 일을 하는 경우에는 그 내용이 중복되어 소기의 혜택을 누릴 수 없게 된다. 이와 같은 경우 각자의 필요에 따라 효과를 극대화할 수 있는 것이 카페테리아식 복리후생 프로그램이다. 우리나라도 최근 젊은층을 중심으로 맞벌이 부부가 급증하고 있어 이와 같은 신축성있는 프로그램 도입의 필요성이 증대되고 있다.

기업 45.5% "임금피크제, 신규채용 위축"

〈표1. 2016년 기업규모별 정년연장 적용받는 근로자 비율〉

구 분	기업 수			기업 비율		
	있다	없다	소계	있다	없다	소계
대기업	79	60	139	56.8%	43.2%	100.0%
중견기업	88	110	198	44.4%	55.6%	100.0%
중소기업	67	326	393	17.0%	83.0%	100.0%
전체	**234**	**496**	**730**	**32.1%**	**67.9%**	**100.0%**

취업포털 인크루트는 1700개 상장사를 대상으로 올 한해 채용 여부 및 규모를 조사, '2016년 채용전망 Part.2'를 발표했다. 정년연장에 따른 신규채용인원 확대 여부가 주 내용이다.

먼저 올 해부터 60세까지 정년 연장이 의무화되면서 올 한해 기업 규모별 정년연장을 적용 받는 근로자의 비율을 조사했다. 그 결과 대기업 56.8%, 중견기업 44.4%, 중소기업 17.0%로 집계돼 대기업일수록 정년연장을 적용 받는 근로자 수가 더 많은 것으로 나타났다. 기업 개수로는 대기업이 79개 기업, 중견기업 88개 기업, 중소기업 67개 기업으로 총 234개 기업이 정년연장 적용 받는 직원이 있다고 밝혔다.

이어 정년연장에 따른 임금피크제 도입 여부를 조사한 결과 전체 기업의 49.6%는 아직 '미계획'으로 조사됐다. 대기업 35개 기업, 중견기업 88개 개업, 중소기업 232개 기업 총 355개 기업이다. 이미 도입이 완료된 기업은 전체의 28.2%를 차지했으며 이 중 대기업이 55.1%, 중견기업 28.6%, 중소기업이 18.4%로 역시 대기업이 많은 비중을 차지했다.

올 해 임금피크제가 도입될 예정이라 밝힌 기업은 대기업 17개 기업, 중견기업 30개 기업, 중소기업 55개 기업으로 총 102개 기업으로 전체 중 14.2%에 불과했다.

임금피크제가 도입되지 않은 비율이 가장 높은 중소기업의 경우 올해도 임금피크제 '미계획'인 비율이 60.1%에 달했다.

실제로 설문에 응답한 전체 기업의 45.5%는 임금피크제가 신규채용 위축 효과를 가져올 것이라고 답했다. 규모별로 보면 대기업의 37.2%, 중견기업의 43.6%, 중소기업의 49.8%가 임금피크제가 신규채용에 긍정적으로 작용하지 못할 것이라고 내다봤다.

(파이낸셜뉴스, 2016년 2월 17일)

2. 안전관리

종업원에게 가장 중요한 복리후생요인 중의 하나는 안전하고 위생적인 작업환경이다. 산업재해는 개인에게 상해의 고통을 줄 뿐만 아니라 회사에게도 제비용은 물론 경험 있는 직원의 손실, 직원들의 사기저하를 초래한다. 이와 같은 안전관리의 중요성은 서구에서는 이미 30여 년 전부터 인식되었고, 1970년에 미국에서 법제화되었다 (Occupational Safety and Health Act).

우리나라 근로자의 안전보건은 1953년에 공포된 근로기준법에 위험방지에 관한 규정을 설정함으로써 법적 기초가 마련되기 시작하였다. 그러나 본격적인 법제화는 1981년에 제정된 산업안전보건법에 의하여 이루어졌다. 이 법은 안전보건에 대한 사업주의 책임으로서 업종과 사업규모에 따라서 전담 안전관리자와 보건담당자 그리고 안전보건 전담부서의 설치를 규정하고 있다. 그리고 안전관리자와 보건담당자의 자격도 명시하고 있다. 또한 이 법은 유해방지와 유해물질에 대하여도 위험을 예방하기 위한 적절한 조치를 규정하고 있다.

기업에서는 이와 같은 안전 및 보건관리의 중요성을 인식하고 체계적인 관리를 할 필요가 있다.

첫째, 최고경영자의 인식과 지속적인 관심이 필요하다.

둘째, 안전관리 전담부서를 설치하고 전문요원을 배치한다.

셋째, 작업장의 설계와 배치시에 안전도를 높일 수 있도록 공학적 접근을 한다.

넷째, 지속적인 교육을 실시한다.

다섯째, 특히 재해의 가능성이 높은 부분은 별도로 중점 관리한다.

이상에서 본 바 복리후생과 안전관리는 상대적으로 그 중요성이 점점 증가하고 있다. 최근의 근무시간 단축추세와 더불어 앞으로의 인적자원관리에 있어 다른 여러 부문의 관리와 더불어 종합적인 균형을 이루어 나가야 할 부분이다.

제 8 절 인간관계론

1. 호손 연구(Hawthorne studies)

조직의 성패에 있어 사람의 중요성은 아무리 강조해도 지나치지 않다. 관리란 조직의 목적을 달성하기 위하여 사람과 다른 자원들을 활용하는 것이며, 따라서 관리란 결국 사람을 통하여 이루어지는 것이다. 그렇다면 어떤 방법으로 좋은 사람을 채용하고, 훈련시키고, 동

> 호손연구는 돈이나 직업안정, 작업조건 등의 물리적 요인만이 종업원의 동기부여를 유발하는 유일한 조건은 아니라는 것을 밝혔다.

기부여시킬 것인가?

이 중 특히 동기부여는 사람의 관리에 있어 중요한 부분을 차지하는데, 이를 포함하여 인간과 조직에 관한 연구를 인간관계론이라 한다. 인간관계론에는 동기부여, 리더십, 그룹, 커뮤니케이션, 갈등은 물론 조직의 유효성을 제고시키기 위한 여러 가지 이론적 접근들을 포함하고 있다.

이와 같은 연구들은 호손 연구로 불리우는 일련의 실험에 의해 비롯되었다. 1927년 미국 하바드대학교의 메이요 교수와 연구팀은 시카고 근교에 위치한 웨스턴전기회사의 호손 공장을 방문하였다. 이들은 공장의 관리자들에 의해 행해진 작업조건과 생산성에 관한 일련의 실험결과에 의문이 제기됨에 따라 연구의뢰를 받게 된 것이다. 이로부터 본격적으로 행해진 호손 연구는 돈이나 직업안정, 작업조건 등의 물리적 요인만이 종업원의 동기부여를 유발하는 유일한 조건은 아니라는 것을 밝혔다. 이 연구로부터 인간관계를 통한 동기부여의 연구가 비롯되었다.

일련의 실험을 통해 연구자들이 처음에 해답을 얻고자 했던 문제들은 다음과 같은 것이었다.

“조명도가 작업자의 생산성에 어떠한 영향을 미치는가?” 첫 실험은 계전기 생산라인의 여자작업자들 중 6명씩을 한 조로 실험대상을 따로 선발하여 조명도를 바꾸어 가며 생산성을 측정하였다. 이 실험 중 연구대상 조에 먼저 충분한 수준의 조명을 주고 생산성을 측정한 결과 상당한 생산성의 증가를 보였다. 그 후에는 조명을 줄이고 생산성을 측정하였는데, 생산성이 감소하지 않았을 뿐만 아니라 몇 팀에서는 오히려 증가하는 것이었다. 심지어는 조명도를 달빛정도로 줄일 때까지 생산성은 증가하였다. 메이요 교수와 연구팀은 이와 같은 예상외의 결과를 쉽게 설명할 수 없었다.

무엇인지는 알 수 없지만 실험에서 작용한 “X”라는 요인으로 인해, 6명의 여자로 구성된 이 팀은 계전기 생산량의 25% 증가를 보였다. 이 X는 과연 무엇인가? 연구팀들은 머리를 맞대고 그것을 찾기 시작했다. 그들은 토론과 논쟁, 연구를 거듭한 결과 마침내 그것을 찾아내고야 말았다. 그것은 공장의 물리적 생산조건과는 전혀 무관한 것이었다. 그것은 바로 그 여자작업자들 자신 속에 있었다. 그것은 그들의 태도로, 자신들의 일과 팀에 대해 어떻게 느끼는가 하는 문제였다. 이들을 다른 작업자들과는 구분하여 자신들만의 독자적인 공간을 만들어 주고 이들의 도움과 협조를 구함으로써, 연구자들은 이들 젊은 여성들에게 자기 자신의 가치에 대한 새로운 인식을 불러 일으켰던 것이다. 그들의 태도는 자신을 기계 속의 톱니바퀴 하나로 생각하던 것에서 회사의 중요한 문제를 해결하기 위한 마음 맞는 팀의 일원으로 생각하는 것으로 완전히 바뀌었던 것이다.

그들은 안정감과 소속감, 그리고 자신의 업무의 목적을 새로이 발견하였다. 그래서 그들은 과거 어느 때보다도 일을 더 빨리, 더 잘 하였던 것이다. 공장의 양대 기능이 하나로 조화를 이룬 것이다.

호손연구(Hawthorne Studies)의 결과는 인간은 기본적으로 사회적 욕구에 의해 동기가 부여된다는 것이다. 즉 그의 정체감은 타인과의 관계, 즉 상사나 부하와의 관계를 통하여 획득된다.

연구자들이 발견한 이와 같은 현상은 그 이후 '호손효과'라고 불린다. 과학적 연구의 대상으로 선정된 종업원은 연구자들이 그들에게 보이는 관심 때문에 생산성의 향상을 보일 수 있었다. 그들은 자신이 중요한 존재이며, 사람들이 자신을 알아준다고 느끼기 때문에 자신의 업무를 매우 열심히 수행할만한 유인을 가지는 것이다.

2. 동기부여

호손 연구는 종업원에 대한 경영자의 지휘(즉 동기부여)의 방법에 일대 변혁을 가져 왔다. 호손 연구 이전에는 대부분의 기업들이 작업자의 동기부여에 있어 돈을 거의 유일한 수단으로 사용해 왔다. 충분한 임금과 직업안정이 있으면 종업원은 만족하고, 동기부여를 받아 전체 조직의 목적달성을 위해 더욱 빠르고 효과적으로 일할 것이라고 생각하였다. 호손 연구에서 중요한 것은 동기부여에 있어 돈의 효과를 부정하는 것이 아니라, 돈 외에도 다른 요인들이 많다는 것을 밝힌 점이다.

개인은 자신의 욕구를 충족시키기 위한 행동을 취하고자 하는 동기를 가진다. 욕구란 필요한 것이 부족한 상태로 정의된다. 이는 개인의 실제상태와 바라는 상태의 차이를 나타낸다. 동기란 개인이 느끼는 욕구를 충족시키기 위해 움직이도록 만드는 내적 상태라고 정의된다. 개인은 심리적인 긴장을 줄이고 안정적 상태를 회복하기 위한 행동을 취하는 방향으로 움직인다.

개인은 자신의 욕구를 충족시키기 위한 행동을 취하고자 하는 동기를 가진다. 개인은 심리적인 긴장을 줄이고 안정적 상태를 회복하기 위한 행동을 취하는 방향으로 움직인다.

욕구와 동기의 관계는 다음과 같은 간단한 예를 통해 나타낼 수 있다. 나범생은 오후 2시까지 강의를 듣느라고 점심을 먹지 못하였다. 즉 그는 음식에 대한 욕구를 가진다. 그는 배고픔이라는 동기에 의해 근처 음식점으로 달려간다. 백반 한 그릇을 먹은 후, 음식에 대한 그의 욕구는 해소되고 3시 강의에 들어갈 준비를 한다. 이와 같은 과정이 [그림 7-2]에 나타나 있다.

[그림 7-2] 동기부여의 과정

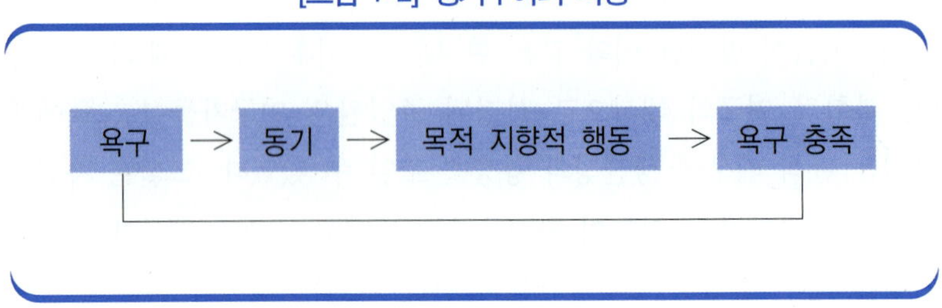

3. 인간욕구의 단계

심리학자인 매슬로우(A.H. Maslow)는 다음과 같은 몇 가지 가정하에 인간의 욕구가 계층적인 단계로 이루어져 있다고 주장하였다.

- 인간의 욕구는 그가 소유하고 있는 것에 따라 달라진다.
- 충족된 욕구는 동기부여의 요인이 되지 않는다. 충족되지 않은 욕구만이 행위를 유발하는 동기요인이 된다.
- 인간의 욕구는 중요성에 따라 단계적으로 배열되어 있다. 한 욕구가 부분적으로나마 충족되면 다른 욕구가 생겨나며 이의 충족을 원하게 된다.

[그림 7-3] 매슬로우의 욕구단계모형

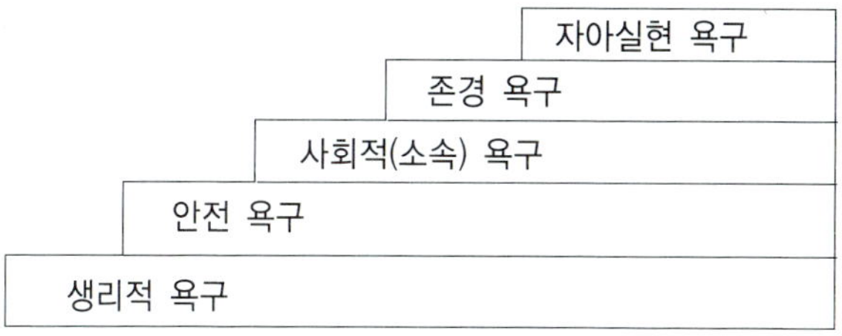

[그림 7-3]은 계단과 같은 성격을 가지고 있는 인간욕구의 단계를 나타낸다. 이들 중 기본적인 생리적 욕구가 가장 우선적으로 나타난다.

1) 생리적 욕구(Physiological needs)

생리적 욕구란 의식주 등의 기본적인 생활과 관계된 욕구를 말한다. 이와 같은 욕구는 누구에게나 존재하며, 이와 같은 욕구가 충족되어야 다른 상위의 욕구를 느끼게 된다. 배고픈 사람은 음식에 대한 욕구에 사로잡혀 있어서 다른 욕구는 생각할 여유가 없게 된다. 그러나 생리적 욕구가 부분적으로나마 충족되면, 다른 욕구들이 생겨나게 된다. 우리나라 대부분의 근로자들이 60년대와 70년대를 거치면서 기본적인 생리적 욕구를 충족시키는 것이 가장 큰 동기요인이 되어왔다고 할 수 있다. 80년대 이후에 들어 와서는 이들 욕구가 어느 정도 충족되었고, 따라서 안전욕구, 사회적 욕구를 비롯한 상위욕구가 분출되었다고 볼 수 있다.

생리적 욕구란 의식주 등의 기본적인 생활과 관계된 욕구를 말하며, 안전욕구는 직업의 안정, 신체적 위험으로부터의 보호, 돌발사태의 회피 등에 대한 욕구를 포함한다.

2) 안전욕구(Safety needs)

두 번째 단계인 안전욕구는 직업의 안정, 신체적 위험으로부터의 보호, 돌발사태의 회피 등에 대한 욕구를 포함한다. 이와 같은 욕구의 충족을 위한 대안들로, 안정적인 연봉제, 생명보험, 안전한 승용차의 구입, 작업안전수칙의 준수, 사내 헬스센터 등을 들 수 있다.

3) 사회적 욕구(Social needs)

> 사회적 욕구는 가정이나 개인, 집단에 받아들여지기를 원하는 욕구이며, 존경욕구는 다른 사람의 존경을 받기를 원하는 욕구이다. 그리고 자아실현욕구는 성취, 잠재력 실현, 재능과 능력의 발휘 등을 추구하는 것이다.

생리적 욕구와 안전욕구가 어느 정도 충족되면, 사다리의 세 번째 단계인 사회적 욕구가 나타나게 된다. 이는 소속감, 애정에 관한 욕구라고도 불리우며, 가정이나 개인, 집단에 받아들여지기를 원하는 욕구이다. 예를 들어 회사에 근무하는 개인은 직장내의 여러 그룹, 그 밖의 비공식조직 등에 참여하고자 하는 동기를 가진다.

4) 존경욕구(Esteem needs)

상위욕구의 하나인 존경욕구는 하위욕구들에 비해 충족시키기가 어렵다. 이는 다른 사람보다 앞서고, 다른 사람의 존경을 받기를 원하는 욕구이다. 다른 사람보다 좀 더 잘하기를 원하는 경쟁지향적인 욕구는 인간의 공통적인 특성의 하나이다.

이 욕구는 사회적 욕구인 소속욕구와 밀접하게 연관되어 있다. 그러나 이 단계에서는 다른 사람들에 의해 받아들여지기를 원할 뿐만 아니라, 인정과 존경받기를 원하고 특정분야에서 다른 사람들보다 뛰어나기를 원한다. 조직에서는 다음과 같은 제도나 방법을 통해 존경욕구를 충족시켜 줄 수 있다: 우수업적 표창, 책임부여, 부서 목표설정 및 의사결정에의 참여.

5) 자아실현욕구(Self-actualization needs)

욕구단계 중의 최상위에 해당하는 것이 자아실현욕구로, 성취, 잠재력 실현, 재능과 능력의 발휘 등을 추구하는 것이다. 매슬로우는 자아실현욕구를 다음과 같이 정의하였다:
"건전한 사람은 기본적으로 자신의 모든 가능성과 능력을 실현시키려는 욕구에 의해 동기가 유발된다.…… 한 사람이 될 수 있는 것은 반드시 이루어야 한다."

보물섬, 지킬박사와 하이드 등의 작가인 Robert Louis Stevenson은, "우리 자신을 찾는 것, 우리가 될 수 있는 한도에 다다르는 것이야말로 인생의 유일한 목표이다"라고 자아실현을 묘사하였다.

성공하는 사람들의 7가지 습관(스티븐 코비)

내가 세계 각처에서 많은 청중들을 상대로 강의하면서 체험한 것을 한 가지 얘기해 드리겠습니다. 내가 청중들에게 눈을 감은 채 옆 사람을 보지 말고 손을 들어 정북향을 지적해 보라고 한 후, 눈을 뜨라고 하면 강당은 예외없이 웃음바다가 됩니다. 청중들의 팔과 손가락이 사방의 다른 방향을 가리키고 있기 때문입니다. "도대체 누가 맞은 겁니까?" 라고 물으면서, 우리들의 차이점을 투표에 의해 결정하되 다수가 맞은 것으로 하자고 제안하면, 청중들은 무슨 이유인지 또 다시 웃음을 터뜨립니다.

나는 곧 호주머니에서 나침반을 꺼내어 정북향을 가리켜 보여 줍니다. 여러분들은 정북향을 다수의 의견이나 투표로 결정할 수 없음을 잘 알고 있습니다. 이것은 우리와는 아무 관계없이 존재하는 사실적 실체이기 때문입니다. 자연법칙들이나 원칙들도 마찬가지이며, 우리들의 이름, 의견, 문화, 노력, 국적, 성별, 인종에 관계없이 우리 속에 존재하며 우리의 삶을 다스립니다.

우리는 날로 엄청난 변화가 일어나고 있는 세상에 살고 있습니다. 이러한 변화는 사업체들, 가족들, 학교들, 정부들, 개인들로 하여금 피부로 느끼게 하고, 진짜 도전가도 두려움을 가져오며, 그 속도가 점점 빨라지고 있습니다. 이러한 도전의 해결책은 여러 원칙들에 있습니다. 이 원칙들은 영원한 것들입니다. 이것들은 우리가 주변의 변화에서 살아남고, 태풍의 눈에도 평온하게 가라앉을 수 있게 해주는 닻입니다.

조직에서는 구성원들로 하여금 도전적이고 창의적인 업무를 부여하고 개인의 성과에 따라 승진의 기회를 부여함으로써 자아실현욕구를 충족시켜 줄 수 있다.

매슬로우는 충족된 욕구는 더 이상 동기부여의 요인이 되지 않는다고 지적하였다. 일단 생리적 욕구가 충족되면, 보다 상위욕구에 관심을 가진다. 한 개인이 갈증이나 배고픔을 해소하기 위해 열심히 일할 때가 있으나, 그의 관심은 차차 안전, 소속감 및 욕구 계층상의 다른 욕구들로 바뀌어 간다.

기업조직들은 하위욕구인 생리적 욕구나 안전욕구를 충족시키는데 치중해 왔다. 과거에는 작업자를 기계의 부품과 같이 생산과정의 한 요소로 보았기 때문에 경영자들은 돈으로 이들을 동기부여시키려 했다. 호손 연구는 사람은 기계와는 다르며, 사회적·심리적 욕구들이 돈 이상으로 효과적인 동기부여의 요인이 된다는 것을 밝혔다. 경영자들도 직원들에 대한 기본적 시각을 바꾸고, 과연 이들을 동기부여시키는 최선의 방법은 무엇인가를 재고해야만 하게 되었다.

4. X 이론과 Y 이론

X이론이란 서구의 경영자들이 전통적으로 가지고 있던 가정으로, 작업자들은 일하기를 싫어하기 때문에 강요, 통제, 위협에 의해서만 일을 한다고 보는 시각이다.

매슬로우의 제자인 심리학자 맥그리거는 경영자들이 작업자의 행동에 대해 가지는 시각의 유형을 X 이론과 Y 이론으로 명명하였다. X이론이란 서구의 경영자들이 전통적으로 가지고 있던 가정으로, 작업자들은 일하기를 싫어하기 때문에 강요, 통제, 위협에 의해서만 일을 한다고 보는 시각이다. 맥그리거는 X 이론의 가정으로 다음과 같은 것들을 제시하였다.

① 보통의 인간은 기본적으로 일을 싫어하며, 가능한 한 일을 회피할 것이다.

② 그와 같은 특성 때문에, 대부분의 사람들은 강요, 통제, 처벌의 위협 등을 통해서만 조직목표의 달성을 위해 필요한 노력을 기울인다.

③ 보통의 인간은 지시받기를 좋아하며, 스스로 책임을 맡고자 하지 않으며, 별로 야망을 가지고 있지 않으며, 무엇보다도 안전을 원한다.

이와 같은 가정은 인간의 품성에 대한 부정적인 시각을 반영한 것이다. 이러한 견해를 가진 경영자는 감시·감독, 처벌, 규정의 강화 등을 통해서 부하를 통솔하려 할 것이다. X이론의 시각을 가진 경영자는 대개 욕구단계상의 하위욕구인 생리적 욕구나 안전욕구를 충족시키는 경제적 보상을 주로 사용한다.

이와 같은 X이론은 중대한 결점을 가진다. 이 이론은 상위욕구를 무시한 채 생리적 욕구나 안전욕구에만 초점을 맞추고 있다. 만일 한 조직에서 사람들이 X이론이 묘사하는 것처럼 행동한다면, 그 이유는 그 조직이 사람들의 욕구를 부분적으로만 충족시켜 주기 때문일 것이다. 반대로, 조직이 구성원의 사회적, 존경, 자아실현욕구를 충족시켜 준다면 완전히 다른 가정이 필요하게 될 것이다.

Y이론은 새로운 경영자의 시각을 제시한다: 작업자는 일을 싫어하지 않으며, 적절한 조건이 갖추어지면 그들은 사회적, 존경, 자아실현의 욕구를 충족시키기 위해 스스로 책임을 맡는다. 따라서 다음과 같은 새로운 가정이 필요하게 된다.

Y이론은 작업자는 일을 싫어하지 않으며, 적절한 조건이 갖추어지면 그들은 사회적, 존경, 자아실현의 욕구를 충족시키기 위해 스스로 책임을 맡는다는 것이다.

① 작업자들은 기본적으로 일을 싫어하지 않는다. 작업에 소요되는 육체적 · 정신적 노력은 노는 것이나 쉬는 것과 마찬가지로 자연스러운 것이다.

② 직원들은 엄격한 통제나 처벌의 위협을 원치 않는다.

③ 보통의 작업자들은, 적절한 조건이 주어지면, 책임을 수용할 뿐만 아니라 스스로 떠맡는다.

④ 직원들은 안전욕구 외에도 사회적, 존경, 자아실현욕구를 충족시키기 원한다.

전통적 경영관하에서는 타인에 의한 통제와 감독을 필요로 했던 것에 반해, Y이론은 스스로의 통제와 능력발휘를 강조한다. 이를 실행하기 위해서는 완전히 다른 경영전략이 요구된다.

5. 목표관리를 사용한 동기부여

직원의 동기부여와 업무성과를 향상시키기 위해 많이 사용되는 경영기법으로 목표관리(management by objectives : MBO)가 있다. 목표관리는 직원들을 자신의 업무목표를 설정하는데 참여하도록 하고, 자신의 평가방법을 미리 알도록 하여, 합의에 의해 설정된 목표의 달성 정도에 의해 업적평가를 함으로써 직원의 동기부여수준을 향상시키고자 하는 프로그램이다.

[그림 7-4]는 목표관리 프로그램의 5개 실행단계를 보여준다.

① 각 부서원들은 관리자와 자신의 직무에 대해 상의한다.

② 단기적 업무목표를 설정한다.

목표관리(management by objectives : MBO)가 있다. 목표관리는 직원들을 자신의 업무목표를 설정하는데 참여하도록 하고, 자신의 평가방법을 미리 알도록 하고, 합의에 의해 설정된 목표의 달성 정도에 의해 업적평가를 함으로써 직원의 동기부여수준을 향상시키고자 하는 프로그램이다.

[그림 7-4] 목표관리 프로그램의 제 단계

제5단계: 기말에 부하의 목표달성 정도를 공동평가, 차기목표 설정

↑

제4단계: 중간점검시기에 부하의 목표달성 정도를 부하와 상사가 공동평가

↑

제3단계: 부하의 진행상황에 대한 부하와 상사 간 정기적 면담

↑

제2단계: 단기목표의 설정

↑

제1단계: 부하의 책임범위에 대해 상사와 1차적 협의

③ 부하는 목표달성정도를 상의하기 위해 관리자와 정기적으로 면담을 한다.

④ 목표달성정도에 대한 중간점검시기를 결정한다.

⑤ 정해진 기간이 지나면 상사와 부하가 공동으로 부하의 업적을 평가한다.

목표관리는 부하와 상사의 협의에 의한 목표설정과정을 거친다. 양자간에 부하의 책임범위 및 바람직한 업적수준에 대한 이해가 이루어져야 한다. 이 이해의 바탕 위에 일정기간 동안의 부하의 업무목표가 정해진다(대개 6개월을 단위로 한다).

가능한 한 목표는 수치화한다. 예를 들어, 불량률 5% 감소, 제품판매량 15% 증가 등으로 나타낼 수 있다. 일단 목표가 정해지고 합의가 이루어지면, 그 달성의 책임은 부하에게 주어진다.

목표기간 중 부하는 상사와 자주 협의할 수 있다. 기말에는 공식적인 업적평가가 이루어진다. 상사와 부하의 협의하에 목표달성 여부를 평가한다. 목표가 달성되지 않은 경우 이를 분석하여 차기성과의 개선을 위한 목표의 수정에 사용한다. 다음 기간을 위한 목표를 재설정한다.

제 9 절 노사관계관리

1. 노동조합

서구에서 기업이 존재해 온 200년 이상의 기간동안 근로자들은 자신들의 생활수준, 작업조건, 직업안정 등을 향상시키고자 노력해 왔다. 이들은 점차 자신들의 단결된 힘은 경영자의 반응을 불러일으키기에 충분하다는 것을 깨닫게 되었고, 그렇게 하여 노동조합이 탄생하게 되었다. 노동조합이란 노동자들의 모임으로서, 임금, 근무시간, 작업조건 등의 중요한 문제에 대해 공동의 목적을 달성하고자 하는 것이다.

노동조합이란 노동자들의 모임으로서, 임금, 근무시간, 작업조건 등의 중요한 문제에 대해 공동의 목적을 달성하고자 하는 것이다.

노동조합은 선진국의 경우 18세기부터 근로자들의 단체행동을 통하여 조직화되기 시작했으나, 19세기 하반기에 들어와서야 근로자들의 단체행동이 사회적인 인정을 받게 되었고, 20세기에 들어와서는 비로소 노조가 법적으로 인정되었다.

미국은 자유경제와 다원주의적인 사회체제하에서 정치적인 힘을 바탕으로 한 대결적인 노사관계가 형성되어 왔다. 반면 일본은 동질적인 민족국가의 특성과 인화를 강조하는 문화가치를 바탕으로 비교적 협조적인 노사관계를 유지하고 있다. 한편 유럽의 여러 나라들은 경영의사결정에 참여하려는 근로자들의 욕구를 반영하여 공동의사결정(codetermination) 개념에 입각한 노사관계를 유지하고 있다.[1)]

1) 정계훈, 이관희, "한국기업의 노사관계"; 이학종외 공저, 한국기업의 구조와 전략, 법문사, pp. 369~370, 1980; 이학종, 인적 자원관리, 세경사 1990에서 재인용.

[진화하는 기업문화] LS, '가정의 날' 시행으로 일터와 가정의 조화 추구

LS그룹은 주력 계열사인 LS전선이 2007년부터 협력적 노경관계를 바탕으로 임금피크제를 도입한 데 이어 올해부터는 40여 전 계열사에 이를 확대해 실시할 계획이라고 밝혔다.

근로자들의 고용안정을 위한 경영층의 노력과 현장의 생산성 향상을 위한 노동조합의 적극적 참여, 노사 공동 지역사회 공헌 활동 참여를 통해 좋은 일자리를 창출한다는 것이다. 특히 LS전선은 2007년 고령 사원들의 고용불안 해소와 회사의 인건비 증가 부담 최소화라는 노사 상호간의 필요성에 대해 공감대를 형성함으로써 임금피크제 도입 및 정년 60세 연장에 합의했다. LS 관계자는 "이는 지금까지도 대표적인 노사간 윈윈 사례로 평가 받고 있다"면서 "이후 대부분의 주력 계열사들이 임금피크제를 적극 도입해 시행하고 있다"고 전했다.

LS그룹은 지난해 3월 맞벌이부부 · 워킹맘 등 임직원이 마음 놓고 일할 수 있는 근무 여건을 만들고자 안양 LS타워 인근에 LS 어린이집을 개원했다. LS 어린이집은 오전 7시 30분부터 오후 8시까지 임직원의 출 · 퇴근 시간에 맞춰 운영된다. 각 반과 생활 시설에 CCTV 15대를 설치하고 스마트폰 앱으로 실시간으로 부모와 교사간 의견 소통이 가능토록 만들었다. LS 관계자는 "임직원들의 불안감을 최소화하는 데 역점을 두고 운영 중"이라고 설명했다.

이와 함께 LS산전, LS-NikKo동제련, LS엠트론 등 그룹 내 주요 6개사는 2014년 여성가족부로부터 가족친화제도를 모범적으로 운영한 '가족친화인증기업'으로 선정됐다.

이 밖에도 LS그룹은 전사 공통으로 휴윅스(休-Weeks) 등 리프레시 휴가를 권장하고 있다. 휴윅스는 연간 1~2회 전 임직원이 5일간의 휴가를 연속해서 사용하는 것이다. LS 관계자는 "평소 가기 힘든 장거리 여행을 떠나거나 가족들과 함께 재충전할 수 있는 시간을 갖도록 돕는 제도"라고 전했다.

'가정의 날'도 시행 중이다. 정시 퇴근을 권장하고 가족과 시간을 보내도록 배려한다. 매년 해피 패밀리 데이(Happy Family Day), 부부의 날 행사 등을 통해 일터와 가정의 조화를 추구하고 있다. 또한 임직원은 물론 임직원 가족과 협력업체 직원에게 관심 있는 질환별로 전문적인 검진항목을 선택할 수 있는 맞춤형 종합검진지원제도를 제공하고 있다.

(중앙일보, 2016년 5월 30일)

우리나라의 노사관계도 우리나라의 정치, 경제 등 사회 문화적 환경의 특성을 많이 반영하고 있다. 역사적으로 볼 때, 우리나라의 노동운동은 원래 일제시대에 일본의 제국주의에 대한 저항운동의 성격을 강하게 펴면서 시작되었다. 이것은 근로자들의 복지증진을 목적으로 시작된 선진국의 노동운동과는 매우 대조적이라 할 수 있다.

우리나라의 노사관계는 일제시대 이후 80년대 후반에 이르기까지 60여 년간 부분적인 시기를 제외하고는 거의 근로자의 경제적 이익이나 작업조건의 향상에 큰 기여를 하지 못한 것이 사실이었다. 이와 같이 쌓여있던 불만이 87년 이후 한꺼번에 터져 나와 노사간의 입장은 상당히 변화되었다. 기업은 고임금으로 국제경쟁력을 급격히 상실하고 있고, 기술수준이나 생산성은 담보 내지는 후퇴를 하고 있다. 추후 한국기업의 성패는 원만한 노사관계를 통한 기업의 경쟁력 확보에 달려 있다고 할 수 있다.

2. 단체교섭과 고충처리제도

노동조합의 기본적인 목적은 조합원의 임금, 근무시간, 작업조건 등의 향상을 추구하는 것이다. 이와 같은 목적을 달성하기 위한 가장 주된 수단이 단체교섭과정(collective bargaining process)으로, 경영자 측 및 노조 측의 대표자들이 협상을 통해 상호 합의할 수 있는 임금과 근무조건에 도달하고자 하는 것이다.

단체교섭(collective bargaining process)은 경영자 측 및 노조 측의 대표자들이 협상을 통해 상호 합의할 수 있는 임금과 근무조건에 도달하고자 하는 것이다.

따라서 단체교섭은 노사관계의 핵심적인 부분을 차지하고 있고, 단체교섭에서 협의되는 사항의 성격과 범위에 따라서 노사관계의 수준과 노사간의 협조관계가 결정된다. 단체교섭은 우리나라 헌법과 노동조합법에서 근로자의 단결권 및 단체행동권과 더불어 근로자의 기본권으로 보장되어 있다. 그러므로 경영층(사용자)은 단체교섭에 응할 의무가 있으며, 정당한 이유 없이 단체교섭을 거부 또는 해태하는 것은 부당한 노동행위로 간주된다.

단체교섭에서 협약된 사항은 노조와 경영층 양측이 준수해야 하는 것이 원칙이다. 그러나 협약사항을 수행하는데 있어서 협약내용의 해석으로부터 시작하여 실제 적용상에 문제가 발생하게 된다. 이와 같이 개별조합원으로부터 전체조합원에 이르기까지 조합원이 경영자측에서 협약사항을 준수하지 않는 것에 대한 불만을 공식적으로 제가하는 것을 고충(grievance)이라 한다. 조합원의 고충을 체계적으로 신속히 해결하는 과정을 고충처리(grievance procedures)라고 부른다.

노사간의 고충처리는 고충자가 정식문서를 작성하여 제기함으로써 공식적으로 제기된다. 문서에는 고충자의 성명과 고충의 발생시기 및 장소 그리고 고충내용과 고충자가 생각하는 처리방향을 기재하게 되어 있다. 그러므로 문서화 되지 않은 불만이나 불평은 공식적인 고충으로 인정할 수 없다.

3. 종업원 지주제도

종업원 지주제도(employee stock plan : ESOP)란 조직구성원이 자기 회사의 주식을 가격이나 세금 그리고 금융이나 사무상의 편의 등 유리한 조건 하에 자발적으로 취득하여 보유하는 제도이다.

회사의 이익과 종업원의 이익을 연결시키는 가장 직접적인 제도가 종업원 지주제도이다. 종업원 지주제도(employee stock plan : ESOP)란 조직구성원이 자기회사의 주식을 가격이나 세금 그리고 금융이나 사무상의 편의 등 유리한 조건하에 자발적으로 취득하여 보유하는 제도이다. 따라서 이 제도는 노사간의 관계를 대립적인 관계가 아닌 실질적으로 공동의 이익을 추구하는 관계로 바꾸어 준다. 이 제도는 1893년 미국의 Illinois Central Railroad 회사에서 처음으로 실시된 이래, 미국 10,000여 개 기업의 1,200여만 명이 자기 회사의 주식을 보유하고 있다.

우리나라에서도 근래의 자본민주화 물결과 더불어 이 제도가 급속히 증가하고 있으며, 특히 상장법인은 거의 모두가 이 제도를 실시하고 있다.

종업원 지주제도는 원래 도산위기에 있는 기업을 살리기 위한 목적으로 사용되기 시작하였으나, 동시에 조직구성원들이 주주가 됨으로써 경제적인 이득은 물론 회사에 대한 애사심과 충성심을 증진시키어 근로의욕을 높이고 생산성과 의욕을 높일 수 있다. 종업원 지주제도는 앞에서 설명한 제안제도와 분임조 활동 등 다른 참여제도와 동시에 사용할 경우 좋은 성과를 나타낸다.

종업원 지주제도는 조직구성원을 위한 제도보다는 회사 측에서 필요한 자금의 조달방법으로 잘못 활용되거나 또는 주식의 가격변동이 너무 심해서 구성원들의 불신감을 얻게 되는 등의 문제로 인하여 폐지되는 경우도 적지 않다.

5년 일하면 한 달 휴가주는 착한 회사, 어디야?

국내 최대 전자상거래 사이트 G마켓(www.gmarket.co.kr)과 옥션(www.auction.co.kr)을 운영하는 이베이코리아의 직원들은 입사 5년이 지나면 한 달간의 유급휴가를 받을 수 있다. 이베이코리아가 2005년부터 시행하고 있는 '생각하는 한 달'(Think Month) 안식휴가 제도는 이베이 글로벌 복지 프로그램 중 하나다. 대기업에서도 보기 드문 제도로 타업계의 벤치마킹 사례가 되고 있다.

회사성장에 기여할 동기를 부여하고 주인의식을 갖게 하기 위한 주식배분제도도 다양하다. 차장급 이상에게는 매년 재무성과에 따라 일정 수의 이베이 주식을 제공한다. 차장급 아래의 직원 및 신입사원에게는 급여와 인센티브에서 일정 비율을 공제해 6개월간 적립한 후 한 해에 두 번 이베이 주식을 실제 주가보다 15% 싸게 매입할 수 있는 기회도 준다.

이베이코리아는 '생각하는 한 달' 안식휴가 제도 등 다양한 복지혜택을 제공하고 있다. 다양한 포상 및 역량 향상 기회도 돋보인다. 국가별 이베이 지사에서 탁월한 역량과 성과를 보인 직원들을 연 2회 선발해 이베이 지사가 있는 국가에서 포상휴가를 즐기며 글로벌 네트워킹을 할 기회를 제공하는 '클럽 엑설런스'(CLUB EXCELLENCE) 포상제도가 대표적이다. 여성 리더 네트워크인 '퍼플베이'(Purple Bay)는 팀장 이상 여성 리더들이 조직내 역량강화를 위한 다양한 교육 및 멘토링 프로그램을 운영하도록 하는 제도다.

직원들이 직접 원하는 복리후생 항목을 선택할 수 있는 '선택적 복리후생 제도'는 자녀교육 · 주택자금 · 건강 · 재충전 · 미래보장 등 실질적인 혜택을 주기 위한 것이다. 각종 자기 개발 비용을 매 분기 1인당 35만원씩 지원해 주고 있다.

한편 이베이코리아는 외국계 기업으로서는 드물게 매년 40명의 대졸 신입사원을 공채로 뽑는다. 이베이코리아 박주만 대표는 "글로벌 IT기업 가운데 직원 복리후생 측면에서 선두에 있는 이베이의 글로벌 제도를 한국상황에 적합하게 도입해 운영하고 있다"고 말했다.

(조선비즈, 2012년 6월 19일)

조권순 (유한양행 사장)'인간존중' 창업이념 계승 유한양행 도약 주춧돌 역할 수행

조권순 사장은 우리나라 재계의 신화적인 존재라 할 수 있는 유일한 회장이 타계한 후 한진그룹에 의한 인수설이 고개를 드는 등 유한양행의 앞날을 걱정하는 목소리가 제기되었을 때 후임자로 발탁되어 '인간존중'의 창업이념을 이어받아 선도적인 경영을 펼치면서 기업의 사회적 책임을 다하고 안정된 노사관계를 확립해 신뢰받는 기업으로 이끈 전문경영인이다.

'가장 좋은 상품 생산, 성실한 납세, 기업이윤의 사회환원'으로 집약되는 '인간존중'의 경영을 실천하면서 국내 최초로 사원지주제를 채택하고 전문경영인 체제를 확립하는 등 '유한정신'을 올곧게 지키면서 기업을 한 단계 도약시킨 인물이 바로 조권순 사장이다.

국세청에서 세무사찰을 나왔다가 단돈 10원의 세금도 탈루한 사실이 없어 매우 놀랐다는 일화가 나온 것이 그의 재임시절이었다. 이에 따라 조권순 사장이 재임하는 동안 '노동청 선정 우수노무관리 기업체' 및 '모범납세 우량업체'라는 현판이 회사 사옥에서 내려진 날이 없었다.

"새로운 비전으로 유한양행을 키우고 발전시켜 달라"는 유일한 회장의 당부를 한시도 잊지 않고 회사를 한국기업의 모델 케이스로 키운 조권순 사장이었지만, 정작 그의 집무실은 좁은 공간에 놓인 테이블 2개가 전부였던 데다 그나마 하나는 유일한 회장이 사용했던것이었다는 일화 또한 널리 회자되고 있다.

하지만 조 사장은 사장 취임 첫해인 1969년 22억원에 불과했던 매출액이 7년 뒤인 1976년에는 120억원으로 6배나 뛰어올랐을 정도로 경영적인 측면에서도 뛰어난 역량을 발휘했다.

우리나라 기업으로는 최초로 1973년 종업원 지주제도를 도입했는가 하면 아직 기업의 IT 활용이 흔치 않았던 1976년에 IT 환경을 구축했고, 1979년 경기도 군포에 현대식 공장을 준공했다.

이듬해 유한화학공업(주)를 설립했으며, 1985년에는 국내 최초로 KGMP 적격업체 지정을 이끌어 냈다. 국내 상장기업 최초로 전체 직원들에게 스톡옵션을 준 것은 얼핏 귀를 의심케 한다.

일찍이 해외시장에 눈을 돌려 7개 외국업체들과 제휴하고 한국킴벌리클라크를 설립해 수출품 개발에 주력하는 등 글로벌화를 선도했으며, 대한약품공업협회 부회장과 한국의약품수출입협회 회장을 역임해 국내 제약업계가 도약하는데 주춧돌을 놓았다.

소유와 경영을 완벽하게 분리한 유한양행에서 1953년 평사원으로 출발해 최고경영자에까지 올라 "나도 열심히 일하면 사장이 될 수 있다"는 꿈을 심어준 공로는 아무리 강조해도 지나치지 않을 만큼 무엇보다 지대한 업적이라고 할 수 있다.

(약업신문, 2016년 6월 22일)

주요용어

경력개발 계획(career development plan : CDP)
경영자 개발프로그램
교육훈련
도제식 훈련방법
동기부여
매슬로우의 욕구단계모형
목표관리(management by objectives : MBO)
바구니 실험(in-bas-ket simulation)기법
보상(compensation)
복리후생(welfare benefits)
봉급(salary)
부가급부(fringe benefits)
상여금(incentive)
업적평가
인적자원계획
인적자원관리
임금(wage)
종업원 지주제도(employee stock plan : ESOP)
직무기술서
직무분석
직무순환(job rotation)
직무현장 외 훈련(off-the-job training : OFFJT)
직무현장훈련(on-the-job training : OJT)
카페테리아 프로그램(cafeteria benefit program)
코칭(coaching)
평가 센터(assessment center)
호손 연구(Hawthorne studies)

개념확인

1. 인적자원계획의 과정을 설명해 보자.
2. 인적자원의 모집과 선발의 단계를 설명해 보자.
3. 직무현장훈련(OJT)에 대해 설명해 보자.
4. 인적자원관리 기능 중 보상에 대해 설명해 보자.
5. 호손 연구와 동기부여에 대해 설명해 보자.
6. 매슬로우의 욕구단계모형에 대해 설명해 보자.
7. x이론과 y이론에 대해 설명해 보자.
8. 목표관리 프로그램의 단계에 대해 설명해 보자.
9. 단체교섭과 고충처리제도에 대해 설명해 보자.
10. 종업원지주제도에 대해 설명해 보자.

제 8 장

마케팅관리

제 1 절 마케팅의 개요

마케팅은 조직과 소비자를 연결시키는 역할을 하는 활동이다. 미국의 마케팅학회는 마케팅을 다음과 같이 정의하였다.

> "마케팅은 개인 및 조직의 목표를 달성하기 위한 목적의 교환을 창출하기 위하여 아이디어나 재화 및 서비스의 개발, 가격, 촉진, 유통결정을 계획하고 실행하는 총체적 과정을 의미한다."

마케팅은 효용창출활동이다. 효용이란 한 재화나 서비스의 욕구충족능력을 의미한다. 생산기능은 이른바 형태효용, 즉 유형적 제품의 욕구충족 능력을 만들어낸다. 그러나 이 외에 3가지 다른 형태의 효용이 존재한다. 즉 시간효용, 공간효용 그리고 소유효용이다. 마케팅은 이러한 효용들과 관련이 있다. 마케팅은 어떤 조직에 있어서든 가치창출기능을 수행한다. 시간효용은 소비자가 제품이나 서비스를 원할 때 구매 가능하게끔 함으로써 창출된다. 개방대학에서 주말강좌를 개설하는 것은 좋은 예이다. 장소효용은 소비자가 원할 때 그것이 구매 가능한 장소에 있게 함으로써 생겨난다. 공원에서의 심포니 연주는 좋은 예이다. 소유권의 정상적인 이전절차에 의해서 소유효용이 생겨난다. 수신자부담 전화주문 시스템이 이것의 좋은 예다.

효용(utility)은 인간의 욕망을 충족시키는 힘이다. 인간의 욕망은 경제활동의 기초가 되고 있으므로 이 효용을 얻는 것이 경제활동을 뒷받침하는 일이 된다.

즉 효용을 낳고 또는 증대하는 것이 바로 생산이며, 한편 소비는 욕망을 충족시키기 위해서 효용을 가진 재화를 사용하는 일이다.

제 2 절 마케팅의 기능

마케팅에는 8가지의 전통적 기능, 즉 구매, 수송, 보관, 검색 및 분류, 자금조달, 위험부담 및 시장조사기능이 포함된다.

마케팅은 단순한 판매 이상의 활동이다. 마케팅은 조직의 많은 부서에 관계하면서 소비자를 다루는 매우 복잡한 활동이다. 마케팅에는 8가지의 전통적 기능, 즉 구매, 수송, 보관, 검색 및 분류, 자금조달, 위험부담 및 시장조사기능이 포함된다. 이 중 어떤 기능은 제조업자에 의해, 또는 도매업자 및 소매업자들에 의해 수행된다. 이러한 모든 기능들이 합해져서 마케팅이 창출하는 효용의 증가를 가져온다. 구체적으로 이러한 모든 활동에 마케팅이 어떻게 관여하는지를 알아보자.

첫째, 구매기능이다. 구매는 마케팅에 있어서 몇 가지 차원에서 중요성을 띈다. 마케터들은 소비자들이 어떻게 그리고 왜 특정 제품과 서비스를 구매하는지를 연구하여야 한다. 소비자 또는 구매자행동에 대한 연구는 기업의 전사적 성공에 매우 중요하다. 예를 들어, 산업재 마케터들은 제품을 완성시키기 위해서 부품과 원재료를 반드시 구매하여야 하며, 소매상들은 다음 해 잘 팔릴 수 있는 디자인과 스타일을 선택하여야 한다. 마케터들은 자신들의 구매결정을 내리기 위해서 소비자들이 사려고 하는 것이 무엇인지를 알아야만 한다.

둘째, 판매기능이다. 모든 조직은 성공하기 위해서 반드시 누군가에게 자신들의 제품 또는 서비스를 팔아야 한다. 판매는 일반적으로 조직의 촉진전략을 통해 이루어진다. 광고, 인적 판매 및 판촉이 일반적으로 사용되는 판매수단들이다.

셋째, 수송기능은 전체 물적 유통기능의 한 부분이다. 수송은 판매자로부터 구매자로의 제품의 물리적 이동을 의미한다. 수송은 많은 비용이 소요되므로 현대의 마케팅에는 매우 중요하다. 제조업자, 도매상 및 소매상은 모두 제품의 수송에 관련을 맺고 있다.

넷째, 보관기능이다. 보관은 물적 유통의 또 다른 기능이다. 장시간동안 제품을 보관하기 위해 세워진 창고들도 있다(예를 들어 과일 냉동저장창고 등이다). 일반적으로 창고들은 제조업체로부터 제품을 공급

받아 신속하게 소매상들에게 재분배하는 역할을 수행한다.

다섯째, 표준화와 등급기능이다. 표준화와 등급기능은 제품에 대한 설명을 표준화하는 역할을 수행한다. 타이어 산업과 같은 많은 산업들은 자신들의 제품에 대한 등급기준을 설정하고 있으며 정부 또한 다양한 농산물의 등급을 필수적으로 요구하고 있다.

여섯째, 재무기능이다. 마케터들은 또한 재무기능을 수행한다. 상인형 도매상이 생산자로부터 제품을 구매할 때, 제조업자는 제품을 추가적으로 생산하는데 필요한 자금지원을 받는다. 소매상들은 신용판매를 통해 소비자들의 구매에 필요한 자금지원을 함으로써 총매출액을 증가시킨다.

일곱째, 위험부담기능이다. 마케터들은 많은 경우 창업자처럼 위험을 부담한다. 도매상과 소매상은 소비자들이 무엇을 구매할 것인가를 예측하여 재고를 쌓아둔다. 이와 같은 행동은 제조업자의 위험을 덜어주고 마케팅 중간상들에게 그것을 전가시킨다. 제조업자들도 소비자들이 주문을 하기 전에 제품에 대한 생산을 예정함으로써 위험을 부담한다.

여덟째, 시장정보기능이다. 마케팅 조사는 주된 마케팅 활동 중의 하나이다. 마케터들은 끊임없이 무엇이 팔리고 누가 사려고 하는지에 대한 정보를 수집한다. 그들은 또한 구매자들의 행동 및 구매방법을 알고 싶어 한다.

제 3 절 마케팅 전략

기업은 소비자에게 효과적으로 다가가기 위한 마케팅 전략을 개발할 필요가 있다. 마케팅 전략의 개발은 2단계로 이루어지며, 첫째 단계는 대상시장을 분석하여 궁극적으로 조직의 목표시장을 선정하는 것이고, 둘째 단계는 선정된 목표시장을 만족시키기 위한 마케팅믹스를 개발하는 것이다.

마케팅 전략의 개발은 2단계로 이루어지며, 첫째 단계는 목표시장을 선정하는 것이고, 마케팅믹스를 개발하는 것이다.

1. 목표시장의 선정

목표시장은 기업이 자신의 마케팅 노력을 집중하기로 결정한 소비자집단을 의미한다. 목표시장의 몇 가지 예를 살펴보자. 첫째, 미국의 델타 에어라인 항공사는 기내식으로 저칼로리 음식에 전문화하고 있는데 건강을 매우 의식하는 소비자를 목표시장으로 하고 있다. 또한 스웨덴의 고급차인 사브(Saab) 자동차회사는 연간 소득수준이 10만 달러 이상의 30~40세의 전문직업 및 관리자계층을 목표대상으로 하고 있다. 에스터 라우더 화장품회사는 슈퍼마켓이나 할인매장보다는 백화점에서 화장품을 구매하는 여유 있는 부인들을 대상으로 하고 있다.

기업 중에는 한 제품에 대해 복수의 목표시장을 가지는 경우도 있다. 예를 들어 사립대학교는 학교발전기금 모금을 위해 개인 고소득자, 기금 그리고 지역내 기업 등 복수의 대상집단들을 목표시장으로 선정할 수 있다.

2. 마케팅믹스(Marketing mix)의 개발

마케팅믹스는 기업의 제품전략, 가격전략, 유통 및 촉진전략의 결합을 의미한다.

마케팅 전략개발의 두 번째 단계는 목표시장 고객들을 대상으로 한 마케팅믹스의 개발이다. 마케팅믹스는 기업의 제품전략, 가격전략, 유통 및 촉진전략의 결합을 의미한다. [그림 8-1]은 이 모든 전략

[그림 8-1] 마케팅 믹스

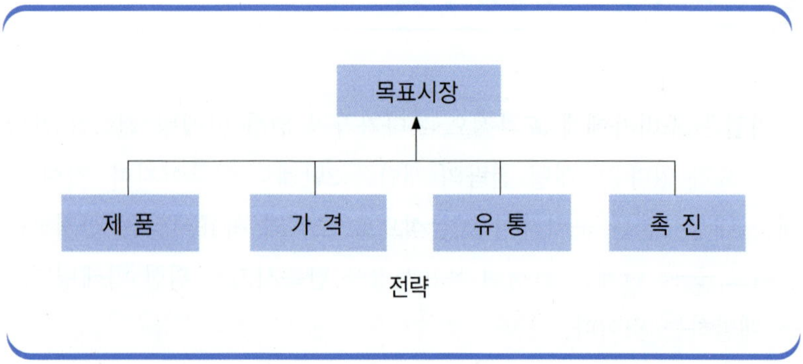

들이 목표시장의 소비자에게 집중되어 있다는 것을 보여주고 있다. 제품전략은 제품의 포장, 디자인, 상표, 보증, 제품수명주기 및 신제품개발 등 제품에 관한 모든 의사결정을 의미한다. 가격전략은 마케팅 의사결정의 가장 어려운 부분 중의 하나이며, 이익을 남길 수 있는 적정한 가격을 책정하는 방법을 주로 다룬다. 물론 이 과정에서 정부의 가격에 대한 규제와 일반 여론을 고려해야 한다. 유통전략은 제품의 물적유통 및 유통경로의 선택, 즉 제품의 유통에 관계되는 도매상 또는 소매상의 선택을 다룬다. 촉진전략에는 인적판매, 광고 및 판촉수단이 포함되며, 이들 수단들은 기업과 소비자간의 효과적인 의사소통을 위해 조심스럽게 결합되어야 한다. 마케팅믹스는 조직으로 하여금 소비자의 욕구를 자신들이 제공하는 제품과 조화를 이루게 하는 것이다. 이 장의 나머지 부분은 마케터들이 어떻게 소비자의 욕구를 평가하여 시장을 세분화하는지에 대해 논의할 것이다.

제 4 절 소비자행동

소비자행동에 관한 연구는 마케터들로 하여금 시장의 중요 부분들을 찾아내어 적절한 마케팅 전략을 개발할 수 있게 해준다.

예를 들어 피자 헛의 점심때 판매액은 타 음식점의 35%에 비해 전체 매출의 15.18%에 불과하다. 피자 헛의 고객에 대한 연구에 의해 점심때와 저녁때 고객이 다르다는 것, 즉 점심때의 고객은 한 명 또는 두 명일 경우가 많으나 저녁때는 가족이나 또는 보다 큰 집단이 주로 찾아온다는 것을 알게 되었다. 피자 헛은 개인별 팬피자를 개발하여 이것을 소개하는데 1억 3천만 달러를 투자하였다. 그 결과 개발된 6인치의 피자는 바쁜 점심식사 손님을 위해 5분 내에 준비되는 1인용 팬피자이다. 각각의 피자 헛 음식점은 토핑이 하나인 피자와 5개의 토핑이 들어가 있는 최고급 피자를 선택할 수 있게 하였으며 소비자행동에 관한 연구에 의해 소비자들이 선호하는 토핑의 종류를 결정할

소비자행동에 관한 대표적 모형으로는 하워드-쉐스 소비자행동 모형(Howard and Sheth model), 엔겔-콜렛-블랙웰 소비자행동 모형(Engel, Kollat, Blackwell model) 및 니코시아 소비자행동 모형(Nicosia model) 등이 있다.

수 있었다. 이와 같은 소비자행동에 관한 연구가 피자 헛이 새로운 피자들을 개발하여 고객에게 소개하는 데 중요한 역할을 하였다.

1. 소비자행동의 개념

소비자행동은 "경제적 재화와 서비스를 획득하여 사용 그리고 소비하는데 직·간접적으로 관련된 개인의 행동 및 이러한 행동을 결정짓는 의사결정과정"을 의미한다. 여기에서 말하는 개인의 행동에는 일반소비자 및 산업체구매자 모두를 포함한다.

2. 소비자 구매행동에 대한 영향요인

개인적 요인 및 대인간 요인들이 소비자행동에 영향을 미친다.

소비자행동에 영향을 미치는 개인적 변수는 소비자 개인의 욕구, 인식, 태도, 경험 및 자신의 라이프 스타일이다. 대인간 영향변수로서는 문화적, 사회적 영향 및 가족의 영향을 들 수 있다.

산업체구매자 또한 다양한 조직의 영향을 받는다. 많은 사람들이 산업체구매에 중요한 역할을 차지한다. 예를 들어 디자인 엔지니어는 잠재적인 공급업자들이 반드시 충족시켜야 하는 제품명세를 결정하는데 결정적 역할을 한다. 또한 구매관리자는 몇 개의 선정된 기업을 구매입찰에 참가하도록 권유한다. 생산관리자는 제출된 입찰제안서의 실제 운영측면을 평가할 책임이 있다. 그리고 마지막으로 생산부서의 책임자가 최종구매를 결정짓는다.

입찰은 상품의 매입 및 매각 또는 공사도급의 경우, 다수의 상대로부터 그 매매가격 또는 도급금액을 경합신청하게 한 다음, 매입 및 도급의 경우에는 최저가를, 매각의 경우에는 최고가를 신청한 자와 매매 또는 도급계약을 하는 거래 방법이다.

3. 소비자 의사결정

소비자 의사결정은 [그림 8-2]에 나타난 체계적 과정을 거친다. 그 과정을 살펴보면 첫째, 소비자가 소비자행동의 어떤 문제나 기회를 인식하게 된다. 예를 들어, 우유가 떨어진 소비자나 또는 복권에 당첨된 소비자의 경우이다.

[그림 8-2] 소비자의 의사결정단계

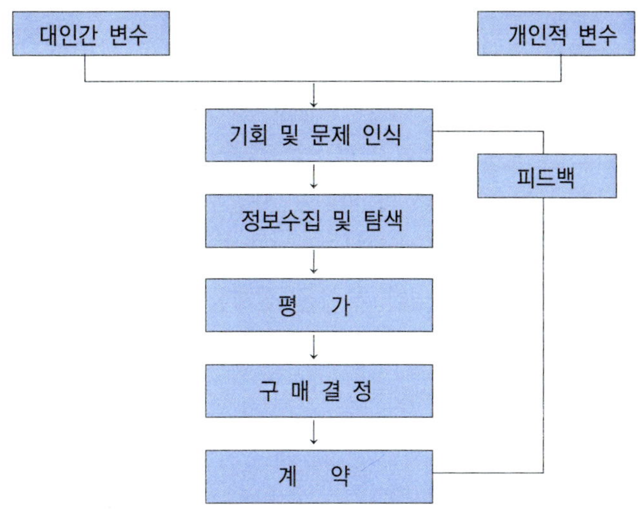

두 번째 단계는 정보수집단계이다. 이 단계에서 소비자는 대상제품에 대한 정보수집에 나선다. 각 대안, 예를 들어 다양한 상품들에 대한 검색, 평가를 하게 된다. 소비자는 자기가 인식한 문제 및 기회에 대한 최선의 반응을 하려고 한다.

마지막 단계는 의사결정이 이루어져서 계약이 완료되는 단계이다. 또한 구매 이후 소비자들은 제품에 대한 구매경험을 평가하는 과정이 따르게 되며 이와 같은 소비자 의사결정단계의 여러 과정에 소비자행동의 개인적 변수 및 대인간 변수들이 영향을 미친다.

제 5 절 제품전략

제품전략은 소비자를 만족시키기 위한 제품의 유형적 측면 및 서비스 그리고 상징적 요소의 개발이 주된 목적이며 단순히 제품이나 서비스의 기능적 또는 형태적 특성을 뛰어넘는 것이다.

1. 신제품 개발

> 남들보다 빨리 새로운 제품을 구입하려는 '신제품 마니아'를 가리켜 얼리 어답터(Early Adopter)라 부른다.
> 에베렛 로저스가 1995년 펴낸 ≪기술의 보급≫(*Diffusion of innovation*)이란 책에서 처음 언급했다.
> 이들은 일단 마음에 드는 성능과 디자인을 가진 제품이 나오면 일단 사서 써봐야만 직성이 풀린다.

새로운 제품 또는 서비스의 개발은 조직의 생명줄이다. 제품은 영원히 경제적으로 효과적인 상태로 남아있지 못하며 기업의 생존을 보장하기 위해서는 새로운 제품들이 개발되어야 한다. 오늘날 대부분의 신제품들은 구체적인 고객의 욕구를 충족시키는 것을 목표로 하고 있다. 예를 들어 가전회사의 비디오 사업부서는 자신들의 제품개발 엔지니어를 밖으로 보내 대리점 및 고객과 대화를 하여 그들의 욕구를 찾아내게끔 한다. 분명한 사실은 신제품이 마케팅 관리자에게 매우 중요하다는 것이다. 대부분의 경영자들은 신제품이 매출액 및 이익증가의 상당부분에 기여한다는 사실을 잘 알고 있다.

1) 신제품 아이디어 소멸곡선

신제품 아이디어 소멸곡선의 개념은 [그림 8-3]에 나타나 있다.

> 신제품개발 과정은 6개의 단계, 즉 ① 신제품 아이디어 창출, ② 아이디어의 평가, ③ 사업성 분석, ④ 제품개발, ⑤ 테스트 마케팅, ⑥ 상업화 단계로 이루어진다.

[그림 8-3] 신제품 아이디어 소멸과정

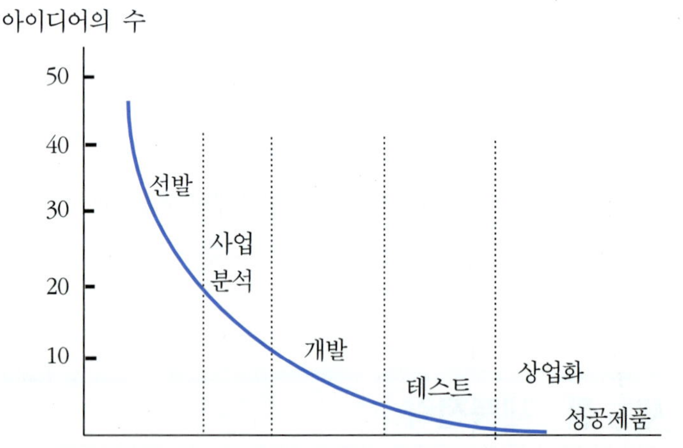

(주간한국)

얼리 어답터(Early Adopter) 족

얼리 어답터는 주로 한 가지 제품만을 수집하는 일반적인 마니아들과 달리 다양한 제품을 두루 섭렵하는데 관심이 많다. 또 첨단기술을 수용하려는 자세가 적극적이며 지적 호기심이 왕성하다는 특징을 보인다. 얼리 어답터 김진철(29)씨는 "무조건 신제품을 구입한다는 것보다 새로운 기술을 얼마나 빨리 받아들이는가가 얼리 어답터의 척도"라고 말했다.

인터넷 게시판 등을 통해 수많은 네티즌의 공감대를 이끌어내며 사이버 공간의 '오피니언 리어'로 떠오르고 있다. 성능은 물론 재질까지 철저하게 짚어내는 이들의 영향력은 관련 제조회사들에게는 두려움의 대상이 되기도 한다. 최근 들어 직접 물건을 보내고 평가를 부탁하는 제조업체도 상당수에 달한다.

다음의 10개 항목 중 5개 이상이면 당신도 얼리어답터족이라 할 수 있다.

1. 꼭 구입하고 싶은 물건이 나타났을 때 그 목표물을 거의 놓쳐 본 적이 없다.
2. 내일 제품을 받기로 되어있는데 오늘밤이 너무 길다. 결국 밤새웠다.
3. 박스는 처분하지 않고 잘 모아두는 편이다. 구입할 때 박스의 품질도 중요하다.
4. 매뉴얼은 거의 읽지 않는다. 매뉴얼이 반드시 필요할 정도로 어렵다면 좋은 제품이 아니다.
5. 남들이 다 사는 것을 따라서 사는 편이 아니다.
6. 주위에서 무엇을 구입하려고 할 때 물어보는 대상 1호다.
7. 물건에 대한 애착이 큰 만큼 실망도 큰 경험이 있다. 하지만 그 횟수는 적다.
8. 다방면에 관심이 많다. 한 부분에 대한 마니아보다는 여러 분야의 전문가이다.
9. 내가 산 물건을 주변 사람들에게 자랑을 하는 편이다. 그래서 친구들이 내 옆에 있으면 돈 많이 쓰게 된다고 한다.
10. 잘못 만든 제품을 보면 너무 안타까워 어떻게라도 말해주고 싶을 때가 있다.

이 그림을 보면 처음에는 하나의 신제품을 탄생시키기 위해서 50개의 아이디어에서 출발한다. 현재 신제품 개발과정은 과거보다 훨씬 효율적이고 비용절감 효과가 크다. 실패한 제품을 개발하는데 드는 비용이 훨씬 줄어들었다. 상업적으로 성공한 제품이 현재는 전체 신제품 개발비용의 54%를 차지한다.

2) 신제품개발과정

신제품개발에 대한 시스템적 접근방법이 마케팅에서 요구되고 있다. 신제품개발 과정은 6개의 단계, 즉 ① 신제품 아이디어 창출, ② 아이디어의 평가, ③ 사업성 분석, ④ 제품개발, ⑤ 테스트 마케팅, ⑥ 상업화 단계이다. 각 단계는 경영자의 "계속 촉진 또는 중단"의 의사결정을 필요로 한다.

첫째, 신제품 아이디어 과정이다. 이 단계는 신제품개발 과정의 출발점으로 새로운 제품을 위한 아이디어의 창출단계이다. 가장 성공적인 아이디어는 고객의 욕구를 직접적으로 충족시킬 수 있는 아이디어들이다.

둘째, 아이디어의 평가단계이다. 이 단계는 전체적인 기업의 목적에 맞지 않거나 또는 기업의 가용자원으로서는 개발할 수 없는 아이디어들이 제거되는 단계이다.

셋째, 사업성 분석단계이다. 이 단계에서는 아이디어에 대해 추가적인 분석을 하는 단계로서 아이디어가 기업의 기존의 제품, 유통 및 촉진전략에 적합한 것인가를 평가하는 단계이다. 가끔 이 단계에서 컨셉트(concept) 테스팅이 이루어지기도 하는데 컨셉트 테스팅이란 신제품 아이디어에 대한 초기 소비자반응을 이끌어내기 위한 조사를 의미한다.

넷째, 제품개발단계이다. 이 단계는 실제 제품이 창조되는 단계이다. 제품이 개발되면 일련의 테스트 및 수정과정을 거치게 된다. 제품의 실제기능과 제품에 대한 소비자의 인식이 이 단계에서 검토되어진다.

다섯째, 테스트 마케팅 단계이다. 이 단계에서는 한정된 지역에서 제품이 실제 판매되는 단계이다. 기업은 제품과 제품의 마케팅 전략을 테스트하며 이러한 테스트 지역으로 시지역이나 텔레비젼이 시청되는 지역이 선정된다.

여섯째, 상업화 단계이다. 이 단계는 일반 시장에 제품을 구매할 수 있게 하는 단계이다. 이 단계를 제품의 시장진입(product launch) 단계라고 하는 사람도 있다. 사전에 많은 계획이 이루어져 광고, 촉진, 유통, 가격전략 등이 모두 신제품의 성공적인 시장진입을 위하여 조정되어져야 한다.

2. 제품수명주기(Product life cycle)

사람과 마찬가지로 성공적인 제품과 서비스는 처음 태어났을 때부터 죽을 때까지 일련의 단계를 거치게 되며 이러한 발전과정을 제품수명주기라 한다. 인간은 유아기를 지나 아동기를 거쳐 마침내 성인이 되고 점차 은퇴기에 가까워지다 마침내 죽음에 이르게 된다. 이와 마찬가지로 성공적인 제품이 거치게 되는 관계는 4단계로 도입기, 성장기, 성숙기, 쇠퇴기이다. 이 단계들은 [그림 8-4]에 나타나 있으며 각 단계에서의 대표적인 제품들이 표시되어 있다. 또한 각 단계의 해당 산업의 매출액과 이익이 나타나 있다. 수평축이 시간대를 나타내더라도 제품수명주기의 전체 길이 및 각 단계의 길이는 제품에 따라 변한다. 예를 들어 스와치 시계와 같은 새로운 유행제품은 총수명이 2년 내지 3년이며 도입기는 90일에 불과하다. 그러나 자동차는 지난 30년 동안 계속 성숙단계에 머물고 있다.

제품수명주기는 제품의 각 단계에 따른 발전과정을 예견함으로써 마케팅 계획을 수립하는데 중요한 통찰력을 제공해준다. 즉 제품이익이 각 단계에 따라 예견 가능한 패턴을 보일 것이라는 것과 제품촉진의 주안점이 초기단계의 제품정보 제공에서 후기단계의 경쟁 브랜드와의 차별화로 옮겨져야 한다는 사실을 알고 있으면 보다 효과적인 제품계획을 수립할 수 있다. 마케팅 계획이 각 단계에 따라 수정되어야 하므로 수명주기의 전체 네 단계의 특성을 이해하는 것이 성공적인 전략의 수립에 매우 중요하다.

성공적인 제품과 서비스는 처음 태어났을 때부터 죽을 때까지 일련의 단계를 거치게 되며 이러한 발전과정을 제품수명주기라 한다.

성공적인 제품이 거치게 되는 단계는 4단계로 도입기, 성장기, 성숙기, 쇠퇴기이다.

제품수명주기는 제품의 각 단계에 따른 발전과정을 예견함으로써 마케팅계획을 수립하는데 중요한 통찰력을 제공해준다.

브랜드(brand)는 특정한 제품 및 서비스를 식별하는데 사용되는 명칭·기호·디자인 등의 총칭이다. 말로써 표현할 수 있는 것을 브랜드명, 말로써 표현할 수 없는 기호 디자인, 레터링 등을 브랜드 마크라고 한다.

또한 브랜드명, 브랜드 마크 가운데에서 그 배타적 사용이 법적으로 보증 되어 있는 것은 상표(트레이드 마크)라고 한다.

[그림 8-4] 제품수명주기의 단계

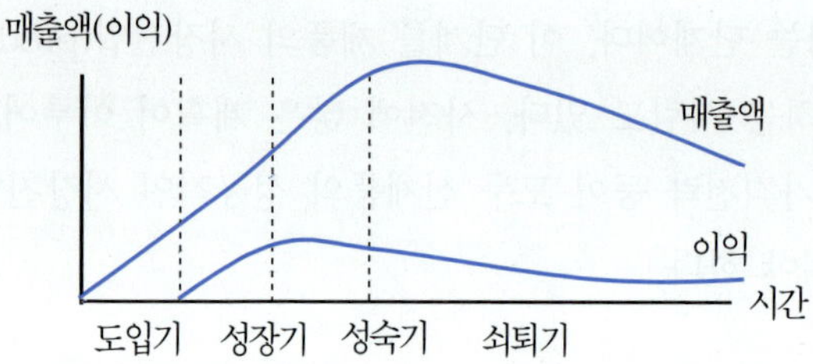

첫째, 도입기단계는 제품수명주기의 초기단계로서 기업은 새로운 제품에 대한 수요를 진작시키려고 노력한다. 소비자나 유통업자 모두 제품에 대해 알고 있지 못하므로 마케팅 관리자는 반드시 시장에 제품의 특성 및 구매 가능하다는 사실을 알려주기 위한 촉진 프로그램을 사용하여야 한다.

> 상업에서 상품, 공업에서 제품이나 반제품, 서비스업에서 용역제공에 따른 매출수익은 그 판매 또는 제공에 의해 실현된다. 이것을 매출액(sales)이라 한다.
>
> 그러나 판매된 것이라도 인도된 상품이나 제품의 일부가 파손되거나 수량 부족으로 인해 감액하게 되거나 또는 품목이 달라서 반품되기도 한다. 이러한 에누리, 환입액을 매출액으로부터 공제한 것이 순매출액(net sales)이다.

초기의 시장소개를 위한 촉진 프로그램들은 많은 비용이 들며 도입기단계에 적자의 주요 원인이 된다. 그러나 이러한 비용은 차후의 이익을 위해서는 필요한 투자이다.

둘째, 성장기에서는 매출액이 급격히 증가하며 새로운 고객들의 수요가 초기 고객들의 재구매 수요에 덧붙여진다. 사람간의 구전효과와 계속적인 광고가 사람들로 하여금 시험구매를 유도한다. 기업은 또한 신제품에 대한 이익을 내기 시작한다. 그러나 이것은 또한 경쟁사를 고무하여 비슷한 제품 및 서비스로 시장에 진입하게 하는 효과를 가진다. 가격경쟁이 나타나며 전체 산업의 이익수준은 성장기의 후반부에 최고점에 달한다.

셋째, 성숙기에서 처음에는 산업매출액이 증가하나 궁극적으로는 포화수준에 이르러 더 이상의 팽창이 어려워진다. 또한 경쟁은 치열해지며 제품의 취급점이 대폭 늘어난다. 기업은 종종 가격인하를 하여 경쟁사의 고객을 포획하는데 집중한다. 매출액은 성숙기 후반에는 점점 줄어들기 시작하며 약한 경쟁업체는 시장에서 철수한다.

쌍둥이도 알아보는 초인종에서 배우는 스마트제품 전략은

미국의 '추이'라는 벤처기업은 스마트폰 연동을 통해 방문자를 실시간으로 확인하거나 대화를 나누는 초인종을 개발했다. 이 제품은 고도의 안면인식 기술을 갖추고 있어 일란성 쌍둥이 또는 사진, 비디오로 가짜 인증을 시도할 때 구별이 가능하며 얼굴의 변화도 학습할 수 있다.

경쟁사는 스마트폰으로 문 앞 비디오 확인 및 잠금 기능만 지원하는 반면 추이는 개인별 자동 잠금, 방문 기록 저장 및 블랙리스트 관리 등으로 초인종 사용의 편리성 및 보안성을 강화했다. 이 제품은 IT전문지 'CIO'로부터 2014년 사물인터넷(IoT) 분야 톱 10 기업 중 한 곳으로 선정됐다.

중국의 워콩이라는 기업은 스마트폰으로 모든 에어컨을 원격제어해주는 컨트롤러를 개발했다. 이 제품은 에어컨 바람의 속도, 설정 온도 등을 스마트폰으로 원격 제어하며 에어컨 전력량 등 실시간 데이터 모니터링을 할 수 있다. 기상예보나 수면시간에 맞춰 자동으로 온도를 조절할 수도 있다.

사물인터넷 기술을 접목한 스마트 제품시장은 날로 커지고 있다. 국내보다 관련시장이 활성화된 해외에서는 다양한 대중적 스마트 제품들이 등장해 소비자들의 주목을 끌고 있다.

한국무역협회 국제무역연구원은 5일 '해외 IoT 접목 스마트 제품의 성공전략'보고서에서 해외 IoT기술 접목 스마트 제품 성공사례 분석을 통해 우리 중소기업의 스마트 제품 시장 확대 전략 5가지를 제시했다.

추이의 초인종에서는 "다른 기술과 인프라 결합으로 스마트에 스마트를 더하라"는 교훈을 얻을 수 있다. 이는 IoT기술 외 시너지가 창출될 수 있는 다른 기술 및 인프라를 결합해 제품의 스마트화를 부가하는 것이다. 워콩의 컨트롤러는 "호환성 강화로 기존 제품의 스마트화를 유도하라"는 전략을 배울 수 있다. 기존 제품에 부착 · 연계하는 방식을 통해 IoT기능을 구현하는 전략으로 소비자가 손쉽게 스마트 제품에 접근할 수 있도록 유도하는 것이다.

배터리가 방전되기 전 스마트폰으로 알려주는 친환경 전기 스쿠터인 대만의 '고고로'

세 번째 전략은 "고객에게 필요한 사물을 연결하라"이다. 목표하는 고객의 필요(Needs)를 파악하고 지속적인 사용을 유도할 수 있는 핵심적인 욕구 충족은 스마트 제품이라고 해서 예외가 아니다. 리프트랩은 파킨슨병 환자들이 심한 손 떨림 증상으로 식사에 어려움을 겪고 있다는 점에 주목해 이를 도와줄 스마트 숟가락 제품(리프트웨어)을 고안해냈다. 리프트웨어는 센서를 통해 진동을 감지하고 상반된 진동을 발생시켜 평균 70% 수준으로 손 떨림 증상을 완화해준다. 파킨슨병 환자들의 불편 해소에 기여한 부분이 높게 평가되어 2014년 구글에 인수됐다.

네 번째 전략은 "나만을 위한 서비스를 제공하라"이다. 상시 수집된 개인 데이터를 바탕으로 고객 맞춤형 서비스를 제공하는 전략이다. 아리스트카페머신은 바리스타의 수천 가지 커피제조법이 있는 클라우드 플랫폼을 기반으로 개인화된 서비스를 제공하고 있다. 개인전담 바리스타처럼 아침마다 알림메시지로 사용자 취향에 맞는 커피를 추천하고 자동으로 제조해준다. 선호하는 커피를 일관된 품질로 즐길 수 있는 제품으로 크라우드펀딩에서 목표 금액 600% 초과액을 달성했다.

보고서는 마지막으로 "고객에게 경제적 보상을 제공하라"라고 제안한다. 공급자와 소비자 양쪽의 수요가 충족되는 접점에서 IoT기술을 접목하고 소비자에게는 경제적 보상을 제공하는 방식이다. 미국의 인라이티드 기업은 무료로 스마트 조명 센서 제품 설치 및 업그레이드를 지원하고 절약된 에너지에 따라 과금하는 서비스(Pay-as-you-save)를 제공하고 있다. AT&T, 구글 등 주요 기업들이 고객사로 참여하고 있으며 평균 65-80%의 에너지 절감효과를 거두고 있는 것으로 나타났다.

국제무역연구원의 관계자는 "스마트 제품은 데이터 대상의 구체화, 호환성 강화 및 질적 가치 제고 측면을 고려한 데이터 중심의 접근법이 중요하다"고 강조하며 "최근 스마트 제품을 통한 고객데이터 유출로 소비자의 불안감이 심화되고 있어 추후 보안에 대한 신뢰성 확보가 제품 경쟁력의 중요 요소로 부각될 것"이라고 전망했다.

(아시아경제, 2016년 4월 5일)

넷째, 쇠퇴기에서는 매출액이 계속적으로 감소한다. 이익 또한 감소하며 줄어든 시장규모에 가격경쟁이 계속됨에 따라 적자가 나타나기 시작한다. 쇠퇴기는 일반적으로 소비자 기호의 변화 또는 제품혁신에 의해서 촉발된다. 구제품의 쇠퇴기는 또한 신제품의 성장기와 일치한다.

이러한 제품의 수명주기를 상당 폭 확장시키는 것이 가능한 경우가 가끔 있다. 이 경우 유용한 전략을 살펴보면 다음과 같다.

첫째, 이용빈도를 늘리는 전략이다. 예를 들어 소비자들에게 추가적인 화재경보기가 필요하다는 것을 설득하면 가구별 구매가 늘어날 것이다.

둘째, 새로운 고객을 추가하는 전략이다. 해외시장에 그 제품을 소개함으로써 이러한 목적을 달성할 수 있다.

셋째, 제품의 새로운 용도를 찾는 것이다. 베이킹 소다(baking soda)가 좋은 예다. 원래는 빵 만드는데 사용된 소다가 냉장고 탈취제, 화재 소화제, 1차 구급약, 청소용, 그리고 수영장의 소독제 등으로 용도가 추가적으로 늘고 있다.

넷째, 포장규모, 라벨, 제품품질을 변경시키는 것이다. 예를 들어 미니 콤포넌트 전축을 제공함으로써 한 가정에서 2개 이상의 모델을 구매하게끔 하는 것이다. 마케팅 관리자의 목적은 그 제품이 수익성이 있는 한 제품수명주기를 늘리는 것이며 어떤 제품은 초기의 개발비용이 이미 회수되었기 때문에 수명주기의 후반기 단계에서 이익수준이 높을 수도 있다.

3. 제품수명주기와 마케팅 전략

제품수명주기 개념은 각 단계의 서로 다른 시장특성에 따라 마케팅 전략을 적응해 나갈 수 있는 유연성을 제공함으로써 마케팅 전략을 개발하는데 유용한 수단이 될 수 있다.

예를 들어 성장기 동안에 새로운 경쟁자가 나타남에 따라 광고의 주안점이 설득광고로 바뀌질 것이라는 것을 앎으로써 마케팅 관리자는 경쟁자의 행동을 예견할 수 있고 여기에 적절한 대응전략을 수립할 수 있게 된다. 대응전략은 가격인하 등의 가격전략의 형태를 띠든지 또는 취급점포를 대폭 늘림으로써 후지필름에 효과적으로 대응한 코닥사의 경우처럼 유통전략의 변경으로 나타나든지, 혼다자동차의 경우처럼 미국의 유럽 중형 고급차에 대항하기 위해 레젼드라는 새로운 고급차를 시장에 내놓는 등의 제품전략, 또는 AT & T사의 경우

> 설득광고는 상품이나 서비스에 대한 욕구를 환기시킴으로써 그에 대한 구매행동을 촉발시키는 광고이다.
> 이에 반해 인상광고는 단순하게 회사명 · 상품명만을 표시한 간판을 들 수 있으나, 기업 · 상품의 장점 등을 간단한 슬로건으로 요약함과 동시에 기억의 재생을 겨냥하는 포스터에서 상품이나 기업 이미지의 창조를 목적으로 만들어지는 CF에 이르기까지 매우 다양하다.

처럼 장기전화시장의 경쟁자인 스프린터와 MCI사에 대응하여 정보제공이 주인 제품광고에서 설득광고로 바뀌어졌다는 등의 촉진전략의 변경으로 나타난다. 각 단계에서의 마케팅 전략의 특성을 비교한 것이 〈표 8-1〉에 나와 있다.

기업정체성(corporate identity; CI)은 기업이미지를 의미한다. 기업은 비용을 들여 기업이미지를 관리하며, 기업이미지는 기업가치에 상당한 영향을 미친다.

〈표 8-1〉 제품수명주기의 각 단계별 전략특성

특성	도입기	성장기	성숙기	쇠퇴기
마케팅 목표	신제품에 대한 혁신 수용자와 여론 선도자 유인	유통 및 제품라인의 확장	차별적 우위의 유지	·축소 ·부활 ·종결
산업 매출액	증가	급속 증가	안정	축소
경쟁	없다	약간 있다	많다	거의 없다
산업 이익	적자	이익 증가	감소	감소
이익 마진	낮다	높다	감소	감소
고객	혁신 수용자	부유한 대량 시장	대량 시장	후발자
제품 전략	단일 기본모델	제품라인 증가	완전제품라인	인기모델
유통 전략	제품에 의해 결정	취급점 확대	취급점 확대	취급점 감소
가격 전략	제품에 의해 결정	가격라인 확대	완전가격라인	선택가격
촉진	정보 제공	설득	경쟁적	회상적

4. 제품의 정체성

제품의 정체성은 마케팅의 또 하나의 중요한 측면이다. 제품은 브랜드, 상표명, 상호명에 의해서 확인된다. 브랜드란 한 기업의 제품을 식별하여 다른 경쟁회사의 제품과 차별화시키기 위해 사용되는 이름, 용어, 사인, 상징 또는 디자인을 가리킨다. 상표명은 상표의 한 부분으로 그 기업의 제품 및 서비스를 경쟁자의 그것과 구별하기 위해서 사용되는 단어 또는 문자를 의미한다. 상호명은 법적인 보호를 상표 소유자가 받는 상표로서 여기에는 브랜드명 뿐만 아니라 시각적 디자인까지 포함된다.

제품의 상표식별은 기업의 마케팅 관리자의 중요한 전략적 결정 중의 하나이다. 예를 들어 미국의 닛산 자동차는 자신의 기업 상호를 닷산에서 닛산으로 바꾸어 전세계적으로 자기기업의 상표명의 통일성을 유지하였다. 브랜드는 제품의 이미지를 개발하는데 매우 중요하다. 만약 소비자가 특정 브랜드를 알고 있다면 그 상표가 나타나는 것이 기업의 광고가 된다. 예를 들어 RCA사의 마크인 축음기의 개는 점포에서 그것을 본 고객에게는 즉각적인 광고효과를 가져온다. 또한 성공적인 상표명은 가격경쟁을 피하는 한 수단이 되기도 한다. 잘 알려진 상표명은 경쟁자에 비해 매우 높은 가격으로 팔리는 경우가 많다.

상표명은 텔레비전이나 자동차와 같은 일반적으로 사용되는 단어를 내포할 수 없다.

반대로 제품이 특정 브랜드명으로 일반적으로 알려진 경우에는 그 상표명이 일반 명사화되어 독점권을 상실할 수 있다.

1) 효과적 상표명의 선정

좋은 브랜드명은 발음하기, 인지하기, 그리고 기억하기가 쉽다. 걸프, 코닥과 같은 짧은 상표명이 이런 조건을 충족시킨다. 다국적 마케팅 기업은 상표명을 선정하는데 실제적인 어려움에 직면한다. 왜냐하면 한 나라에서 성공적 상표명이 다른 나라에서는 실패하는 경우가 있기 때문이다.

모든 언어는 단모음 '아(a)'를 가지고 있다. 따라서 코카 콜라와 텍사코는 어떤 언어에서도 발음이 쉽다.

브랜드명은 소비자에게 올바른 이미지를 주어야 한다. 미국 밀러 맥주회사의 라이트(Lite beer)란 상표명은 저칼로리 및 저알코올의 맥주라는 이미지를 만들어 낸다.

2) 상표명과 일반 명사화

상표명은 텔레비전이나 자동차와 같은 일반적으로 사용되는 단어를 내포할 수 없다. 이와 같은 단어들은 일반적 제품명, 즉 제품의 범주를 나타내는 단어들로서 어떤 기업에 의해서 독점적으로 사용될 수 없다. 반대로 제품이 특정 브랜드명으로 일반적으로 알려진 경우에는 그 상표명이 일반 명사화되어 그것을 성공적으로 개발한 기업은 그 상표에 대한 독점권을 잃을 수 있다.

예를 들어 아스피린, 콜라, 나일론과 같은 일반명사화된 제품명은 과거에는 상표명이었다. 물론 법적으로 일반명사라고 규정된 상표명과 많은 소비자들이 일반명사라고 간주하는 상표명에는 커다란 차이가 있다. 제록스는 상표명이지만 많은 소비자들은 복사하는 모든 과정을 나타내는 일반명사로 사용한다. 코닥(KODAK), 크리넥스(Kleenex), 스카치 테이프(Scotch Tape), 지프(Jeep) 등도 법적인 브랜드명이나 많은 소비자들은 일반명사로 사용한다. 따라서 자신의 브랜드명을 일반명사로 규정되는 것을 회피하기 위해서 대부분의 상표소유자는 소비자에게 자신들의 독점권을 의도적으로 알려주는 조치를 취한다. 이것은 자사의 제품이 전 세계적으로 알려진 기업에게는 쉽지 않은 일이다. 예를 들어 코카 콜라 회사는 공식적 등록(Official Registration)을 의미하는 OR 기호를 코카 콜라 상표명 바로 다음에 사용한다. 또한 코크(Coke)의 첫 글자를 소문자로 쓰는 신문사나 작가 또는 기자들에게 코카 콜라 회사는 그것이 자신들에 의해 소유되고 있는 상표명이라는 것을 알려주는 편지를 보낸다.

자사브랜드 상품 또는 PB상품(private brand goods)은 백화점·슈퍼마켓 등 대형소매상이 독자적으로 개발한 브랜드 상품을 말한다. 백화점, 슈퍼마켓 등 대형소매상이 자기매장의 특성과 고객의 성향에 맞추어 독자적으로 개발한 브랜드 상품으로, 해당점포에서만 판매된다는 점에서 전국 어디에서나 살 수 있는 제조업자 브랜드(national brand; NB)와 구별된다. 신세계백화점의 '피코크', 롯데백화점의 '샤롯데', 현대백화점의 '시그너스' 등이 대표적인 예이다.

3) 브랜드의 분류

제조업자가 제공하고 광고하는 브랜드는 전국적 브랜드 또는 제조업자 브랜드라고 알려져 있다. 그러나 모든 브랜드명이 제조업자에게 속한 것은 아니다. 어떤 상표는 소매상 또는 도매상의 소유물인 경우도 있다. 자사 브랜드는 종종 유통업자(도매상, 소매상) 브랜드로 알려져 있는데 제조업자가 아니라 유통업자의 라벨을 달고 있는 제품을 의미한다. 신세계 백화점의 오리지널상표는 한 예다. 많은 소매상들은 최근에는 제3의 대안, 즉 제조업자 또는 자사 브랜드가 아닌 일반적 제품을 제공한다. 이와 같은 제품들은 단순한 포장에 최소한의 라벨 그리고 거의 광고를 하지 않으며 최소한의 품질기준만을 충족시킨다. 이와 같은 일반적 제품은 제조업자 또는 자사브랜드 제품에 비해 매우 싼 가격으로 팔린다. 이 제품들은 처음 유럽에서 시작하여 미국에는 1977년에 처음 도입되었으며 현재는 미국의 슈퍼마켓 중 80%가 이러한 일반제품을 취급하고 있다.

4) 브랜드 충성도 단계

비록 브랜드명이 중요하지만 브랜드 충성도의 정도는 제품에 따라 크게 차이가 난다. 어떤 제품의 경우에는 소비자들은 특정 브랜드를 고집한다. 그러나 다른 제품의 경우 일반 제품을 쉽게 받아들인다. 브랜드 인지, 브랜드 선호 및 브랜드 고집이 브랜드 충성도를 측정하기 위한 세 가지 단계이다.

브랜드 인지는 소비자가 그 제품 또는 서비스에 대해 단지 잘 알고 있다는 것을 의미한다. 무료 샘플이나 할인 쿠폰 등이 이러한 인지도를 높이기 위해 종종 사용되어진다. 소비자가 인지하고 있는 상표는 그렇지 않은 상표보다 구입될 가능성이 높다.

브랜드 선호단계는 소비자가 그 브랜드를 구할 수 있다면 그 브랜드에 대해 충성하는 단계이다. 많은 마케팅 지출들이 이러한 브랜드 선호도를 높이기 위해 사용되어진다.

브랜드 고집단계는 소비자가 자신이 선호하는 브랜드 이외의 어떤 대체 브랜드도 수용하지 않는 단계이다. 만약 그 상표를 주변에서 쉽게 구할 수 없다면 특별주문을 하거나 또는 우편주문을 하는 경우이다. 브랜드 고집단계는 브랜드 충성도의 마지막 단계로서 이것을 달성한 브랜드는 극히 드물다.

라벨(label)은 상품명 및 상품에 관한 여러 사항을 표시한 종이나 헝겊 조각을 말하며, 레테르(letter)라고도 한다. 상품용기나 포장물 등에 붙일 목적으로 만들어진다.

라벨 표시의 중심은 상품명과 상표인데, 상품에 관해 올바르게 알 권리를 주장하는 소비자의 요구에 따라, 내용 · 품질 · 성분 · 원자재 · 규격 · 용량 · 제조연월일 · 제조 및 판매원 · 사용방법 등이 기재된다.

5) 포장과 라벨

일반제품을 제외하고서는 포장이 제품전략의 중요한 역할을 차지한다. 포장의 원래 목적은 어떤 위험, 즉 절도 또는 파손으로부터 제품을 보호하기 위한 것이다. 그러나 최근에는 포장도 중요한 마케팅 수단이 되었다.

불티나는 '편의점 도시락'…불황 그늘속 '시장 활황'

편의점 도시락이 급격한 활황을 맞았다. 1인 가구 증가에다 불황의 그늘이 깊어지면서 비롯된 소비 트랜드로 분석된다.

실제로 학생들, 직장인들은 물론 주부들도 3500원에서 4500원 정도의 비용으로 한 끼 식사를 간단하게 해결할 수 있는 편의점 도시락에 빠져들고 있다.

11일 편의점 업계에 따르면 최근 도시락 매출이 급격한 성장세를 보이는 것으로 나타났다.

CU는 '백종원 도시락', GS25는 '김혜자 도시락', 세븐일레븐은 '혜리 도시락' 등 각각의 브랜드를 내세우며 '가성비'(가격 대비 성능비) 높은 상품을 만들기 위한 경쟁을 벌이고 있다.

CU의 백종원 도시락은 최근 요리연구가 백종원씨의 인기에 힘입어 거침없는 상승세를 타고 있다.

집밥 같은 푸짐함과 합리적 가격을 앞세워 편의점 27년 역사상 처음으로 스테디셀러 소주와 바나나우유를 제치고 도시락이 매출 1위를 차지하는 기염을 토하기도 했다. CU는 '백종원 순대국밥', '백종원 부대찌개' 등 국물 도시락 시리즈도 내놓고 있다.

GS25의 경우 '김혜자도시락'으로 인기몰이를 하고 있다. 올해 1~4월 GS25는 무려 1500만개의 도시락을 팔아치웠다.

GS25의 4월 도시락 매출은 지난해 같은 기간에 비해 191.6% 늘었다. '김혜자 명가 소갈비 도시락, 김혜자 명가 바싹 불고기, 김혜자 명불허전 모둠치킨 도시락'이 특히 잘 팔린다.

세븐일레븐의 '혜리 도시락' 역시 4월 한달간 매출이 지난해에 비해 두 배 이상 증가했다.

세븐일레븐의 도시락 매출 성장률은 ▲2012년 34.2% ▲2013년 58% ▲2014년 51% ▲2015년 90.2%에서 올해 1~4월 153.7%를 기록했다.

세븐일레븐은 도시락 밥맛을 좋게 하기 위해 한꺼번에 밥을 찌는 방식에서 개별 솥에 밥을 안쳐 짓는 형태로 바꿨다.

미니스톱 역시 4월 도시락 매출이 지난해 같은 기간에 비해 77% 증가했다. 세븐일레븐에서는 매콤치킨스테이크도시락과 언양식 바싹불고기도시락이 단연 인기다.

미니스톱은 최근 전국 각지의 별미를 편의점 도시락으로 손쉽게 먹을 수 있도록 팔도명물 도시락 시리즈를 기획해 순차적으로 출시하고 있다.

1탄으로 3월 '전주식 비빔밥 도시락'을, 2탄으로 '언양식 바싹불고기 도시락'을 각각 출시했다.

메리츠증권 양지혜 연구원은 "지난해 하반기부터 도시락 등을 포함한 식품 카테고리가 성장하고, 구매건수가 증가했다"며 "질적인 성장세가 강화될 전망"이라고 내다봤다.

(뉴시스, 2016년 5월 11일)

포장이 제품판매를 도와야하기 때문에 포장은 소비자에게 보다 매력적이고 마음에 들게 만들어야 한다. 마케팅 관리자는 시장에서 자사제품의 포장이 어떻게 인식되는가에 대해 매우 관심이 높다. 따라서 최근에는 신제품에 대한 테스트 마케팅에서 제품뿐만 아니라 포장까지지도 모두 테스트하는 경우가 늘고 있다.

라벨은 포장과정의 한 부분이다. 음료수, 우유 그리고 스낵과자 등이 좋은 예다. 라벨은 반드시 정부의 상표법에 나타난 요구사항을 모두 준수하여야 한다. 라벨의 목적은 소비자의 비교구매를 도와주는 것이다.

제 6 절 가격전략

제품 또는 서비스가 개발되어 브랜드명이 붙여지고 포장이 된 후에 가격을 매겨야 한다. 가격은 2번째 마케팅믹스이다. 앞에서 이야기한 것처럼 가격은 재화 또는 서비스의 교환가치이다. 가격전략은 현대 마케팅의 가장 중요한 정책 중의 하나이다. 모든 재화나 서비스는 어떤 효용, 즉 욕구충족능력을 제공한다. 소비자 개인의 선호에 따라 얼마나 많은 효용을 특정 재화나 서비스에 부여하는지가 달라진다. 어떤 사람은 여가에 보다 많은 가치를 부여하고 어떤 사람은 자동차, 가구 또는 부동산 구입에 우선순위를 둔다.

소비자는 자원의 배분문제에 직면하고 있다. 즉 돈은 한정되어 있으나 용도는 매우 많고 다양하다. 가격 시스템이 소비자의 이러한 자원배분문제를 해결하는 것을 도와준다. 예를 들어 어떤 소비자는 여행보다는 새로운 개인용 컴퓨터를 구입하기를 선호할지도 모른다. 그러나 컴퓨터 가격이 오르면 컴퓨터를 구입하기보다 그 돈을 여행에 쓸지도 모른다.

이처럼 가격은 전체 경제 시스템의 방향을 결정짓는다. 기업은 상대적 가격을 기준으로 하여 자원, 노동력 또는 자본과 같은 다양한 생산요소를 사용한다. 임금이 오르면 기업은 자동화 기계를 설치하며, 이자율이 오르면 경영자들은 새로운 자본지출을 반대하는 결정을 내린다. 가격과 판매량은 기업의 수입을 결정하고 또한 이익에 영향을 미친다.

1. 가격전략의 목표

마케팅은 가격정책을 통해 특정목적들을 달성하려고 한다. 대부분의 기업은 한 가지 가격목표보다 복수의 가격목표를 가지고 있다. 가격목표간의 관계가 [그림 8-5]에 잘 나타나 있다. 어떤 기업은 그들의 제품가격을 매우 높게 책정함으로써 이익을 극대화하려고 한다. 반면 다른 기업은 새로운 고객을 끌기 위해서 낮은 가격을 매긴다.

뉴욕에 본부를 두고 있는 피플 익스프레스(People Express) 항공사는 뉴욕과 런던간의 항공요금을 파격적인 낮은 가격으로 시작하였다. 이 항공사의 가격전략은 모든 항공노선에 바겐세일 가격을 적용하고 대신 기내식사와 화물에 대해 추가요금을 받는 것이었다. 가격전략의 목적에는 기본적으로 3가지가 있다. 첫째, 이익목표, 둘째, 판매량 목표, 셋째, 기타 목표로 이 중 기타 목표에는 사회・윤리적 고려, 현상유지목표 그리고 기업 이미지 목표 등이 여기에 포함된다.

마케팅은 가격정책을 통해 특정 목적들을 달성하려고 한다. 대부분의 기업은 한 가지 가격목표보다 복수의 가격목표를 가지고 있다.
가격전략의 목적에는 이익목표, 판매량 목표 및 기타 목표의 3가지가 있다.

[그림 8-5] 가격정책의 복수목표

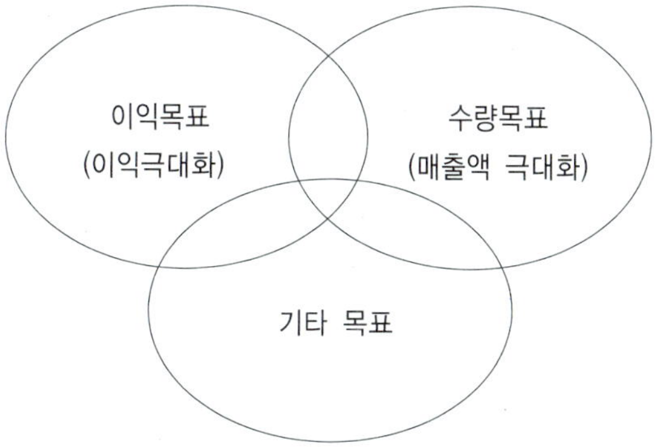

2. 가격전략

가격은 일반적으로 마케팅의 한 기능으로 인식되지만 기업의 다른 분야로부터의 많은 변수로 고려하여야 한다. 재무관리자들이 가격의 사결정을 위한 매출 및 비용자료를 제공함으로써 가격결정에 중요한 역할을 해왔다. 생산 및 기술 엔지니어들도 마찬가지의 중요한 역할을 수행한다. 예를 들어 컴퓨터 분석가들은 회사의 마케팅 정보 시스템을 관리하고 있는데 이들이 가격결정에 필요한 최신의 정보를 제공해준다. 모든 계층의 관리자가 가격결정의 중요성 및 조직의 여러 다양한 분야에서 올바른 가격결정을 위하여 기여할 수 있다는 것을 가격은 일반적으로 마케팅의 한 기능으로 인식되지만 기업의 다른 분야로부터의 많은 변수로 고려하여야 한다.

모든 계층의 관리자가 가격결정의 중요성 및 조직의 여러 다양한 분야에서 올바른 가격결정을 위하여 기여할 수 있다는 것을 인식하여야 한다.

가격은 제품이나 서비스의 소유권 혹은 사용을 위한 교환된 화폐액으로 가격은 가치의 지표가 된다. 가치(value)는 '인식된 편익/가격'의 식으로 표시되는데 가격이 일정하다면 편익의 인식이 높아질수록 가치는 증가한다. 반대로 가격이 일정할 때 인식된 편익이 줄 가치도 줄어든다.

인식하여야 한다.

미국의 펨퍼스 종이기저귀회사는 최초의 시장 테스트에서 잘못된 가격전략 때문에 실패했다. 펨퍼스 종이기저귀는 대부분의 부모들이 압도적으로 천으로 된 기저귀를 선택하며 많은 사람들이 아기의 기저귀로 천이 아닌 제품을 사용하는데 대해서 저항을 가지고 있을 때 시장에 소개되었다. 펨퍼스는 또한 천으로 된 기저귀를 사서 사용 후 그것을 세탁하는 비용보다 단위당 가격이 비쌌기 때문에 시장에서 실패했다. 그 후 이 회사는 생산시설을 다시 재디자인하여 펨퍼스의 단위당 소매가격을 48% 인하할 수 있을 정도로 생산비를 떨어뜨렸다. 이렇게 하여 인하된 가격으로 종이기저귀가 천으로 된 기저귀와 비슷한 가격으로 되자 종이기저귀의 편리성이 곧 대부분의 미국 가정에서 호의적으로 받아지게 되었다. 그 결과 펨퍼스는 어린이를 가진 부모들에게는 아주 익숙한 브랜드가 되었다. 이 경우 가격전략은 어린이의 육아법을 변경시키는 주요한 변수가 되었다.

위에 든 종이기저귀의 사례가 제품의 가격을 결정하는 것이 얼마나 어려운 일인가를 잘 보여준다. 이처럼 가격전략은 위험하기 때문에 사전에 표본 소비자집단을 대상으로 여러 가격수준을 테스트하는 것이 최선이다. 일단 그 제품이 시장에 진입하게 되면 도입단계에서 가격을 변경하기가 어렵다. 가격은 기업의 중요한 의사결정 중의 하나이다. 한 가지 대안은 경쟁적으로 가격을 책정하는 것, 즉 경쟁자의 가격에 일치하게 하는 것이다.

이와 같은 경쟁적 가격전략을 채택하는 경우에는 비가격경쟁을 쓰려는 의도가 많이 있다. 다른 말로 하면 이 경우에는 가격보다 광고 또는 유통의 우월성과 같은 측면에서 경쟁하려고 한다. 가격은 스키밍 가격 전략 또는 침투가격전략 중 어느 하나에 기반을 두고 있다.

1) 상층흡수 가격전략

상층흡수 가격전략(skimming pricing)은 초기에 비슷한 제품에 비해 상대적으로 가격을 높게 책정한 후에 점차적으로 떨어뜨리는 전략이다. 이 전략은 시장이 가격에 의해서 세분화되어 있을 때 사용되는 가격전략이다. 기업이 신제품으로 경쟁기업에 비해 상당한 우위를 지니고 있는 경우에 매우 효과적인 전략이다. 상층흡수 전략은 컬러 텔레비전, 계산기, 가정용 컴퓨터 및 비디오 카세트, 녹음기 등에서 효과적으로 사용되어진다.

2) 침투가격전략

침투가격전략은 초기에는 비슷한 제품보다 상대적으로 가격을 낮게 책정하여 높은 시장점유율을 확보하여 차후 가격을 올리려고 하는 전략이다, 비누와 치약이 이 같은 가격전략으로 많이 시장에 소개되었다. 침투가격은 이익수준이 낮기 때문에 경쟁기업의 진입을 어렵게 만든다. 이 전략이 자주 사용되는 경우는 짧은 시간내에 경쟁기업의 출현이 예상될 때 그리고 대량의 생산 및 마케팅 전략이 전체 비용을 상당한 정도로 감소시킬 때이다.

3) 가격 라인 전략

가격 라인 전략에서는 각각의 품목에 대한 개별적인 가격보다는 제한된 가격수준을 제시하는 것이다. 예를 들어 어떤 양장점에서는 여성 스포츠복을 90,000원, 120,000원 그리고 150,000원으로 가격을 매겨 판매한다. 가격 라인 전략은 소매상들이 많이 사용하는 기법 중의 하나이다.

가격전략으로서 가격 라인 전략은 모든 제품의 가격이 개별적으로 매겨진 상황에서 일반적인 혼란을 막을 수 있다. 마케팅 관리자는 이 방법을 쓸 경우 그들의 표적시장을 분명히 찾아내어야 한다. 예를 들어 높은 수준의 3가지 가격 라인은 중산층 이하의 지역에 자리 잡고 있는 점포에는 부적절할 것이다.

가격 라인 전략의 단점은 일단 가격 폭이 결정되면 그것을 변경하기가 어렵다는 것이다. 만약 비용이 증가하면 기업은 가격수준을 올리거나 또는 품질수준을 떨어뜨려야 한다. 그러나 소비자는 이 두 대안에 대해서 저항감을 가질 것이므로 이 가격전략을 실제로 실시하는 데는 많은 주의를 기울여야 한다.

제 7 절 유통전략

> 유통경로(distribution channel)는 생산된 제품을 최종소비자에게 판매하기 위한 중간업자의 편성. 일반적으로는 생산자→도매업자→소매점→소비자를 거치는 경로이다. 유통경로는 제품의 종류, 특성, 생산자의 유통정책 등에 의해 변한다.

제품이 개발되어 가격이 결정된 후에는 시장에 유통되어야 한다. 모든 조직은 유통기능을 수행하고 있다. 예를 들어 해태음료의 오렌지 주스 제품은 전국의 슈퍼마켓과 편의점을 통해 유통되며, 공공도서관은 이동도서관을 통해 도서관에 올 수 없는 벽지의 주민들에게 서비스를 제공하고 있다.

유통은 또한 고용의 기회를 제공해 준다. 판매원, 창고관리자, 트럭운전사, 하역장비기사 등이 모두가 유통에 관련되어 있다. 또한 유통네트워크를 통해 제품이 원활히 제공되도록 서비스를 제공하는 사람들도 있다. 유통에 관여된 대부분의 사람들은 서비스 인원으로 분류되며 그들의 역할은 경제의 한 분야에 서비스를 제공하는 것이다. 인력의 상당한 부분이 현재 서비스에 관련된 직종에 종사하고 있다.

> 효과적인 마케팅을 위해서는 소비자욕구를 정확하게 파악하여 거기에 적절하게 유통방법을 계속 변화시켜야 한다.

유통전략은 실제로 두 분야, 즉 유통경로와 물적 유통으로 나누어진다. 유통경로는 제품 및 제품의 소유권이 생산자로부터 소비자에게로 이동하는 경로이다. 이 경로에 의해 모든 조직체들이 그들이 생산하고 마케팅하는 제품 및 서비스를 유통시킨다.

마케팅 중간기구들은 생산자와 소비자 또는 산업구매자 사이에서 작용하는 사람 또는 기업을 의미한다. 이와 같은 기업들은 유통기능의 일부를 수행하는 유통경로가 원활히 움직이게끔 도와주는 역할을 한다. 그들이 수행하는 유통기능은 구매, 판매, 수송 및 보관, 창고기능이다. 이러한 중간기구의 가장 중요한 두 가지 형태가 도매상과 소매상이다. 도매상은 소매상이나 타 도매상 또는 산업체 구매자에게 주로 판매하는 사람이나 기업이다. 반면 소매상은 재판매보다 최종사용처인 개인들에게 제품을 판매하는 개인 또는 기업이다.

유통전략의 두 번째 중요한 요소는 물적 유통, 즉 재화와 서비스의 생산자로부터 사용자에게로의 실제적인 이동이다. 물적 유통은 광범위한 활동들이 포함되는데 여기에는 고객서비스 기준, 수송, 재고관리, 자재취급, 주문처리 및 보관 등이다.

1. 유통경로

1) 유통경로의 종류

수 백 가지의 서로 다른 유통경로에 의해 제조업과 서비스산업의 생산물들이 소비자에게 전달된다. 예를 들어 통조림식품들은 일반적으로 도매상과 소매상을 통해 소비자에게 전달되나 백과사전은 소비자에게 직접 판매된다. 어떤 유통경로도 항상 최적인 것은 아니며 유통경로의 선택은 시장의 상황과 소비자욕구에 의해 결정된다. 소비자에게 전달되는 유통경로는 또한 시간에 따라 달라진다. 예를 들어 맥주의 유통경로는 주점에서 슈퍼마켓으로 변하였다. 유통경로는 이동해 나가며 효과적인 마케팅을 위해서는 소비자욕구를 정확하게 파악하여 거기에 적절하게 유통방법을 계속 변화시켜야 한다.

주된 유통경로는 [그림 8-6]에 나와 있다. 유통경로 1번에서 4번까

유통경로는 제조업자에서 소비자로 직접 연결되는 유통경로에서 제조업자-도매상-도매상-소매상-소비자로 이어지는 유통경로 등 다양하다.

[그림 8-6] 주요 유통경로

지가 소비자제품 및 서비스를 전달하기 위해서 일반적으로 사용되어지며 유통경로 5번과 6번이 산업재 재화 및 서비스에 통상 사용된다.

1번 유통경로는 생산자로부터 소비자에 이르는 직접적인 유통경로로서 대부분의 서비스에 사용되나 제품에는 거의 사용되지 않는다. 자기의 작품을 전시회에서 팔려는 미술가 및 백과사전 출판업자의 경우가 이러한 유통경로의 좋은 예이다.

2번 유통경로는 생산자가 소매상에게 직접 제품을 유통시키는 경우인데 의류산업의 경우 자체 판매인력을 사용하여 소매상에게 직접 판매하는 생산자가 많이 있다. 어떤 제조업체는 자신의 유통경로를 보다 효과적으로 통제하기 위해 소매점포를 설립하는 경우도 있다.

3번 유통경로는 소비재 제품의 전통적인 유통경로로서 소매상에게 접촉할 많은 판매원들을 갖고 있지 못하는 소규모 제조업자들이 이용한다. 이러한 제조업자 중 몇몇은 소매상을 도와주고 마케팅 정보를 확보하기 위한 기술자문가를 채용하는 경우도 있으나 직접적으로 판매활동에 개입하지는 않는다.

4번 유통경로는 도매상이 복수로 존재하는 경우인데 농산물 및 석유제품(예: 휘발유)의 유통이 여기에 해당된다. 중첩되는 도매상이 필요한 이유는 이와 같은 부피 큰 제품들을 분할 및 분류하여 유통해야 하기 때문이다.

5번 유통경로는 생산자로부터 사용자에게 직접 유통되는 경로로서 산업재 제품 및 서비스의 유통에 가장 많이 이용되는 경로이다. 이 경로가 보조장비 및 일반비품을 제외하고 거의 모든 산업재 제품에 이용된다.

6번 유통경로는 생산자에서 도매상으로 다시 소매상에 이르는 간접경로로서 약간의 산업재 제품의 유통에 이용된다. 이 경로는 또한 소규모의 보조장비 및 일반비용, 즉 대량으로 생산되나 팔릴 때는 소량으로 판매되는 산업재 제품의 경로에 이용된다.

> 특정 유통경로의 선택은 해당제품의 목표시장에 의해 결정된다. 만약 그 제품이 한 개 이상의 세분시장에 마케팅하는 것이라면 복수의 유통경로가 필요할 것이다.

2) 유통경로의 선정

특정 유통경로의 선택은 해당제품의 목표시장에 의해 결정된다. 만약 그 제품이 한 개 이상의 세분시장에 마케팅하는 것이라면 복수의 유통경로가 필요할 것이다. 사실상 최근 들어 복수의 유통경로가 점점 더 광범위하게 이용되고 있다.

타이어 제조업자들은 도매상을 이용하여 자신들의 제품을 주유소와 정비소에 판매함으로써 대체 타이어 시장에 부분적으로 접근하려고 한다. 동시에 이 기업들은 자신들의 소매상체인을 운용하여 나머지 대체 타이어 시장에 제품을 판매하고 있다. 한편 자동차 제조업체는 최초 타이어 부착시장으로서 여기에는 타이어 회사의 자체 판매인력들을 동원하여 접근하고 있다. 타이어 제조회사의 또 다른 직접 유통경로는 제도권시장으로서 여기에는 정부구매부서, 택시회사 및 렌트카 회사 등이 여기에 해당된다.

유통경로는 목표시장을 기반으로 신중하게 결정되어야 한다. 복수의 유통경로들이 점점 더 광범위하게 이용될 전망인데 왜냐하면 마케터들이 선택된 시장내에서 경쟁적 우위를 차지하려고 노력하기 때문이다.

3) 유통경로의 마케팅 기능

도매상과 소매상을 포함하여 마케팅 중간기구들은 다양한 마케팅 기능들을 수행한다. 구체적으로 보관, 운송, 유통 및 부피 큰 제품의 경우에는 등급책정 및 분류기능까지 수행한다. 이들은 또한 구매 및 판매기능까지 수행한다. 제조업자의 생산물을 구매함으로써 생산자가 임금을 지불하고 새로운 장비를 구입하기에 필요한 자금을 제공한다. 판매기능을 수행함으로써 이들은 소비자나 타 중간상들에게 그들의 욕구를 충족시킬 수 있는 제품을 제공한다.

유통경로는 마케팅 중간기구들의 역할로 인해 보다 효과적으로 운용된다. 이들에 의해 생산자와 소비자 사이에 필요한 거래횟수를 단축시킨다. 예를 들어 4명의 제조업자가 4명의 고객에게 각자 직접 제품을 판매한다면 16번의 거래가 필요할 것이다. 그러나 중간상이 존재함으로써 필요한 거래의 숫자가 8번으로 줄어들 것이다. 그 결과 중간상이 존재하지 않는 경우에 비해 보다 효율적인 유통경로가 된다.

마케팅 중간기구는 제조업체나 또는 다른 경로 구성원보다 보다 효율적으로 또는 보다 저렴한 비용으로 특정기능을 수행하기 때문에 유통경로에 참여할 수 있다. 물론 이러한 유통기구의 효율성이 떨어져 바뀌져야 할 경우도 있지만 중요한 것은 누군가가 이처럼 중대한 마케팅 기능을 수행해야 한다는 것이다. 따라서 경로변경을 위해서는 마케터들이 현재 경로에서 수행되고 있는 기능들을 연구하여 이들 기능들이 새로이 변경된 경로에서는 어떻게 달성될지를 평가하여 결정해야 하며 또한 여러 대안적 경로에 수반되는 비용도 또한 살펴보아야 한다.

2. 물적 유통

물적 유통은 생산자로부터 소비자까지의 실제 제품의 이동과 관련이 있다. 즉 여기에는 고객 서비스기준 책정, 수송, 창고보관, 하역, 재고관리 및 주문처리 등 광범위한 활동이 포함된다.

유통전략의 두 번째 중요한 요소인 물적 유통은 생산자로부터 소비자까지의 실제 제품의 이동과 관련이 있다. 즉 여기에는 고객 서비스 기준 책정, 수송, 창고보관, 하역, 재고관리 및 주문처리 등 광범위한 활동이 포함된다. [그림 8-7]은 물적 유통의 요소들을 보여주고 있다.

[그림 8-7] 물적 유통 시스템의 요소

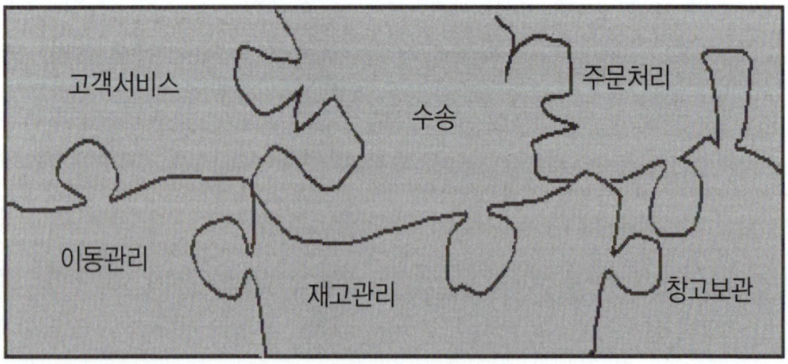

물적 유통에 관한 연구는 물적 유통과정의 개별적 측면에 집중하는 것보다는 제품의 이동에 관련된 모든 요인들을 포괄하여야 한다.

물적 유통의 목적이 가능한 한 적은 비용으로 특정수준의 고객 서비스를 제공하는 것이므로 총비용을 고려하여야 한다. 총비용 대신 개별비용만을 고려한다면 물적 유통의 최적화는 이루어지기 어렵다.

물적 유통비용은 대부분 상호관련을 맺고 있다. 즉 한 요소의 변화가 다른 요소에 영향을 미치는 것이다. 낮은 재고수준은 창고보관 비용을 줄이나 수송비용 및 주문처리비용을 증가시킬 것이다. 이러한 요소들의 상호관련성이 물적 유통전략에서 강조되어야 한다.

제 8 절 촉진전략

1. 촉진믹스

촉진전략은 소비자에게 정보를 제공하고 설득시켜서 소비자의 의사결정에 영향을 미치려는 활동이다.

촉진은 크게 인적 판매와 비인적 판매 두 가지로 나눌 수 있다. 인적 판매는 잠재적 구매자에 대해 직접 인적 접촉을 수행함으로써 촉진활동을 수행하는 것이다. 이에 반해 비인적 판매는 광고, 판매촉진 그리고 홍보로 이루어진다. 광고는 다수의 잠재고객을 목표로 하여 이루어지는 비인적 촉진활동이며, 판촉은 광고 및 인적 판매 이외의 촉진활동으로서 전시회, 진열, 시연 등의 일회적인 판매 촉진활동을 통해 판매를 증가시키려는 활동이다. 마지막으로 홍보는 조직의 대외관계, 즉 주주, 고객, 정부, 언론, 공급업체 및 일반 대중과의 의사소통을 원활히 하는 활동이다. 그러므로 촉진 믹스는 인적 판매와 비인적 판매의 결합이다. 촉진요소 상호간의 관계 및 전체 마케팅믹스와의 관계가 [그림 8-8]에 나타나 있다.

촉진은 크게 인적 판매와 비인적 판매 두 가지로 나눌 수 있다. 인적 판매는 잠재적 구매자에 대해 직접 인적 접촉을 수행함으로써 촉진활동을 수행하는 것이다. 이에 반해 비인적 판매는 광고, 판매촉진 그리고 홍보로 이루어진다.

[그림 8-8] 촉진요소 상호간의 관계

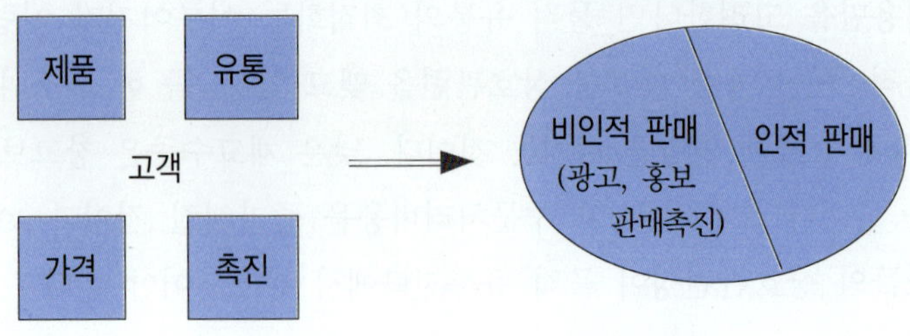

대기업은 방송 광고, 중소기업은 인터넷 검색 광고 집중

국내 10대 대기업 광고주는 주로 디스플레이 광고를 진행한 반면 네이버와 카카오 등 인터넷 기업들은 모바일 검색광고에 주력한 것으로 나타났다.

6일 한국광고주협회의 '글로벌 광고시장에 비춰 본 국내 광고 규모 및 기업의 광고 지출' 자료에 따르면 국내 10대 광고주가 국내 광고비 시장에서 차지하는 비중은 14.0%를 기록했다. 이는 미국(10.9%)이나 일본(6.5%)에 비해 높은 수준이다.

국내 10대 광고주는 삼성전자, 현대자동차, LG전자, SK텔레콤, KT 등 대기업을 말한다. 지난해 10대 광고주들은 최대 70%까지 광고를 지상파에 집중했다. 반면 PC와 모바일에 집행한 광고 비중은 최대 4%에 불과했다.

특히 네이버와 카카오 등 인터넷 기업들은 대기업이 집행하는 디스플레이 광고 매출보다 중소상공인 위주의 검색광고에 집중하고 있는 것으로 나타났다. 네이버의 경우 검색광고주의 80% 이상이 한 달에 50만원 이하를 광고비로 사용하고 있다. 중견 기업 이상의 비중이 높은 디스플레이 광고 매출 비중은 네이버가 집행하는 국내 광고 매출의 3분의 1 이하인 것으로 알려졌다.

특히 모바일을 중심으로 한 온라인 광고시장에서는 구글과 페이스북 등 글로벌 기업의 영향력이 커지고 있다. 구글과 페이스북 모두 국내 매출을 공개하고 있지 않다. 하지만 업계에서는 구글과 페이스북 모두 국내 광고 시장에서 수천억 원의 매출을 올리고 있는 것으로 추정하고 있다.

(이투데이, 2016년 7월 6일)

1) 촉진 믹스의 선택

적절한 촉진 믹스를 선택하는 것은 마케팅 관리자가 직면한 가장 어려운 과제 중의 하나이다. 그러나 여기에는 광고, 인적 판매 그리고 판매촉진 사이에 촉진 비용과 노력을 배분하는 데에 관한 일반적인 지침이 있다. 이 지침은 4가지 고려사항으로 이루어져 있다.

첫 번째 고려사항은 촉진비용을 광고와 인적 판매에 어떻게 배분하느냐에 관한 결정이다(판촉과 홍보수단은 주로 기업의 판매 및 광고효과를 높이고 보완하는데 이용된다).

두 번째 고려사항은 제품 또는 서비스의 목표시장이다. 예를 들어 프레스 압축기는 산업재 시장에 판매되므로 제조업자는 자사의 판매인력에 중점을 두어야 한다. 반대로 일반 세제는 소비자에게 직접 판매되므로 효과적인 광고 캠페인이 이 같은 소비재 제품에는 중요하다.

세 번째 고려사항은 제품의 가치이다. 대부분의 기업은 저가격의 제품을 판매하는데 인적 판매를 강조할 여유가 없으며 대신 치약, 화장품, 음료수 및 과자와 같은 제품의 촉진전략으로 광고를 선택한다. 소비재와 산업재 시장 모두 고가격제품은 인적 판매에 많이 의존하며 예로서는 휴양지의 콘도미니엄이나 보잉사의 비행기 판매를 들 수 있다.

마지막으로 마케팅 관리자는 시간적 측면을 고려해야 한다. 광고는 일반적으로 직접판매에 대해 소비자를 준비시키기 위한 목적으로 사용된다. 효과적이고 계속적인 광고는 소비자들이 점포에서 판매사원의 요구에 접할 때 긍정적인 영향을 미친다. 그러나 자가 서비스 경우를 제외하고 판매원은 일반적으로 실제 계약을 종결짓는데 관여한다. 따라서 광고는 종종 판매후에 소비자에게 자신들의 선택이 옳았다는 것을 확신시켜 주고 또한 재구매를 위한 사전준비를 시키는 역할도 수행한다.

> 홍보는 기업・단체 또는 관공서 등의 조직체가 커뮤니케이션 활동을 통하여 스스로의 생각이나 계획·활동·업적 등을 널리 알리는 활동을 말한다.
>
> 홍보의 목적은 각 조직체에 관한 소비자나, 지역주민 또는 일반의 인식이나 이해 또는 신뢰감을 높이고 합리적이고 민주적인 기초위에 양자의 관계를 원활히 하려는 데 있다.

2) 촉진전략의 대안

촉진 믹스의 선택은 기업이 채택하는 촉진전략과 밀접한 관련을 푸쉬(push)전략은 촉진노력을 제조업자의 판매조직이나 유통 채널상의 중간상에게 집중시키는 촉진전략이며, 풀(pull)전략은 촉진노력을 유통 채널상의 중간상이 아니라 최종 소비자에게 집중시키는 촉진전략이다.

맺고 있다. 마케팅 관리자는 이러한 목표를 달성하기 위해서 두 가지 가능한 전략, 즉 푸쉬(push) 전략과 풀(pull) 전략을 대안으로 갖고 있다.

푸쉬(push) 전략은 판매중심적 접근방법이다. 제품과 제품라인 또는 서비스가 마케팅 경로상의 도매상과 소매상에게 마케팅된다. 판매원들이 왜 자사의 특정 제품이나 서비스를 취급해야 하는지를 설명해 준다. 마케팅 중간상들에게 대부분 할인, 판촉물 및 협력광고 공세 등의 유인책이 주어진다. 특히 협력광고의 경우 제조업자가 그 제품의 지역광고비를 분담한다. 이러한 모든 전략은 도매상과 소매상을 유인하여 그들이 고객에게 제품이나 서비스를 적극적으로 판매하게 (push) 만드는 것이다.

풀(pull) 전략은 제품에 대한 소비자의 수요를 광고와 판촉물 수단을 통하여 창출해내려고 하는 것이다. 대부분의 광고는 최종소비자를 대상으로 하며 최종소비자는 그 제품에 대하여 소매상에게 요구하면 소매상은 다시 공급업자에게 주문을 요청하게 된다. 마케터는 소비자의 강한 수요가 마케팅 중간상들로 하여금 제품을 취급하게 만듦으로써 마케팅 경로를 통해 제품이 유인되기를 원한다.

대부분의 마케팅 상황에는 비록 강조점은 다르더라도 이 두 가지 전략이 모두 필요하다. 소비재는 종종 풀 전략에 많이 의존하는 반면 대부분의 산업재는 푸쉬전략을 통하여 팔려진다.

2. 촉진전략의 목적

촉진전략의 목적은 조직에 따라 다르다. 어떤 기업은 자신의 시장을 확장하기 위해 촉진전략을 사용하는 기업도 있고, 반면 어떤 기업은 현재의 시장지위를 유지하기 위해서 사용하는 경우도 있고, 또 다른 기업도 공공의 문제에 대한 기업의 견해를 나타내기 위해 촉진전략을 사용하는 경우도 있다. 하나의 조직은 복수의 촉진목표를 가질 수 있다. 구체적으로 조직의 가능한 촉진목표는 정보제공, 매출확대, 제품의 위치정립 그리고 판매의 안정화이다.

1) 정보제공

촉진의 초기단계, 즉 제품의 공급이 부족한 시기에는 대부분의 광고는 대중에게 그 제품의 구입 가능성을 알려주기 위한 것이다. 오늘날 광고의 가장 많은 부분을 차지하는 것이 정보제공광고이다. 신문광고의 많은 지면이 소비자에게 어떤 제품이 어떤 가격에서 백화점 등 소매점포에서 팔리고 있는지를 알려준다. 보험회사의 광고는 병원비의 증가를 강조하는 내용을 담고 있다. 산업재의 판매원들은 구매자에게 특정분야의 최신의 기술적 진보에 대해서 알려주고 있다.

제품의 가격, 구매처 그리고 다른 세세한 내용에 대한 정보를 제공하는 것은 마케팅 및 촉진전략에 중요한 요소이다. 마케팅 관리자들은 모든 촉진 메시지에는 소비자 교육적인 역할이 담겨 있다는 것을 인식해야 한다.

2) 제품의 포지셔닝(positioning)

촉진전략은 시장에서의 제품의 위치정립에도 사용된다. 포지셔닝은 전체 시장의 소비자보다 특정시장의 소비자에게 집중하는 전략이다. 이렇게 되기 위해서는 마케팅 관리자는 제품의 주된 사용계층이 될 시장을 찾아내야 하며 그 다음 촉진전략을 이용하여 제품을 타 브랜드와 차별화시켜 목표시장의 고객에게 매력적으로 만들어야 한다.

포지션(position)이란 제품이 소비자들에 의해 지각되고 있는 모습을 말하며, 포지셔닝(positioning)이란 소비자들의 마음속에 자사제품의 바람직한 위치를 형성하기 위하여 제품효익을 개발하고 커뮤니케이션하는 활동을 말한다.

대부분의 기업에서 촉진전략의 궁극적 목표는 매출증가이나 제품의 포지셔닝을 위한 목표도 있다. 미국에서 수년전 고전적인 촉진광고에서 렌트카 시장의 2인자인 아비스는 1위인 헤르쯔에 대해서 다음과 같은 포지셔닝 광고전략을 사용하였다. “아비스는 렌트카 시장에서 단지 2위에 머물고 있다. 우리가 앞으로 더욱 노력할 테니 우리와 함께 가지 않겠느냐?” 여기에 대응하여 헤르쯔 사는 1위 기업의 장점을 강조하는 포지셔닝 광고를 미식축구의 슈퍼스타인 심프슨을 이용하여 만들었다.

매출을 늘리는 것은 촉진전략의 가장 일반적인 목표이다. 1차적 수요창출에 집중하는 전략도 있으나 선택적 수요에 집중하는 전략도 있다. 또한 가끔 특정고객을 표적으로 하는 경우도 있다.

3) 매출액 증대

매출을 늘리는 것은 촉진전략의 가장 일반적인 목표이다. 앞에서 언급한 것처럼 1차적 수요창출에 집중하는 전략도 있으나 선택적 수요에 집중하는 전략도 있다. 또한 가끔 특정고객을 표적으로 하는 경우도 있다. 미국의 유나이티드 항공사는 사업목적으로 여행하는 사람의 이용도를 높이기 위해 "마일리지 플러스"(Mileage Plus)라는 촉진 프로그램을 만들어 냈다. 이 프로그램은 유나이티드 항공사 이용자에게 특정수준 이상의 비행거리를 쌓은 후에는 무료로 여행할 수 있게 하는 혜택을 주고 있다.

4) 매출안정화

매출안정이 촉진전략의 또 다른 목표이다. 판매대회는 연중 비수기에 종종 열린다. 여기에서는 특정 목표를 달성한 판매원에게 상품이 제공된다. 또한 비수기에는 판매를 자주하기 위해서는 판촉을, 예를 들어 수첩, 볼펜 등과 같은 선물을 배포한다. 광고는 종종 매출액을 안정시키기 위해서 사용된다. 대부분의 호텔은 주중에도 상용목적의 여행자로 가득하나, 주말에는 비게 된다. 따라서 많은 호텔들은 관광객과 휴양객을 끌기 위해서 주말에는 낮은 요율의 '주말상품'을 판촉한다.

안정적인 매출패턴은 기업으로 하여금 마케팅 및 구매, 자금계획을 보다 효율적으로 개선할 수 있게끔 한다. 즉 기업으로서는 생산사이클을 안정시킬 수 있으며 관리 및 생산비용을 줄일 수 있게 된다. 따라서 아주 효과적인 수단이 될 수 있다.

3. 광 고

광고는 일반적으로 다수의 잠재적 고객을 대상으로 하는 비인적 촉진수단이다. 많은 기업들이 광고에 많은 비용을 쓰고 있으며, 광고비는 산업에 따라 또한 기업에 따라 그 규모가 달라진다. 예를 들어 주석산업에서는 광고비가 매출액의 0.1%에 불과하나 음반산업의 경우에는 매출액의 21.1%를 광고에 쓰고 있다.

> 제품광고와 기업광고는 그 목적에 따라 정보제공, 설득 및 회상광고로 세분되어진다.

1) 광고의 종류

광고에는 기본적으로 두 가지 형태, 즉 제품광고와 기관광고가 있다. 제품광고는 재화나 서비스의 판매에 관련된 광고이다. 예를 들어 삼성카메라, 하얏트호텔 또는 삼보컴퓨터의 광고는 제품광고로 분류된다. 기관광고는 산업, 기업, 조직체 또는 정부의 철학, 경영이념 또는 선의의 뜻을 홍보하기 위한 것이다. 예를 들어 제주도의 관광진흥을 위한 광고는 기관광고이며, 영리기업에 의한 기관광고는 가끔 기업광고로 불리우기도 한다.

2) 광고와 제품수명주기

제품광고와 기업광고는 그 목적에 따라 세분되어진다. 즉 정보제공, 설득 및 회상광고이다. 정보제공광고는 제품의 초기 수요를 진작시키기 위한 것으로 제품수명주기의 도입기 단계에서 사용된다. 설득광고는 제품 또는 기업의 경쟁적 지위를 개선하기 위한 것이므로 제품수명주기의 성장기 및 성숙기단계에서 사용된다. "버지니아 담배는 연인을 위한 것이다"라는 광고는 설득광고의 한 예이다. 제품설득광고의 가장 일반적인 형태 중의 하나는 비교광고, 즉 자사의 제품을 경쟁기업의 제품과 직접비교하는 것이다. 최근 미국의 많은 기업들은 이러한 비교광고를 사용하고 있다. 펩시콜라의 챌렌지(challenge) 광고는 비교광고의 한 예이다. 이 펩시콜라 광고는 눈을 가리고 콜라맛에 대한 선호 테스트를 하여 대다수의 소비자가 코카콜라보다 펩시콜라를 선택하는 내용의 광고이다. 이러한 비교광고의 덕택으로 펩시콜라의 매출액이 상당폭 증가하였다.

회상광고는 제품수명주기의 성숙기 후반기와 쇠퇴기에 주로 사용되는 광고로서 소비자가 계속적으로 제품의 이름을 기억하게 하거나 또는 기관의 중요성을 사람들에게 다시 한번 회상하게끔 하는 광고이다. 음료수, 맥주, 치솔 및 담배는 회상광고가 주로 이용되는 제품들이다. 예를 들어 미국의 철도회사협회에서는 아래와 같은 메시지의

광고를 사용하였다 : 오늘날의 철도는 미국에서 아직 손대지 않은 위대한 자원이다.

3) 주창광고

최근 그 중요성이 커지고 있는 기관광고 중의 한 형태가 주창광고인데 이것은 공공의 문제에 대한 특정견해를 지지하는 광고이다. 미국의 모빌사가 이와 같은 형태의 기업광고를 최초로 사용한 기업 중의 하나이며 그 목적은 주로 대중의 여론 및 입법과정에 영향을 주기 위한 것이다.

4. 판매촉진

판매촉진은 광고와 인적 판매 이외의 일회적 판매노력을 통해 판매를 증대시키려는 촉진활동을 의미한다. 판촉기법들은 기업의 판매 또는 광고전략의 효과를 높이거나 보충하기 위해서 이용된다. 즉 판촉은 기업의 촉진전략을 지원하는 측면이 강하다.

POP 광고는 '말없는 세일즈맨'이라고 불리듯이, 판매원을 돕고 판매점에 장식효과를 가져다준다.

1) 판매시점광고(point-of-purchase : POP)

판매시점광고는 소매점포와 같이 실제구매가 이루어지는 장소 및 시기에 제품을 판촉하기 위한 전시 및 진열 등을 의미한다. 판매시점광고는 타 촉진전략에 의해서 개발된 주제를 지속시키는데 매우 효과적이다.

2) 판촉물 광고

판촉물 광고란 기업의 이름, 판촉 메시지 등이 새겨진 펜, 수첩, 유리컵 등과 같은 물건을 선물로 제공하는 것이다. 이와 같은 물건들은 유용하며 그리고 종종 받는 사람의 이름으로 주기 때문에 목표고객에 의해서 계속 보관되어 사용되는 수가 많으며 따라서 반복된 노출효과를 누릴 수 있다.

3) 전시회

전시회는 유통단계의 재판매업자에게 제품 또는 서비스를 촉진하기 위해서 종종 사용된다. 소매상이나 도매상은 전시회나 박람회에 참석하여 제조업자의 다양한 제품을 둘러본다. 이와 같은 전시회는 장난감, 가구 그리고 패션사업에서는 매우 중요하다.

4) 기타의 판촉방법

샘플은 제품의 무상선물이다. 샘플은 제품의 수용도를 높여 미래의 판매증대를 낳게끔 하는 목적으로 주어진다. 샘플은 특히 신상품의 촉진에 매우 유용하다.

쿠폰은 약간의 가격할인을 제공함으로써 고객으로 하여금 새로운 제품을 시험해 보게끔 하기 위한 것이다.

판촉대회는 현금이나 상품을 경품으로 제공하는 판촉기법이다. 경품대회도 소비자로 하여금 신상품을 시험해 보게끔 자극한다.

브랜드 성장을 위한 4가지 전략

한국 소비재 기업은 크게 두 가지 도전에 직면해 있다. 하나는 내수시장 자체의 지속적인 성장률 둔화이고, 다른 하나는 유통기업과의 경쟁심화다. 미국과 유럽 등 선진국의 글로벌 소비재 기업들도 현재 한국기업들이 직면한 도전을 이미 10여 년 전부터 경험했다. 그러나 이런 상황에서도 몇몇 기업들은 승승장구하고 있다. 베인의 조사결과에 따르면 미국과 유럽의 글로벌 소비재 업체 중 약 5% 정도가 이에 해당한다. 이들 업체의 공통점은 무엇일까? 새로운 소비자들의 심리와 행동 패턴 등 변화 트렌드를 심층적으로 이해하고 이에 맞는 유통전략을 펼쳤다는 점이다. 이러한 트렌드 중 대표적인 것이 스마트 소비 확산과 전반적인 고객 브랜드 충성도 감소다.

◆ 스마트 소비의 확산

경기가 어려울 때 소비자들은 전체적으로 씀씀이에 민감해지고 최대한 아끼려는 심리가 발동한다. 다시 말해 소비의 거품을 줄이려는 트레이딩 다운(trading down) 현상이 보편화된다. 이와 함께 경기침체 시기에는 현재 쓰지 않고 모으는 돈에서 기대할 수 있는 미래 투자 이익률도 줄어들게 된다.

이에 따라 소비자가 중요하다고 생각하는 일부 아이템에 대해서는 고급품에 대한 소비, 즉 '트레이딩 업'(trading up) 현상이 나타난다. 특히 고성장 시대를 제대로 경험하지 못한 20~30대 젊은 소비자들에게서 트레이딩 다운과 트레이딩 업이 동시에 나타나는 현상이 두드러진다.

◆ 소비재 시장에서 고객의 브랜드 충성도 감소

제조사들이 소비자들에 대해서 흔히 착각하는 두 가지가 있다. 하나는 소비자들이 브랜드에 대해서 평소에 많은 생각을 할 것이라는 점이다. 또 하나는 자사의 제품을 많이 쓰는 소비자는 충성도가 높을 것이라는 점이다. 하지만 대부분의 소비자는 평소 소비재 브랜드에 대해 의식적으로 생각을 별로 안 한다. 그러다가 구매 니즈가 생겼거나 실제 구매가 이루어지는 시점에서, 머리에 떠오르거나 눈에 띄는 브랜드 중 조건에 따라 구매 의사결정을 하는 것이 일반적이다. 베인의 연구결과에 따르면, 소비재 카테고리의 약 90%에서 소비자들의 브랜드 섞어 쓰기 현상이 보편적으로 나타나고 있는 반면, 약 10%의 카테고리에서만 특정 브랜드에 대한 충성도를 보인다. 이런 상황에서 소비재 브랜드는 어떻게 시장을 상회하는 성장을 할 수 있을까? 소비가 양극화되고 소비자 충성도가 감소하는 시대에서는 브랜드 성장을 위해 크게 네 가지 전략을 생각할 수 있다.

일반화되는 주요 브랜드 섞어쓰기 현상 (단위=개)

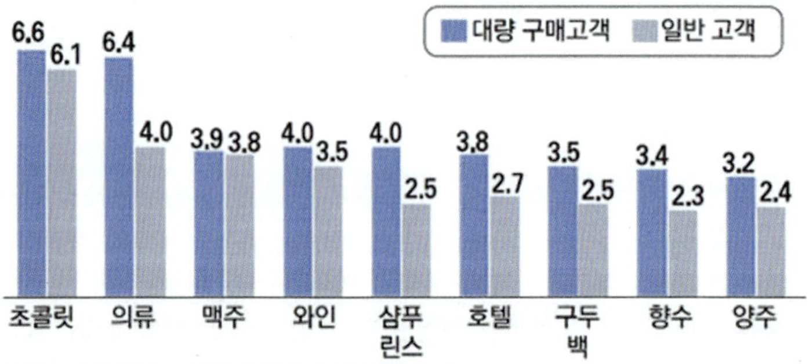

*영국 소비자 사례, 소비자 1인당 평균 고려 브랜드 수.

◆ 브랜드 성장 전략 1 : 아주 좋거나 혹은 아주 싸거나

스마트 소비시대에는 중간가격 제품은 설 자리가 없다. 가격이 저렴하지 않다면 확실히 차별화된 다른 가치로 승부해야 한다. 명품이 존재하는 카테고리 시장에서는 명품과 부분적으로 비슷한 가치를 주는 매스티지 브랜드로서 승부를 노려볼 수 있다. 샤넬의 수석디자이너 칼 라거펠트나 마르니 등의 명품 디자이너와 콜래보레이션 제품을 지속적으로 내놓고 있는 글로벌 의류 브랜드 H&M이 대표적인 사례다. 한편 일반적인 소비재 시장의 경우 저가와 중고가 시장으로 양분되는 추세는 더욱 심화될 것으로 보인다. 세계

적 소비재 기업인 P&G는 애매한 중가 제품 포트폴리오를 최소화하고 저가와 중고가 제품에 집중하고 있다. 기존 세제가격의 반값 수준인 '게인'(Gain) 브랜드를 론칭하는가 하면, 고급 면도기 '질레트 프로글라이드'를 출시하는 등 양분화된 제품 정책을 펼치고 있다.

◆ 브랜드 성장 전략 2 : 브랜드 현저성(brand salience)

브랜드 섞어 쓰기가 보편적인 소비재 카테고리에서 브랜드 마케팅은 소비자들의 브랜드 고려군에 들어가는 것을 가장 중요한 목표로 삼아야 한다. 90% 이상의 소비재 카테고리에서 소비자들의 브랜드 충성도가 낮다고 해서 소비자들이 아무 브랜드나 산다는 뜻은 아니다. 시쳇말로 '듣보잡' 브랜드는 여전히 설 자리가 없다. 이런 브랜드 고려군에 들기 위해서는 가장 중요한 것이 브랜드 현저성, 즉 다른 브랜드와 차별화되는 그 브랜드만의 독특한 연상을 구축해야 한다. 다른 브랜드와 차별화되는 현저성은 반드시 그 브랜드의 효능, 맛 등 본질적 특성상의 차이에서만 오는 것은 아니다. 강력한 색깔, 소비자 머릿속에 각인된 캐치프레이즈나 CM송, 독특한 패키지 등도 브랜드를 눈에 띄게 하고, 두드러지게 만드는 물리적 속성들이다. 평소 브랜드를 생각하지 않는 소비자라도 해당 카테고리가 필요한 시점에는 자동적으로 그 브랜드를 떠올릴 수 있도록 소비자들의 기억구조를 구축하는 데 노력해야 한다.

◆ 브랜드 성장전략 3 : 마지막 승부는 채널에서

소비자들에게 인정받을 만한 확실한 가치와 브랜드 현저성을 확보했다면, 많은 경우 브랜드 성장의 결정적 승부는 채널에서 난다. 따라서 소비자의 결정적 구매시점의 채널을 커버해야 한다. 이런 맥락에서 예전 소비재 마케팅에서는 소위 판촉이라고 부르던 활동들을 이제 많은 선도 소비재 기업들이 '매장내 활동'(in-store-activation)이라고 폭넓게 정의한다. 단순한 할인이나 끼워 팔기가 아니라, 매장내에서 브랜드를 검색하고 구매하는 마지막 순간까지 가장 눈에 띄도록 배치하고 구매를 설득하는 다양한 도구를 활용한 커뮤니케이션 활동이 매우 중요하기 때문이다.

◆ 브랜드 성장전략 4 : 신제품 출시가 능사 아니다

소비재 업체에서 제품혁신은 매우 중요하다. 특히 고객의 니즈와 구매 시점을 고려해 새로운 세부 카테고리를 만들어내는 제품혁신일 경우 매우 효과적일 수 있다. 건강한 과자라는 고객 니즈를 기반으로 프리미엄 과자의 카테고리를 만들어낸 국내 '마켓오'는 좋은 사례이다. 그러나 이런 성공사례에도 불구하고 국내 과자시장에서 시장 1위는 새우깡이다. 한국만 이런 것은 아니다. 해외에서도 많은 소비재 카테고리의 리딩 브랜드들은 수십 년째 부동의 1위를 지키고 있다. 결국 중요한 것은 기존 핵심제품과 신제품간의 균형이다. 베인의 글로벌 소비재 프로젝트 경험에 따르면 성공적 신제품이 성장을 가져오는 것은 사실이지만, 대부분 업체에서 기존 핵심제품의 성장률이 더 높다. 많은 제조업체들은 자사의 핵심 브랜드와 제품들이 이미 클 만큼 컸다고 생각한다. 하지만 거의 예외 없이 기존의 핵심 브랜드와 제품은 신제품만큼이나 추가적인 성장 잠재력을 가지고 있었다.

[신경자 베인&컴퍼니 소비재 · 유통 부문 이사]
(매일경제, 2012년 6월 23일)

나이중심 문화가 만들어낸 20대 신조어 '나일리지'

하루가 멀다 하고 생겨나는 신조어들. 그 중에서도 20대들이 최근 많이 사용하는 신조어에는 무엇이 있을까? 20대가 즐겨보는 잡지 '대학내일'연구소에 따르면 '나일리지'라는 단어가 20대가 사용하는 신조어 중 하나로 추가되었다고 한다.

'나이'와 '마일리지'가 합성된 단어 '나일리지'. 마일리지라는 단어는 고정고객 확보를 위한 기업의 판매 촉진 프로그램이면서 항공사에서 시작되어, 근래에는 신용카드사 · 통신 회사 등에서 사용된다. 즉 고객 유치의 일환으로 이용되고 있는 마일리지가 '나이'와 만나 '나일리지'라는 신조어가 된 것이다.

안타깝게도 '나일리지'는 마일리지와는 달리 부정적인 의미로 사용된다. 마일리지가 쌓이는 것과 같이 나이를 먹으면서 그에 따른 권리를 기성세대가 당연히 누려야 한다는 의미로 사용되기 때문이다.

'나일리지 현상'은 서양문화권보다 유교 중심의 동양 문화권에서 더 강하게 나타난다. 그 중에서도 나이서열에 민감한 우리나라에서 나일리지 현상은 두드러지게 나타나는 편이다. 실제로 흔히 우리가 부르는 '빠른 년생'들이 사회생활을 하며 나이와 학년 사이에서 빚게 되는 혼선과 어려움은 우리 사회가 얼마나 나이에 대해 민감하게 반응하는지를 볼 수 있게 해준다.

최근 동그라미재단이 진행한 '기회불평등에 대한 경험과 인식 조사'에서 우리나라 성인 10명 중 6명은 "우리 사회가 공평하지 않다"고 생각했는데, 그 이유로 '나이에서 오는 차별 및 불이익' 경험 비율이 25.7%로 가장 높은 것으로 밝혀졌다. 이는 우리 사회에 나일리지 현상이 만연하다는 것을 간접적으로 시사하는 모습이기도 하다.

문제는 기성세대에 대한 불만과 비판으로 만들어진 '나일리지'라는 단어가 기성세대애 대한 적대적인 태도를 넘어, 나이 많은 사람을 기피하는 현상으로 번지고 있다는 점이다.

얼마 전 발표된 로스쿨 입학 인원 분석 자료에 따르면 로스쿨 신입생 중 30대 입학생은 거의 없었는데, 그 이유는 나이를 먹으면 그 만큼 나일리지 행세를 할 것이란 우려 혹은 나이가 어린 사람의 겪게 되는 불편함 때문인 것으로 파악되고 있다. 즉 나일리지라는 단어를 신조어의 탄생 정도로 인식할 것이 아니라, 하나의 사회 문제로 받아들이고 함께 고민해야 한다는 의미인 것이다.

살아온 시간이 많다는 것은 분명 그 자체만으로 존중받고 인정받아야 한다. 그 안의 지혜와 노하우 역시 무시할 수 없는 부분이다. 그러나 기성세대는 세상이 변하는 만큼 지혜와 노하우는 세상과 조화로울 수 있을 때 빛을 발휘할 수 있다는 점을 기억해야 한다.

동시에 젊은 세대는 나이가 많다는 이유로 기성세대에 적대감을 갖거나 거부하는 생각과 행동은 지양해야 한다. 나의 부모님도 누군가에게 나일리지 행세를 한다고 비판 받으며 손가락질을 받을 수 있기 때문이다. 결국 '신(新)과 구(舊)'는 조화롭게 공존할 때 가장 아름답다는 점을 기억해야 할 것 이다.

(시선뉴스, 2016년 6월 15일)

주요용어

가격 라인 전략(product line pricing)
가격전략(price strategy)
개인 브랜드(private brand)
공간효용(place utility)
광고(advertising)
마케팅(marketing)
마케팅믹스(marketing mix)
목표시장(target market)
물적 유통(physical distribution)
브랜드(brand)
브랜드 충성도(brand loyalty)
비인적 판매(nonpersonal selling)
상표(trademark)
상표명(brand name)
소비자행동(consumer behavior)
소유효용(ownership utility)
스키밍 가격전략(skimming pricing)
시간효용(time utility)
심리적 가격정책(psychological pricing)
유통경로(distribution channel)
인적 판매(personal selling)

전국적 브랜드(national brand)
제품수명주기(product life cycle)
제품전략(product strategy)
촉진믹스(promotion mix)
침투가격전략(penetration pricing)
테스트 마케팅(test marketing)
판매시점광고(point of purchase ; POP)
판매촉진(sales promotion)
포지셔닝(positioning)
푸쉬 전략(pushing strategy)
풀 전략(pulling strategy)

개 념 확 인

1. 마케팅이 효용창출 활동이라는 것을 설명해 보자.
2. 마케팅믹스에 대해 설명해 보자.
3. 소비자행동의 개념과 소비자행동에 영향을 미치는 요인에 대해 설명해 보자.
4. 제품수명주기에 대해 설명해 보자.
5. 제품수명주기의 각 단계별 전략특성에 대해 설명해 보자.
6. 브랜드 충성도에 대해 설명해 보자.
7. 가격전략 중 상층흡수 가격전략, 침투가격전략 및 가격 라인 전략에 대해 설명해 보자.
8. 유통경로의 마케팅 기능에 대해 설명해 보자.
9. 촉진 믹스의 의의와 촉진전략의 목표에 대해 설명해 보자.
10. 판매촉진의 기법에 대해 설명해 보자.

제 9 장

재무관리

본 장에서 우리는 재무관리란 무엇이며, 기업내에서 재무관리자가 어떤 역할을 행하며, 또 재무관리의 목표가 무엇인가를 차례로 논의하고자 한다. 재무관리는 부(wealth)의 유지와 창조에 초점을 맞추고 있다. 따라서 재무관리과정은 부의 창조를 목표로 한 의사결정과 연관된다. 재무관리의 목표 또는 기업의 목표(the goal of the firm)는 다음에서 자세히 설명되는 바와 같이 주주의 부의 극대화이며, 이는 앞으로 우리가 배워나갈 재무의사결정의 지침이 될 것이다. 그리고 본 장에서 다루게 될 재무의사결정기법들은 주주의 부의 극대화(maximization of shareholder wealth)를 근간으로 5가지 기본명제 또는 공리(underlying principles, or axioms)에 기초하여 설명되어질 것이다.

재무관리의 목표 또는 기업의 목표(the goal of the firm)는 다음에서 자세히 설명되는 바와 같이 주주의 부의 극대화이다.

재무(finance)란 조직의 목표를 달성하기 위해서 경제원칙에 따라 필요한 자금을 효과적으로 조달하고 운용하는 기능이다.

제 1 절 재무관리의 의의

재무(finance)란 조직의 목표를 달성하기 위해서 경제원칙에 따라 필요한 자금을 효과적으로 조달하고 운용하는 기능이다.

최근에 들어 업계에서는 효과적인 재무의사결정이 곧 조직의 성공과 같은 의미로 인식되고 있다. 또한 기업경영에 있어서 제반 비용의 측정 및 감소에 보다 큰 주안점이 놓여지고 있다. 결과적으로 재무관리자가 기업경영에 있어 가장 중요한 인력 중의 하나로

부각되고 있는 것이다. 재무관리의 중요성은 여러 기업들에 있어 최고경영간부들의 면면을 살펴보면 재무관리자가 승진한 경우가 많은 사례에서도 입증되고 있다. 주요 기업들을 고찰한 최근 연구에 따르면 세 명의 최고경영간부들 중 거의 한 사람 꼴로 재무 또는 금융부문 경력을 가지고 있는 것으로 나타났다.

1. 재무관리자의 목표

보통주(common stock)는 우선주 등과 같이 특별한 권리내용이 없는 보통의 주식을 말한다. 일반적으로 주식이라 하면 보통주를 말하는 것이다.

기업의 경영조직에 있어서 재무부문은 생산 및 마케팅 부문과 유사한 목표를 가지고 있다. 조직의 각 부문에서는 궁극적으로 조직 전체의 목표를 달성하고자 한다. 재무적 의사결정은 기업의 총 가치를 극대화(maximization of the firm's value)시키기 위한 시도로 행해진다. 기업가치의 극대화, 즉 부의 극대화는 결국 최소의 위험을 부담하면서 최대의 이익을 실현함을 의미한다. 그러나 이것이 기업의 궁극적인 목표임은 누구나 인정하고 있지만 실제에 있어서 언제 부가 극대화되었는지에 대해서는 아무도 모른다. 주식회사의 가치는 전형적으로 보통주의 가격에 의해서 결정되므로 보통주의 가격을 통해서 기업가치를 확인해 볼 수 있다. 기업이 발행한 주식의 가격이 상승하면 일반적으로 그 기업 주주들의 부가 증대되었다고 말한다.

재무관리자가 의사결정을 내릴 때는 언제나 기대재무이익(expected financial returns)과 그에 따른 위험(risk)과의 균형을 끊임없이 추구하고 있다. 위험은 손실에 대한 불확실성(uncertainty)을 나타낸다. 이익은 투자의 결과로 일정한 기간에 걸쳐 창출되는 이득 또는 손실을 말한다. 예컨대, 기업의 보유현금이 증가하면 예기치 못한 현금부족의 위험을 감소시킨다. 그러나 현금은 그 자체로서는 이익을 창출하지 않는 자산이며, 잉여자금을 유가증권과 같은 수익성자산에 투자하지 않으면 기업의 수익성이 감소하게 된다. 마찬가지로, 자금조달에 있어 차입의존도가 높을수록 소유자 또는 주주의 투자분에 대한 이익률 또는 수익성이 증가한다. 그러나 부채사용의 증가는 곧 위험의 증가를 수반하게 되는 것이다. 따라서 재무관리자는 '위험-수익 상반관계'(risk-return trade-off)를 고려하여 주주의 부를 극대화시킬 위험 및 수익성의 균형점을 찾기 위해 노력해야 한다. 사실 대부분의 재무 의사결정은 그러한 상반효과를 수반하고 있다.

2. 재무계획

재무관리자는 기업이 필요로 하는 자금의 조달 및 운용을 책임진다. 특히, 재무관리자는 기업의 목표달성을 위한 재무계획을 개발하고 자금의 원천과 운용에 대한 최적 의사결정을 내린다.

재무계획(financial plan)은 특정 기간 동안에 기업이 필요로 하는 자금의 총액, 자금의 유입과 유출의 시점 및 자금의 최적 원천 및 운용에 관한 의사결정이다.

그들은 또한 여유자금이 기업의 현금, 재고자산, 미지급비용 등에 잠겨있지 않게 하기 위하여 이러한 항목들을 끊임없이 점검한다. 비록 이러한 항목들을 직접 관리하지는 않지만 재무관리자는 자금이 효율적으로 사용되도록 '감시인'(watchdogs)으로서의 기능을 다하고 있는 것이다.

재무계획(financial plan)은 특정기간 동안에 기업이 필요로 하는 자금의 총액, 자금의 유입과 유출의 시점 및 자금의 최적 원천 및 운용에 관한 의사결정이다. 재무계획은 해당기간에 대한 생산비용 구매 및 예상 매출활동 등에 관한 추정치에 근거를 두고 마련이 된다. 재무관리자는 이러한 추정치를 사용하여 수입 및 지출의 액수와 시점을 결정하게 된다. 단순히 수익성이 좋은 투자안을 수행하고 매출액을 늘린다고 해서 기업의 성공과 지급불능상태의 예방이 보장된다고 할 수 없다. '유동성 위기'(liquidity crisis), 즉 재무적 의무를 이행하기 위한 현금부족현상은 언제나 기업을 위협하고 있다. 이러한 문제는 신용이 제한될 때 더욱 심각하게 나타나기 때문에 여러 대안이 있는 대기업보다도 중소기업들이 더욱 현금부족의 위험을 갖고 있다고 할 수 있을 것이다. 그렇다고 해서 대기업의 경우에는 유동성 문제가 전혀 없다는 것을 의미하지는 않는다. 좋은 예로서 1970년대 현금부족으로 크게 곤란을 겪은 크라이슬러(Chrysler Corporation)를 들 수 있겠다. 재무계획은 기본적으로 다음의 세 가지 중요한 과제에 대한 답을 제시하려고 한다.

① 차기 영업활동기간 중 우리 기업이 필요한 자금은 모두 얼마인가?
② 필요한 자금을 어떠한 방법으로 조달할 것인가?
③ 추가자금은 언제쯤 필요하게 되는가?

[그림 9-1] 재무계획의 주요 구성 요소

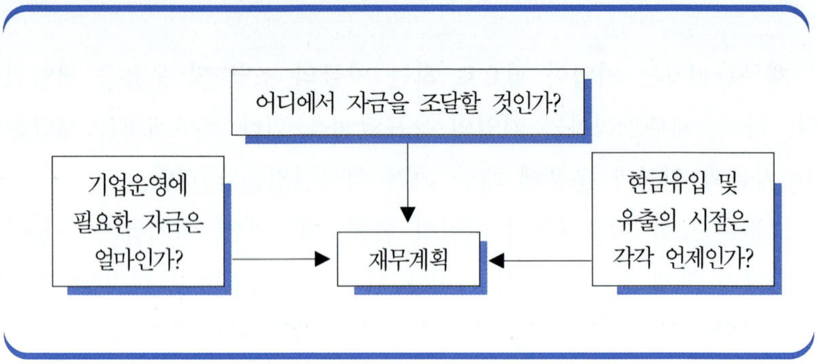

주택저당대출(mortgage loan)은 은행이 대출 실행시 담보물인 부동산에 저당권(mortgage)을 설정하고 이를 근거로 대출재원을 조달하여 자금을 대출하는 것을 말한다.

일반적인 대출이 만기도래까지 자금이 묶이는 것과는 달리 은행은 대출시 취득한 저당권을 담보로 하는 증권을 발행·유통시켜 또 다른 대출자금을 마련할 수 있다는 특징이 있다.

[그림 9-1]에 나타난 것과 같이 재무관리자는 이러한 세 가지 과제를 주의 깊게 고려해서 자금의 최적 원천과 그에 따른 운용방안을 결정하게 되는 것이다.

자금의 일부는 기업의 상품 및 서비스의 매출을 통해서 얻어질 것이다. 그러나 필요자금은 시점에 따라 규모가 각각 다르며 재무계획은 자금의 유입 및 유출의 액수와 시점 모두를 잘 반영해야 한다. 수익성이 좋은 회사들도 종종 매출이 부진하고 신용판매가 증가하거나 고객들의 지불이 늦어질 때면 자금수요로 인한 재무위기에 직면하게 된다. 기업의 현금유입 및 유출 행태는 마치 가족구성원들이 자금유입으로서 월급에 의존하지만 지출은 매일매일 달라지는 가계의 경우와 매우 흡사하다. 재무계획은 자금의 유입과 유출에 대하여 그 규모와 시점을 잘 반영하고 있어야 한다.

기업에서의 재무의사결정과 개별 가계의 그것과는 매우 유사한데 특히 이자율이 하락하는 기간동안의 두 의사결정을 보면 유사성은 더욱 확실해진다. 미국의 많은 주택소유자들은 그동안 주택저당대출(mortgage)에 대해 10% 이상의 이자율을 지급해 왔는데, 1980년대 후반 들어 주택저당대출금리가 10% 이하로 하락하자 그 중 많은 사람들이 주택자금을 재조달(refinancing)하기로 결정했다. 수많은 기업의 재무관리자들도 각각 차입자금의 비용을 줄이기 위해 유사한 결정을 내렸다. 예를 들어, 자동차부품 생산업체인 다나 주식회사(Dana Corporation)는 1986년 금리가 높은 단기상업어음을 대체하기 위해 1억 달러 규모의 10년 만기 표면금리 8.375%의 회사채를 발행하였다. 임가공제품회사인 조지아 퍼시픽(Georgia-Pacific)사는 표면금리 9.25%에 30년 만기인 회사채를 1억5천만 달러 규모로 발행하였다. 새로 차입된 자금의 일부는 금리 14.625%의 단기부채를 상환하는데 사용되었던 것이다.

유동성 자산(liquid asset)은 현재의 시장가격변동을 유지하면서 짧은 기간에 매매가 이루어질 수 있는 자산. 미국 재무성 증권은 매우 유동성이 높은 자산의 예이다.

제 2 절 재무관리의 기초가 되는 5가지 기본명제

22재무관리를 처음 접하는 독자들로서는 생소한 용어들에 당황스러울 수도 있을 것이다. 지금까지 우리는 주식가치의 극대화가 재무관리의 목표로서 타당하다는 것을 살펴보았다. 그리고 그러한 이유로서 주식가격이 이익의 크기, 시간성 그리고 위험을 모두 반영하기 때문이라고 하였다. 즉 주식가격은 그 기업의 미래현금흐름에 기초하고 있고, 화폐의 시간적 가치를 고려하고 있으며, 위험과 수익간의 상반관계가 적용되는 개념인 것이다. 그리고 이러한 주식들이 거래되는 자본시장은 효율적이라고 가정되며, 경영자는 자신의 이익과 합치하지 않을 때에는 기존주주의 부의 극대화(또는 주식가치의 극대화)를 위해 행동하지 않을 수도 있다는 것이다.

이러한 개념 속에 앞으로 우리가 본서를 통해 공부하고자 하는 재무관리의 기본적인 개념이 모두 들어있다고 해도 과언이 아닐 것이다. 화폐의 시간적 가치, 위험과 수익간의 상반관계, 현금흐름의 기준, 효율적 자본시장 및 대리문제의 5가지 기본명제는 본서에서 설명될 재무의사결정과정과 그 기법들의 기본적인 논리가 될 것이다. 따라서 재무관리를 올바로 이해하기 위해서는 이 5가지 기본명제를 이해하는 것이 무엇보다도 중요하다. 이러한 5가지 기본명제는 재무관리의 개념적 토대를 제공할 것이다. 비록 5가지 기본명제가 단순하고 시시해 보일지라도, 이러한 명제들은 재무관리의 기초를 형성하는 것이므로 반드시 이해하고 넘어가야 할 것이다.[1)]

"한국 부자들, 평균 5개 금융회사에 분산투자"

한국의 거액자산가들은 분산투자 차원에서 평균 5개 금융회사와 거래하는 것으로 나타났다.

17일 한화투자증권이 금융자산 2억5천만원 이상을 보유한 자산가들을 대상으로 자산관리 성향을 조사한 결과 이같이 나타났다고 밝혔다.

조사 결과에 따르면 국내 거액자산가들은 복수의 금융회사와 거래하고 있으며 거래 회사 수는 평균 5개사였다.

복수 거래의 원인으로는 '금융기관별 전문성 및 투자성향이 다르므로 분산투자 차원에서'라고 답한 응답자가 전체의 68%로 가장 많았다. 자신의 자산 총액을 노출하지 않기 위해 복수 회사와 거래한다고 답변한 사람도 14%를 차지하며 뒤를 이었다.

또 국내 거액자산가 대부분이 원금을 보존할 수 있는 투자전략을 선호하지만 위험부담에 대해서도 다소 개방적인 태도를 보인 것으로 조사됐다.

투자성향 조사에서 '주로 원금 보존형을 선택하지만 일부 위험부담 상품에 투자한다'고 답변한 응답자는 절반 이상인 64%로, '절대적으로 원금을 보존할 수 있는 상품만 투자한다'고 응답한 사람(26.7%)보다 많았다.

이에 대해 한화투자증권 프라이빗뱅킹(PB)전략팀 관계자는 "최근의 저금리 상황을 돌파하고자 추가 수익을 위해 위험부담이 있는 상품에 대해서도 고객들이 다소 개방적 생각을 갖게 된 것"이라고 분석했다.

투자결정 방식 조사에서는 '전문가 등의 의견을 참고한 후 스스로 결정한다'는 이른바 '액티브 어드바이저리(active advisory)' 방식을 선호한 사람이 전체 66%로 가장 많았다. 본인이 직접 투자하고 관리한다는 응답자는 28%로 그 뒤를 이었다.

---

1) 5가지 기본명제는 A. J. Keown, D. F. Scott, Jr., J. D. Martin, and J. W. Petty의 「Foundations of Finance」, Prentice Hall, 1994, p.14-23.을 참조하여 각색한 것이다.

그밖에 자산축적 방법 조사에서는 '개인사업 등 자수성가형으로 자산을 축적했다'라고 답변한 사람이 73.3%로 가장 많았고 부모의 지원이나 상속으로 자산을 축적했다는 응답자는 8.3%를 차지했다.

(연합뉴스, 2013년 1월 17일)

기본명제 1: 화폐의 시간적 가치

(오늘의 1원은 내일의 1원보다 가치가 더 크다)

재무관리에서 가장 흥미로운 개념 중의 하나는 화폐의 시간적 가치(the time value of money)일 것이다. 이는 오늘의 1원이 내일의 1원보다 더 가치가 크다는 것을 의미한다. 우리가 단순히 오늘 받은 1원을 내일까지 은행에 예금한다고 하더라도 그에 상응하는 이자를 받을 수 있다. 따라서 내일의 1원보다는 오늘의 1원이 더 가치가 크며, 합리적인 사람들은 동일한 금액의 돈이라면 당연히 보다 일찍 받는 쪽을 선호하게 되는 것이다. 독자들은 화폐의 시간적 가치가 경제학에서는 오늘 1원으로 벌 수도 있었던 이득을 포기한 기회비용(opportunity cost)으로 표현된다는 것을 기억할 수 있을 것이다.

기업의 투자에 따른 현금흐름은 상당 기간에 걸쳐서 발생한다. 따라서 재무의사결정과정에서는 투자안들이 발생시키는 각 시점의 현금흐름들을 동일한 시점에서 평가(일반적으로 현재시점에서 평가)하여야 할 필요성이 있다. 이때 각 투자안(project)들의 비용과 효익을 현재시점에서 평가하는 데 필요한 개념이 바로 화폐의 시간적 가치이다. 즉 효익(benefits)이 비용(costs)을 능가하면, 그 투자안은 주주의 부를 증가시키며 따라서 채택될 것이다. 그러나 반대로 효익보다 비용이 더 크면, 그 투자안은 부를 창조하지 못할 것이므로 기각될 것이다. 이와 같이 어떤 투자안이 주주의 부를 증가시키는 투자안인지의 여부를 평가하기 위해서는 발생시점이 상이한 비용과 효익을 동일시점에서의 가치로 전환시키는 과정이 필수적이며, 이와 관련된 개념이 바로 화폐의 시간적 가치인 것이다.

기회비용(opportunity cost) 은 어떤 재화의 두 종류의 용도 중 어느 한 편을 포기할 경우, 포기 안했다면 얻을 수 있는 이익의 평가액을 말한다.

기업가가 기업에 투자한 돈을 은행에 예금했다면 이자를 받을 수 있는데, 이 이자가 이 기업가에게는 기회비용이다.

오늘의 1원을 미래 일정 시점의 가치로 평가하기 위해서는, 특정한 기회비용 또는 이자율(interest rate)을 가정하여야 한다. 투자안의 비용과 효익을 동일시점에서 평가하기 위해 이용되어야 할 이자율은 다음에 설명될 위험과 수익간의 상반관계에 의해서 결정된다. 사람들은 다른 조건이 동일하다면, 미래의 소비보다는 현재의 소비를 선호하는 경향이 있다. 그 이유는 미래는 인플레이션, 회수불능위험 등 현재보다 더 많은 불확실성 또는 위험을 내포하고 있다. 그리고 앞서 설명한 바와 같이 현재의 1원은 투자를 통해 미래에 보다 큰 수익을 기대할 수 있다. 이와 같이 투자자들이 미래의 1원보다 현재의 1원을 선호하는 경향을 유동성 선호(liquidity preference)라고 한다. 투자자들은 현재 1원을 소비하는 대신에 투자를 통해 그 소비를 미래로 이연시키면, 유동성 선호에 대한 보상으로서 그에 상응하는 수익을 요구하게 된다. 투자자들은 그 투자안의 위험에 상응한 수익을 요구하게 되며, 이때의 이자율이 그 투자안의 각 시점의 현금흐름을 교환하는 비율이 된다.

기본명제 2: 위험과 수익간의 상반관계

(안전한 현금흐름이 위험한 현금흐름보다 가치가 더 크다)

재무관리의 두 번째 기본명제는 다른 조건이 같다면, 안전한 현금흐름이 위험한 현금흐름보다 가치가 더 크다는 것이다. 즉 사람들은 보다 큰 위험을 부담할 때에는, 반드시 그에 상응하는 수익률로 보상받고자 한다는 것이다. 사람들은 누구나 위험은 작고 기대수익은 높은 투자안을 선호할 것이다. 그러나 위험이 많은 투자안은 그 위험을 반영하여 그 기대수익도 높아야 한다. 이와 같은 관계를 위험과 수익간의 상반관계(the risk-return tradeoff)라 한다. 즉 위험감소와 수익성증대는 동시에 달성될 수 있는 것이 아니라, 위험이 높아지면 기대수익률이 높아지고 위험이 낮아지면 기대수익률도 역시 낮아진다는 것이다. 이 기본명제는 앞으로 우리들이 재무관리를 배우는 데 기본이 되는 것이며, 현실의 세계에서도 엄격히 적용되는 근본원칙인 것이다. 만약 기대수익률은 동일한 데 위험이 높은 투자안이 존재한다면, 합리적인 투자자들은 그 투자안을 회피할 것이며 이에 따라 그 투자안의 시장가격은 하락하게 될 것이다. 그리고 시장가격이 하락한다는 것은 기대수익률이 높아진다는 것이므로, 결국 위험이 많은 투자안의 기대수익률은 위험이 적은 투자안의 기대수익률보다 높아지게 되는 것이다.

우리는 일정 시점에서 대부분 자신이 보유하고 있는 자금 중의 일부를 저축 또는 투자한다. 그 이유는 현재의 소비를 감소시키는 대신에 미래의 소비기회를 증가시키기 위한 것이다. 그러면 현재의 소비를 미래의 소비로 연기시키기 위하여 과연 어디에 투자할 것인가? 사람들은 소비를 연기시키는 데 따른 최소한의 수익(minimum return)을 요구하며, 그 수익률은 기대 인플레이션율보다 커야 할 것이다. 최소수익률이란 투자자들이 추가위험을 감수할 수 있는 최소한의 수익률을 의미하며, 따라서 투자자들은 최소수익률 이상의 수익을 제공하는 투자안에 투자할 것이다.

투자자들은 소비연기에 대해 수익을 요구하며, 추가위험 감수에 따라 추가적 수익을 요구한다. 자본투자는 본질적으로 시간(time)과 불확실성(uncertainty)의 속성을 가지고 있다. 시간의 속성과 관련하여 앞서 설명한 바와 같이 소비연기에 대한 시간적 보상이 요구된다. 그리고 불확실성의 속성과 관련하여 볼 때, 현재의 희생은 확실하나 미래의 이득은 불확실하다. 따라서 투자자들은 이러한 불확실성(위험)에 대한 보상으로서 보다 큰 수익률을 요구하게 된다. 이러한 관계를 도시한 것이 [그림 9-2]이다. 그림에서 보는 바와 같이, 투자안의 위험이

기업의 가치나 자산의 가격은 이로부터 기대되는 미래현금흐름의 추정치에 의해 결정되나, 이러한 미래현금흐름의 추정에는 반드시 불확실성이 따르게 된다. 즉 기업이나 투자자의 투자의사결정과 그에 따른 결과 사이에는 항상 시차가 존재하며, 여기서 계속 변화하는 경제환경의 특성 때문에 결과에 대한 불확실성이 따르게 된다.

이러한 불확실성하에서 자연적으로 발생하는 것이 위험인데, 위험(risk)이란 어떤 투자안으로부터 얻어지게 될 결과에 대해 불확실성이 존재함으로써 발생하는 변동성으로 정의된다.

[그림 9-2] 위험과 수익간의 상반관계

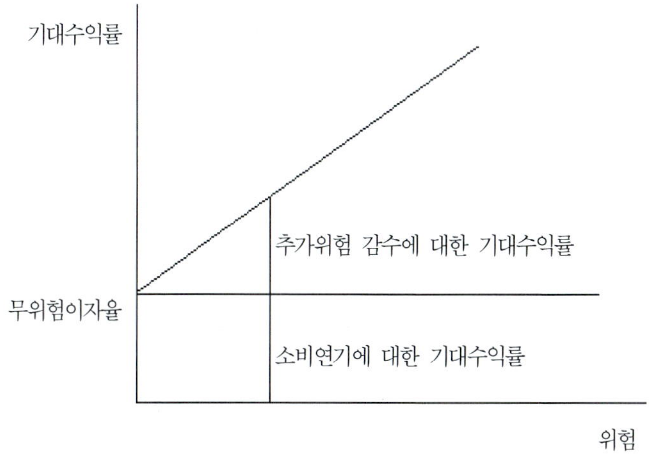

증가하면 그에 따라 기대수익률도 증가하는 위험과 수익간의 상반관계가 성립함을 알 수 있다.

기본명제 3: 현금흐름 기준

(현금흐름만이 투자안의 비용과 효익의 정확한 시점을 반영한다)

현금흐름(cash flows)은 투자로부터 발생하는 모든 현금의 움직임을 말한다.

투자로 인하여 들어오는 현금을 현금유입이라 하며 나가는 현금을 현금유출이라 한다. 현금유입과 현금유출의 차를 순현금흐름이라 하며 간단히 현금흐름이라고도 한다.

재무관리에서는 가치평가의 기준으로 회계이익(accounting profits)을 이용하지 않고 현금흐름(cash flows)을 이용한다. 기업이 실제로 수취하고 재투자하는 것은 회계상의 이익이 아니라 현금흐름이다. 회계이익은 실제 현금을 수령하는 시점이 아닌 발생시점을 기준으로 작성된다. 따라서 회계이익의 발생시점은 실제의 현금흐름의 발생시점과 다를 수 있다. 예를 들어, 기계나 설비 등의 매입과 같은 자본지출(capital expenses)은 수년간에 걸쳐 감가상각 된다. 그러나 자본지출과 관련된 현금흐름은 일반적으로 즉시 발생된다. 결국 현금흐름만이 이익과 비용의 시점을 정확히 반영한다.

어떤 자산의 가치(the value of any asset)는 그 자산이 발생시킬 것으로 기대되는 미래현금흐름을 그 현금흐름의 위험을 반영한 이자율로 할인한 현재가치이다. 즉 어떤 자산을 현재시점에서 평가한 가치는 그 현금흐름을 위험과 수익간의 상반관계에 따른 이자율을 이용해서 화폐의 시간적 가치를 고려하여 평가한 가치임을 알 수 있다.

우리는 현금흐름을 이용하여 재무의사결정에 따라 채택 또는 기각결정을 내렸을 때, 그러한 의사결정에 따른 결과에 관심을 갖는다. 즉 우리는 어떤 투자안을 채택 또는 기각했을 때, 기존의 현금흐름이 어떻게 변화될 것인가를 고려한다. 재무의사결정에서는 증분현금흐름(incremental cash flows)이 보다 중요한 고려대상이 된다. 따라서 새로운 투자안을 평가할 때는 단순히 그 투자안으로부터의 현금흐름만을 계산하는 것으로는 부족하며, 그 투자안을 채택함으로써 기업전체의 현금흐름이 얼마나 증가할 것인지를 고려하여야 한다.

재무의사결정과 관련하여 세금을 고려하면 그 결과가 달라질 수 있다. 즉 세금이 의사결정을 변화시킬 수 있으며, 재무의사결정에서 중요한 역할을 한다. 따라서 우리가 관심을 가져야 할 것은 세후 증분현금흐름(after-tax incremental cash flows)이다.

기업이 어떤 감가상각방법을 선택하는가에 따라 세후 현금흐름의 시기(timing)와 금액(amount)에 영향을 미칠 수 있다. 그리고 이는 다시 세금의 납부시기에 영향을 준다. 예를 들어, 어떤 기업이 정액감가상각법 대신에 가속상각법을 선택한다면, 상대적으로 초기의 과세이익이 작아진다. 이때 어느 감가상각방법을 선택하든 총 납세액은 동일하다. 그렇다면 양자가 무슨 차이가 있는가? 앞서 설명한 기본명제 1 화폐의 시간적 가치를 고려하면, 초기의 과세이익을 낮춤으로써 납세를 보다 연기시키는 것이 기업의 입장에서는 보다 유리한 선택이 되는 것이다.

또한 세금은 기업의 재무구조에도 영향을 미친다. 기업은 필요한 자금을 주식(자기자본)을 발행하여 조달할 수도 있고 채권(타인자본)을 발행하여 조달할 수도 있다. 그러나 세법상 부채에 대한 이자지급액은 세금공제비용이 되지만, 주식에 대한 배당금은 세금공제대상이 아니다. 따라서 다른 조건이 동일하다면 기업은 부채에 의한 자본조달을 더 선호할 것이다.

이와 같이 세금의 영향을 고려하지 않고 재무의사결정을 내리는 것은 사실상 불가능하다. 따라서 재무관리자는 현금흐름 중에서도 증분현금흐름을 그리고 무엇보다도 세후 증분현금흐름을 고려하여 재무결정을 내리게 된다.

기본명제 4: 효율적 자본시장

(자본시장에서 모든 정보는 신속히 반영되며, 주가는 그 기업의 진정한 가치를 반영한 적정가격이다)

우리는 앞서 재무관리의 목표를 주주의 부의 극대화라고 정의한 바 있으며, 이는 기 발행된 보통주의 가격을 극대화하는 것과 같다는 것을 설명한 바 있다. 따라서 좋은 재무결정은 보통주의 시장가치를 극대화시키는 재무결정이 된다. 결국 주식가격의 극대화가 주주의 부의 극대화와 일치하기 위해서는 자본시장이 효율적이어서 자본시장에서 결정되는 주식가격이 기업의 진정한 가치를 나타내는 적정가격이어야 한다.

자본시장의 효율성 여부는 정보가 주가에 반영되는 속도(speed)와

> 효율적 시장가설(EMH)은 자본시장의 가격이 이용가능한 정보를 충분히, 즉각적으로 반영하고 있다는 가설이다.
>
> 약형 EMH는 어떤 투자자라도 가격이나 수익의 역사적 정보에 기초한 거래에 의하여 초과수익을 얻을 수 없다는 것이며, 준강형 EMH는 어떤 투자자라도 공식적으로 이용가능한 정보를 기초로 한 거래에 의하여 초과수익을 얻을 수 없다는 것이다. 그리고 강형 EMH는 어떤 투자자라 할지라도 모든 이용가능한 정보(내부정보를 포함)를 사용함으로써 초과수익을 실현할 수 없다는 것이다.

관련이 있다. 효율적 시장가설(efficient market hypothesis)에 의하면, 모든 정보가 주식가격에 신속히 반영되어 투자자들이 기업가치와 관련된 정보를 이용하여 어떤 이득도 얻을 수 없다. 효율적 시장은 서로 독립적으로 행동하며 이익을 추구하는 수많은 투자자들(profit-driven individuals)로 특징지워 질 수 있다. 그리고 주가에 영향을 미치는 새로운 정보들은 시장에 무작위로(in a random manner) 전달된다. 이러한 시장에서 투자자들은 새로운 정보에 즉시 반응하며, 시장가격이 새로운 정보를 정확히 반영했다고 느낄 때까지 매매한다. 투자자들이 이익을 얻기 위해 경쟁적으로 매매한다는 것은 주가가 그 위험과 기대수익을 적절히 반영하여 기업의 진정한 가치(true value)를 반영하는 것을 보증하게 된다. 그리고 여기서 새로운 정보에 대한 가격조정(price adjustment)이 정확한가(correct)의 여부보다는 오히려 편의가 없는가(not be biased; 투자자들이 과대 또는 과소평가의 여부를 예측할 수 없는 상태)가 보다 중요하다.

효율적 시장이 암시하는 바는 첫째, 시장가격이 적정가격이라는 것을 의미하는 것이다. 주가는 기업가치와 관련된 모든 공개정보를 반영하고 있으며 새로운 정보를 즉시 반영한다는 것이다. 따라서 이는 다른 모든 사항이 불변이라면, 우리는 주가를 최대화시키는 재무결정을 내림으로써 주주의 부의 극대화를 추구할 수 있다는 것을 의미한다. 또한 기업가치를 정확히 반영한 주가는 그 기업에 대한 투자에 대해 투자자들이 요구하는 수익률을 결정할 때에도 중요한 역할을 한다.

효율적 시장의 또 다른 암시는 회계방법을 이용한 이익의 조작은 주가를 변화시키지 못한다는 것이다. 즉 회계방법의 변화는 현금흐름을 변화시키지 못하므로 주가를 변화시키지 못한다는 것이다. 시장가격은 주주들에게 이용 가능한 현금흐름만을 반영한다.

기본명제 5: 대리문제

(경영자는 자신의 이익과 합치되지 않으면 주주들의 이익에 반하는 행위를 할 수도 있다)

우리는 재무관리자가 주식가치를 증가시키는 재무결정을 함으로써 주주들의 이해와 일치되도록 행동한다는 것을 보았다. 그러나 대규모 주식회사에서는 소유권이 수많은 주주들에게 분산되어 있으며, 소유권의 분산은 경영자가 사실상 기업을 지배한다는 것을 의미한다. 이 경우 경영자는 반드시 주주들의 이해와 일치되도록 행동할 것인가? 바꾸어 말하자면 경영자는 주주들의 희생하에 자기 자신의 이익을 추구하는 것은 아닐까?

주주와 경영자간의 관계는 대리관계(agency relationship)의 일종이다. 이러한 관계는 하나 또는 다수인이 자신의 이해를 대표하여 다른 사람을 고용할 때 생긴다. 전자는 주인(principal)이 되고 후자는 대리인(agent)이 된다. 예를 들어, 당신(주인)이 당신 소유의 차를 팔기 위하여 누군가(대리인)를 고용하는 경우를 들 수 있다. 대리관계의 다른 예로는 고용주와 종업원, 고객과 변호사, 투자자와 증권회사, 지주와 소작인, 보험자와 피보험자 등을 들 수 있다. 이러한 모든 관계에 있어서는 주인과 대리인 사이에 이해상충의 가능성이 있다. 이러한 이해상충을 대리문제(agency problem)라고 부른다.

경영자와 주주의 이해가 어떻게 서로 다를 수 있는가를 보기 위하여 어떤 기업이 하나의 새로운 투자안을 고려하고 있다고 하자. 그 투자안은 주식가격에 유리한 영향을 미칠 것으로 기대되지만 그것은 또한 비교적 위험한 사업이다. 그 기업의 소유주(주주)는 주식가치의 상승을 가져오는 한 그 투자안을 수행하고자 할 것이다. 그러나 경영자는 일이 잘못되어 자신의 직장을 잃어버릴 가능성이 있기 때문에 그 투자안을 수행하지 않을지도 모른다. 경영자가 그 투자안을 수행하지 않는다면 주주들은 가치 있는 투자기회를 상실해 버릴 것이다. 이는 대리비용(agency cost)의 한 가지 예이다.

일반적으로 주주와 경영자 사이의 이해상충에 따른 비용을 외부주식의 대리비용이라고 부른다. 이러한 비용에는 간접비용과 직접비용이 있다. 간접대리비용은 위의 예에서 본 것처럼 기회상실로 인한 비용이다.

직접대리비용은 두 가지 형태를 띠고 있다. 첫 번째 유형은 경영자에게 편익을 주지만 주주들에게 비용을 발생시키는 기업지출이다. 사치스럽고 불필요한 전용비행기를 구입하는 것은 이 부류에 속한다. 두 번째 유형의 직접대리비용은 경영자 행동을 감시할 필요성에서

한 개인 또는 집단이 자신의 이해에 직결되는 일련의 의사결정과정을 타인에게 위임할 때 대리인관계가 성립된다. 대리인관계(예: 전문경영인과 주주관계)에 있어 경제행위를 위임하는 자를 주인이라 보고, 위임받는 자를 대리인이라고 한다.

대리인관계가 성공적으로 유지되기 위해서는 대리인이 주인과의 계약을 성실히 이행하여야 한다. 그리고 대리인으로 하여금 자신의 노력을 아끼지 않도록 하기 위해서는 대리인에게 적절한 보상이 지급되어야 하고, 이를 위해서는 대리인의 노력으로 인한 경제적 결과를 정확히 평가할 수 있어야 한다.

경영자가 실제로 주주들의 이해에 맞도록 행동할 것인가의 여부는 두 가지 요인에 의존한다. 첫째, 경영자의 목표가 주주의 목표와 얼마나 가깝게 합치되는가? 둘째, 경영자가 주주의 목표를 추구하지 않는다면 그들을 대치할 수 있는가?

발생하는 비용이다. 재무제표 정보의 정확성을 평가하기 위하여 외부 감사비용을 지출하는 것은 이 부류에 속한다.

경영자가 실제로 주주들의 이해에 맞도록 행동할 것인가의 여부는 두 가지 요인에 의존한다. 첫째, 경영자의 목표가 주주의 목표와 얼마나 가깝게 합치되는가?

이 질문은 경영자가 어떻게 보상받는가의 문제이다. 둘째, 경영자가 주주의 목표를 추구하지 않는다면 그들을 대치할 수 있는가? 이 질문은 기업의 지배권에 관한 문제이다.

경영자는 흔히 주식가치를 증가시키려는 상당한 경제적 인센티브를 갖고 있다. 그 첫 번째 이유는 일반적으로 경영자 보상(특히 최고경영자의 경우)이 넓게는 재무성과 그리고 좁게는 주식가치에 연계되어 있다는 점이다. 예를 들어, 경영자는 흔히 싼 가격으로 주식을 매입할 수 있는 옵션(stock option)을 받는다. 주식가치가 커질수록 이 옵션의 가치는 더 커진다. 두 번째 이유는 승진제도와 관련된 경영자의 인센티브이다. 기업내에서 실적이 좋은 사람은 먼저 승진될 것이다. 또한 성공적으로 주주의 부를 추구하는 경영자는 경영자 노동시장에서 더 큰 수요가 있고 따라서 더 높은 보수를 받게 될 것이다.

기업의 지배권은 궁극적으로 주주들의 수중에 있다. 주주들은 이사회를 선임하고, 이사회는 다시 경영자를 고용하고 해임한다. 불만을 가진 주주들이 현재의 경영진을 대체하기 위하여 취할 수 있는 메커니즘을 위임장경쟁(proxy fight)이라고 부른다. 위임장은 다른 주주를 대신하여 투표권을 행사할 수 있는 권한이다. 어떤 집단이 현재의 이사회를 대체하기 위하여 위임장을 권유할 때 위임장경쟁이 발생한다.

경영진을 대체할 수 있는 다른 한 가지 방법은 인수(takeover)이다. 경영실적이 나쁜 기업들은 경영실적이 좋은 기업들보다 인수대상으로서도 매력적이다. 왜냐하면 경영자의 무능으로 인한 주가하락은 그 기업의 인수가격을 싸게 만들고 인수에 따른 잠재적 이익은 더 커지기 때문이다. 그러므로 경영자는 다른 기업에 의한 인수를 회피하기 위하여 주주들의 이해와 일치되도록 행동하려는 인센티브를 갖게 된다.

우리는 지금까지 경영자가 주주의 부를 극대화시키려는 인센티브를 지니고 있다는 것을 논증하였다. 경영자가 주식가격을 극대화시키

스톡옵션(주식매입선택권)은 회사가 임직원에게 일정량의 자사 주식을 일정한 가격에 살 수 있는 권리를 주는 제도이다. 즉 장래에 기업이 성장하면 주식을 정해진 가격(액면가 또는 시세보다 훨씬 낮은 가격)에 살 수 있는 권리를 미리 주는 것으로 일종의 성과급 보너스로 생각할 수 있다.

이 같은 스톡옵션제는 초기에 자금부족으로 급여를 제대로 주지 못해 인력을 확보하는데 애를 먹는 벤처기업들이 우수인력 유치수단으로 적극 활용하고 있다.

려는 목표를 추구한다고 하여 이것이 기업의 의사결정에 있어 다른 이해관계자들의 이해를 무시한다는 것은 아니다. 기업내에는 주주 이외에도 채권자, 종업원, 고객, 공급자, 정부 등 여러 이해관계자들이 있다. 경영자는 이러한 이해관계자들의 희생하에 일시적으로 주식가치를 증가시킬 수 있을지 모르지만, 이처럼 불리한 행동으로 인한 비용은 결국 주주 자신에 의해 부담되므로 오히려 기업 가치를 하락시키는 결과를 초래할 수 있다.

분식회계 기업 처벌 강화… 최대 수백억원대 과징금

최근 주요 기업의 분식회계에 대한 처벌 사례

기업(회계법인) 분식회계 규모	회사 처벌	히계법인 처벌
STX 조선해양 (삼정회계법인) 2조3,000억 원 (검찰 추산)	증권 발행 제한 1년, 감사인 지정 3년	손해배상공동기금 30% 추가 적립, STX 조선해양 감사 제한 2년
대우건설 (삼일회계법인) 3,800억 원	과징금(회사 20억 원, 대표이사 1,200만 원), 감사인 지정 2년	과징금 10억 6,000만 원, 손해배상공동기금 30% 추가 적립, 대우건설 감사 제한 2년
효성 (삼정회계법인) 5,000억 원	과징금(회사 20억 원), 감사인 지정 3년, 대표이사 2인 해임 권고	손해배상공동기금 20% 추가 적립, 효성 감사 제한 2년
대한전선 (안진회계법인) 2,700억 원	과징금(회사 20억 원, 대표이사 1,600만 원), 대표이사 해임 권고, 검찰 고발, 감사인 지정 3년	손해배상공동기금 70% 추가 적립, 대한전선 감사 제한 3년

자료 : 금융감독원 회계포털 홈페이지

최근 검찰은 대우조선해양이 2012~2014년 5조4000억 원대의 분식회계를 저질렀다는 혐의를 포착하고 수사를 하고 있다. 그러나 만약 이 혐의가 확정되더라도 현행법상 대우조선이 내야 하는 과징금은 20억 원에 그친다.

기업이 수조 원대의 분식회계를 하더라도 처벌은 '솜방망이' 수준이라는 지적이 잇따르자 금융당국이 회계부정을 저지른 기업과 회계법인에 대한 제재 수위를 높이고 있다. 다음 주부터 분식회계를 저지른 기업에는 최대 수백억 원대의 과징금이 부과될 것으로 전망된다.

금융위원회는 기업이 분식회계를 행한 기간 중 사업보고서와 증권 발행신고서를 발행할 때마다 한 차례씩 법을 위반한 것으로 간주하고, 매번 최대 20억 원의 과징금을 부과할 수 있는 내용으로 '자본시장조사 업무규정'을 개정했다고 7일 밝혔다. 기존에는 기업이 아무리 오랫동안 대규모 분식회계를 저질러도 법 위반 횟수를 1회로 봤다. 개정된 규정은 다음 주 고시한 뒤 곧바로 시행된다.

만약 개정된 규정을 적용한다면 대우조선은 최대 120억 원의 과징금을 내야 한다. 2012~2014년 중 사업보고서가 3번 나왔고, 이 재무제표를 바탕으로 2013~2015년 회사채와 기업어음(CP)을 3차례 발행했기 때문이다. 금융당국 관계자는 "과거 주요 분식회계 사건에 새 규정을 적용해 시뮬레이션해 본 결과 과징금 부과액이 평균 4배가량 높아졌다"고 말했다. 다만 개정된 규정은 대우조선 등 과거 사례에 소급 적용되지 않는다.

지금까지는 분식회계를 자행한 기업에 대한 처벌 수준이 지나치게 관대하다는 지적이 많았다. 올해 2월 금융당국은 STX조선해양에 1년간 증권 발행 금지, 3년간 감사인 지정의 징계를 내리는 데 그쳤다. 앞서 검찰은 STX조선해양을 2조3000억 원 규모의 분식회계를 저지른 혐의로 기소했다. 회계를 담당한 삼정회계법인도 STX조선해양 감사를 2년간 제한하고 손해배상공동기금(회계사가 감사 과정에서 발생하는 민사상 소송 등에 대비해 한국공인회계사회에 적립하도록 한 기금)을 30% 추가 적립하는 수준의 제재만 받았다. 앞서 3896억 원의 분식회계를 한 대우건설 역시 부과된 과징금 액수가 20억 원에 불과했다.

(동아일보, 2016년 7월 8일)

제 3 절 자금의 필요성

어떠한 종류의 조직일지라도 여러 가지 이유에서 자금을 필요로 하고 있다. 자금의 일부는 일상적인 필요에 따라 현금의 형태로 보유되어야 한다. 만일 회사가 고객에게 신용매출을 하게 되면, 매출시점과 대금회수까지의 기간동안 현금부족현상을 막기 위해 자금이 확보되어야 한다. 상품이나 서비스가 생산 도중에 있거나 혹은 창고에 저장되어 있는 재고자산은 비용을 수반하며, 이 비용은 완제품이 팔리거나 원자재가 완제품이 되어 팔릴 때까지 회수되지 않는 것이 일반적이다. 또한 대출금에 대한 이자지급, 주주들에 대한 배당금지급, 대지·시설·장비의 구입 등을 위해서도 자금이 필요하게 된다. 기업의 재무계획은 이와 같은 자금의 필요성이 언제 얼마만큼 발생할 것인가를 반영하게 될 것이다. 제품의 매출, 신용매출 대금의 회수, 그리고 기타 원천으로부터의 예상 현금유입과 필요자금액수를 비교해보면 재무관리자는 미래의 어느 특정시점에 얼마만큼의 추가자금이 확보되어야 하는지를 비교적 정확하게 산정할 수 있을 것이다. 만일 현금유입액이 필요자금액수를 초과하면, 재무관리자는 이자수익을 얻기 위해 여유자금을 투자할 것이다. 반대로 현금유입액이 필요자금액수에 미치지 못하면, 재무관리자는 추가 자금원천을 찾을 것이다. [그림 9-3]은 이러한 과정을 설명하고 있다.

재고자산(inventories)은 매매업에서는 상품, 적송품(위탁판매를 위하여 타점에 발송한 상품), 미착품(이미 매입이 끝나 운송도중에 있는 것) 등으로 분류되고 제조업에서는 원재료, 재공품, 제품, 반제품, 저장품, 소모품 등으로 분류된다.

[그림 9-3] 재무계획 및 결정

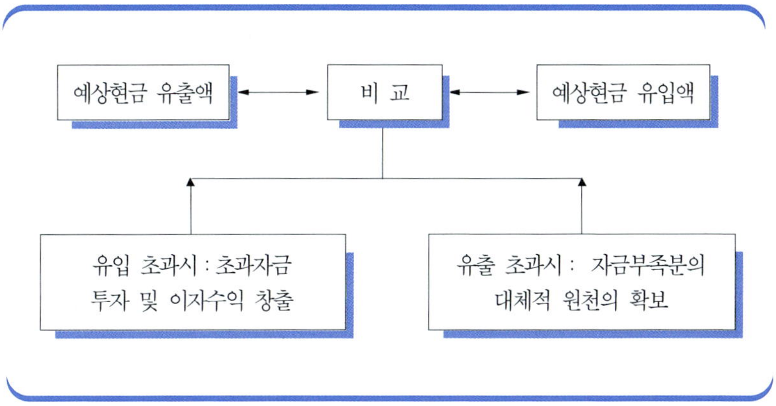

1. 일상적 경영활동

현금은 그 자체로서는 수익을 창출하지 않기 때문에 재무관리자는 현금형태로 보유하는 자금의 규모를 최소화하려고 노력한다. 그러나 청구서를 지불하고 급료에 충당하기 위해서는 매일매일 해당기업의 당좌예금 계좌에 어느 정도의 자금이 확보되고 있어야 한다. 세금을 납부하거나, 주주들에게 배당금을 지급하거나, 혹은 대출금 상환이나 이자지급 등을 위해서는 정기적으로 큰 액수의 현금이 필요하게 된

당좌예금(current deposit)은 수표 또는 어음을 발행하여 언제든지 자유로이 찾을 수 있는 예금을 말한다.
금전의 수불이 빈번한 기업이 현금의 보관이나 출납의 번거로움과 위험성을 은행에 맡기기 위하여 이용된다. 그러나 개설하는 데는 딴 예금과 달리 특별한 계약이 필요하다. 은행으로서는 취급이 번거로우며 정착성 예금과는 달리 자금운용도 제약되므로 이자가 없다. 그러나 거래자는 당좌대월 계약에 의하여, 예금잔고 이상으로 발행한 수표에 대해서도 지불을 받을 수 있는 편리한 점도 있다.

다. 일반적으로 기업들은 이러한 자금을 위해서 보통예금이나 당좌예금을 이용할 것이지만 그러한 예금의 이자수익은 다른 투자에 비하여 상당히 적거나 아예 없는 경우가 많다.

현금관리(cash management)의 일반원칙은 기업운영에 필요한 보유현금액의 최소화이며, 그 결과로 이자수익을 올릴 수 있는 투자에 사용될 자금을 최대의 규모로 할 수 있을 것이다. 기업의 현금보유 필요성을 최소화하기 위해서 재무관리자는 가능한 한 늦게 청구서를 지불하도록 하며, 받아야 할 돈은 가능한 한 빨리 회수하여야 한다. 회사의 신용도가 훼손되지 않고 얻는 것보다 잃는 것이 많지 않는 한 이렇게 함으로써 현금관리는 효율을 기할 수 있다.

"금융컨설팅 공짜로 받고 재무계획 세우세요"

비용부담 없이 금융컨설팅을 받고 재무계획을 세울 수 있는 방법이 있다.

금융감독원은 서민들의 안정적인 금융생활을 지원하기 위해 '무료 금융자문 서비스'를 운영하고 있다고 7일 안내했다.

특히 빚을 지고 있는 서민의 부채관리(목적, 기간, 금액, 상환계획 등) 등에 도움을 주기 위해 금융전문가(국제공인재무설계사)가 직접 상담을 한다는 게 금감원의 설명이다.

상담은 부채관리를 비롯해 저축과 투자, 금융투자 시 위험관리, 생활관련 세금, 은퇴준비 등 다양한 내용으로 가능하다.

무료 금융자문 서비스는 대면, 전화, 온라인을 통해 이용할 수 있다.

금융전문가와 대면 상담을 원한다면 금감원 본원 1층 금융민원센터의 상담부스를 방문하면 된다. 평일 오전 9시부터 오후 5시까지 운영한다. 전화 상담을 원한다면 국번없이 1332로 전화해 7번 금융자문 서비스를 연결하면 된다.

지난 1월부터 5월 말까지 총 상담건수는 5785건으로 금감원은 월평균 1157건의 상담을 진행했다.

금감원은 무료 금융자문 서비스와 더불어 '알아두면 유익한 금융정보서비스'로 ▲상속인 금융거래 조회 서비스 ▲제도권 금융회사 조회 서비스 ▲금융통계정보 제공 서비스 ▲기업공시정보 제공 서비스에 대해서도 소개했다.

상속인 금융거래 조회 서비스는 상속인이 피상속인 명의의 금융재산과 채무를 단 한번의 신청으로 조회할 수 있는 서비스다. 상속인이 주민센터 등에서 사망신고와 동시에 안심상속 원스톱 서비스를 신청하거나 사망 신고 후 금감원 본·지원 또는 시중은행 등 접수처를 방문해 신청할 수 있다. 지난 1월부터 5월 말까지 6만1705명이 이 서비스를 이용했다.

제도권 금융회사 조회 서비스의 경우는 국민들이 거래하고자 하는 금융회사가 금융관련법규에 따라 인가·허가·등록·신고 등 적법한 절차를 거쳐 설립된 제도권 금융회사인지의 여부를 확인해준다. 금감원 홈페이지에 접속해 '제도권 금융회사 조회' 코너를 통해 검색할 수 있다.

금융통계정보 제공 서비스는 금감원이 금융회사로부터 제출받는 업무보고서를 기초로 개별 금융회사의 재무정보 등을 추출해 금융통계를 제공하는 서비스다. 마찬가지로 금감원 홈페이지에 들어가 '소비자정보' 코너에서 '금융통계정보'를 클릭하면 된다.

이밖에 금감원은 상장법인 등이 사업보고서 등 기업의 공시서류를 인터넷으로 제출하고 투자자 등 이용자는 제출 즉시 인터넷을 통해 조회할 수 있는 종합적 기업공시시스템인 '기업공시정보 제공 서비스(DART)'를 운영하고 있다. 이로 인해 누구든지 편리하게 금감원에 제출된 기업 공시자료를 실시간으로 열람할수 있으며 상장법인 등 제출인도 공시서류를 편리하게 제출할 수 있다.

(조세일보, 2016년 7월 7일)

2. 신용판매

기존의 고객들을 유지하고 새로운 고객들을 유치하기 위해서 대부분의 회사는 어느 정도 신용판매(credit sales)의 필요성을 느낀다. 회사의 재무제표상에 외상매출금으로 분류되는 신용판매는 많은 기업의 경우 총자산의 15% 내지 20%를 차지한다. 외상매출금은 아직 대금이 회수되지 않은 상품 또는 서비스의 판매액을 나타낸다. 신용판매를 하는 기업의 입장으로서는 상품을 제조할 때 이미 서비스와 자

신용판매는 매도측이 상품 또는 서비스의 매수측에 대하여 신용을 공여하고, 대금후불로 판매하는 것이다. 종류에는 일반 상품거래에서의 외상판매, 생산자나 판매점의 소비자 대상의 각종 할부판매가 있다.

금이 투입되었기 때문에 외상매출금은 자금의 또 다른 용도를 의미하고 있다.

따라서 재무관리자는 신용판매의 효율적 관리에 상당한 주의를 기울이게 되는 것이다. 특정한 고객에게 신용판매를 허용할 것인가를 결정하는 데는 보통 그 고객과의 과거 거래경험이나 신용평가회사로부터 입수한 재무정보에 의존하는 경우가 많다.

3. 재고자산

대부분의 기업에 있어 재고자산(inventory)은 상당한 규모의 투자를 요하며 주요 현금사용처가 되고 있다. 대부분의 회사는 고객의 수요를 재빨리 충족시켜 주기 위해서 재고자산을 보유하고 있기 때문에 재고는 엄청난 자금의 투자를 나타낸다. 원재료, 생산공정에 있는 반제품 및 완제품 재고에 끊임없이 자금이 투입된다. 비록 이러한 투자는 제품이 팔려야 비로소 회수되지만 아직 판매되지 않은 제품과 원자재에는 상당한 자금이 묶여있게 마련이다.

재고자산에 투자된 자금규모는 항상 변화하고 있다. 소매점의 경우 연말연시의 특별매출기간 직전에 그들의 재고를 상당히 증가시킬 것이며 이 기간이 끝나면 감소시킬 것이다. 그 다음의 집중매출기간이 도래하면 재고는 다시 증가하게 된다.

4. 대지, 건물 및 기계장비의 구입

과세표준은 세금을 부과함에 있어서 그 기준이 되는 것을 말한다.

많은 기업, 특히 제조회사의 경우 상품 및 서비스를 생산하기 위해서 대지, 공장시설 및 기계장비의 구입이 필요하고 이에는 엄청난 자금이 소요된다. 이러한 자산은 고정자산(fixed assets)으로 분류된다.

회사가 소유한 대지는 거의 무한 수명을 가진 고정자산이다. 대지의 가치는 시간이 지나도 대개 감소되지 않으므로, 회사는 소득세 산정에 있어 세금혜택을 전혀 받지 못한다. 그러나 건물은 시간이 경과함에 따라 낡아지므로, 소유주는 매년 소득에서 구입가격의 일정 비율만큼을 공제할 수 있다. 흔히 감가상각(depreciation)이라 불리는 이러한 공제로 인하여 해당기업의 과세표준(taxable income)은 낮아지게 된다. 기계장비는 천공압축기로부터 지게차에 이르기까지, 타자기에서 컴퓨터에 이르기까지 생산활동에 사용되는 모든 물건을 가리킨다. 기계장비도 사용할수록 마모되어 결국 못쓰게 될 것이므로, 해당기업에게는 총수입으로부터 감가상각만큼의 공제가 허용되며, 그 결과로 그들의 과세표준이 또한 줄어들게 된다. 대지, 공장시설, 기계장비는 실로 엄청난 자금을 필요로 하기 때문에 재무관리자는 특히 이들 자산의 구입과 관련한 의사결정과정에서 매우 중요한 역할을 한다.

제 4 절 여유자금의 운용

모든 조직들은 경우에 따라서 실제로 필요한 자금액수보다도 훨씬 많은 자금을 보유할 때가 있다. 타 회사와의 판매계약 또는 라이선스 계약(licensing agreement)의 체결은 거액의 현금유입을 발생시킨다. 이러한 경우에 재무관리자는 초과자금을 효율적으로 운용해서 추가적인 수익을 창출하려고 애쓸 것이다.

거액의 여유자금을 가진 회사는 사업활동영역을 확장한다거나, 생산능력을 증가시킨다거나, 시설을 현대화시키거나, 혹은 심지어 다른 회사를 매수하려고 할 것이다. 장거리 전화사업 분야에 있어서 AT&T의 경쟁자인 MCI통신(MCI Communications)은 여유자금이 발생하면 그 회사의 시스템을 확장시키기 위한 기계장비에 투자하기 전에 일시적으로 시장성 유가증권에다 이를 운용하고 있다. 제너럴 모터즈(General Moters; GM)는 최근 비자동차분야로의 사업다각화를 위해서 초과자금의 일부를 사용하였다. GM이 1985년에 휴즈 항공사(Hughes Aircraft Company)를 50억 달러에 매수한 것은 바로 이러한 예이다.

양도성 예금증서(certificate of deposit)는 제3자에게 양도가 가능한 정기예금증서이다. 은행이 정기예금에 대하여 발행하는 무기명의 예금증서로 예금자는 이를 금융시장에서 자유로이 매매할 수 있다.

그러나 앞서 지적한 것처럼 여유자금의 운용은 유동성을 감소시키게 된다. 새로운 공장시설에 대한 자본투자나 타 회사의 현금매수 등에 초과자금을 사용하게 되면 후에 추가자금이 시급히 필요한 경우 그러한 자산을 쉽게 현금으로 전환할 수 없게 된다. 어떤 기업의 경우는 현금보유액이 상당히 많은 때라고 할지라도 장기투자를 하는 것 보다는 차라리 높은 유동성을 유지하는 쪽을 택하기도 한다.

그러나 유동성을 강조하는 것도 중요하지만 재무관리자에게는 여유자금을 운용하는 경우 다음과 같은 몇 가지 지침을 따른다. 저축성 예금으로 어느 정도의 이자수익을 얻을 수 있겠지만 재무관리자들은 회사에 초과자금이 발생하면 대부분 시장성 유가증권에 투자하는 쪽을 택한다. 이러한 자산은 시장성이 높고 쉽게 현금으로 전환될 수 있기 때문에 준화폐(near-money)로 간주되기 때문이다. 시장성 유가증권에는 여러 종류가 있는데, 그 중에서 가장 널리 투자에 이용되는 것은 주로 국공채, 회사채, 주식, 상업어음(CP) 및 양도성 예금증서(CD) 등이다.

장가갈 수 있을까? 시집갈 수 있을까?

요즘 2030세대는 주요 도시에서 집을 살 수 있을까? 현재 2030세대 인구는 약 1370만 명이다. 이들은 대부분 자기 집을 갖기를 희망할 것이다.

하지만 이들 중 서울 · 인천 · 부산 · 대구 · 광주 · 울산 등 주요 도시에서 집을 살 수 있는 사람이 얼마나 될까? 내가 지금까지 만나본 수백 명, 그리고 우리 회사 재무설계사들이 만나본 수천 명의 2030세대는 내 집을 마련할 능력이 거의 없었다. 2030세대들이 집을 살 수 있는 경우는 부모에게 지원을 받거나, 상환할 수 없는 수준의 대출을 받을 경우에만 가능했다.

서울의 아파트 평균 가격은 지역에 따라 큰 차이가 나지만 최저평당 1300만원에서 최고 3000만원을 넘는다. 평당 평균 가격을 1500만원으로 가정하고 신혼부부가 선호하는 20평형을 구매한다면 필요 자금은 3억 원이다.

1000대 기업신입사원의 연봉 조사표를 보면 평균 약 3300만 원이다. 1년에 3300만원을 버는 신입사원이 집을 살 수 있을까? 3300만원에서 국민연금 · 건강보험료 · 교통비 · 통신비 · 피복비 · 주부식비 ·

관리비 · 생활비 · 용돈 등을 빼고 나면 저축할 수 있는 돈은 1500만원 남짓이다. 더욱이 이는 매우 근검절약하는 직장인의 경우다. 신입사원이 저축한 돈을 다른 곳에 쓰지 않고 오로지 집을 사는 데만 사용한다고 가정하면 약 20년이 걸린다. 1000대 대기업이 이 정도이니 나머지 중소기업이나 취업하지 못한 2030세대들의 상황은 더 암울하다. 집값이 오르면 이들이 집을 살 가능성은 앞으로 더 낮아질 수밖에 없다.

2030세대의 결혼 실태도 살펴보자. 결혼은 주택시장의 수요와 공급에 직결되는 중요한 생애 이벤트다. 결혼을 해야 전 · 월세를 얻든 집을 사든 한다. 요즘 결혼과 관련한 시장은 꽁꽁 얼어붙었다. 전 · 월세 폭등으로 결혼을 포기하는 사람들이 늘고 있다. 한국보건사회연구원과 사회보장학회가 2014년 11월 14일에 '한국 사회 저출산 해법을 찾는다'라는 주제로 개최한 세미나에서 "현재 애인과 1년 이내에 결혼하는 데 장애가 있다고 생각하는 청년층이 50%에 이른다"고 보고했다. 장애 요인은 결혼자금과 주거 비용이라고 했다. "대출을 받아 2억 원짜리 아파트를 얻으면 매달 100만 원에 가까운 부채를 상환해야 하는데 이를 감당할 수 없다는 것"이 세미나에 참석한 30대의 말이다.

장미여관의 노래 '장가가고 싶은 남자 시집가고 싶은 여자'는 2030세대의 현실을 적나라하게 보여준다. '장가가고 싶은 남자 시집가고 싶은 여자 하루하루 살다 보니 제자리네. 장가가고 싶은 남자 장가갈 돈은 없고요, 시집가고 싶은 여자 시집갈 남자가 없네' 라는 노래 가사처럼 2030세대의 현실은 암담하다. 장가가고 싶지만 장가갈 돈이 없고 시집가고 싶지만 시집갈 돈이 없다. 이런 현상을 누가 만들었을까?

(이데일리, 2016년 5월 14일)

제 5 절 자금의 원천

지금까지는 조직이 자금을 필요로 하는 이유와 자금의 운용방법에 대해 초점을 맞추었다. 그러나 이에 못지 않게 기업의 재무계획에서 중요한 것은 필요한 자금을 조달하는 방법으로서 가장 유리한 원천을 선택하는 일이다. 자금원천이란 기업이 근본목표를 달성할 수 있는 재무수단을 나타낸다.

충당금이라 함은 장래에 특정한 지출을 위해 설치한 준비금액으로 그 부담은 설정한 기간에 속하며 또 금액을 견적할 수 있는 것으로 그 결과는 어떤 형식으로든지 자산이 유보되는 것이다.

조직이 재무계획을 수행하는데 필요한 자금은 주로 두 가지 원천, 즉 부채와 자기자본으로부터 나온다. 부채자본(debt capital)은 차입을 통해서 획득한 자금을 나타낸다. 자기자본(equity capital)은 다음의 몇 가지 원천으로부터 조성된 자금으로 구성된다. 즉,

① 일상적 운영으로부터의 수입 및 회사내에 재투자되는 이익금
② 감가상각 충당금
③ 회사의 소유주들에 의한 추가 기여금
④ 소유지분 획득에 대한 대가로 회사에 투자하는 모험자본가의 기여금
⑤ 일반투자자를 상대로 하는 주식발행

이러한 자금원천 및 자금조달의 세부적 방법은 [그림 9-4]에 잘 나타나 있다.

[그림 9-4] 자금조달의 원천

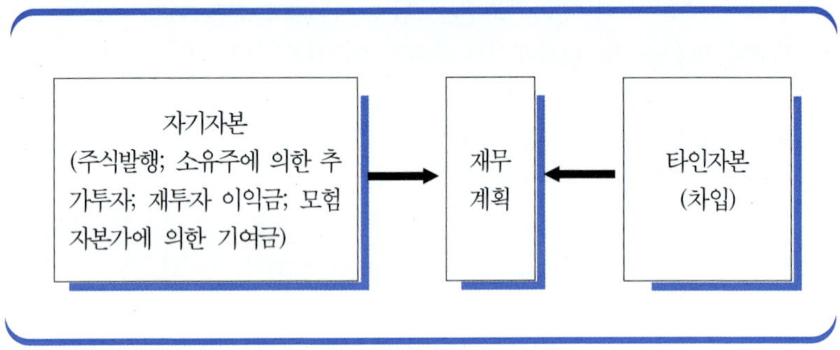

회사의 일상적 운영에 있어서 필요한 자금의 상당 부분은 운영수입으로 충당된다. 매출액, 임대수입 및 기타 형태의 수익은 현금유입을 발생시키고 이러한 자금은 청구서 지불이나 영업비용에 사용된다. 조직의 성장을 주요 목표로 하는 기업의 경우에는 소유주들이 이익금을 보너스나 배당금의 형태로 분배하는 것보다 장래 성장을 위한 재정확충을 위해 기업 내에 재투자할 것이다. 월트 디즈니(Walt Disney)와 같은 성장 위주의 회사는 일반적으로 연간 이익금의 90% 이상을 재투자를 위해 회사내에 유보시키고 있다. 한편 AT&T와 같이 성숙한 회사들은 그들의 이익금 중 80%까지 주주들에게 배당의 형태로 분배하고 있다.

앞서 지적한 바와 같이, 필요자금의 규모는 매 시점마다 달라지며 일상적 영업으로부터 발생된 현금유입으로는 필요자금을 충당하지 못할 수도 있다. 대부분 백화점의 경우 취급하고 있는 품목들은 보통 선물용으로 많이 팔리기 때문에 명절을 전후한 특별매출기간동안 연간 총매출액의 80%정도를 올리고 있다. 이러한 경우 대부분의 백화점에서는 이 기간이 끝나면 초과현금이 발생될 것이다. 그러나 특별매출기간 직전에는 재고를 증가시켜야 하므로 그 물건들이 팔릴 때까지는 추가자금이 필요할 것이다. 특별매출기간 중 매출액이 발생됨에 따라 유입된 자금은 차입한 자금을 상환하는데 사용될 것이다.

잔여청구권(residual claims)은 기업의 종업원, 사채권자, 사채형 우선주의 주주 등에게 약속된 금액을 지불하고 남은 현금흐름 및 자산에 대한 청구권으로서 주식회사의 경우 보통주주가 갖는 권리이다.

연간 현금유입 및 유출의 시점이 같지 않다는 이유 외에도 추가자금이 필요한 데에는 또 다른 이유가 있다. 새로 설립된 회사들은 기계장비의 구입, 종업원들의 훈련, 건물에 대한 임대료 지급, 그리고 원자재 및 부품의 구입 등을 위해서 막대한 자금이 필요하다.

설립된지 오래된 회사들조차도 영업을 통해서 창출되는 자금으로는 새로운 지역으로의 사업확장이나 새로운 기계장비 및 시설에 대한 투자비 등과 같은 모든 비용을 충당하기에는 부족할 수 있다. 이러한 모든 경우에 있어서 재무관리자는 차입에 의한 자금조성의 이점과 문제점들을 고려하여야 한다. 차입에 대한 대안으로는 여러 가지 방법으로 조달될 수 있는 자기자본이 될 것이다. 〈표 9-1〉에서는 네 가지 요인들을 기준으로 부채자본과 자기자본을 비교하고 있다.

〈표 9-1〉 부채자본과 자기자본의 비교

요 인	부 채 자 본	자 기 자 본
만 기	특정한 날짜에 상환되어야 함.	만기가 없음.
자산에 대한 청구권	채권자들은 기업의 자산에 대해 우선적 청구권이 있음.	주주들은 채권자들이 모두 상환된 후에만 청구권을 행사함.
이익에 대한 청구권	채권자는 주주들의 배당금 지급 전에 확정이자 지급요구권이 있음. 이자지급은 차입회사의 계약상 의무임.	주주들은 채권자들에 대한 이자지급 완료 후 잔여 청구권을 가짐. 그러나 배당금 지급은 회사의 계약상 의무가 아님.
경영에 대한 참여권	대출자는 채권자이지 소유자는 아님. 그들은 이자를 지급받는 한 회사의 업무에 관해 전혀 발언권을 가지고 있지 않음.	주주들은 회사의 소유자이며, 따라서 대부분의 주주들에게는 회사운영에 관한 발언권이 주어지고 있음.

배당금 주고 自社株 사들이고…주식회사가 이익을 나누는 법

식당 경영주는 장사가 잘되어 돈을 많이 벌게 되면 그 돈으로 무엇을 할까요? 더 많은 손님을 받기 위해 식당을 넓히고 종업원을 더 고용할 수도 있지만, 많은 경우엔 번 돈으로 본인 또는 가족이 필요한 물건을 사거나, 여행을 가는 등 소비하는 데 쓸 것입니다. 그렇다면 주식회사가 번 돈은 어떻게 될까요? 원칙적으로 주식회사의 주인은 주주이기 때문에 이 돈은 주주들에게 귀속됩니다. 식당 사례에 비유한다면, 식당을 넓히는 의사 결정은 기업에선 재투자 또는 내부 유보(사내 유보)에 해당되고, 본인 또는 가족이 소비하는 의사 결정은 배당 또는 더 넓게는 주주 환원(payout)에 해당됩니다. 최근 우리나라 기업의 주주 환원 정책에 대해 알아보겠습니다.

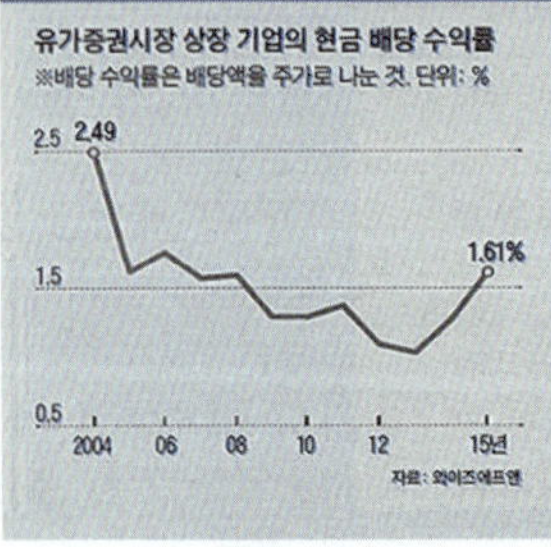

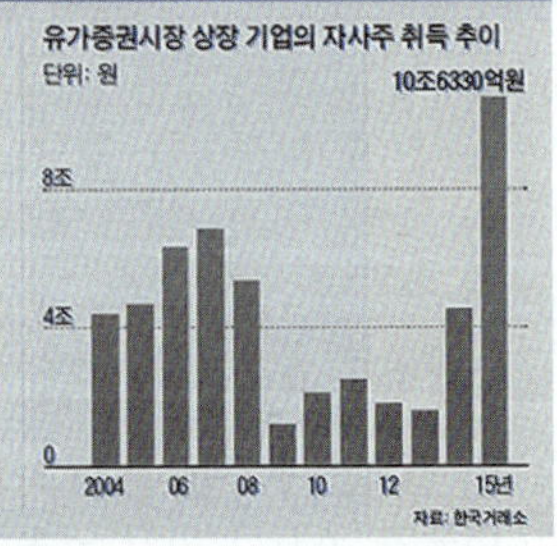

• 우리나라 기업들 주주 환원 늘어나

지난 몇 년간 우리 경제가 저성장에서 벗어나지 못하면서 기업들이 배당을 늘리는 등 주주 환원에 대한 관심이 늘고 있습니다. 유가증권시장 상장 기업들의 작년분 현금 배당액은 20조원을 넘어 사상 최대를 기록했습니다.

과거 고도성장 시절엔 기업들이 번 돈을 주주들에게 배당하기보다는 대부분 재투자하는 데 사용했습니다. 이 시절에는 재투자를 통해 회사가 추가로 벌어들일 수 있는 돈이, 주주들이 배당으로 받은 돈을 스스로 굴려서 벌 수 있는 돈보다 더 컸기 때문에 재투자가 합리적인 의사 결정이라고 볼 수 있습니다. 최근까지도 일부에선 '배당 잔치'라는 표현을 써가며 재투자만을 적극적으로 옹호하고 배당에 부정적인 시각이 있는데, 주식회사의 기본은 주주에 대한 이익 배당이라는 점에서 배당 증가는 아주 자연스러운 기업의 재무 정책 중 하나로 이해하는 게 타당합니다. 실제로 미국 상장 기업 전체를 놓고 볼 때 전체 이익 중 배당분은 50%에 육박합니다. 전기, 가스, 수도 등 전통적인 공익 산업(utilities)의 경우는 배당성향(이익 중 배당으로 지급되는 비율)이 100%에 가까운 기업들도 있습니다. 이러한 산업에선 이미 설비가 다 구축돼 재투자를 통해 수익을 더 늘릴 여지가 별로 없기 때문에, 회사가 버는 돈을 바로 주주들에게 환원하는 것입니다.

• 배당이 기업 가치 늘리는지는 논란

현금으로 배당을 지급하는 것이 기업 가치를 증대시키는지에 대해선 지금까지 이론적, 실증적으로 많은 논의가 있어 왔습니다. 우선 배당에 대해 최초로 체계적인 이론을 개발한 학자들인 밀러(Miller)와 모딜리아니(Modigliani)는 배당하지 않더라도 어차피 그 배당금액만큼 주가에 반영될 것이기 때문에 배당 지급 여부가 기업 가치에 영향을 미치지 않을 것이라고 주장했습니다. 오히려 배당에 대한 세금이 주가가 올라서 얻는 자본 이득에 대한 세금보다 더 높다면, 배당이 주주 입장에서 불리한 경우도 있을 수 있습니다.

그러나 이후 연구에 의하면 기업은 한 번 배당을 늘리면 이를 줄이기 어렵고, 따라서 향후 미래에 창출할 수 있는 현금 흐름에 대해 충분히 자신감이 있을 때에 한해서 배당을 증가시킬 것이므로 배당 증가는 기업 가치를 증가시킬 수 있다고도 합니다. 실제로 매킨지의 보고서에 의하면 2004~2008년 매출 5억 달러 이상 미국 기업 중 배당을 삭감한 기업은 5%에 불과하다고 합니다.

한편 배당에는 현금 배당뿐 아니라 주식 배당도 있습니다. 배당을 주식으로 주는 것인데요. 이 경우 실제로 주주에게 환원되는 효과는 없습니다. 주식 배당 후에 주주들이 보유하는 주식 수가 일부 증가하지만, 증가하는 주식 수에 따라 주가도 기계적으로 떨어져 양자의 곱인 시가총액은 원칙적으로 불변이기 때문입니다.

• 자사주 매입, 주주 환원 정책으로 각광

현금 배당이 전통적인 주주 환원 정책이라면, 최근에는 국내외에서 자사주 매입이 새로운 형태의 주주 환원 정책으로 각광을 받고 있습니다. 자사주 취득은 회사가 이미 발행돼 시중에 유통되고 있는 자기 회사의 주식을 매입하는 것입니다. 예컨대 삼성전자가 작년 10월 1년 안에 100억달러(11조 3,000억원)어치 자사(自社) 주식을 사들여 소각하기로 결정한 게 화제가 됐습니다.

예전엔 기업이 자사주를 사들이면 혹시 부당하게 주가를 조작할 우려가 있다는 인식이 팽배해서 규제 당국이 이를 엄격히 제한했습니다. 하지만 최근엔 일정한 요건을 갖춘 경우에는 자사주 취득을 널리 인정하는 편입니다. 자사주 취득은 주식의 신규 발행과 정반대 효과를 지닙니다. 크게 세 가지 효과를 생각할 수 있습니다. 첫째, 자사주 취득은 개념상으로는 기존에 발행된 주식을 없애는 것이므로 자기자본이 감소하여 부채비율(부채액을 자기자본액으로 나눈 것)이 증가하는 한편, 주식 수 감소로 주당 순이익이 증가하게 됩니다. 둘째, 자사주는 공짜로 사들이는 게 아니고 기존 주주들에게 현금을 주고 주식을 매입하므로 기업으로부터 주식을 판 기존 주주들에게 현금이 이전됩니다. 이 효과 때문에 자사주 취득을 주주 환원 정책의 하나로 보는 것입니다. 셋째, 전체 주식 수가 감소하니 기존 주주들의 지분비율이 증가합니다. 이처럼 자사주 취득은 주주 환원 효과와 아울러, 부채비율, 주당 순이익 및 기존 주주들의 의결권이 상승하는 효과가 있습니다. 국내에서는 주주 환원 효과보다는 셋째 효과, 즉 기존 주주의 의결권 상승 효과에 주목해 자사주 취득을 적대적 인수 합병에 대한 방어 수단으로 인식하는 경향도 있습니다.

• 자사주 매입은 현실서 주가 올리기도

과거에 일부 미국 투자은행에서는 자사주 취득에 따라 주당 순이익이 기계적으로 증가하므로 이를 통해 주가를 부양할 수 있다는 주장을 한 바 있습니다. 그러나 밀러와 모딜리아니의 연구에 따르면 자사주 취득으로 부채비율이 올라가면 주가 변동성이 커지고 이에 따라 투자자들의 요구 수익률도 올라가기 때문에 주당 순이익이 늘어난다고 해도 실제 주가에는 큰 영향을 미치지 못합니다. 하지만 현실적으로는 실제 자사주 취득 때 평균적으로 주가가 소폭 상승하는 경향이 발견됩니다. 특히 공개 매수(tender offer)를 통해 자사주를 취득하는 경우는 10% 이상 큰 폭으로 주가가 상승하기도 합니다. 이러한 현상은 기존 주주들의 지분율이 올라가면서 경영진에 대한 주주의 통제가 강화되면서 '대리인 문제(agency problem · 주주의 대리인인 경영진이 주주의 이해와 어긋나게 행동하는 문제)'가 완화되는 한편 회사가 미래 현금 흐름에 대해 투자자들에게 긍정적인 신호를 보냈기 때문이라고 설명할 수 있습니다. 우리 기업들도 이제는 성숙기에 접어들었고, 국내외 기관 투자자들이 배당이나 자사주 매입 등에서 더 적극적으로 나설 것을 요구함에 따라 앞으로 기업들이 예전보다 더 적극적인 주주 환원 정책을 시행할 것으로 예상됩니다.

(조선비즈, 2016년 7월 11일)

주요용어

감가상각(depreciation)
고정자산(fixed assets)
기대재무이익(expected financial returns)
기본명제 또는 공리(underlying principles, or axioms)
대리관계(agency relationship)
부채자본(debt capital)
불확실성(uncertainty)
세후 증분현금흐름(after-tax incremental cash flows)
위임장경쟁(proxy fight)
위험(risk)
위험-수익 상반관계(risk-return trade-off)
유동성 선호(liquidity preference)
유동성 위기(liquidity crisis)
인수(takeover)
자기자본(equity capital)
자본지출(capital expenses)
재고자산(inventory)
재무(finance)
재무계획(financial plan)
주주의 부의 극대화(maximization of shareholder wealth)
주택저당대출(mortgage)
현금관리(cash management)
현금흐름(cash flows)
화폐의 시간적 가치(the time value of money)
효율적 시장가설(efficient market hypothesis)

개 념 확 인

1. 재무관리자의 목표가 기업가치의 극대화라는 것에 대해 설명해 보자.
2. 화폐의 시간적 가치에 대해 설명해 보자.
3. 위험과 수익간의 상반관계에 대해 설명해 보자.
4. 현금흐름 기준에 대해 설명해 보자.
5. 효율적 자본시장에 대해 설명해 보자.
6. 대리문제에 대해 설명해 보자.
7. 부채자본과 자기자본을 비교하여 설명해 보자.

제 10 장

생산정보관리

제 1 절 생산운영관리

생산・운영관리(production and operations management : POM)는 자재(materials)나 자원(resources)을 이용하여 완성된 제품과 서비스로 변환시키는 과정에서 인력이나 기계의 사용을 관리하는 활동이라고 정의할 수 있다.

생산・운영관리의 목적은 기업의 성격이나 특성에 따라서 그 중요도에서는 차이가 발생하겠지만 보통 원가(cost), 품질(quality), 납기이행(delivery), 유연성(flexibility)이라고 할 수 있다.

> 생산・운영관리의 목적은 보통 원가(cost), 품질(quality), 납기이행(delivery), 유연성(flexibility)이라고 할 수 있다.

생산원가의 절감은 판매수입의 증가와 함께 기업이윤을 증대시킬 수 있는 요소이다. 여기서 판매수입의 증가를 마케팅 측면으로 고찰한다면 생산원가의 절감은 생산부서의 목표가 된다.

경쟁자가 생산하는 유사제품과 비교해 보아 월등히 좋은 품질은 제품 경쟁력을 높이는 매우 중요한 요인이다. 생산부서에서 제품의 품질을 향상시키기 위해서는 먼저 높은 품질기준을 설정함과 동시에 제품설계의 고급화, 설계에 따른 제품을 생산하기 위한 공정상의 엄격한 통제가 이루어져야 한다.

생산・운영관리의 또 하나의 목표는 납기이행이다. 고객이 원하는 제품 및 서비스를 신속하게 공급할 수 있다면 품절에 의한 고객의 대기나 상실은 없을 것이다. 따라서 생산부서는 원활하고 신속한 생산능력을 구비하고 있어야만 한다.

목표(goal)는 생활체가 행하는 행동이 지향하는 최종적인 결과를 말한다.

목적(objective)은 이룩하거나 도달하려고 하는 목표나 방향을 말한다.

마지막으로 유연성이란 고객의 요구내용이 급격히 변경된다거나 시장수요의 증감에 대하여 신속하고 효율적으로 적응할 수 있는 능력을 말한다. 오늘날 생산현장에서 유연생산시스템(FMS)이 그 중요성을 더해가고 있는 것도 바로 이 때문이라고 할 수 있다.

결국 생산·운영관리를 수행하는 생산부서나 생산관리자는 위에서 언급된 원가, 품질, 납기이행, 유연성의 목표가 서로 상충되는 측면도 없지는 않지만 각 측면을 최적화(optimality)시켜야만 한다.

모든 훌륭한 관리자는 [그림 10-1]과 같은 관리과정(management process)의 기본기능을 수행한다.

[그림 10-1] 관리과정

계획(planning)	조직을 위한 목표(goals)와 목적(objectives)을 결정하고 이를 달성하기 위한 프로그램, 정책, 절차를 개발하는 활동
조직(organizing)	목적을 달성하기 위해 개인, 그룹, 부문, 부서의 구조를 개발하는 활동
충원(staffing)	필요한 인력의 채용, 훈련, 유지, 해고하는 활동
지도(directing)	조직의 목표달성을 위해 부하들을 감독하고 동기부여화 하는 활동
통제(controlling)	조직, 충원, 지도가 설정된 후 계획과 목적을 달성하기 위해 필요한 표준과 의사소통의 네트워크를 개발하는 활동

역시 생산관리자도 이런 관리과정을 적용하여 생산 · 운영관리기능에 필요한 의사결정을 내려야 한다. 생산운영관리자는 다음과 같은 3가지 주요 활동에 대해 책임이 있다.

첫째, 생산관리자는 생산투입요소에 대한 계획을 수립하여야 한다. 이는 기업의 운영에 필요한 투입요소를 결정하는 것과 관계되어 있으며 생산계획수립, 공장위치결정, 원자재의 적정한 공급자의 선정, 노동력 및 기계의 결정 등과 같은 사항들에 대해 의사결정을 내려야 한다.

둘째, 생산관리자는 필요한 투입요소의 설치(installation)에 관한 의사결정을 내려야 한다. 이는 공장의 실제적 설계, 가장 올바른 형태의 기계 사용, 생산기계의 배치, 그리고 공장에서 가장 효율적인 작업흐름 등과 같은 의사결정을 포함한다.

셋째, 생산관리자는 생산공정을 조정하여야 한다. 이는 적절한 장소로의 자재이동, 작업일정의 개발, 특정 종업원에게의 작업할당과 같은 내용을 포함하고 있다. 이런 조정의 목적은 효율성(efficiency)을 촉진하는데 있다.

효율성(efficiency)은 최소비용으로 최대효과를 얻는 원칙을 말한다.
자원의 양이 주어져 있을 때 최대의 효과를 얻도록 자원을 사용하고, 일정한 목적을 달성하기 위하여 사용되는 자원을 최소로 하는 것이다.

구체적으로 생산관리자가 의사결정을 내려야만 하는 과업에는 다음과 같은 것들이 있다(〈표 10-1〉 참조).

〈표 10-1〉 생산관리자의 의사결정

생산관리자에게 해당되는 질문	의사결정 분야
POM 기능이 조직의 목적에 기여하기 위해 무엇을 할 것인가?	생산성과 전략
계획수립을 위한 기준은 무엇인가? 얼마나 많은 단위의 제품을 판매할 수 있을까?	예측
우리가 공급해야 할 제품이나 서비스는 무엇인가? 이런 제품이나 서비스를 어떻게 설계해야 하는가?	제품선택과 설계
제품생산에 필요한 공정은 무엇인가? 이런 공정에 필요한 장비는 무엇인가?	공정선택과 설계

생산관리자에게 해당되는 질문	의사결정 분야
설비를 위치시킬 곳은 어디인가? 위치의사결정을 내리는 기준은 무엇인가?	위치선정
설비를 어떻게 배치할 것인가? 우리의 계획수행을 위한 설비의 규모는 어느 정도인가?	배치
우리는 어떻게 합리적인 작업환경을 조성할 것인가? 우리 종업원이 얼마나 많은 양의 제품을 생산할 수 있을까?	인적 자원
제품생산에 필요한 부분품을 제조할 것인가 혹은 구입할 것인가? 좋은 공급업자는 누구이며 얼마나 많은 공급업자를 확보할 것인가?	조달
하도급 생산은 좋은 아이디어인가? 경기침체의 기간 중에 종업원의 수를 어떻게 유지할 것인가?	중·단기의 프로젝트 일정
각 item에 대해 어느 정도 재고를 보유할 것인가? 어느 시점에서 재주문(reorder)을 할 것인가?	재고 MRP
품질에 관한 책임자는 누구인가? 제품과 서비스에 대해 우리가 원하는 품질정의 방법은?	품질관리
신뢰성과 보전의 책임자는 누구인가? 신뢰할만한 시스템을 어떻게 구축하고 유지할 것인가?	보전과 신뢰성

자료 : Jay Heizer & Barry Render, *Production and Operations Management*, Allyn and Bacon, Inc. 1988, p. 15.

하도급 생산의 한 형태로서 OEM(주문자 생산방식)이 있다. 즉 생산은 다른 데에서 하고 상표만 붙여서 파는 방식이다.

제 2 절 생산계획(Production planning)

생산계획(production planning)이란 생산활동의 조직적인 예정을 수립하는 관리활동으로서, 생산활동을 개시하기 전에 제품의 선정, 생산방법, 생산기간, 생산수량, 판매가격 등에 대하여 합리적으로 계획을 수립하는 활동이라고 할 수 있다. 생산계획을 수립하는 데는 여러 관련계획(판매예측, 능력계획, 재무계획 등)이 선행되어야 하므로 단독으로 수립될 수 없는 것이다.

생산계획(production planning)이란 생산활동의 조직적인 예정을 수립하는 관리활동으로서, 생산활동을 개시하기 전에 제품의 선정, 생산방법, 생산기간, 생산수량, 판매가격 등에 대하여 합리적으로 계획을 수립하는 활동이다.

[그림 10-2] 생산계획시스템

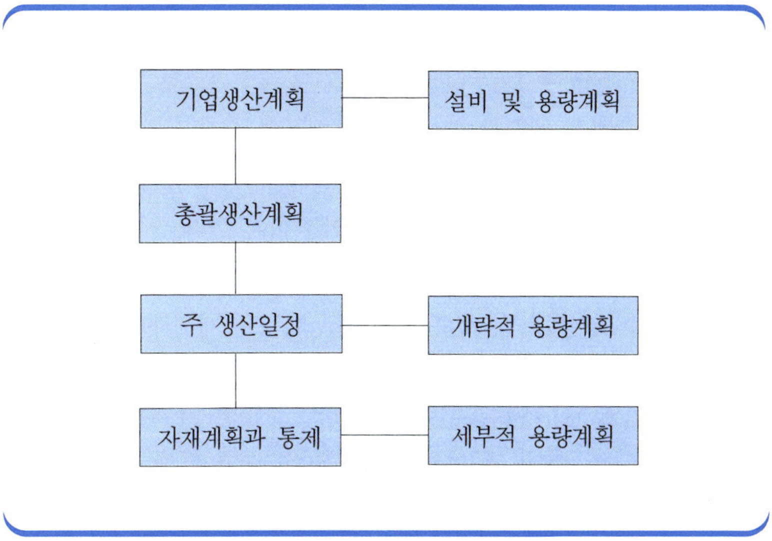

1. 제품계획(product planning)

기업에서 수행하고 있는 모든 계획과정은 고객에게 제공되기를 원하는 제품의 선택으로부터 시작되어진다. 공장의 위치, 기계의 구입, 가격의사결정, 소매점의 선택 등이 제품계획을 바탕으로 결정된다고 할 수 있다. 실질적인 의미로, 기업존재의 경제적인 정당성은 고객의 욕구를 만족시키는 제품의 생산과 판매에 있다.

대부분의 기업에서, 제품계획은 생산부서와 마케팅 부서와의 동시적인 책임으로 여기고 있다. 제품은 고객의 욕구를 만족시킬 수 있도록 설계되어야 하므로 마케팅 조사(marketing research)는 제안된 제품에 대한 고객의 반응, 신제품의 시제품(prototype)의 검사, 신제품의 판매잠재력과 이윤가능성의 추정을 할 수 있도록 사용되어진다.

프로토타입(prototype)의 원래 뜻은 원형, 초기형태 등을 가리키는 것이지만, 흔히 공학에서 말하는 프로토타입이란 어떤 구조물이나 장비에 대하여 형상이나 설계, 적합성 또는 성능 등을 평가하기 위하여 만든 실물 크기의 모형을 말한다.

생산부서에서는 기본적으로 첫째, 계획단계에서의 원래 제품을 최종적인 제품으로 변환시키는 기능을 수행하고, 둘째, 신제품을 가능한 한 효율적으로 생산하기 위해 생산설비를 설계하는 업무를 수행한다. 제품계획단계에서 주의해야 할 점은 제품이 고객에 의해 승인된 제품이어야 할 뿐만 아니라 신제품계획에 투자된 기업자금을 회수할 수 있도록 경제적으로 적정한 수익이 보장되어야 한다.

2. 서비스 계획(service planning)

서비스의 생산을 계획할 때에는 일반제품의 생산을 계획하는 것과 같은 고려가 이루어져야 한다. 제품과 마찬가지로 서비스는 반드시 고객의 욕구를 만족시킬 수 있도록 설계되어야 한다. 시장조사 역시 제안된 서비스에 관한 고객의 반응(reaction)을 살펴보기 위해 사용되어진다. 그러나 서비스를 계획하는 것은 제품을 제조하기 위해 필요로 하는 공학적인 명세서나 기술보다는 서비스를 제공하는 인적 측면에 더욱 집중되어진다.

R. J. Schonberger에 의하면 신상품계획은 다음과 같은 과정을 통하여 공정 계획으로까지 발전된다고 보고 있다([그림 10-3] 참조).

[그림 10-3] 신상품계획

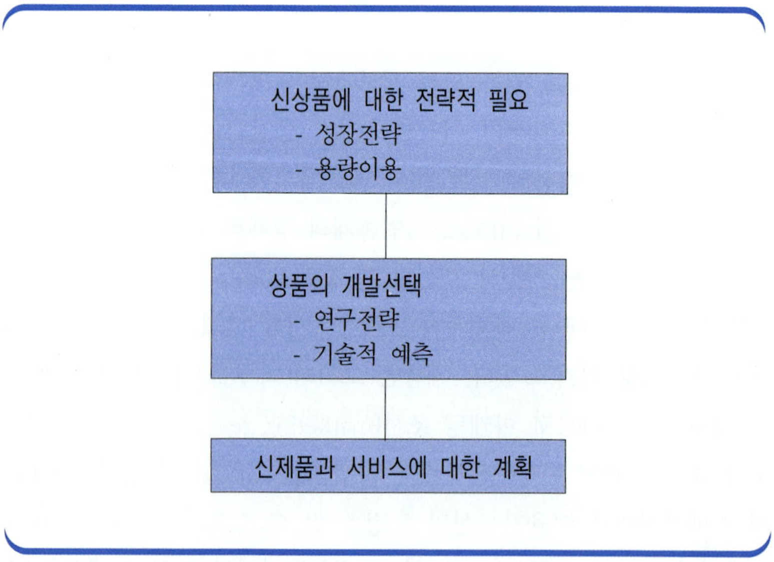

신상품개발의 근본적인 유인요인은 "신상품에 대한 전략적인 필요"이다. 이런 전략의 2요인은 성장의 전략과 용량의 활용이라고 할 수 있다. 일반적으로 신속한 성장전략은 계속적인 상품의 소개가 요구된다. 용량활용측면은 기업이 보유하고 있는 용량과 유능한 작업자를 보유하고 있는 비용의 보상측면에서 신제품의 소개가 필요하다.

신상품에 대한 전략적인 필요가 결정되면, 상품개발에 관련된 선택(options)을 해야 한다. 즉 여러 연구전략(내부 R & D, 외부 R & D) 중 적절한 것을 선택할 수 있다.

상품개발에 관한 선택이 완료된 후, 신제품과 서비스에 대한 과학적이고 공학적인 측면에서의 계획이 필요하다. 이런 계획에 따라 최종적으로 상품을 생산하는 공정계획을 수립하게 된다.

제 3 절 시설의 입지

생산에 관한 의사결정 중에서 중요한 것이 공장입지(plant location)의 결정이다. 본질적인 투자의 한 부류인 공장입지 의사결정문제는 실질적으로 다른 생산관리의 의사결정분야(제품설계, 생산능력계획, 공정설계, 설비배치 등)와는 다르게 빈번하게 발생하지 않으므로 보통 장기간의 관점에서 고찰되어야 한다.

입지 의사결정문제는 다음과 같은 이유로 그 중요성이 강조되고 있다.

첫째, 시설의 고정성이다. 제품설계에 관한 의사결정의 경우 고객의 욕구가 변하게 되면 이에 적합하도록 제품의 설계를 즉시적으로 변경할 수 있다. 그러나 공장의 입지가 결정되고 필요한 설비가 완성되고 난 뒤 입지가 불리하여 공장을 이전하거나 공장을 폐쇄하고자 하는 경우에 막대한 비용이 수반된다.

상품개발에 관한 선택이 완료된 후, 신제품과 서비스에 대한 계획이 이루어지고, 그 후 이런 계획에 따라 최종적으로 상품을 생산하는 공정계획을 수립한다.

둘째, 생산원가에 주는 영향이다. 입지에 따라서 지대, 원자재의 수송비, 노무비, 용수비 등 여러 생산원가에 영향을 끼치게 됨으로써 훌륭한 입지를 선택한 경쟁기업보다 불리한 입장에서 경쟁하게 되는 결과를 초래한다.

입지에 대한 의사결정은 1) 대상지방 선정, 2) 특정지역 선정 및 3) 부지 선정의 3단계로 구성된다.

일반적으로 입지에 대한 의사결정은 다음과 같은 3단계로 구분된다.

[그림 10-4] 입지의사결정의 3단계

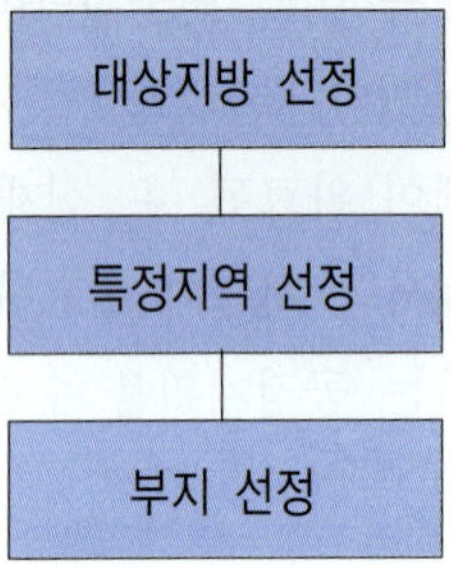

위 단계에서의 필요한 정보는 상공회의소, 은행, 운송회사, 정부기관 등에 의하여 얻어질 수 있을 것이다.

1. 시설의 입지요건

시설의 입지를 결정하기 위한 의사결정은 부분적으로는 보이지 않거나 감정적인 요인(질적 요인)에 의하여 이루어진다 : 훌륭한 교육시설, 좋은 주거환경, 아름다운 경치. 그러나 이런 질적 요인을 고려하기 전에 다른 입지를 선택함으로써 발생할 수 있는 비용에 관한 연구(양적 요인)가 반드시 이루어져야 한다. R. J. Schonberger는 이런 비용요인을 다음과 같이 들고 있다.

· **수송비** : 원자재나 부품의 유입과 완제품의 유출에 따른 비용
· **공장과 장비비용** : 위치, 건물, 자재, 장비 등
· **노동비** : 비숙련 노동자, 숙련 노동자, 전문가 등
· **유틸리티** : 전기, 가스, 용수, 폐기물 처리

- **세금** : 부동산, 재고, 수입, 노동자 보상
- **보조적인 서비스 비용** : 창고, 종업원 훈련, 음식
- **특별한 자금적 유인** : 세금 인센티브, 도로건설, 공장의 공간 등

2. 대상지방과 지역의 선정단계

공장이 위치할 부지(site)를 결정하기에 앞서 먼저 어느 지방 및 지역을 선정할 것인가를 결정해야 한다. 이때 고려해야 할 사항에는 다음과 같은 것이 있다.

1) 원자재와의 근접성

원자재가 크고 무거운 경우 또는 부패성이 있는 경우, 제조기업은 이런 원자재와 근접한 곳에 위치해야만 한다. 이렇게 함으로써 원자재를 수송하는 동안에 원자재의 낭비(육류 가공 제조업체의 경우 수송 중 고기의 부패)를 방지함과 동시에 수송비를 절약할 수 있다. 예를 들어 종이 1톤을 생산하기 위해 필요한 용수가 120톤 이상이 소모되므로, 제지업체는 반드시 대량의 깨끗하고 저렴한 비용으로 용수를 사용할 수 있는 곳에 위치해야 한다.

2) 시장과의 근접성

만약 원자재의 수송비용이 총생산비용에서 차지하는 비중이 크지 않다면, 그 공장은 가급적 완제품이 판매되는 시장과 근접하고 있어야 한다. 시장과 근접한 위치에 있는 공장은 제조업자에게 신속하고 편리하게 고객을 위한 서비스를 제공해 줄 수 있기 때문이다. 미국에서 자동차부품을 생산하는 많은 제조업자가 디트로이트(Detroit)지역에 위치하고 있는 것은 자동차 조립공장을 위해 빠른 서비스를 제공하기 위해서이다. 또한 완제품의 부피가 매우 커진 상태에서 소비자에게 전달되는 산업의 경우에는 수송비는 더욱 커질 수 있으므로 가급적 수요지에 근접하고 있는 것이 제품수송비를 절약할 수 있는 한 방법이 될 수 있다.

대상지방과 지역의 선정단계에서는 1) 원자재와의 근접성, 2) 시장과의 근접성, 3) 노동력의 이용가능성, 4) 수송, 5) 에너지, 및 6) 지역사회의 태도 등을 고려하여야 한다.

3) 노동력의 이용가능성

생산시설이나 서비스 시설의 입지결정을 위한 세 번째의 고려사항은 양질의 노동력을 공급받을 수 있는지의 여부이다. 특히 노동집약적인 상품, 즉 섬유, 신발, 합판 등을 생산하는 기업은 풍부한 노동력의 공급이 매우 중요한 요인이므로 이를 고려해야 한다. 현재 우리나라와 일부 선진국이 중국이나 말레이지아 등에 적극적으로 해외진출을 모색하는 것은 노동력이 풍부하고 동시에 인건비가 저렴하기 때문이다. 결국 인건비의 비중이 큰 산업은 노동력이 풍부하고 낮은 임금이 존재하는 곳에 입지를 결정해야 한다.

노동력 측면에서 또 한 가지 고려해야 할 사항은 노동의 질(quality) 문제이다. 비록 인건비가 낮더라도 노동생산성이 동시에 낮아진다면 결국 인건비의 절감으로 인한 어떠한 긍정적인 영향도 주지 못하게 된다.

4) 수 송

공장이 위치할 부지(site)로는 가급적 여러 수송시설을 이용할 수 있는 위치가 바람직하다.

대부분의 제조공장은 원자재를 공장으로 운반하고, 완제품을 고객에게 전달하기 위해 수송시설을 이용하게 된다. 이 때 사용되는 수송시설에는 트럭, 철도, 선박, 항공기 등 여러 대안이 존재하여 그 중 가장 합당한 수송수단을 선정할 수 있다. 그러나 여러 수송시설을 동시에 이용할 수 있는 경우, 기업 입장에서는 가장 저렴한 수송시설을 이용할 수 있으므로 더욱 유리하다. 따라서 가급적 여러 수송시설을 이용할 수 있는 위치가 바람직하다. 이런 수송측면의 고려는 서비스 기업에서도 동시에 고려되어야 한다. 예를 들어 고객들이 주로 자가용을 이용하여 서비스를 받으러 오는 경향이 두드러진다면 서비스시설 주변에 주차장의 확보는 필수적이다.

5) 에너지

에너지의 문제는 사실 서비스 산업보다는 제품을 생산하는 제조업체에 더욱 많은 영향을 끼친다. 1970년대 석유파동은 전 세계의 기업에게 에너지가 얼마나 중요하다는 것을 느끼게 하는 좋은 예라 할 수 있다. 미국의 알루미늄 생산산업은 테네시 강 계곡에서 시작되었는데 그 이유는 알루미늄을 생산하는 데는 엄청난 양의 전력이 소요되기 때문이다. TVA(Tennessee Valley Authority)에 의해 공급되는 저렴한 전력은 알루미늄 제조업자가 보다 값싸게 제품을 생산할 수 있게 해 주었다. 따라서 에너지 사용이 큰 기업은 저렴한 에너지 이용의 가능 여부가 입지의사결정에 큰 영향을 끼친다.

6) 지역사회의 태도

기업이 어느 지역에 진입하려고 할 때, 어떤 지역에서는 진입기업이 고용의 증대, 조세수입 증대 및 지역사회개발에 일조할 수 있으리라는 기대로 적극적으로 기업을 유치하려고 한다. 반면 대기오염, 수질오염 등 지역주민의 생활의 질이 저하될 것을 우려하여 기업의 진입을 반대하는 경우가 있다. 따라서 기업은 이런 양면적인 지역사회의 태도를 잘 고려하여 입주후에도 기업활동을 원활하게 수행할 수 있는 지역을 선정하여야 한다.

3. 부지선정의 평가

입지의사결정 과정에서 지방 및 지역이 결정되면 다음 단계는 세부적으로 지역내에서 어느 부지에 공장을 건설하느냐의 문제가 발생한다. 이때 고려할 수 있는 사항으로는 다음과 같은 것이 있다.

1) 토지가격의 검토

기업의 생산활동에 필요한 공장이나 기타 부대시설은 매우 넓은 대지를 차지하게 되므로 땅값이 비싸면 기업에게 재정적으로 큰 어려움을 가져다준다. 따라서 토지가격에 대한 검토가 필요하다.

2) 부지의 특성 검토

향후 공장규모의 확장측면을 고려해서 선택된 부지의 확장 가능성을 미리 조사하여야 한다. 또한 지형적으로 배수가 잘되고 배기상태가 양호해야 한다.

3) 일반 유틸리티 활용가능성

공장이 설치되면 이에 필요한 제반시설(수송 시설 등)들이 갖추어져 있어야 한다. 따라서 가급적 공업단지를 이용하는 것도 입지를 선정하는데 따르는 많은 노력을 절약할 수 있다.

기타 관련 업종간의 관계, 시장의 위치, 행정규제 등에 대한 검토가 있어야 한다.

> 비용측면에서 입지대안을 평가할 수 있는 방법에는 총비용비교법, 손익분기도표, 수송비용법, 요인평정법 등이 있다.

미국의 경우 대부분의 도시에는 최소한 하나 이상의 산업단지(industrial park)가 있다. 이는 필요한 구획(zoning), 대지, 운송편의 시설, 폐기물처리 출구 등을 제공해주는 계획된 부지들이다. 이런 부지들은 기업과 지방정부 사이에서 최대한 협조를 제공함으로써 이 지역에 새로운 공장이 위치하도록 제조업자를 유인하기 위해 만들어지는 것들이다.

시설의 입지문제는 기업이 가지고 있는 정보와 능력에 따라서 접근할 수 있는 여러 측면이 존재하지만 실제적으로는 기업경영자의 주관에 기초를 둔 단순한 접근방법을 취하는 경우도 있다. 기업의 경영자들이 입지결정을 위한 가장 중요한 요소로서 생각하고 있는 기준은 다음과 같다.

· 시장 및 유통 센터의 근접성
· 지역사회 및 정부측면
· 공급자 및 자원의 근접성
· 경쟁측면
· 환경측면
· 기업의 다른 부서와의 상호작용
· 노동력
· 부지의 매력성
· 세제 및 금융
· 전력, 용수 및 서비스

이런 기준들은 특정한 상황에 따라서 그 중요성이 달라지는 것이 보통이다.

4. 입지대안의 평가

시설입지문제를 비용은 최소화하고 최대의 이윤을 올리기 위한 의사결정 문제라고 한다면, 전체 비용을 최소화함으로써 이윤을 최대화할 수 있다는 것은 당연한 이치이다. 따라서 비용측면에서 입지대안을 평가할 수 있는 방법에는 여러 가지가 있다. 총비용비교법, 손익분기도표, 수송비용법, 요인평정법 등이 좋은 예이다.

제 4 절 생산과정의 통제

지금까지 생산(production)의 개념을 입력요소(inputs)를 최종제품과 서비스(finished products and services)로 전환시키는 과정으로 살펴보았다. 먼저 계획은 생산입력요소-생산하고자 하는 제품, 시설의 위치, 원자재, 소비자, 노동력, 에너지 그리고 기계-를 결정하기 위해 수립되어야 한다. 다음으로, 이미 수립된 생산계획은 입력요소를 판매 가능한 제품이나 서비스로 전환시키기 위해 필요한 자재와 장비의 구입과 잘 훈련된 노동력의 고용(employment)을 통해 실행되어진다. 생산과정에 있어서 마지막 단계는 통제(control)이다.

생산통제(production control)란 최대한의 생산효율성을 제공하기 위해서 인력, 자재, 기계류를 조정(coordinating)하는 잘 정의된 절차(procedures)들의 set이다.

1. 생산통제

작업지시에 의해서 제조활동이 현장에서 이루어지면 계획된 대로 일이 이루어지도록 하기 위해서, 생산통제활동이 수행되어야 한다. 생산통제(production control)란 최대한의 생산효율성을 제공하기 위해서 인력, 자재, 기계류를 조정(coordinating)하는 잘 정의된 절차(procedures)들의 set라고 할 수 있다.

예를 들어, 어느 시계공장에서 1월 중 800,000개의 시계생산이 할당되었다고 하자. 1월 중 20여 일의 작업시간이 가용하다면 생산통제 담당자는 하루 40,000개의 시계생산으로 세분화시키게 된다. 다음 단계로 생산의 일정을 만족시키기 위해 필요한 작업자의 수, 원자재, 부품 그리고 기계류 등을 결정한다.

마찬가지로, 레스토랑 같은 서비스 기업에서도 얼마나 많은 식사가 매일 serve되는지를 예측하고 음식을 준비하고 serve하는데 필요한 인력의 수와 얼마나 많은 원료를 얼마나 자주 구매해야 하는지를 결정한다.

생산통제는 계획, 작업순서, 작업일정, 작업배정 및 진도관리의 5단계로 구성된다.

생산통제는 순서통제와 용량통제의 2가지로 구분되는데, 순서통제는 각 작업장에서 대기 중인 작업의 순서를 조정하여 개별제품의 일정에 맞추는 것이다. 용량통제는 개별제품의 일정에 맞추기 위해 추가고용, 초과가동 등과 같이 노동력과 기계의 사용을 조절하는 것을 말한다.

또한 생산통제기능을 효과적으로 수행하기 위해서는 생산활동의 상태에 대한 정보가 필요하므로 상태를 점검하고 보고하는 정보시스템이 요구된다.

2. 생산통제의 과정

생산통제는 [그림 10-5]와 같이 5단계로 생각할 수 있다.

[그림 10-5] 생산통제단계

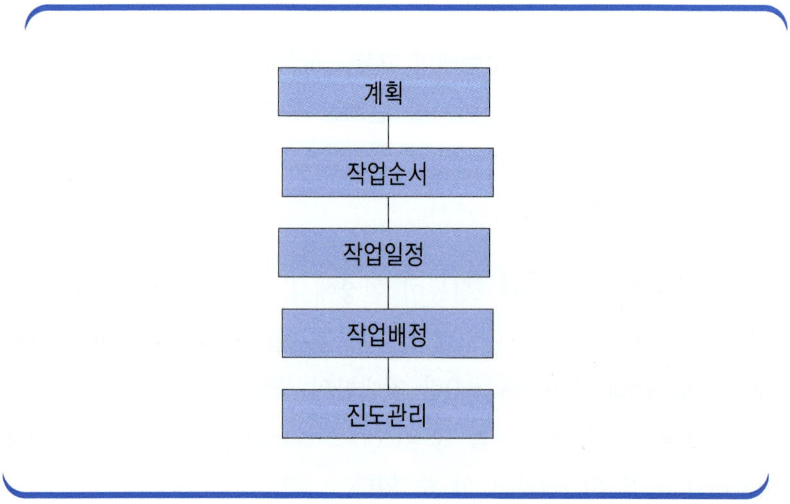

생산계획(production planning)이란 어떤 제품이나 서비스를 생산하기 위해 필요로 하는 자원(원자재 및 부품 등)의 총량을 결정하는 생산통제의 첫 단계이다. 생산계획 과정 동안, 자재명세서(BOM)가 작성된다. 이는 제품이나 서비스를 생산하기 위해서 소요되는 모든 부품과 자재의 일람표이다. 자재명세서를 확인하여 필요한 부품이나 자재를 외부에서 구입하여야 하는데 이때 MRP시스템은 이들의 납기일정(delivery schedule)을 세울 수 있게 하여 준다.

작업순서(routing)는 설비의 작업순서를 결정하는 생산통제의 두 번째 단계이다. 이는 생산작업의 순서, 방법, 공수를 결정하기 위한 활동이다.

작업일정(scheduling)은 생산에 필요한 각 작업의 공정별 시행시간과 완료시간을 결정해 주는 생산통제의 단계이다. 효율적인 작업일정은 생산에 필요한 부품이나 자재의 납기일정과 일치되고 생산적인 자원을 효율적으로 사용할 수 있게 하여 준다. 생산일정을 결정하기 위해 개발된 효율적인 방법 중의 하나가 PERT(Program Evaluation and Review Technique)이다. 이 기법은 작업일정이 효과적으로 수행되도록 그 일정과 노력 및 자금과의 관련 하에 과학적으로 계획하고 관리하는 기법이다.

생산일정을 결정하기 위해 개발된 효율적인 방법 중의 하나인 PERT (Program Evaluation and Review Technique)는 작업일정이 효과적으로 수행되도록 그 일정과 노력 및 자금과의 관련 하에 과학적으로 계획하고 관리하는 기법이다.

작업배정(dispatching)은 각 작업자나 기계설비가 제품의 완성을 위해 허용된 시간과 어떠한 작업을 수행하여야 하는지를 지시하는 생산통제의 단계이다. 작업배정자(dispatcher)는 각 작업자에게 작업수행의 일을 부여, 작업지시를 내리고, 각 직무의 우선순위를 알린다.

진도관리(follow-up)는 생산통제에서 가장 중심적인 활동이다. 이는 진도조정, 지연대책, 결과확인이라는 과정을 거쳐서 생산과정에서 발생한 문제에 대해 필요한 조정을 하게 하는 단계이다. 생산일정을 지체시키는 문제는 여러 가지 형태에 의해서 발생한다. 기계의 고장(mal-functions), 공급업자로부터의 부품공급 지연, 종업원의 결원 등은 생산의 지체(delay)를 가져올 수 있다. 이런 지체는 생산일정을 조정하는 생산통제를 위해서 반드시 보고 되어야 한다.

제5절 품질관리

1. 품질의 정의

오늘날과 같이 국제적인 경쟁 속에서 기업을 운영해 나가기 위해서는 경쟁기업보다 우수한 어떤 측면이 존재하고 있어야 한다. 제품이나 서비스의 생산원가가 낮음으로써 가격이 저렴하다든지 혹은 매우 아름다운 디자인을 가지고 있다든지 하는 독특한 제품특성이 필요하다. 그러나 가장 중요한 요인은 품질(quality)이다. 즉 소비자는 제품을 구매하기 전에 고려하는 주요인이 품질이라는 것이다.

일반적으로 품질의 정의는, 그 제품의 명세서(specification)를 충족시키는 정도를 말하는 것이다. 그러나 학자에 따라서는 다양하게 품질의 정의를 내리고 있다.

- Crosby, P. : "품질은 요구에 대한 일치성 (conformance to requirement)이다."
- Juran, J. H. : "품질은 용도에 대한 적합성(fitness for use)이다."
- Gilmore, H. L. : "품질은 특정제품이 설계 혹은 명세서에 일치되는 정도이다."

D. Garvin은 품질의 정의를 사용자지향적 정의, 제조지향적 정의, 제품지향적 정의로 구분하여 사용하고 있다. 마케팅담당자들이 선호하는 사용자지향적 정의는 품질을 보는 사람의 관점에 따라 달라진다고 생각하는 개념이다. 제조지향적 정의는 품질이 표준 및 명세서와 일치해야 하는 것으로서 생산관리자 측면에서의 정의이다. 제품지향적 정의는 제품의 품질을 측정할 수 있는 변수로 간주하는 개념이다. 예를 들어 아이스크림에 유지방이 높으면 품질이 좋은 것으로 판단하는 방법이다.

그러나 품질에 대한 정의를 어느 한 개념에만 전적으로 의지할 수는 없고 여러 접근방식의 고찰이 필요하다.

2. 품질의 중요성

좋은 품질의 제품이나 서비스를 생산하는 기업은 여러 가지 측면에서 기업에게 큰 영향을 끼친다.

첫째, 기업의 명성이다. 품질이 좋은 제품과 서비스를 생산하고 있는 기업은 그 제품을 사용한 여러 사람들로부터 매우 호의적인 반응을 얻을 수 있다. 그 결과로 기업의 명성은 여러 부류의 거래 관계자에게 알려져 좋은 신용을 얻게 된다.

둘째, 수익성의 증대이다. 이는 품질향상이 시장점유율의 증가와 원가의 절감을 가져와 최종적으로 수익의 증가라는 영향을 끼치게 된다.

셋째, 제품책임에의 영향이다. 불량품을 고객이 사용함으로 해서 발생하는 손해 혹은 사고에 대하여 기업은 책임을 져야 한다. 따라서 불량품 생산은 기업에게 재무적 손실을 입히고 기업 이미지에도 악영향을 주게 됨으로 해서 부정적인 영향을 가져오게 된다. 따라서 신뢰하고 명세서에 일치한 제품을 생산하는 기업은 제품책임비용을 감소시킬 수 있다.

넷째, 국제관계이다. 오늘날과 같이 국제시대에서 기업은 세계적인 기업들과 당당히 경쟁하여 이겨야만 발전할 수 있다. 효과적으로 경쟁할 수 있는 최대의 무기는 품질과 가격이다. 따라서 기업은 고품질의 제품을 가지고 경쟁함으로써 그 기업자신과 국가에 기여할 수 있을 것이다.

좋은 품질의 제품이나 서비스를 생산하는 기업은 1) 기업의 명성, 2) 수익성의 증대, 3) 제품책임에의 영향 및 4) 국제관계 등 여러 가지 측면에서 기업에게 큰 영향을 끼친다.

3. 무결점운동

어느 기업이 품질에 관한 예방, 평가 및 불량으로 발생하는 품질비용이 매우 높다면, 경영층에서는 반드시 이를 감소시키기 위한 방법을 도입하여야 한다. 이런 접근방법으로서 전사적 품질관리(TQC)의 개념을 적용하는 것과 '무 불량품'을 생산하기 위한 '무결점운동'(ZD, Zero Defect)을 도입하는 것이다.

ZD 운동은 동기부여활동의 일환으로서 조직 전반적으로 품질을 향상시키고 동시에 비용을 절감시키는 운동이라고 할 수 있다. 이러

무결점운동(ZD, Zero Defect)은 동기부여활동의 일환으로서 조직 전반적으로 품질을 향상시키고 동시에 비용을 절감시키는 운동이다.

한 ZD 운동의 접근방법으로는 Crosby. P의 무결점운동 14단계가 있다. 14단계 중 1~6단계는 주로 경영층의 역할수행이 중요하고, 7~9단계는 종업원의 역할이 중요하다고 할 수 있다. 10~14단계까지는 경영층과 종업원이 합심 단결하여 해결해 나가야 할 단계이다.

단계 1 : 품질에 대한 경영층의 결의를 확보하라.
단계 2 : 품질향상 팀을 구축하라.
단계 3 : 현재의 품질을 측정하라.
단계 4 : 품질비용을 평가하라.
단계 5 : 기업 전반에 걸쳐 품질에 대한 인식을 제고하라.
단계 6 : 품질문제를 해결하는 보완조치를 장려하라.
단계 7 : 무결점운동을 위한 위원회를 설치하라.
단계 8 : 무결점운동을 위한 감독자를 훈련하라.
단계 9 : 무결점 일을 제정하여 모든 종업원이 무결점운동을 바르게 이해하고 결의를 가지도록 하라.
단계 10 : 각 종업원 혹은 그룹으로 하여금 그들의 작업을 향상시키기 위한 목표를 설정하도록 하라.
단계 11 : 종업원들로 하여금 문제를 제시하게 하고 조사단을 구성하여 실수의 원인을 제거하라.
단계 12 : 여러 가지 형태의 보상으로 종업원의 성과를 인정하라.
단계 13 : 기업 차원에서의 품질위원회를 설치하라.
단계 14 : 위 활동을 계속적으로 반복하여 무결점운동이 기업문화의 일부로 자리 잡도록 하라.

4. 품질관리 분임조

품질관리 분임조는 같은 분야에 근무하는 7 내지 10명 사이로 구성되어, 그 분야에서 발생한 문제점이나 품질 등을 정의, 분석하기 위해 일정한 주기로 모이는 자발적인 그룹이다.

QC 분임조가 1960년대 초 일본에서 처음 탄생하여 현재까지 일본의 산업, 경제의 발전에 크게 기여하였다. 특히 코스트 절감, 품질향상, 종업원의 경영에 대한 참가 촉진, 사기향상, 직장내 커뮤니케이션의 원활화 등의 측면에서 기여한 바가 자못 크다.

일반적으로 품질관리 분임조는 같은 분야에 근무하는 7 내지 10명

사이로 구성되어, 그 분야에서 발생한 문제점이나 품질 등을 정의, 분석하기 위해 일정한 주기로 모이는 자발적인 그룹으로 정의된다. 품질관리 분임조의 목적은 기업의 규모, 경영형태, 그리고 품질관리에 대한 인식의 정도에 따라 크게 달라질 수 있으나 일반적으로 보편화된 목적은 다음과 같다.[1)]

첫째, 일선 감독자들로 하여금 '리더십'과 감독능력을 개발할 수 있도록 한다.

둘째, 모든 작업자를 참가시킴으로 해서 작업자의 사기를 앙양하고 품질관리를 최고 수준으로 제고하며, 품질이 무엇이며 어떤 문제가 야기될 수 있고 무엇을 해야 할 것인지를 작업자 스스로 깨달을 수 있도록 한다.

셋째, 전사적 품질관리활동을 통합하는 수단이 되게 하고, 현장내의 핵심이 되도록 하며 관리정책의 명확화, 작업장 감독의 안정화 그리고 작업표준의 보장에 기여하도록 한다.

이러한 품질관리 분임조의 정의와 목적에 비추어 품질관리 분임조의 특성을 살펴보면,

품질관리 분임조는 1) 조직과 운영이 자주적으로 관리되는 그룹이며, 2) 소집단활동이고, 3) 전원 참가의 원칙이며, 4) 인간적인 가치가 중요한 활동이라는 특성을 갖는다.

첫째, 조직과 운영이 자주적으로 관리되는 그룹이다. 분임조 활동의 운영이 타율적으로 결정되는 것이 아니고 구성원들 상호간에 자주적인 의사에 의하여 주인의식을 가지고 활동해 가는 소집단이다. 이런 소집단활동을 통해 구성원간의 상호작용을 통한 자아실현의 욕구를 충족시켜 종업원의 동기부여에 크게 기여할 수 있다.

둘째, 소집단활동이라는 점이다. 품질관리 분임조의 정의에서도 언급된 바와 같이 7～10명의 소집단으로 분임조가 형성되어 서로의 논의가 쉬울 뿐만 아니라 창의성과 팀웍을 더욱 증대시킬 수 있다.

셋째, 전원 참가의 원칙이다. 같은 분야에 종사하는 구성원들로 분임조가 형성되므로 서로간의 의사소통이 원활해지게 된다. 그럼으로써 분임조활동에 전원 참가가 가능해지고 구성원의 사기진작이 용이

1) Asian Productivity Organization, *Japan Quality Control Circles: Quality control circle case studies*, Tokyo: Asian Productivity Organization, 1972, p. 7.

하다. 또한 노사간의 신뢰분위기를 조성함으로써 서로 간 응집력을 더욱 강화시킬 수 있다.

넷째, 인간적인 가치가 중요한 활동이다. 품질관리활동을 촉진할 목적으로 자발적으로 형성된 품질관리 분임조에 대하여 지나친 경제적 효과만을 추구하다 보면 분임조활동이 자주성을 상실하게 될 염려가 있다. 따라서 경제적 가치보다는 인간적 가치를 더욱 중요시하여야 한다는 것이다.

우리나라에 품질관리 분임조가 들어 온지도 30년 이상이 되어 오면서 기업의 품질향상, 원가절감, 생산성 향상, 경쟁력 강화 등 기업의 성장발전에 많은 기여를 하였다. 이는 기업이나 정부의 적극적이고 지속적인 활동의 영향이라고 생각한다. 그러나 양적으로는 분임조의 수가 매우 많은 것으로 조사되고 있으나 질적인 측면에서는 아직도 초보단계에 머무르고 있다.

각 기업에서는 품질관리 분임조의 양적인 확대와 더불어 질적인 성장을 얻기 위해선 다음과 같은 점에 주력해야 한다.

품질관리 분임조의 질적인 성장을 얻기 위해서는 분임조 활동의 필요성 인식 제고, 분임조 활동의 정확한 위치 설정, 분임조 리더의 양성, 지나친 결과 중시 금지, 분임활동의 여건 조성 등이 필요하다.

① **분임조 활동의 필요성 인식 제고:** 분임조 활동에 대해서 하부종업원까지 활동의 목적이나 의의를 정확히 전달하여줌으로써 그들이 자발적으로 활동에 참여할 수 있다. 이를 위해 지속적인 교육이라든지, 회사 현실에 대한 이해, 홍보활동이 필요하다.

② **분임조 활동의 정확한 위치 설정**: 분임조 활동을 통해서 얻고자 하는 업무의 내용이 기업방침으로서 설정되어야 한다. 이에 따라 분임조간 조정의 일관성을 기할 수 있고 분임조 리더의 책임범위도 정확히 파악할 수가 있다.

③ **분임조 리더의 양성**: 분임조 활동의 전반을 이끌어나갈 운영책임자(리더)를 정확히 임명하고 그들이 분임조활동의 주체로서 활동할 수 있도록 기업의 스태프 부서에서 지원하는 역할을 잘 수행해야 한다.

④ **지나친 결과 중시 금지**: 분임조 활동은 자발적이고 분임원의 사기앙양과 창의성을 개발하는 것을 주축으로 하고 있으므로

경영자가 유형의 결과만을 지나치게 강조함으로써 분임조 활동이 구속받고 있다는 생각이 들지 않도록 해야 한다.

⑤ **분임활동의 여건 조성**: 품질관리 분임조원들의 활동이 보장되지 않을 정도로 자신들의 업무가 바쁘다든지 분임조원들 간의 인간적 대립이 존재하는 경우는 바람직한 분임조 활동을 기대하기가 어렵다. 따라서 경영자는 일단의 업무조정이 필요하고 분임조 활동의 여건 마련 및 촉진활동을 위한 인센티브 제도의 도입이 필요하다.

제6절 물적 유통관리(물류)

1. 물적 유통(Physical Distribution)의 개념

상품교환 경제시대라고 일컬어지는 현대경제에서는 생산측면만의 발전으로는 지속적인 성장을 기대하기가 어렵다. 종래에는 기업이윤을 창출해 낼 수 있는 근원들로 생산부문(제1의 이윤원)과 판매부문(제2의 이윤원)으로 살펴보았으나, 제3의 이윤원인 물적 유통(물류)관리가 그 중요성을 더해가고 있다.

물류관리의 개념이 아직 명확하게 규정되어 있지는 않으나 보통 물적 유통이란 제품을 생산자에게서 최종수요자에게 물리적으로 전달하는데 필요한 모든 활동이라고 생각할 수 있다. 여기에 포함되는 활동으로는 수송, 포장, 보관, 하역, 통신활동들을 가리키고 있는 것이다.

물적 유통(Physical Distribution)은 제품을 생산자에게서 최종수요자에게 물리적으로 전달하는데 필요한 모든 활동이다.

2. 물류의 중요성

물류가 기업에게 있어 새로운 개념은 아니다. 단지 과거에는 그 중요성을 인식하지 못하여서 소홀히 취급하였을 뿐이다. 물류의 중요성은 다음과 같다.

첫째, 생산부문에 대한 과학기술의 도입 및 지속적인 관리기법의 향상으로 더 이상의 생산비의 절감이나 이익증대가 쉽지 않게 되었다. 따라서 새로운 원가절감의 핵심으로 물류분야가 등장하게 되었다.

둘째, 물류비가 계속적인 증가 추세에 있는 까닭에 기업이 물류의 합리화를 통해 물류비용을 절감시켜야 한다. 그럼으로써 기업이윤에 대한 레버리지 효과(leverage effect)를 달성할 수 있다.

셋째, 효과적인 물류활동은 기업의 마케팅 활동을 지원해 주게 됨으로써 시장성을 제고시킬 수 있다. 이는 경쟁기업과 유리한 경쟁을 보장해 줄 수 있다.

넷째, 고객의 물류에 대한 서비스 요구가 증대되었다.

다섯째, 국내기업이 미국이나 일본에 비하여 물류비용이 높다는 것은 물류에 대한 개선 소지가 많다는 것을 반증하여 준다. 따라서 물류는 제3의 이윤원으로서 경영전략 수립의 중점사항이 될 수 있다.

오늘날 물류관리를 로지스틱스(Logistics)란 말로 사용하는 경우가 많다. 이는 종래의 물류관리 개념을 생산단계에서 소비단계까지의 흐름으로 보는 한정된 시각이었다면 로지스틱스는 여기에 원자재와 반제품 및 재고품까지 포함하여 물류의 영역을 확대한 개념이다.

제 7 절 생산 시스템

1. 생산과 생산 시스템

생산(production)이란 자재(materials)를 이용해 완성된 제품 혹은 서비스로 변환시키기 위해 인력이나 기계류 등을 사용하는 것이다.

사회의 하위 시스템(sub-system)으로서 기업 시스템이 존재해 나가기 위해서는 그들이 사회에 어떤 기여(contribution)를 지속적으로 해나가야만 한다. 그러한 기여의 한 방향으로서 기업은 사회가 원하는 제품(goods)이나 서비스(service)를 생산(producing)함으로써 존재의 당위성을 가지게 된다.

즉 생산이란 제품이나 서비스의 창출이라고 할 수 있다. 좀더 구체적으로 말하자면 생산(production)이란 자재(materials)를 이용해 완성된 제품 혹은 서비스로 변환시키기 위해 인력이나 기계류 등을 사용하는 것이다. 이와 같이 원자재(raw materials)나 다른 투입(input) 요소를 가지고 제품이나 서비스로의 창출과정을 통해 형태효용(form utility)이 이루어진다. 예를 들어 제분이나 제당을 이용하여 케이크나 과자를 만드는 행위가 곧 형태효용을 높여주는 생산활동이라고 할 수 있다.

비록 생산(production)이란 개념과 제조(manufacturing)라는 개념이 자주 혼용되어 사용되고는 있지만 생산은 비제조(nonmanufacturing) 과정도 포함하는 경우가 있으므로 보다 폭넓은 개념이라고 할 수 있다. 그 이유는 예를 들어 생산은 어업, 광업 등과 같은 채굴산업(extrative industries)과 또한 눈에 보이는 서비스 뿐만 아니라 무형의 서비스(intangible service)의 창출까지도 생산에 포함되기 때문이다.

생산·운영관리(production and operations management, POM)는 투입요소를 산출요소로 변환시킴으로써 제품이나 서비스를 창출하는데 관련된 활동들을 관리하는 것이라고 할 수 있다. 생산 시스템은 [그림 10-6]에 제시된 바와 같이 기업 시스템의 하위 시스템으로서, 생산

[그림 10-6] 생산 시스템

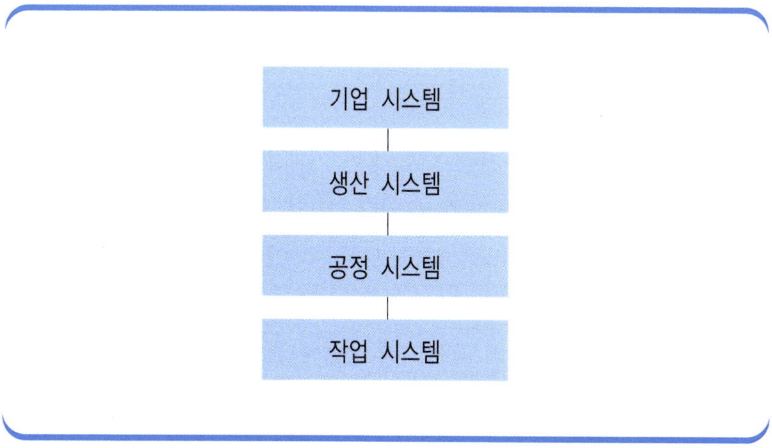

시스템(production system)은 변환 시스템(conversion sub-system)과 통제 시스템(control sub-system)으로 구분하여 살펴볼 수 있다. 생산 시스템의 정의는 〈표 10-2〉에 포함되어 있다. 산출의 일부분이 예견된 수준의 수량, 비용, 품질, 기타 다른 기준에 일치되는가의 여부를 조사하기 위해 통제 시스템에서 모니터 되고 있음을 볼 수 있다. 만약 산출물이 적정한 기준이나 표준과 일치가 되면 투입이나 변환 시스템에 어떠한 변화도 요구되지 않지만, 일치가 되지 않으면 투입이나 변환 시스템에에 관리적인 정정활동(corrective action)이 일어나야 한다.

전형적인 생산 시스템에서는 투입→변환→산출의 관계를 갖는다.

전형적인 생산 시스템에서는 투입 → 변환 → 산출의 관계를 갖는다. 이 장에서는 효용을 창출하기 위해 설계된 제품이나 서비스를 생산하는데 있어서 결정적인 과정을 분석하고 기술하려고 한다.

〈표 10-2〉 생산 시스템의 개념

생산 시스템	일련의 투입요소를 원하는 산출요소로 전환시키기 위한 기능을 가진 시스템
변환 시스템	투입이 산출로 전환되도록 하는 변환기능을 가진 생산시스템의 하위 시스템
통제 시스템	필요시 원하는 정확한 활동이 제공되어질 수 있게 하기 위해 출력의 일부분이 피드백 되도록 모니터 하는 하위 시스템

2. 자동화

자동화란 물리적 제조활동의 운영과 통제에 적용되는 기계적(mechanical), 전자적(electronic), 컴퓨터 지원 시스템에 관한 테크놀로지라고 정의할 수 있다

연속공정 시스템은 일반적으로 매우 기계화되어 있으며 보통 조립라인(assembly line)을 활용하고 있다. 이와 같은 기계화의 논리적인 확장개념이 자동화(automation)라고 할 수 있다. 자동화란 단어는 우리 사회에 매우 큰 영향을 끼친 것 중의 하나로서, 신문·잡지·방송 등 여러 매체에 의해 빈번하게 사용되고 있는 말이다. 일반적으로 자동화란 인간으로부터의 도움이 거의 없이 생산공정을 수행해가는 기계에 의한 사람의 대체(replacement)라고 할 수 있으나 기업이나 개인의 견해에 따라 여러 가지로 정의되고 있다.

위의 여러 자동화의 정의를 통해서 볼 때, 자동화란 물리적 제조활동의 운영과 통제에 적용되는 기계적(mechanical), 전자적(electronic), 컴퓨터 지원 시스템에 관한 테크놀로지라고 정의할 수 있다.[2)]

이런 자동화의 이점을 살펴보면,

첫째, 인력을 기계로 대체함에 따라 노동비가 절감되고 따라서 제품단위당 원가를 감소할 수 있다.

둘째, 생산소요시간을 단축함에 따라 다양해진 고객요구에 즉시적으로 대응할 수 있으며 재공품 재고를 축소할 수 있다.

셋째, 자동화를 통하여 작업을 개선하고 품질을 향상시킴으로써 제품의 고부가치화 및 생산율을 높일 수 있다.

넷째, 작업자가 싫어하고 위험성이 있는 공정을 자동화하여 작업자의 사고를 미연에 방지할 수 있다.

중소기업은 단위기계의 자동화가 일반적이나 대기업은 공정이나 생산라인의 자동화가 많이 이루어지고 있다.

자동화는 생산기능을 통해 경쟁력을 제고하려는 노력의 일환으로 로봇공학(Robotics), 수치제어(Numerical Control : NC), 컴퓨터 지원설계(Computer Aided Design : CAD), 컴퓨터 지원제조(Computer Aided Manufacturing : CAM), 컴퓨터 지원시험 및 검사(Computer Aided Testing/Inspection CAT/ACI), 컴퓨터 지원공학(Computer Aided Engineering : CAE), 그룹 테크놀러지(Group Technology : GT), 자동창고 시스템(Automated Storage / Retrieval System : AS/RS), 유연생산 시스템(Flexible Integrated Manufacturing : CIM)까지 등장하기에 이르렀다.

로봇, 두뇌를 갖다

인간과 감성적으로 소통하는 소셜로봇(Social Robot) 시장이 폭발적으로 성장하고 있다. 딥러닝, 머신러닝 등 인공지능 기술이 하루가 다르게 발전하면서 로봇이 갈수록 똑똑해지고 있다. 2~3년 안에 반려로봇 역할까지 수행할 만큼 지능 지수가 높은 로봇이 시장에 나올 것으로 전망된다.

2) M. P. Groover, *Production systems and Computr-Aided Manufacturing*, Prentice-Hill, 1980, p. 3.

하야시 카나메 전 소프트뱅크 연구원은 2004년6월 소셜로봇 '페퍼'를 세계 최초로 상용화하는데 성공했다. 미국 메사추세츠공과대학(MIT) 신시아 브리질 교수나 서던캘리포니아대학(USC) 마자 매터릭 교수는 딥러닝 기술로 스스로 학습하는 인공지능 로봇 개발에 박차를 가하고 있다. 브리질 교수는 스탠드형 소셜 로봇 '지보'의 개발자로 유명하다.

일본이나 미국에선 소셜 로봇이 불티나게 팔리고 있다. 소프트뱅크는 매달 페퍼를 1000대씩 팔고 있다. 달마다 1000개 한정 생산하는데 나오자마자 '완판'된다. 지보 제조사는 1600만 달러를 투자 받아 매달 5000개 이상 생산할 설비를 갖췄다. 이밖에 버디, 로키드, 소타 등 소셜 로봇도 출시를 앞두고 있다.

소셜로봇은 목소리·얼굴 인식, 일정 관리, 서류·전화·회의 촬영, 음식 주문, 방범, 요리 보조, 게임, 대화 등 갖가지 기능을 수행할 것으로 기대된다. 일정, 연락처, 관심사를 관리하는 비서 역할도 해내며 앞으로 우리 가정과 삶을 근본적으로 바꿀 것으로 점쳐진다.

인공지능은 5년여 전부터 소셜로봇에 탑재되기 시작했다. 인공지능은 하루 24시간 쉬지 않고 학습을 거듭하면서 빠르게 성장하고 있다. 초기 사용자들은 소셜로봇을 살펴보고 갖고 놀면서 상품성을 평가하고 개선 방안을 제안하고 있다.

미국 로봇 전문지 '로봇 리포트'의 프랜크 토브 발행인은 "2016년은 소셜 로봇에 중요한 해가 될 것이다. 제조업체들은 판매량을 보면 자사 제품들이 유의미한 서비스를 제공하는 상품인지 아니면 '반짝' 인기를 얻다 사라지는 장난감에 불과한지 가늠할 수 있다"라고 말했다.

인간과 소통할 수 있는 소셜로봇을 개발하기는 인간의 오랜 꿈이었다. 인공지능 소프트웨어가 진화를 거듭해 인간 못지않은 지성과 감성을 갖추고 휴머노이드 두뇌에 탑재된다면 인공지능 기술은 완성된다. 장병탁 서울대 컴퓨터공학부 교수는 "로봇이 가장 이상적인 인공지능일 수 있다"고 밝혔다.

데쓰카 오사무가 1963년 발표한 애니메이션 〈철완아톰〉 같은 로봇이 나올 날이 멀지 않았다. 영화 〈엑스 마키나〉에 나오는 인간과 섹스하고 정서적으로 교감하는 휴머노이드가 등장하는 것도 허황되진 않은 듯하다.

'페퍼의 아버지' 하야시 전 연구원은 로봇개발업체 그루브X를 차리고 독립했다. 그는 지금 영화 〈스타워즈〉에 나오는 로봇 R2-D2 같은 똘똘한 반려 로봇을 개발하고 있다. 하야시 박사는 본지와 인터뷰에서 "잠재의식 수준까지 내려가 인간과 소통하는 새 크리에이처(creature·창조물)을 만들어내겠다"며 "이 반려 로봇을 2019년 일본을 시작으로 전 세계 시장에 단계적으로 출시할 계획이다"라고 말했다.

(시사저널, 2016년 7월 5일)

1) 생산공정에서의 로봇(Robots)

공장생산성을 증가시키고 일상적인 조립 라인의 과업과 잠재적으로 위험한 일로부터 작업자를 해방시키기 위한 시도로서 많은 생산관리자는 "blue-collar"의 작업자로부터 "steel-collar" 작업자(robots)로 교체하고 있다. 로봇이란 인간이 행할 수 있는 동작의 일부를 흉내낼 수 있으며 자재나 도구의 계획된 조작을 요구하는 여러 과업을 수행할 수 있는 능력을 가진 재프로그램형 기계이다. 로봇의 시초라고 할 수 있는 1954년 조지 데블(George Devol)이 출원한 pick-and-place 로봇은 오늘날의 복잡하고 다양한 기능을 가진 로봇보다는 매우 단순한 형태(version)라고 할 수 있다. 가장 일반적인 산업용 로봇은 servo로봇이다. 이 이름은 기계적인 스위치의 조작 없이 arm이나 gripper가 방향을 전환하는 것이 허용된 servomechanism(수압 · 공기 또는 그 밖의 제어기구가 발동되어, 저에너지 신호에 의해서 제어되는 경우의 전자제어조직)으로부터 유래된다. 이것은 일련의 arm-gripper 운동을 지시받을 수 있고, 무한정으로 반복될 수 있다. 컴퓨터화 된 servo-robot은 전자적으로 송신되는 제어를 통해 새로운 과업을 부여받을 수 있다. 로봇은 그 동작형태에 따라 한 지점에서 다른 지점으로 이동하면서 정해져 있는 과업을 수행하는 점이동 로봇(point-to-point robot)과 연속적인 경로를 따라 이동하면서 과업을 수행하는 연속경로 로봇(continuous-path robot)으로 분류할 수 있다.

> 로봇이란 인간이 행할 수 있는 동작의 일부를 흉내 낼 수 있으며 자재나 도구의 계획된 조작을 요구하는 여러 과업을 수행할 수 있는 능력을 가진 재프로그램형 기계이다.

공장에서 로봇의 유용성은 산업화된 세계를 통해서 이미 입증이 되어 왔다. 로봇은 인간과 같이 커피를 마시고, 아픔을 호소하거나, 방만하거나 피로에 의해서 생산성이 낮아지는 경우가 없으므로 작업수행에 매우 효율적이다. 더구나 과거에는 산업용 로봇이 값이 비싸 사용하는데 어려움이 많았으나 기술의 발달로 말미암아 이런 비용은 계속 저하되고 유연성을 증가시키므로 현재 선진국의 산업부문에서 매우 일반적인 것으로 되어 가고 있다.

로봇이라는 자동화 기술의 편익은 생산성 증가, 제품품질향상, 융통성 증가, 신뢰성 증가로 요약된다.

2) 컴퓨터 지원설계와 제조(CAD/CAM)

CAD는 신제품을 설계하고 기존제품을 수정하기 위해 컴퓨터를 이용하는 방식이다.

현대 산업부문에서 로봇, 컴퓨터, 그리고 자동화의 중요성은 컴퓨터 지원설계(CAD)/컴퓨터 지원제조(CAM)라고 불리는 시스템의 개발에 의해 더욱 증가하게 되었다. 이런 시스템은 미국 산업이 설계와 제조부문에 혁명이 일어나게 하는 잠재력을 제공하였을 뿐만 아니라 미국기업이 해외 제조업자와 효과적으로 경쟁할 수 있는 힘을 주기도 하였다.

CAD는 신제품을 설계하고 기존제품을 수정하기 위해 컴퓨터를 이용하는 방식으로 엔지니어에게 종이 위에서 보다 빠르고 적은 실수를 하며 컴퓨터 스크린 상에 설계를 할 수 있게 하여 준다. CAD를 이용할 경우, 컴퓨터 모니터를 통해 서로 다른 관점에서 회전, 확대 및 투시가 가능하고, 각 소요부품을 종합적으로 분석하는데 드는 시간도 줄일 수 있다. 또한 엔지니어는 스케치(sketches)가 만족되었을 때, 그들은 컴퓨터에게 어떤 특성이나 문제점에 대하여 해당 설계를 분석하도록 지시할 수 있다. 자동차 설계자의 경우 모의실험(simulation)적인 도로검사를 통해 새로운 차 설계의 구조적 부문을 시험할 수 있다. 따라서 CAD는 매우 융통성이 있고 상당히 품질을 향상시킬 수가 있다. 더욱이 CAD 시스템은 설계와 제조를 연결시키는데 기초를 제공하였다.

컴퓨터 지원제조(CAM)은 CAD가 완료된 후 이루어지는 것으로, 이 시스템은 기계가 요구된 제품이나 부품을 만들어야 하는데 필요한 절차를 분석하기 위해 제조업자가 특별설계 컴퓨터를 사용토록 해준다.

CAD 시스템에서 많이 이용되는 분야는 패턴 설계로서, 이것은 라이트 펜이나 키보드를 활용해서 CRT(Cathod Ray Tube)상에 설계모사를 하는 컴퓨터 그래픽이 중심이 된다. CAD의 구성은 [그림 10-7]과 같다.

CAD 자동화 기술의 편익은 생산성 향상, 제품품질 향상, 신제품 설계 리드타임 감소, 프로토타입(prototype) 제거, 서류작업 경감, 동적인 시험가능, 색상의 복합설계 기능, 무수한 부품의 조합가능 등으로 요약된다.[3)]

3) Atther D. Little, "CIM must start at the TOP" , Production, March, 1985. pp. 47~48.

[그림 10-7] CAD의 구성

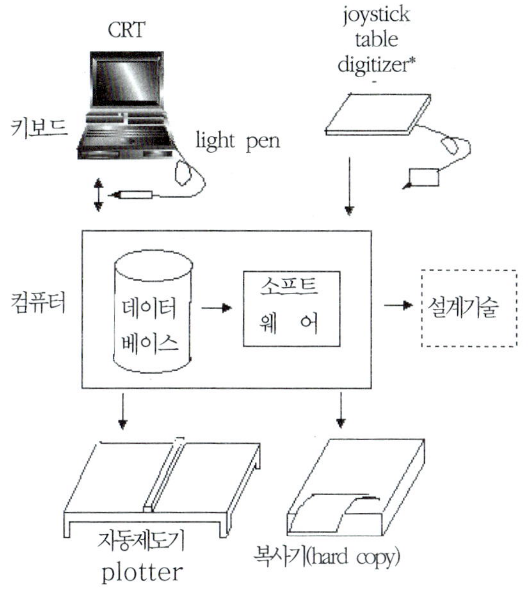

* digitizer : 좌표치 지정 입력장치
자료: 이순용, 생산관리론, 법문사, 1989, p. 273

컴퓨터 지원제조(CAM)는 CAD가 완료된 후 이루어지는 것으로, 이 시스템은 기계가 요구된 제품이나 부품을 만들어야 하는데 필요한 절차를 분석하기 위해 제조업자가 특별설계 컴퓨터를 사용토록 해준다. 즉 제조공정의 운영과 통제활동 및 제조활동을 돕기 위해 컴퓨터의 수치제어 기계도구를 사용하는 생산 시스템을 말한다.

이 시스템은 생산공정 장비가 정확한 순서에 입각해 적절한 생산절차를 수행토록 하는 지시를 전자적 신호형태에 의해서 전달받도록 한다. CAM은 제품이 작은 배치(batch) 생산을 요구하는 직무상에서 빠른 속도와 자동화된 장비를 사용하는 제조업자에게 효과적이다.

CAM 자동화 기술의 편익은 다음과 같이 지적되고 있다.

수치적으로 통제된 기계
- 생산성의 증가
- 제품 품질향상
- 불량품 및 재작업 감소
- 작업자의 기술요구 감소
- 전체 준비시간 감소
- 기계이용도 증가

유연제조시스템
- 생산성의 향상
- 불량품 및 재작업 감소
- 기계이용도 증가
- 생산현장 공간요구 감소

60년대부터 산업현장에서 크게 적용되는 공장자동화는 단위기계의 자동화부터 공장 전체의 자동화 시스템을 지칭하는 공장자동화(Factory Automation : FA)와 CAD/CAM으로 발전하고 이후 90년대에는 설계, 제조, 연구개발, 품질관리, 출하, A/S, 인사, 경영관리 등을 총괄적으로 관리하는 컴퓨터 통합제조(Computer Integrated Manu- facturing : CIM)의 개념으로 발전되었다. 이런 CIM의 발전적 체계를 살펴보면 [그림 10-8]과 같다.

컴퓨터 통합제조(Computer Integrated Manufacturing : CIM)는 설계, 제조, 연구개발, 품질관리, 출하, A/S, 인사, 경영관리 등을 총괄적으로 관리하는 개념이다.

[그림 10-8] CIM 체계

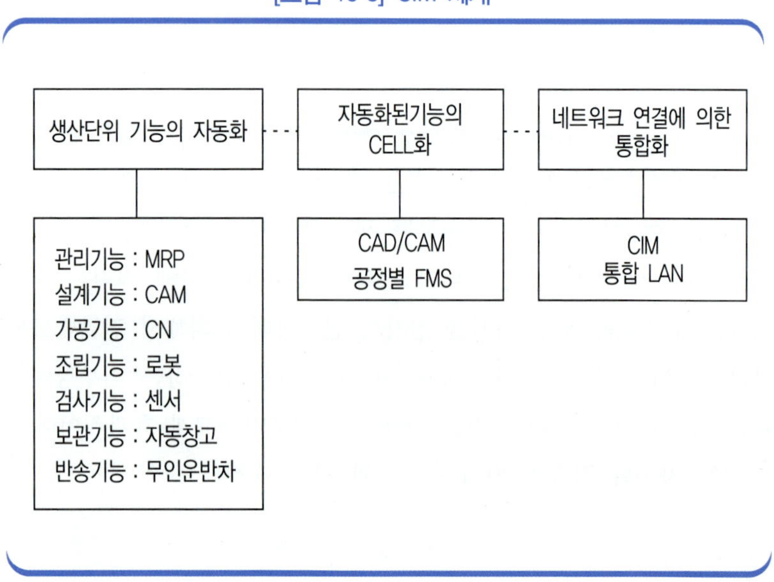

위에 열거한 자동화 기술들의 특징을 요약하면 다음과 같다.

[그림 10-9] 자동화 기술의 통합수준과 그 특징

구분 \ 분류	일부자동화 (NC, ROBOTS)	부문자동화 (GT, FMS)	연계자동화 (CAD/CAM, AS/RS)	완전자동화 (CIM)
목적	대체	------------------------	------------------------	변화
목표	효율성	------------------------	------------------------	유효성
편익	유형	------------------------	------------------------	무형
효과범위	국부적	------------------------	------------------------	시스템전체적
조직적 영향	최소	------------------------	------------------------	광범위
위험	적다	------------------------	------------------------	크다

자료 : Jack R. Meredith & Hill. M.M., "Justifying New York Manufacturing Systems: A Managerial Approach", *Sloan Management Review*, summer, 1987, p. 52

이와 같이 CIM체제를 산업기업들이 추진하고 있는 이유는 고객의 다양한 요구를 충족시켜 주기 위한 혼류생산방식이 필요하게 되었고, 또한 각 제품의 수명이 단축됨에 따라 유연하게 생산 시스템이 적응할 필요가 있기 때문이라고 할 수 있다.

제8절 경영정보 시스템

경영은 의사결정의 프로세스란 말이 있듯이 경영자나 관리자의 가장 중요한 임무는 경영의사결정이다. 경영자는 바로 이러한 의사결정을 유효적절하게 내림으로써 기업의 문제해결을 가능하게 하고, 또한 개인적으로도 높은 보수를 받을 수 있는 것이다. 그러나 이들 관리자나 경영자가 항상 유효한 의사결정을 할 수 있는 것은 아니다. 때로는 한정된 정보나 부정확한 정보만 가지고 의사결정을 해야 할 경우가 많다. 따라서 기업에서 경영자들이 좋은 의사결정을 하게 하기 위해서는 의사결정한 사람에게 필요한 최신의 정보를 적절하게 분석, 가공할 수 있는 시스템, 즉 경영정보 시스템이 잘 갖추어져야 한다.

기업에서 경영자들이 좋은 의사결정을 하게 하기 위해서는 의사결정한 사람에게 필요한 최신의 정보를 적절하게 분석, 가공할 수 있는 시스템, 즉 경영정보 시스템이 잘 갖추어져야 한다.

물론 이러한 경영정보 시스템이 반드시 컴퓨터를 이용하는 것이 되어야 할 필요는 없다. 그러나 현대의 기업들이 다루어야 하는 정보의 양이 많아지고, 자주 그 내용이 바뀌며, 정교한 분석이 필요하게 됨에 따라 오늘날에는 컴퓨터를 이용한 정보의 수집, 처리, 배분이 일반화되고 있다. 여기에는 전자기술과 정보처리 및 경영과학적인 기술의 발달이 뒷받침된 결과이기도 하다. 컴퓨터의 빠른 계산능력은 기업에서의 여러 경영상의 필요한 정보의 인식과 수집, 처리, 문제의 발견과 해결에서 많은 인력과 시간을 절감시키고 있다. 또한 최근 컴퓨터 관련 비용의 하락과 수많은 소프트웨어들의 출현은 대기업뿐 아니라 소규모 기업에서도 이러한 컴퓨터화된 정보 시스템의 이용을 가능하게 하였다.

훌륭한 경영의사결정은 정보와 영감 내지 지적 능력으로 이루어진다. 이 중 특히 정보의 중요성이 거의 대부분이라고 해도 과언이 아니다. 따라서 기업들은 좋은 정보 시스템을 구축하려고 한다.

기업에서 의사결정을 하는 과정에서 일상적으로 제기되는 질문들을 예로 들어보자.

경영정보 시스템이란 이렇게 경영의사결정에 사용될 수 있는 정보-즉 기업내부의 활동과 기업외부의 동향에 대한 과거, 현재 실적 및 미래 전망에 관한 정보-를 체계적으로 제공하는 시스템 내지 도구이다.

· 제품 '가'의 운송 및 창고비용은?
· 서울지역에서의 제품 '가'의 예상매출규모는?
· 종로지점에서의 제품 '가'의 지금까지의 매출실적은?
· 제품 '가'의 재고현황은?
· 제품 '가'의 경쟁제품의 장 · 단점은?

효율적인 경영정보 시스템은 이러한 질문에 대한 적절한 답을 경영의사결정자에게 제공할 수 있어야 한다. 경영정보시스템이란 이렇게 경영의사결정에 사용될 수 있는 정보-즉 기업내부의 활동과 기업외부의 동향에 대한 과거, 현재 실적 및 미래 전망에 관한 정보-를 체계적으로 제공하는 시스템 내지 도구이다. 기업내부의 정보로는 그 기업의 판매실적이나, 생산현황 등의 정보가 이에 해당되고, 소비자들의 수요, 경쟁회사의 동태, 기업에 관련된 새로운 입법이나 정부시책 등은 외부정보에 해당된다. 예를 들어 수요변화의 인식은 생산계획 변경 혹은 새로운 판매 프로그램을 유도할 것이다. 최근에는 기업의 정보자원과 정보 시스템의 중요성이 커짐에 따라 선진국의 대기업에서는 기업 내 컴퓨터 설비의 관리와 경영정보 시스템의 운영을 담당하는 고위책임경영자(chief information officer ; CIO)를 두는 경향을 보이고 있다.

1. 자료(data)와 정보(information)

기업에서는 많은 부서와 외부로부터 엄청난 양의 자료들이 모여진다. 경영정보 시스템은 이렇게 생산부서, 재무관련부서, 회계부서, 자재부서, 마케팅 부서, 인력부서의 정보를 포함하고 있다. 이러한 정보들은 예를 들어 자금의 흐름이나 재고현황, 종업원현황 등에 관한 자료뿐 아니라 정부기관의 연구결과, 경제예측, 경쟁관계에 대한 보고, 소비자 조사결과와 같은 외부자료를 포함하는 것이다. 흔히 자료(data)와 정보라는 말은 혼용하는 경우도 있으나, 자료는 통계수치, 관련자의 의견, 사실이나 현상, 예측치 같이 기록으로 저장되거나 사후에 다시 검색되어 사용되는 것이다. 이에 비하여 정보(information)는 경영자가 의사결정을 하는데 유용한 자료 또는 자료의 가공처리된 결과물이다. 따라서 자료와 정보와의 관계를 원자재와 생산물의 관계로 표시하기도 한다. 결국 경영정보 시스템은 경영의사결정자에게 시의적절하고, 정확하며, 사용가능한 정보를 제공하는 데에 목적이 있는 것이다. 최근 기업에서의 정보의 중요성은 새로이 부각되고 있으며, 잘못되거나 부족한 정보로 인한 기업의 손실사례는 무수히 많다. 이러한 정보의 중요성은 정보화 사회로의 이행이나 제3의 물결에서 사회 전반적인 측면으로 강조되고 있다.

자료는 통계수치, 관련자의 의견, 사실이나 현상, 예측치 같이 기록으로 저장되거나 사후에 다시 검색되어 사용되는 것이며, 정보(information)는 경영자가 의사결정을 하는데 유용한 자료 또는 자료의 가공처리된 결과물이다.

2. 정보의 가치와 필요정보의 특성

정보의 가치에 대한 간단한 가상적인 예를 들어보자.

어떤 사람이 이번 여름에 한철장사를 시작하려고 한다. 그는 한정된 자금 때문에, 우산 판매사업과 아이스크림 판매사업 중 하나만을 선택하여야 한다. 여름철날씨는 장마가 길고 시원한 경우와 장마가 짧고 더운 경우 두 가지 종류가 있다고 하자. 평균적으로는 이 두 가지 날씨의 가능성은 반반이다. 그런데 우산산업을 시작했는데 이번 여름날씨가 장마가 길고 시원한 경우 사업손실이 300만 원, 장마가 짧고 더운 경우는 900만 원의 이익이 예상된다. 독자라면 어떤 사업을 택하겠는가? 이 사람이 기대손익[expected profit (loss)]을 기준으로 의사결정을 한다면, 우산사업의 기대이익은 200만 원이고, 아이스크림사업의 기대이익은 300만 원이므로 당연히 기대이익이 큰 아이스크림사업 쪽을 택할 것이다. 그런데 어떤 기상전문가가 100% 정확한 기상정보를 얼마까지의 값으로 팔 수 있겠는가? 만약 그 사업가가 확실한 기상정보를 얻게 되면 그의 최소이익은 500만 원이고(긴 장마 경우), 최대이익은 800만 원(더운 여름 경우)이므로 기대이익은 650만 원이 된다. 따라서 독자가 이 사업가라면 100% 확실한 기상정보에 대하여 350만 원 이내에서는 값을 주고 사려고 할 것이다. 이것을 정보의 금전적 가치라고 볼 수 있다.

하위관리계층에게는 주로 일상적인 일선업무의 통제를 위한 과거지향적 정보가 제공되어야 하지만, 최고경영층에서 요구되는 정보는 주로 전략적이고 장기적인 관점에서의 정보가 요구된다. 따라서 그 정보의 특성이 미래지향적이다.

〈표 10-3〉 경영계층에 따른 정보의 차이

정보의 특성측면	하위관리(TPS)	최고경영층(SIS)
정보의 범위	한정적, 지엽적	광범위
정보의 원천	주로 기업내부정보	외부환경정보
정보의 상세성	상세한 정보	종합적 정보
정보의 시간적 범위	과거 지향적 단기적 정보	미래지향적 장기적 정보
정보의 정확성	매우 정확한 정보	개괄적 정보
정보의 사용 빈도	빈번함(일상거래 위주)	가끔(그러나 중요함)
정보의 형식	규격화된 양식(form)	정해진 양식이 없다

일반적으로 정보는 내용의 정확성(accuracy), 정보제공시기의 적절성(timeliness), 의사결정사항과의 관련성(relevancy), 정보제공의 형태(form), 다른 사람이 알고 있는지의 여부(possession) 등에 따라 정보의 가치가 달라진다.

한편 정보는 이를 사용하는 의사결정자의 위치에 따라 필요한 내용과 특성이 상당히 달라질 수 있다. 예를 들어 의사결정자의 경영상의 계층상의 위치에 따라 요구되는 정보의 특성이 다르다. 하위관리계층에게는 주로 일상적인 일선업무의 통제를 위한 과거지향적(이미 일어난 사항에 대한) 정보가 제공되어야 한다. 이 경우는 사소한 금액이나 물량까지 포함하는 정보의 정확성과 적시성이 요구된다. 그리고 이런 정보들은 대체로 기업의 내부에서 만들어지는 것들이다. 이에 비하여 최고경영층에서 요구되는 정보는 주로 전략적이고 장기적인 관점에서의 정보가 요구된다. 따라서 그 정보의 특성이 미래지향적이다. 이러한 정보의 경우는 지엽적이고 상세한 것보다는 총괄적인 의미를 담고 있어야 한다. 또 기업내부의 정보 외에 기업외부에서 만들어지는 정보(예를 들어 경제전망, 경쟁사의 전략과 동향, 정부정책동향 등)가 요구된다.

3. 데이터베이스(Database)

데이터베이스는 잘 집중화되고 통합된 자료의 모임인데, 경영의사결정자의 정보처리(data processing)와 검색(data retrieval)에 적합하도록 설계되어야 한다.

경영정보 시스템의 핵심부분은 데이터베이스이다. 이는 잘 집중화되고 통합된 자료의 모임인데, 경영의사결정자의 정보처리(data processing)와 검색(data retrieval)에 적합하도록 설계되어야 한다. 컴퓨터화된 경영정보 시스템의 경우 데이터베이스는 마치 전자화된 서류함(file cabinet)과 같다. 이는 대량의 자료를 저장하고, 거의 즉시 필요한 데이터를 검색할 수 있는 기능을 가지고 있다. 이러한 시스템은 기업 여러 부서가 오랫동안 만들어내고 개별적으로 운영하던 수많은 별도의 서류철(file)들을 대체시킬 수 있다. 예를 들어 인사부서에서는 종업원들의 주소록과 근무기록을 가지고 있고, 경리부서에서는 종업원들의 월급지급 자료철과 은행 계좌번호 파일을 각각 만들어 가지고 사용해 왔다고 하자. 새로운 종업원을 채용하거나 퇴직이 생기는 경우 4개 파일 모두를 각각 수정시켜야 한다. 때로는 한두 파일에서는 수정이 잘못되거나 누락이 발생할 수 있어야 한다. 만약 이 기업이 하나의 마스터 데이터베이스(master database)를 자료내용의 수정이나 갱신으로 모든 데이터파일이 한꺼번에 정확하게 수정할 수 있게 된다. 최근의 많은 기업들이 고객들에 대한 데이터베이스의 운용을 통하여 새로운 마케팅 정책을 시행하거나 업무의 능률화를 기하고 있다. 예를 들어 신용카드회사의 고객기록을 생각해 보자. 지역별 고객자료의 검색이나 연령별 고객자료를 이용한 새로운 상품의 판매를 시도하거나, 수시로 일어나는 여러 가지 거래의 기록을 신속하게 처리하기 위해서는 잘 설계된 데이터베이스가 필수적이다.

한편 이러한 데이터베이스의 활용과 관리-검색, 수정(update), 정리, 선별(sorting), 저장-를 효율적으로 만들어주는 프로그램을 데이터베이스 매니지먼트 프로그램(database management program)이라고 한다. 이러한 소프트웨어의 도움으로 기업내에서 많은 데이터로부터 적절한 주소록이나 대상고객 리스트를 신속하고 유효하게 만들어낼 수 있게 된다.

더그 메릿 CEO "자판기로 소비자 취향 분석한 코카콜라의 빅데이터 배워야"

"빅데이터를 제대로 활용하려면 먼저 '페인 포인트(취약점)'부터 찾아라."

'빅데이터업계의 구글'로 불리는 스플렁크의 더그 메릿 최고경영자(CEO · 사진)는 지난달 28일 서울 삼성동 그랜드인터컨티넨탈호텔에서 한국경제신문과 인터뷰를 하고 이같이 조언했다. 스플렁크는 기계에서 나오는 데이터를 분석하는 회사로 세계 100개국에 1만 1000여개 고객사를 확보하고 있다.

메릿 CEO는 "빅데이터 시장은 아직도 초기 단계에 불과하다"며 "대부분 기업이 빅데이터를 어떻게 활용해야 할지 갈피도 제대로 못 잡고 있다"고 진단했다.

빅데이터 활용 모범 사례로 꼽

은 곳은 코카콜라다. 그는 "코카콜라는 처음에 음료 판매 시스템을 실시간으로 유지, 관리해야 할 필요성을 느껴 스플렁크 솔루션을 도입했다"며 "소비자 취향대로 다양한 맛의 음료를 즉석에서 만들어 마실 수 있는 '프리 스타일 자판기'를 2009년 내놨는데 솔루션 적용 뒤 시럽 리필 시기나 최적의 배송 경로 등을 체계적으로 분석할 수 있게 됐다"고 설명했다. 이어 "한발 더 나아가 모바일 앱(응용프로그램)으로 자판기 이용자 데이터와 매장별 매출 실적 등까지 연계해 재고 관리의 효율성을 높이고 개인 맞춤형 마케팅까지 펼쳤다"고 했다.

메릿 CEO는 UC버클리를 졸업하고 액센츄어 오라클 SAP 등 글로벌 정보기술(IT) 기업에서 주로 일했다. 2014년 5월 수석부사장으로 스플렁크에 합류해 이듬해 11월 은퇴를 선언한 가드프리 설리번 명예회장에 이어 CEO에 올랐다.

메릿 CEO는 "앞으로 5년 안에 평범한 기업들도 빅데이터의 의미를 제대로 이해하고 잠재 가치를 실현하는 시기가 올 것"이라며 "20년 정도 지나면 기후변화나 식량 확보, 난치병 극복 등 다양한 인류 문제를 해결하는 데 빅데이터가 기여할 것"이라고 내다봤다.

(한국경제, 2016년 7월 8일)

주요용어

공장입지(plant location)
관리과정(management process)
데이터베이스 매니지먼트 프로그램(database management program)
로지스틱스(Logistics)
무결점운동(ZD, Zero Defect)
물적 유통(Physical Distribution)
생산계획(production planning)
생산 시스템(production system)
생산·운영관리(production and operations management : POM)
생산통제(production control)
작업배정(dispatching)
작업일정(scheduling)
정보검색(data retrieval)
정보처리(data processing)
제품계획(product planning)
진도관리(follow-up)
컴퓨터 지원설계(CAD)/컴퓨터 지원제조(CAM)
컴퓨터 통합제조(Computer Integrated Manufacturing : CIM)
품질관리(TQC)
PERT(Program Evaluation and Review Technique)

개 념 확 인

1. 생산운영관리의 목적에 대해 설명해 보자.
2. 제품계획과 서비스 계획에 대해 설명해 보자.
3. 입지의사결정의 3단계에 대해 설명해 보자.
4. 생산통제의 과정에 대해 설명해 보자.
5. 품질관리와 무결점운동에 대해 설명해 보자.
6. 품질관리 분임조에 대해 설명해 보자.
7. 물적 유통에 대해 설명해 보자.
8. 생산시스템에 대해 설명해 보자.
9. 정보의 가치와 특성에 대해 설명해 보자.

제4부
경영패러다임의 변화와 경영혁신기법

제 11 장

지식경영

제 1 절 지식경영의 개요

지식이란 기술과 정보를 포함한 지적능력과 아이디어를 총칭하는 개념이다.

피터 드러커(Peter Drucker, 1993)는 현대사회에서는 정보와 지식의 중요성이 증대된다고 하였다. 그는 "노동은 기계가 대신해주고 완전히 자동화되는 날이 올지도 모르지만 지식만은 오직 훌륭한 인간적인 자원인 것이다"라고 말하였다. 산업사회에서는 기계설비에 의한 생산성 향상이 이루어졌다. 그러나 컴퓨터와 통신의 발달에 따라 도래한 정보화 사회에서는 인간의 노동이 지적자본이 되고 있다.

지식경영이란 조직구성원 개개인의 지식이나 노하우를 체계적으로 발굴하여 조직내 보편적인 지식으로 공유함으로써, 조직 전체의 문제해결 능력을 비약적으로 향상시키는 경영방식이다. 즉 지식경영은 조직내 지식의 활발한 창출과 공유를 제도화시키는 것을 목표로 한다. 여기서 '지식'이란 기술과 정보(information)를 포함한 지적 능력과 아이디어를 총칭하는 훨씬 광범위한 개념이다.

이처럼 표현되지 않은 무형의 지식을 포함해서 조직체가 보유한 모든 가용한 지식을 공유해 업무처리의 효율성을 높이고, 신제품 개발 및 시장 대응력을 높여 기업경쟁력을 갖추는 데 조직의 지식을 이용할 수 있다.

Wiig(1997)는 지식경영이란 기업의 지식관련 경영활동의 효과성을 극대화하고, 지적 자산으로부터 최대의 부가가치를 창출하기 위해 지식을 창출, 갱신, 적용하는 일련의 체계적이고 명시적이며 의도적인 활동이라고 정의하였다. Bechman(1997)은 지식경영이란 새로운 조직적 역량을 창출하고, 구성원의 높은 업무성과를 가능하게 하며, 혁신적 활동을 촉진시키는 동시에, 고객가치를 제고시킬 수 있도록 구성원의 경험과 지식, 전문성을 공식화시키는 것이다. 아울러 여기에 보다 자유롭게 접근, 그것을 쉽게 활용할 수 있도록 추진되는 활동이라고 정의하였다. 그리고 포스코 경제연구소(1998)는 지식경영은 조직이 지니는 지적 자산뿐 아니라 구성원 개개인의 지식이나 노하우를 체계적으로 발굴하여 조직 내부의 보편적인 지식으로 공유하고, 이의 활용을 통해 조직 전체의 경쟁력을 향상시키는 경영이론이라고 정의하고 있다. 따라서 신제품을 개발하기 위해 니치 시장에 대한 기회를 포착하거나 기술적인 진보를 활용하는 것도 지식경영이라고 하였다.

지식경영이란 조직구성원 개개인의 지식이나 노하우를 체계적으로 발굴하여 조직 내 보편적인 지식으로 공유함으로써, 조직 전체의 문제해결 능력을 비약적으로 향상시키는 경영방식이다.

위의 정의들을 함축적으로 다시 설명하면 지식경영이란 "조직의 무형자산으로부터 가치를 창출해 나가는 프로세스"라고 할 수 있다.

정보와 지식은 물리적 자원, 공장, 자금보다 더 중요하게 관리되고 이용되어야 한다. 유형자산이 부족할지라도 정보와 지식을 잘 이용한다면, 유형자산이 더 많은 기업들을 따라 잡을 수 있다. 정보화 시대에 탄생했던 정보화 기업들인 네스케이프, 야후 등의 성공사례는 유형자산이 거의 없는 소규모의 벤처기업일지라도 지식경영을 통해 크게 성공할 수 있음을 제시하고 있다.

지식경영이란 "조직의 무형자산으로부터 가치를 창출해 나가는 프로세스"라고 할 수 있다.

다음과 같은 이유들이 최근의 지식경영의 필요성을 제기하고 있다.[1)]

① 비슷한 유형자산을 갖고 있을지라도 지식과 같은 무형자산을 더 잘 활용하면 기업과 조직의 성과가 크게 차이날 수 있다.

② 다운사이징이나 구조조정으로 지식을 갖고 있던 종업원의 이직이 늘어나게 되었다. 원가절감을 위해 종업원을 퇴직시켰으나, 그 결과 지식 노동자들이 부족해서 이들을 다시 채용하는 악순환이 많이 발생하고 있다. 개인이 갖고 있는 지식을 조직의 지식으로 승화시키지 않으면, 개인의 이직에 따라 지식이 사라지

1) www.innoann.com/

게 되므로 이를 방지할 수 있어야 한다.

③ 정보기술에 대한 투자로 지식경영을 위한 환경이 갖추어졌다. 정보기술의 비용이 감축되고 더 편리해짐에 따라 정보기술의 이용이 생활화되고 있다. 월드 와이드 웹(WWW)의 등장은 지식경영의 인프라를 더욱 고도화시켰다.

④ 한 곳에서 습득한 지식을 다른 곳에서 이용하지 못함에 따른 비효율을 제거하는 것이 필요하게 되었다. 즉 부분에만 존재하거나 개인이 갖고 있는 지식을 전사적으로 공유해야 한다. 포드 자동차는 토러스를 개발하고 이를 성공적으로 상업화 해 미국 시장의 베스트셀러로 만들 수 있었다. 토러스 디자인 방식은 과거와 다른 방식이었으므로 이를 다른 차량의 개발에도 활용하는 것이 필요했다. 그러나 포드 자동차는 토러스 디자인 팀이 왜 성공했는지를 파악하기 어려웠다. 즉 지식의 축적과 공유가 이루어지지 않은 것이다.

⑤ 새로운 문제에 대한 새로운 해결책의 고안이 필요하다. 환경의 변화, 기술의 변화, 고객 니즈의 변화로 과거와의 단절, 즉 불연속성의 시대에 접어듦에 따라 기업의 업무방식도 새로운 형태로 전환되어야 한다. 아메리칸 항공은 각 대리점에 단말기 제공 후 예약조회시 자사 비행기에 대한 상황이 먼저 나타나게 하여 예약을 유도하였다. 타 항공회사 항공경로 소개의 경우 수수료를 지불하게 하여 1995년 이익의 44%를 예약 시스템이 차지하였다. 차후 예약 시스템을 종합 여행정보 시스템으로 발전시켰다.

⑥ 이미 존재하는 지식을 다시 창출하는 것을 방지하기 위한 벤치마킹과 같은 기법들이 개발되었다. 기업내의 다른 부문이나 다른 업체의 탁월한 업무방식을 배우는 베스트 프랙티스(best practice)나 벤치마킹 방법론이 활성화되었으며 벤치마킹을 전문적으로 수행하는 컨설팅 업체들도 존재하게 되었다. 이에 따라 지식의 공유나 전이를 체계적으로 수행할 수 있게 되었다.

⑦ 글로벌화로 인해 더 이상 지리적 위치의 장점을 유지할 수 없게 되었다. 지역 소매상도 이제는 글로벌 기업인 월마트와 같은 기

업들과 전면적인 경쟁이 필요한 시점이다. 즉 소규모 기업도 지식경영이 필요하게 되었다.

⑧ 정보화 시대의 고객들은 풍부한 정보와 이에 따른 엄격한 기준을 갖고 상품과 서비스를 평가하고 있다. 상품이나 서비스를 파는 시대에서 고객에게 맞는 토털 솔루션을 판매하는 지식사회로 접어 든 것이다.

⑨ 지식 노동자의 공동작업이 필요하다. 단순하게 고객과의 접점에서 상냥한 태도로 고객을 맞이하는 것 이상의 작업이 이루어져야 한다. 주문처리에 관련된 마케팅, 판매, 생산, 구매, 유통, 개발 부분들의 전사적인 협력이 필요하다.

솔루션(solution)은 소프트웨어 패키지나 응용프로그램과 연계된 문제들을 처리해 주는 하드웨어나 소프트웨어를 말한다.

기업들은 경영혁신 기법들의 효과를 가시화하는 것이 필요하다. 과거의 경영혁신 운동은 실패로 끝나는 경우도 많이 발생했다. 한 기업에서는 비즈니스 리엔지니어링을 통해 판매사원의 관리업무를 축소하여 하루 2시간 정도의 시간절감을 이룩하여 과거보다 2시간 먼저 퇴근하게 되었다. 이 기업의 사장은 절감된 2시간을 이용하여 다른 고객들을 더 방문하거나 새로운 시장을 창출하기를 원했다. 이런 경우 시간절감이 지식의 공유로 전환될 수 있도록 하는 것이 필요하다. 즉 지식경영은 다른 경영혁신 기법들과 병행되어 이용될 수 있다.

리엔지니어링은 기업의 체질 및 구조와 경영방식을 근본적으로 재설계하여 경쟁력을 확보하는 경영혁신 기법이다.

〈표 11-1〉 지식활동의 개념

지식 활동	개 념
창 출	- 새로운 기술이나 노하우를 획득하는 것 - R&D 투입, 기술도입 등으로 새로운 지식을 조직에 유입
축 적	- 창출된 지식이나 기존 지식이 개인, 조직에 쌓이는 것 - 협회의 DB, 산업통계 정비 등 지식을 축적하는 활동
공 유	- 개인간이나 조직간에 상호접촉을 통하여 지식을 교환 - 업계간 공동계발 등 상호보완적 지식의 교환
활 용	- 개인이나 조직의 지식을 단순히 이용하는 것 - 협회, 기업, 연구조직 등의 지식을 활용
학 습	- 개인의 능력을 향상시키기 위한 교육, 훈련 - 연구활동, 생산공정 등에서 지식을 체화시키는 활동

기업의 대외경쟁력 향상 및 지속적인 경쟁우위를 유지하기 위해서는 지식활동의 5단계 — 창출, 축적, 공유, 활용, 학습 — 가 순환적이고 유기적으로 이루어져야 한다

[그림 11-1] 지식체계도

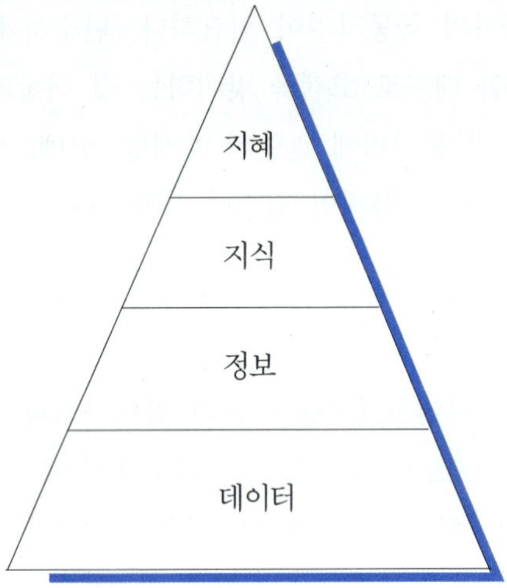

이러한 지식활동의 다섯 가지 요인들이 순환적으로 적용되면서 기업의 경쟁력을 향상시킨다.

제 2 절 지식경영의 성공요인

통합적 지식경영체제를 구축하기 위해서는 여러 가지 요소들이 필요하다. Cohen(1998)은 지식경영의 요소로 전략, 프로세스, 문화 및 사람, 기술의 네 가지 차원을 들었다. 그리고 Gold(2002)는 지식경영의 구성요소로 사람, 문화, 제도 및 조직 그리고 시스템을 고려하였다. 우선 조직의 부가가치를 창출하는 조직구성원으로서의 사람을 들 수 있다. 기업내에 아무리 훌륭한 시스템이 구축되어 있다하더라도

조직구성원들이 그 필요성을 인식하지 못하고 적극적으로 수용하지 못하면 아무 소용이 없다. 둘째, 자발적 지식공유와 지식창조를 중요시하는 조직문화가 필요하다. 셋째, 지식에 대한 보상과 지식 중심의 조직 및 지식관리체가 필요하다. 마지막으로 지식경영 인프라로서의 정보기술 시스템이 요구된다.

Abecker 등(1998)은 지식경영이란 경영전반의 패러다임으로 조직, 구성원 문화, 인프라 등 기업을 이루는 모든 구성요소의 작용원리를 뜻하며, 기술적인 측면과 관리적인 측면을 병합하는 복합적인 접근이 필요하다고 주장하였다.

여기서는 지식경영의 성공요인으로 최고경영자의 지원과 지식경영 전략, 조직문화・조직특성, 성과측정・보상, 지식근로자의 정보기술 특성, 지식관리 시스템을 고려하기로 한다.[2)]

> 지식경영은 조직구성원 개개인의 지식이나 노하우를 체계적으로 발굴하여 조직 내의 보편적인 지식으로 공유함으로써, 조직 전체의 문제해결 능력을 비약적으로 향상시키는 경영방식이다.

> 패러다임[paradigm]: 어떤 한 시대 사람들의 견해나 사고를 지배하고 있는 이론적 틀이나 개념의 집합체를 뜻한다. 미국의 과학사학자이자 철학자인 쿤(Thomas Khun)이 그의 저서 『과학혁명의 구조』(1962)에서 처음 제시한 개념이다. 쿤은 패러다임을 한 시대를 지배하는 과학적 인식・이론・관습・사고・관념・가치관 등이 결합된 총체적인 틀 또는 개념의 집합체로 정의하였다.

1. 최고경영자의 지원과 지식경영전략

지식경영에 있어서는 최고경영자의 지원과 역할이 강조되어 왔다. 김찬중(2002)은 지식경영에 대한 최고경영자의 의지를 최고경영자의 명확한 메시지 전달, 최고경영자의 명확한 인식, 전 사원 참여 독려, 최고경영진이 스스로 참여한 정도, 적극적인 물적・인적 자원의 지원 정도라고 정의하면서, 최고경영자의 의지가 강할수록 지식경영의 성공가능성이 높다고 하였다.

또한 조직내에서 지식공유가 이루어지기 위해서는 최고경영자가 지식경영의 중요성을 지속적으로 조직구성원에게 알려야 한다(O'Dell과 Grayson, 1998). 최고경영층이 지식공유에 적극적인 관심을 가진다면, 조직원들은 각자 보유한 지식을 공유하는 데에 대한 위험부담을 훨씬 덜 느낄 수 있어 자발적으로 지식공유를 하고자 하는 의도가 촉진된다(김경규 등, 2005).

2) 강병영・김은정, "지식경영 성공요인이 지식경영활동과 경영성과에 미치는 영향에 관한 연구 - 국내 제조기업과 비제조기업을 중심으로", 「정보시스템연구」, 제16권 제2호, 2007, pp. 147-149.

2. 조직문화 · 조직특성

조직문화[organizational culture]: 조직구성원들이 공유하는 가치체계 · 신념체계 · 사고방식의 복합체를 말한다. 조직문화는 조직구성원들에게 정체성(organizational identity)을 제공하고, 집단적 몰입(collective commitment)을 가져오며, 조직체계의 안정성을 높이고, 조직구성원들의 행동을 형성하는 기능을 수행한다.

조직문화는 조직내에서 일하는 사람들에게 중요한 의미를 지니는 가치, 신화, 영웅 및 상징의 총체로, Schwartz와 Davis(1981)에 의하면 조직문화는 조직구성원들이 공유하고 있는 신념과 기대의 패턴이며 이러한 신념과 기대는 개인과 집단의 행위를 강하게 형성케 하는 규범을 생산한다고 보고 있다.

Schein(1984)은 조직문화를 조직구성원들에게 공유된 문제인식, 사고 느낌 등의 학습된 방식으로 정의하였다. Cameron (2002)은 조직문화를 지식공유와 커뮤니케이션에 영향을 주며, 지식공유를 성공적으로 이루기 위한 핵심요소가 조직문화와 사람이라고 보았다.

결국 지식이 창출되고 공유되는 조직문화로의 변화가 지식경영의 핵심 성공요소라고 볼 수 있다.

3. 성과측정 · 보상

동기부여[motivation]: 요구의 발생으로 동기(또는 동인)가 생기며, 그 환경의 사물은 유인(incentive)의 성질을 가진다. 행동의 수행으로 목표가 달성(강화)되면, 요구는 만족되어 동인은 해소된다. 이와 같은 요구 – 동인 – 유인의 기능적 관계를 총칭하여 동기부여라고 한다.

조직구성원들은 자신의 지식을 공유하는 것이 비용을 발생시키는 행위로 인식하며, 노력이 적절히 보상을 받지 못하면 지식경영에 적극적으로 참여하려는 행동이 강화되지 않으므로 지속적인 동기부여가 이루어질 수 없다(Davenport와 Beers, 1996).

측정과 보상은 조직이 가치 있게 생각하는 활동과 결과가 무엇인지를 조직구성원에게 알릴 수 있는 가장 쉬운 수단이며, 조직의 목적을 달성하기 위해 조직구성원의 욕구를 충족시킴으로써 구성원들이 자신의 지식이 노출되는 위험을 감수하고, 지식경영에 참여하게 만든다(Marshall, 1996).

보상은 조직의 목적을 달성하기 위해 개인의 욕구를 충족시켜줌으로써 조직구성원을 동기부여하는 주요한 수단이 될 수 있다. 지식경영에서 측정과 보상은 중요한 요인으로 고려되고 있다.

4. 지식근로자의 정보기술 특성

정보기술의 발전은 새로운 경영기법과 결합하여 기업의 중요한 혁신도구를 제공하고 있다는 의미에서 지식근로자들의 지식경영활동에 매우 중요한 역할을 하게 된다(강병철, 1999).

현대 기업은 지식 사이클의 단축으로 인하여 커뮤니케이션을 통한 지식의 표현뿐만 아니라 지식의 축적, 공유, 활용까지도 과거와 같은 사람 사이의 접촉을 통한 방법으로는 시간, 공간을 초월하여 이루어지기 때문에 정보기술의 활용을 하지 않고는 지식공유는 물론 지식경영이 어렵다. 따라서 지식근로자가 정보기술 활용능력, 정보기술 활용의도 등은 지식경영활동에 중요한 요인이라고 할 수 있다.

지식근로자[knowledge worker]: 자신의 일을 끊임없이 개선·개발·혁신해 부가가치를 올리는 지식을 소유한 사람을 말하며, 정보를 나름대로 해석하고 이를 활용해 부가가치를 창출해 낼 수 있는 노동자를 가리킨다. 기본적으로 자신의 부가가치를 높이기 위해 끊임없이 지식을 쌓고 개선하며 개발하고 혁신하는 인간으로, 1968년 미국의 경영학자 피터 드러커가 저술한 『단절의 시대』에서 지식사회를 다루며 처음으로 사용한 말이다.

5. 지식관리 시스템

지식관리 시스템은 조직내 지식자원의 가치를 극대화하기 위하여 통합적인 지식관리 프로세스를 지원하고, 조직내 지식을 수집, 저장, 배분하며 새로운 지식의 창조를 지원하는 일종의 정보 시스템이다(Alavi와 Leidner, 2001).

지식공유가 잘 이루어지기 위해서는 풍부한 의사소통을 지원하는 기술이 활용되어야 한다(Levina와 Vaast, 2005). 기업이 보유하고 있는 지식의 양과 종류, 사용자 수 등을 고려한다면 정보기술을 기반으로 한 지식관리 시스템은 지식고유에 있어서 필수적이라고 할 수 있다(김경규 등, 2005).

지식조직 구축의 원리

얼마 전 내가 일하는 회사를 취재하러 온 어느 기자는 이렇게 말하였다.

"모 회사의 사장이 심각한 문제가 생겨서 해법을 찾느라고 며칠을 궁리를 하였는데 결국 답이 안 나와서 회장을 찾았더랍니다. 그랬더니 그 회장님은 이틀간을 심혈을 기울여 궁리를 한 끝에 결국 답을 찾아냈답니다. 이것은 사장 자신의 책임감이 회장이라는 위치가 갖는 책임감에는 못 미치는 것을 실토한 것입니다. 기자가 어떻게 하든 최고경영자를 인터뷰하고자 하는 이유는 그가 회사에서 가장 큰 책임감을 가지고 있고 그 때문에 인터뷰할 가치가 가장 큰 인물이기 때문입니다."

나는 그의 이야기 가운데 있었던 "책임" 이라는 단어 때문에 몇 가지 생각을 하게 되었다.

일본에서 가장 존경 받는 경영자인 마쓰시다 고노스케는 생전에 이런 말을 했다고 한다. "미국의 회사들은 테일러 시스템에 근거를 두고 있다. 미국 사람들은 테일러화된 고정관념에 의거하여 '경영진은 생각하고 작업자는 경영진의 아이디어를 실천하는 경영 시스템'을 바탕으로 깔아두고 있다. 우리 일본은 테일러의 단계를 뛰어 넘었다. ….중략…. 우리에게 있어서의 '경영'이란 전체 종업원의 지적 능력의 총 결집체(인간이 스스로 만들어 놓은 직능이나 계급의 벽이 없는)인 것이다."

마쓰시다가 그토록 자신 있게 말한 테일러 시스템을 뛰어넘는 "전체 종업원의 지적 능력의 총 결집체"가 무엇인가?

80년대 세계를 석권했던 일본의 제조업의 상징이었던 SQC(Statistical Quality Control, 통계적 품질관리) 혹은 카이젠과 그와 함께 연상되는 품질관리 분임조를 떠올리면 마쓰시다의 지적 능력의 총 결집체가 무엇을 말하는지 알 수 있다. 제조현장에서 말단 여공들까지도 통계적 품질관리 7개 도구를 사용하여 자신의 일의 결과를 측정하고, 문제의 원인을 찾으며, 개선 아이디어를 창안해 내는 지적 활동에 몰입하는 모습 그리고 그러한 활동의 결과로 얻어지는 생산성과 품질의 향상이 마쓰시다의 자신감의 근거였던 것이다.

이러한 일본의 SQC의 성공에 대하여 저명한 경영학자 드러커는 다음과 같이 설명했다. " SQC의 기술적인 특성은 단지 SQC의 성과의 일부만을 설명하는 데 불과하다. 특히 그것은 일본 공장과 미국 공장간의 생산성의 차이를 설명하지 못한다. 일본의 중요한 생산성 향상은 SQC로 인한 사회변화의 결과이다. 일본의 회사들은 비율적으로 따져 포드나 GM 보다 직접 생산작업에 더 많은 작업자를 고용한다. 사실 SQC의 도입단계에서는 대부분 작업자들의 증원에 힘썼다. 하지만 이러한 증원은 비 작업자들(무엇보다도 검사원, 여기에 수리공처럼 수리밖에 안하는 사람들과 모든 종류의 소방수들)의 급격한 감소의 몇 분의 1도 안되었다. 정보를 결과책임과 연관시킴으로써 SQC는 이제까지 해결할 수 없던 모순을 해결한다. 미국에서는 1세기 이상이나 공업생산에 관해서는 기본적인 두 가지 접근방법이 보급 되어왔다. 그 하나는 테일러의 과학적 관리법이다. 또 하나는 인간관계 접근방법으로 품질 및 생산성을 관리하고 개선하는데 일선 노동자의 지식과 자부심을 가장 큰 원천으로 보는 시각이다. SQC는 두 가지 전통적 소망을 달성케 한다. 즉, 그 하나는 품질과 생산성의 제고이고, 다른 하나는 인간에 어울리는 보람 있는 노동이다. 그것은 전통적 공장의 목표를 달성케 함으로써 테일러와 포드가 설계했던 20세기 제조업을 위한 조직을 완전한 것으로 만들게 했다."

드러커의 설명에 따르면 일본이 보여준 생산성은 조직구성원들로 하여금 자기의 일에 대해 책임을 가지게 함으로 불필요해진 관리인원과 지원인력의 감소가 있었기에 가능했고 또한 이러한 책임감을 가진 구성원들이 자신의 일을 스스로 개선하는 지적 활동을 통한 만족감 때문에 가능했다는 것이다.

드러커는 이러한 조직을 20세기 제조업을 위한 완전한 조직의 모습이라고 설명하고 있다.

자기의 일의 결과에 대해 책임을 가지고 인간의 가장 자연스런 능력인 생각하는 능력을 사용하여 생산성을 얻으며 그로부터 성취감과 만족 그리고 자존감을 얻는 일의 구조는 20세기 산업사회에서 가장 성공한 조직의 모습인 것이다.

개인의 책임과 그에 근거하여 지적 능력을 사용할 수 있는 환경을 만드는 것은 이미 20세기에 검증된 지식조직 구축의 원리라 생각되며 이 원리는 지식의 세기라 일컬어지는 오늘날 지식조직 구축을 위해 부심하는 모든 경영자들이 역시 사용할 수 있는 지침이 될 것이라는 생각을 해본다.

(매경 이코노미 뷰포인트, 2003년 4월 28일)

제 3 절 지식경영의 프로세스

지식경영의 프로세스란 지식을 획득, 창출하고 전파, 공유하여 제품을 생산하고 서비스를 제공하는 것을 의미한다(김인수, 1999).[3]

지식경영의 프로세스란 지식을 획득, 창출하고 전파, 공유하여 제품을 생산하고 서비스를 제공하는 것을 의미한다.

지식경영을 도입한다는 것은 지식을 창출, 전파 및 공유, 활용하는 과정을 실행한다는 뜻으로 해석할 수 있다. 지식경영을 위한 이와 같

3) 송영렬, 『지식경영론』, 한국학술정보, 2006, pp. 17-19.

은 진행과정은 정형화된 시스템보다는 새로운 기업문화를 만들어 가는 쪽에 가깝다. 따라서 기업들은 고유의 특성에 맞는 지식경영 방법을 도입하여야 하고, 지식경영을 도입하기 전에 다음과 같은 사항이 충분히 고려되어야 한다.

지식경영을 도입한다는 것은 지식을 창출, 전파 및 공유, 활용하는 과정을 실행한다는 뜻이다.

첫째, 조직내에 이미 보유하고 있는 지식의 재고를 알아내는 일이다. 지식을 새로 창출하는 것도 중요하지만 기존의 지식 가운데 제대로 사용하지 못하던 것들을 발굴해 활용하는 것이 더욱 중요하다. 즉 우리가 무엇을 알고 있는지를 아는 것이 바로 지식경영의 첫 걸음이다.

둘째, 지식의 공동창고를 설립하여야 한다. 지식의 공동창고란 지식이라는 경쟁력의 원천을 한 곳에 모아 두는 곳이다. 이와 같은 지식의 창고를 만들어 필요한 지식을 언제든지 쉽게 꺼내 쓸 수 있도록 하는 것이다. 즉 그것은 특정부서만의 전용창고가 아니라 회사식구라면 모두 자유롭게 사용할 수 있는 공동의 창고가 되어야 한다. 이는 개인별 혹은 부서별로 고립되어 있는 지식을 모두가 공유할 수 있도록 '지식관리 시스템'을 정보기술을 이용하여 구축해야 한다는 것이다.

셋째, 창고에 늘 새로운 지식을 공급하여야 한다. 지식창고에는 끊임 없이 새로운 지식을 채워 넣어야 한다. 오래된 지식을 새 것으로 바꿔주지 않으면 고물창고가 될 것이기 때문이다. 새로운 지식은 조직구성원 누구나 다 만들 수 있다. 지식창고에 얼마나 많은 새로운 지식이 들어 있느냐에 따라 기업활동의 성패는 결정된다고 볼 수 있다.

넷째, 지식창고 관리자를 양성하여야 한다. 지식창고만 만들어 놓았다고 해서 지식경영이 저절로 이루어지는 것은 아니다. 지식창고를 깨끗이 정리·정돈할 수 있고, 새로운 지식을 홍보할 수 있는, 즉 지식관리를 전담할 수 있는 전문가가 필요하다. 기업경영에 필요한 지식은 쓸모 있는 지식이며, 지식창고가 늘 신선하고 유용한 지식으로 가득 차게 하려면 누군가 관리를 잘해야 한다.

다섯째, 지식근로자에게 정당한 보상을 제공하여야 한다. 지식은 공짜가 아니다. 근로자들은 가치 있는 기술과 노하우를 무료로 남에게 가르쳐주려고 하지 않을 것이다. 지식경영에서 가장 핵심이 되는 지식공유가 활발하게 일어나려면 지식을 기여하는 사람에게 어떤 형태로든 보상이 있어야 한다.

지식경영 핵심은 혁신의 축적과 공유…'확실한 보상'이 원동력

동물들은 예나 지금이나 그대로 정체 상태인데 왜 인간은 발전하고 있을까. 국가 간 발전의 속도 차이는 어디서 비롯되는 것일까. 이는 과거보다 새로워지는 것을 의미하는 혁신을 누가 더 잘하느냐, 이미 혁신된 것을 누가 더 잘 계승해 후대가 그 바탕 위에서 새로운 혁신을 더하느냐에 달려 있다고 할 수 있다. 이런 원리는 오늘날의 기업경영에도 그대로 적용된다.

과거 한반도에는 신라시대의 첨성대, 고려시대의 세계 최초 금속활자와 화려한 고려청자, 조선시대 장영실의 여러 발명품이나 거북선 등 세계적인 혁신의 결과물들이 많았다. 그러나 우리 조상들은 그것을 발전시켜 세계에 자랑할 만한 결과물들을 만들어 내지 못했다. 오죽했으면 국민교육헌장에 '조상의 빛난 얼을 오늘에 되살리자'라는 말을 넣었을까 하는 생각까지 든다.

혁신과 혁신결과의 공유라는 측면에서 이웃 일본과 한국을 비교해 보자. 최근 DNA 검사를 통해 일본인들은 BC 4세기께부터 한반도에서 건너간 사람들의 후손이라는 것이 밝혀졌다. 두 나라 국민은 기본적으로 두뇌 수준이나 문화가 비슷한 상태였을 것으로 유추할 수 있다. 혁신은 기본적으로 인구가 많은 지역이나, 많은 사람이 교류하는 지역이 유리하다. 그런 관점에서 볼 때 섬나라인 일본은 지정학적으로 문명의 오지에 속한다. 인구가 충분히 많은 것도 아니고 교류가 빈번한 지역도 아니었다. 그러다 보니 일본에는 스스로 새로운 것을 창조했다기보다 중국이나 한반도에서 건너간 문물이 많다.

그러나 일본은 남의 것을 계승 발전시켜 꽃피운 자랑거리가 많다. 포르투갈 상인에게서 조총 몇 자루를 얻은 그들은 얼마되지 않아 임진왜란을 일으켰을 때 이미 세계 최대의 조총 보유국이 돼 있었다. 임진왜란을 '도자기 전쟁'이라고 부를 정도로 조선의 도자기를 탐내서 도공들을 납치해 갔던 그들은 근세에 세계적인 도자기 강국임을 뽐냈다.

정원이나 차문화는 일본 문화를 대표하는 자랑거리 중 하나다. 백제 기술의 도움을 받았다고 하는 일본 나라지역 동대사의 청동불상은 당시 세계 최대 규모를 자랑했다. 무술에서도 일본은 세계적 강국이다. 중국 당나라에서 전래됐다고 해서 당수(唐手)라고 부르는 가라테(당수의 일본식 발음)를 포함, 오늘날 종합격투기 선수라면 누구나 배워야 할 기본기 주짓수(유술)도 일본산이다. 일본 해적인 왜구들의 검도 솜씨는 동양무술의 고향 명나라 군사들을 벌벌 떨게 만들 정도였다. 이에 대응해 척계광이란 명나라 장수는 공격용 무기인 창을 개조, 원거리 방어용 무기인 삼지창을 고안했다. 이 삼지창은 조선시대 포졸들이 가장 많이 들고 다니는 무기가 됐다.

조선의 경우는 어떠했을까. 멸악산 근처에 화선지를 잘 만드는 마을이 있었다. 중국 사신도 그 마을의 화선지를 선물하면 매우 기뻐했을 정도였다고 한다. 오늘날에는 명품을 만들면 크게 성공해 돈을 많이 버는 것이 당연하다. 당시에는 그렇지 못했다. 명품은 진상품이 됐고, 명품의 수요가 늘수록 세금은 늘어갔다. 견디다 못한 마을 사람들은 야반도주를 해 뿔뿔이 흩어졌다. 근처 절에서 기술을 가르쳤던 스님은 마을을 떠나기 싫다며 두 팔을 잘라버려 이 마을에서 화선지 만드는 기술의 명맥이 끊겼다고 한다.

대학 등록금은 예나 지금이나 학부모에게 큰 부담이다. 대부분 소를 팔아 등록금을 마련하다 보니 대학을 우골탑이라고도 했다. 제주에서는 해방 이후 귤나무 한 그루만 있으면 자식 대학 가르친다고 했다. 제주의 귤나무는 조선시대에도 있었다. 그러나 귤도 귀한 과일이라 진상품이 되면서 귤나무를 키우는 제주도민의 원성이 자자하게 됐다. 그러나 진상품인 귤을 내놓지 못하면 역적이 되니 귤나무를 안 키울 수도 없었다. 결국 제주도민들은 독풀에서 채취한 독즙을 귤나무에 조금씩 발라 고사하게 만드는 일도 있었다고 한다.

또 다른 에피소드는 짚신에 관한 것이다. 짚신을 남보다 부드럽고 질기게 잘 만드는 짚신명인이 있었는데, 아들에게도 그 비결을 가르쳐주지 않았다. 임종 직전에야 가르쳐줄 마음이 생겼는지 입을 열었는데 미처 다 말하지 못하고 숨이 끊겼다고 한다.

앞의 두 에피소드는 물건을 잘 만들면 고생이 많아지는 '역보상 시스템'의 문제다. 미인박명이나 '무재주가 상팔자'라는 우리 속담은 이런 현실을 말해준다. 세 번째 에피소드는 아들조차 경쟁자로 여기고 자신의 노하우를 안 알려 주려고 한 방어적 태도에 관한 것이다. 명품을 만들기 위해 노력해야 할 동기가 없고, 좋은 기술을 가지고 있어도 그것을 후대에 전수하지 않은 것이다. 이런 사회적 시스템 하에서는 문물이 발달할 수 없고 명품이 꽃피울 리 없다.

일본식 혁신인 '가이젠(改善)'의 뿌리에는 사회적으로 혁신을 격려하는 강력한 보상시스템이 있다. 일본에서는 최고의 명품을 만드는 사람은 상당한 부와 명예를 누린다. 이는 일본 산업경쟁력의 원천인 '장인정신'을 키우는 모태가 됐다. 일본의 문물 발전을 촉진한 또 한 가지는 '직업가문제도'다. 한국은 혈통 중심의 가문제도가 매우 강하다. 족보가 세계 최고로 발달한 까닭이다. 일본은 직업에도 가문제도가 존재해 당대에 갈고 닦은 기술을 제자에게 아낌없이 전수하는 전통이 있다. 제자가 성공해야 자신의 가문이 빛나고, 죽어서도 그 기술을 물려준 자신의 이름이 빛나기 때문이다. 제자는 경쟁자가 아니라 자기실현을 위한 나의 분신인 것이다.

조선 사회에는 혁신을 좌절시키는 역보상시스템과 잠재적 경쟁자인 후대를 안 키우는 시스템이 그나마 간헐적으로 나타났던 발명과 혁신을 스러지게 만들었다. 일본에서는 혁신을 격려하는 보상 시스템과 기술 계승을 유인하는 제도가 발전을 뒷받침했다. 결국 사람의 차이가 아니라 사회적 시스템 차이가 문물 발전의 차이를 만든 것이다.

이런 혁신과 혁신결과의 공유란 발전의 원리는 오늘날의 기업에도 그대로 적용된다. 기업의 혁신 여부는 결국 인센티브의 차이임을 알 수 있다. 구성원이 혁신과 변화를 기피하면 안 하는 것이 이롭기 때문이며, 역으로 열심히 하면 또한 그것이 이롭기 때문이다. 후임자에게 자신의 노하우를 알려주지 않으려고 한다면 그래야 자신의 존재가치를 인정받을 수 있어 이롭기 때문이다. 이는 한국의 기업 조직에서 목격되는 매우 흔한 현상이다.

오늘날 지식경영이라고 불리는 경영기법의 핵심은 개인이 혁신한 지식을 표준화해 조직의 지식으로 축적함으로써 다른 구성원이 공유할 수 있도록 하는 것이다. 공유된 지식을 바탕으로 또 다른 혁신을 쌓아가는 것이다. 혁신을 위한 명석이라고 할 수 있는 다양한 혁신시스템과 혁신기법, 이것을 격려하는 보상 시스템, 혁신 노하우의 공유를 격려하는 지식경영 시스템의 올바른 설계는 기업 발전의 핵심이다. 이런 조직을 우리는 끊임없이 조직의 역량을 키워가는 학습조직이라 부른다.

■ 청기와주의

조선 말에 방문한 외국인이 고국에 돌아가 조선에 대해 쓴 신문 사설 중 '청기와주의(Blue Tilism)'란 제목의 글이 있다고 한다.

그가 보니 예전엔 고색창연한 청기와로 지붕을 덮은 집이 많았는데 최근에는 그렇게 짓는 집들이 안 보이는 것이 이상했다는 것이다. 세상은 과거보다 현재가, 현재보다 미래가 더 나아지는 식으로 나날이 발전하는 것이 정상이다. 그런데 조선은 옛날의 그 멋진 청기와를 굽는 기술은 사라지고 많이 뒤떨어진 듯한 검은 기와를 얹은 집밖에 볼 수 없으니 시간이 거꾸로 가는 이해하기 힘든 나라라는 뜻이었다.

명품을 만들면 오히려 손해를 보는 '역보상 구조'라는 잘못된 사회적 인센티브 시스템이 조선의 발전을 가로막았다는 해석이 가능하다. 오늘날 남북한의 발전 차이에서 이를 확인할 수 있다.

기업 발전의 핵심은 혁신이 활발하게 일어나게 하는 것이고, 혁신의 노하우가 혁신 당사자의 지식으로만 머물다 이직이나 순환근무로 사라지게 하는 것이 아니라 조직의 지식으로 공유·계승하게 하는 것이다. 혁신이 자동차의 앞바퀴라면 공유는 뒷바퀴라고 볼 수 있다. 이것은 구성원의 역량이나 태도의 문제가 아니라 결국은 경영자가 설계하는 시스템의 문제라는 것을 일깨워 준다.

(한국경제, 2016년 7월 1일)

[그림 11-2] 지식경영 프로세스

새로운 지식을 창출

⇓

외부의 가치 있는 지식을 활용

⇓

서류나 DB로 보유하고 있는 지식을 조직원들이 사용할 수 있도록 재현

⇓

조직 전체에 지식을 전파, 공유

⇓

의사결정과정에서 보유하고 있는 지식을 활용

⇓

기업문화와 인센티브 시스템을 통해 지식을 늘려나감

자료: 매일경제 지식프로젝트팀, 『지식혁명보고서』, 매일경제신문, 1998, p.125.

제4절 지식경영 성과의 측정

지식경영 성과를 측정하는 방법은 해당기업의 미래가치를 측정하는 본질적인 의미와 주당 자산가치 및 수익가치를 평가하는데 매우 중요한 의미를 갖는다. 이 분야를 크게 나누어 보면 다음과 같다.[4)]

1) 지식자산 측정(ICM; Intellectual Capital Measurement): 지식의 가치 측정 등
2) 지식경영 성과의 측정: 지식경영 활동의 성과 등을 측정하는 지식투자수익률(ROKI; Return on Knowledge Investment)
3) 지식경영 활동 측정: 지식경영 활동 자체를 평가하는 마일리지 제도 등

지식경영 성과를 측정하기 위한 모델 설계는 [그림 11-3]과 같은

지식경영 성과를 측정하는 방법은 해당기업의 미래가치를 측정하는 본질적인 의미와 주당 자산가치 및 수익가치를 평가한다.

[그림 11-3] 지식경영 성과의 측정 모델

지식경영활동 / 지식			통합KM측정체계
	ICM ⇒	지식가치측정	
	ROKI ⇒	지식성과측정	
	마일리지 ⇒	지식경영 활동측정	

4) 한대문, 글로벌 경영혁신 및 지식경영시스템, 한올출판사, 2008, pp. 97-106.

영역범위가 포함되어야 하며 특히 핵심역량 항목, 지적자본 항목, 경제적 가치창출 항목 등 3가지 항목이 적합성을 보유해야 할 것이다.

1. 재무회계상의 문제점

측정체계의 목적은 측정결과 활용의 통합목적성에 있다. 그러나 대부분의 기업에서의 전통적인 회계 시스템은 역사적 원가주의라는 문제점이었다. 때문에 과거지향적인 결과 중심의 측정결과로 인해 지식자산이나 지식경영 성과 등을 평가하는 임무는 한계가 있기 때문이다.

1) 전통적 회계 시스템의 특징

> 대부분의 기업에서의 전통적인 회계시스템은 역사적 원가주의라는 문제점이 있다.

회계정보의 이용자들에게 신뢰성을 주기 위해서 역사적 원가주의 또는 발생주의에 따라 장부가치 위주로 재무제표가 작성되었다. 역사적 원가주의라 함은 기업의 자산평가는 취득원가를 기준으로 하여 대차대조표(B/S)에 기재하는 것이 타당하다고 하는 회계방식을 의미한다. 즉 취득원가주의라고도 하며 회계학에서의 자산평가의 원칙이다. 취득원가로 평가하면 자산이 판매될 때까지는 그 자산에 대해 이익도 손실도 발생하지 않는다.

재고자산의 평가에서 자산평가의 방법은 매우 중요하며, 기업회계원칙에는 취득원가에 의해 자산을 평가 및 계산하도록 정하고 있다. 자산평가의 방법에는 시가를 기준으로 하는 시가주의와 시가와 원가를 비교하여 낮은 쪽을 기준으로 하는 저가주의가 있다.

기존의 전통적인 회계 시스템은 회계정보의 다양한 이용자들에게 관련성과 신뢰성을 제공하도록 디자인되었다.

2) 역사적 원가주의의 문제점

- 과거 지향적이고 비용 지향적이다.
- 인적자원, 노하우, 종업원의 잠재가치 등 무형자산에 대한 투자 기피 및 지식자산가치가 상당 부분 평가절하되고 있다.

3) 측정체계의 지향점

- 결과보다는 개선 노력을 해야 하며 과거보다는 미래 지향적인 방향으로 변화되어야 한다.
- 지속적으로 과정에 대한 모니터링을 통해 경영전략 이행 및 경영혁신의 촉매를 활용하여야 한다.
- 기존의 재무적 자산뿐만 아니라 지식자산, 지식경영 성과도 측정함으로써 기업가치를 정확히 측정하고, 이를 바탕으로 비전 및 사업전략 달성을 위한 모니터링 자료의 역할이 되어야 한다.

2. 지식자산의 가치 측정

지식자산의 가치를 측정하는 기존의 연구는 재무적 측정 방법과 비재무적 측정방법으로 크게 나누어져 있다.

1) 재무적 측정방법

재무적 측정방법은 지식자산의 항목을 구체적으로 언급하지 않고 있고, 다만 지식자산의 총량을 화폐적으로 환산하여 지식자산의 가치를 측정하는 방법이다.

재무적 측정방법은 지식자산의 항목을 구체적으로 언급하지 않고 있고, 다만 지식자산의 총량을 화폐적으로 환산하여 지식자산의 가치를 측정하는 방법이다. 이와 같은 측정방법으로는 시장가치법, 이익·현금흐름법, 대체원가법, 초과자산 수익률법, 자본시장 프리미엄 접근법 등 5가지 방법이 있다.

① 시장가치법(market value method)

시장가치법은 시장에서 형성된 거래액에 기초하여 지식자산의 가치를 평가하는 방법이다. 발생수익의 일정 비율을 로열티로 수수하는 공정계약이 존재하는 특허권, 상호, 저작권과 같은 지적재산권의 거래에서 주로 사용된다.

이익·현금흐름법은 지식자산의 가치를 당해 자산의 미래 경제적 수익, 즉 미래 이익 혹은 미래 현금흐름의 현재가치에 기초하여 평가하는 방법이다.

② 이익·현금흐름법(income or cash flow projection method)

지식자산의 가치를 당해 자산의 미래 경제적 수익, 즉 미래 이익 혹은 미래 현금흐름의 현재가치에 기초하여 평가하는 방법이다. 내부

개발 영업권이나 사용 중인 프랜차이즈와 같이 미래 경제적 수익이 당해 지식자산과 결부될 수 있을 때 사용될 수 있다.

③ 대체원가법(replacement cost method)

재생산 혹은 대체에 소요되는 원가추정액으로 지식자산의 가치를 측정하는 방법이다. 연구개발과 같은 재생산이 가능한 경우에 사용할 수 있다.

④ 초과자산 수익률법(ROA: return on assets)

특정기업의 ROA와 산업평균 ROA를 비교하여 그 차이가 +이면, 그 기업은 해당 산업에 비해 상대적으로 초과된 무형자산을 보유하고 있는 것으로 간주한다. 이러한 초과수익률에 특정기업의 대차대조표 중 유형자산 총액을 곱하여 무형자산 가치를 산출한다.

> 무형자산가치 = 초과자산수익률 × 유형자산 총액

⑤ 자본시장 프리미엄 접근법

시장에서 평가되는 기업가치(발행주식 총수 x 현재 주가)와 기업 장부가치를 비교하여 그 차액을 기업의 무형자산으로 인식한다. 시장이 효율적이고 정확하게 특정기업의 가치를 평가하고 있다는 가정하에서만 성립하는 방법이다.

> 무형자산 가치 = Market value added
> = (시가기준 총자본 - 장부가 기준 총자본) × 조정항목

비재무적 측정방법은 지식자산의 총량을 화폐적으로 환산하는 것이 아니라 다양한 카테고리와 측정 항목을 구성하여 이를 수치화하여 측정하는 방법론이다.

2) 비재무적 측정방법

① 덴마크 모형

비재무적 측정방법은 지식자산의 총량을 화폐적으로 환산하는 것이 아니라 다양한 카테고리와 측정항목을 구성하여 이를 수치화하여 측정하는 방법론이다.

그 중 덴마크 모형은 인적자원, 고객, 기술, 프로세스의 4가지로 분류한 지식자산을 통계적 지식자산 현황, 기업의 활동, 활동결과 등 3가지 다른 수준의 측정치로 제시하고 있다.

덴마크 모형은 통계적 정보, 핵심지수, 효과목표의 3가지 다른 수준의 측정치들을 지식자산 현황, 기업의 활동, 결과와 연관시켜 구체적으로 측정하고 있다. 이 모형은 지식자산을 다면적으로 평가하는

덴마크 모형은 통계적 정보, 핵심지수, 효과목표의 3가지 다른 수준의 측정치들을 지식자산 현황, 기업의 활동, 결과와 연관시켜 구체적으로 측정한다.

[그림 11-4] 덴마크 모형의 측정 구조

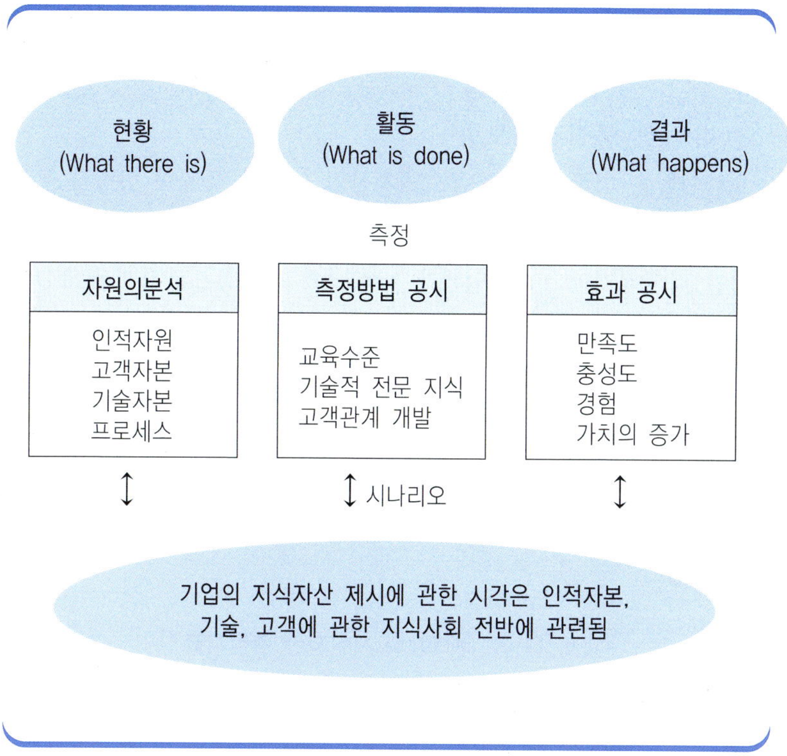

목적에는 유용하나 변화와 혁신을 측정하고 있지 않으며, 기업 핵심역량을 측정, 관리하기에는 분류기준이 부족하다는 단점이 있다.

② Sveiby 모형

Sveiby가 개발한 Invisible Balance Sheet는 기업의 대차대조표상에 나타나는 장부가치와 시장가치의 차이는 무형자산 가치를 반영하기

때문이라는 이론에서 출발한 것으로 단순화된 모형을 통해 비재무적인 요소를 산출해 내는 지식자산 평가방법이다.

기업의 시장가치 = 장부가치 + 기업의 무형자산 가치

Invisible Balance Sheet는 대차대조표에 나타난 유형자산과 유형자산 항목을 토대로 구성되며, 전체 자산 중 무형자산의 비율을 인터뷰 등을 통해 추정함으로써 무형 대차대조표를 작성하고 그에 따라서 기업이 보유한 무형자산의 가치를 금액으로 환산하는 것이다.

③ 유럽형 품질관리모형

유럽연합은 미국의 말콤 볼드리지상의 영향과 품질의 향상을 통한 경쟁력 확보가 미래의 기업생존에 필수적이라는 인식 아래 유럽의 대표적인 다국적기업 14개 업체가 1988년에 유럽품질관리재단(EFQM)을 설립하였으며, EFQM은 1957년에 설립된 유럽품질협회와 EC(European Commission)의 후원을 받아 1992년에 유럽품질대상을 제정하여 현재까지 운영하고 있다.

EFQM은 신청기업 중 최고성적을 거둔 기업에게 수여하는 유럽품질대상과 심사기준을 통과한 기업에게 수여하는 유럽품질상으로 구분하고 있다.

〈표 11-2〉 Sveiby의 지식자산 측정지표

구분	외부구조	내부구조	역량
성장·혁신	·거래량의 유기적 성장 ·시장점유율의 성장 ·고객만족지수 또는 품질지수	·IT 투자 ·내부 R&D에 소요된 시간비중 ·종업원의 태도지수	·중요 고객 매출 비중 ·전문가의 평균 경력의 성장 ·능력 이동
효율성	·고객 1인당 이윤 ·전문가 1인당 매출	·지원부서 직원의 비율 ·보조참모 1인당 매출	·전문가 1인당 부가가치 변화 ·전문가 비율 변화
안정성	·반복 주문 빈도 ·연령 구조	·조직의 전통 ·신입사원 비율	·전문가 이동율

④ Holistic 모형

Holistic 모형은 지적, 사회적, 정서적 발전 프로세스뿐만 아니라 조직, 구조, 관리에 대한 상호 연결되어 있는 측정요소를 다루고 있으며, 조직, 관리, 교육개발, 서비스의 통합적인 지휘 및 학습에 기초하여 이들의 상호 관련성을 기술하는 방법이다.

특히 이 방법은 이해관계자 가치를 창조하기 위하여 전체 조직이 그 임무를 달성하는데 필요한 요소성과 지표로 능력 총계 또는 잠재력 총계에 대한 퍼센트로 현재 상태를 기술하는 방법이다.

Holistic 모형은 조직, 관리, 교육개발, 서비스의 통합적인 지휘 및 학습에 기초하여 이들의 상호 관련성을 기술하는 방식이다.

⑤ Annie Brooking Model

Annie Brooking에 의해 고안된 지적자산 평가모델로서 지적자산을 다음과 같이 크게 3가지로 분류한다.

a) 인적자본(human capital): 조직구성원에 의해 구현되는 집단적 전문기술
b) 시장자본(market capital): 조직이 시장에서 가지고 있는 눈에 보이지 않는 잠재력을 의미
c) 구조적 자본(structural capital): 지적재산권과 인프라 자본을 의미

Annie Brooking Model은 지적자산 평가모델로서 지적자산을 크게 인적자본, 시장자본 및 구조적 자본의 3가지로 분류한다.

지적자본 = 인적자본 × 시장자본 × 구조적 자본

'2016 한국 최고의 직장'은 DHL코리아

국제특송기업 DHL코리아가 '한국 최고의 직장'으로 꼽혔다.

DHL코리아는 전날 서울 서초 반포 JW메리어트호텔에서 세계 최대 인사조직 컨설팅 기업 '에이온 휴잇' 주관으로 열린 '2016 한국 최고의 직장'에서 대상을 수상했다고 8일 밝혔다.

2013년 특별상과 2015년 본상에 이은 3회 연속 수상이자 물류업계 최초의 대상 수상이다.

'2016 한국 최고의 직장'을 선정하기 위한 조사는 에이온 휴잇이 30여개 국내외 글로벌 기업을 대상으로 지난해 7월부터 올 4월까지 기업의 최고책임자(CEO), 인사담당자, 직원을 대상으로 한 설문과 인터뷰를 통해 이뤄졌다.

△최고의 직장지수(50%) △인재관리 성숙도 지수(20%) △경영성과와 HR(인적자원) 효과성(30%) 등을 기준으로 상위 10개 기업을 선정하며, 이 중 가장 높은 점수를 얻은 1개 기업에 대상을 수여한다.

DHL 코리아는 '존중과 결과'라는 경영 방침 아래 직원들과의 열린 소통(커뮤니케이션)을 지향하고 동기부여와 성과몰입도를 증진시키기 위해 지속적으로 노력한 점을 높이 평가 받아 대상을 수상하게 됐다고 설명했다.

에이온 휴잇 조사 결과에 따르면, DHL 코리아 직원들의 성과몰입도는 참가기업의 평균 수치보다 2배 이상 높다.

실제로 DHL 코리아는 직원들과의 열린 소통을 위해 다양한 커뮤니케이션 프로그램을 운영하고 있다. 연 2회 전사적으로 열리는 타운홀 미팅에서 모든 직원들은 회사의 목표와 현 상황, 계획 등을 가감없이 공유받으며, 매년 실시되는 직원 의견 설문조사에서 근무만족도와 소속 팀장, 경영진에 대한 솔직한 개인의 의견을 표현할 수 있다.

또한 경영진이 소속과 직급이 다양한 직원들과 소규모로 식사하는 '스킵 레벨 런치(Skip Level Lunch)'를 통해 원활한 사내 소통을 꾀하고 있다.

DHL 코리아 한병구 대표는 "직원들이 회사에 대해 더 많이 알고, 더 많이 관심 가질수록 업무 몰입도가 높아진다"며 "DHL 코리아는 앞으로 열린 소통을 더욱 강화해 더 나은 기업 문화를 만들어 갈 수 있도록 노력하겠다"고 말했다.

한편, DHL 코리아는 고용노동부가 주최한 '2015 고용창출 100대 우수기업'을 비롯 GWP 코리아가 주최한 '대한민국 일하기 좋은 기업' 외국계 기업부문에서 2014년부터 2년 연속으로 대상을 수상한 바 있다.

(포커스뉴스, 2016년 7월 8일)

주요용어

기술
기업문화
대체원가법
덴마크모형
베스트 프랙티스(best practice)
벤치마킹
솔루션(solution)
시장가치법
유럽형 품질관리모형
이익 · 현금흐름법
자본시장 프리미엄 접근법

정보
조직문화
지식
지식경영
지식관리 시스템
지식근로자
지식의 공동창고
지식의 재고
지식창고
지적자본
최고경영자
취득원가주의
측정과 보상
패러다임[paradigm]
Annie brooking Model
Holistic 모형
Sveiby모형

개념확인

1. 지식경영의 개념에 대해 설명해 보자.
2. 지식활동의 5단계에 대해 설명해 보자.
3. 지식관리 시스템에 대해 설명해 보자.
4. 지식경영 프로세스에 대해 설명해 보자.
5. 지식창고에 대해 설명해 보자.
6. 지식자산의 재무적 측정방법에 대해 설명해 보자.
7. 지식자산의 비재무적 측정방법에 대해 설명해 보자.

제 12 장

경영혁신

제 1 절 경영혁신의 의의

1. 혁신의 특성: 창조성

학습조직(learning organization)은 인력, 가치, 시스템을 바탕으로 경험으로부터의 교훈에 기초하여 조직의 성과를 개선하고 지속적으로 변화시킬 수 있는 조직이다.

조직이 계속 생존하고 번영하기 위해서는 새로운 환경변화를 받아들이고 지속적으로 혁신하여야 한다. 그리고 이러한 혁신을 위해서는 창조성이 요구된다.

창조성(creativity)은 어떤 문제에 대한 새로운 접근법 또는 독특한 해결책을 이끌어내기 위하여 발명력(ingenuity)과 창작력(imagination)을 이용하는 것을 말한다. 창조성은 학습조직을 위한 필수적인 요소이다. 학습조직(learning organization)은 인력, 가치, 시스템을 바탕으로 경험으로부터의 교훈에 기초하여 조직의 성과를 개선하고 지속적으로 변화시킬 수 있는 조직을 말한다.[1)]

창조성을 키우는 10가지 방법은 다음과 같다.

1. 하나의 올바른 해답 또는 하나의 최고의 방법 이외에 또 다른 방법을 모색한다.
2. 너무 논리적으로 접근하지 말고, 사고를 유연하게 하라.
3. 주어진 현상에 안주하지 말고 '왜'라는 의문을 가져라.
4. "이렇게 하면 어떻게 될 것인가?"라는 의문을 가져라.

1) Schermerhorn, *Management*, 6th ed., John Weily & Sons, 1999, pp. 378~394.

5. 어떤 사물에 다양한 시각으로 접근하라.
6. 실패를 두려워하지 마라.
7. 실험정신을 키워라.
8. 새로운 관점을 가져라.
9. 불일치를 배격하지 말고 다양성을 존중하라.
10. 창조성을 믿고 자기실현의 예언을 만들어라.

이제 독자들 자신의 창조성을 테스트해 보기로 하자. 다음은 문자로 구성된 퍼즐이다. 각자 각 퍼즐의 이름을 붙여보기로 하자

조직에 있어서 새로운 아이디어의 적용은 어떤 일을 수행하는 보다 좋은 방법을 가져오는 과정혁신(process innovations)과 새로운 또는 보다 개선된 상품과 서비스를 만들어내는 제품혁신(product innovations)의 두 가지 형태로 나타난다.

1. | SAND |
2. DICE
+
DICE

이 퍼즐을 풀기 위해서는 과거에 얽매이지 않는 신선한 눈으로 사물을 보는 창조성이 요구된다. 해답은 1. sandbox, 2. paradise이다.

2. 혁신의 과정

혁신은 새로운 아이디어를 도출하고 실행하는 과정이다. 즉 혁신은 새로운 아이디어를 이용가능하게 변환시키는 행위이다. 조직에 있어서 새로운 아이디어의 적용은 어떤 일을 수행하는 보다 좋은 방법을 가져오는 과정혁신(process innovations)과 새로운 또는 보다 개선된 상품과 서비스를 만들어내는 제품혁신(product innovations)의 두 가지 형태로 나타난다.

제품혁신과정의 4단계는 다음과 같다.

1. 아이디어 창조
2. 초기실험(initial experimentation)
3. 실현가능성 결정(feasibility determination)
4. 최종 적용(final application)

[그림 12-1]은 새로운 제품을 개발하는 4단계의 예를 나타내고 있다. 이는 새로운 아이디어를 새로운 제품 또는 과정으로 변환시키는 과정이다. 그림에서 전체 과정은 조직과 시장의 니즈와 연결되어야 함을 보여주고 있다.

[그림 12-1] 조직에서의 혁신과정

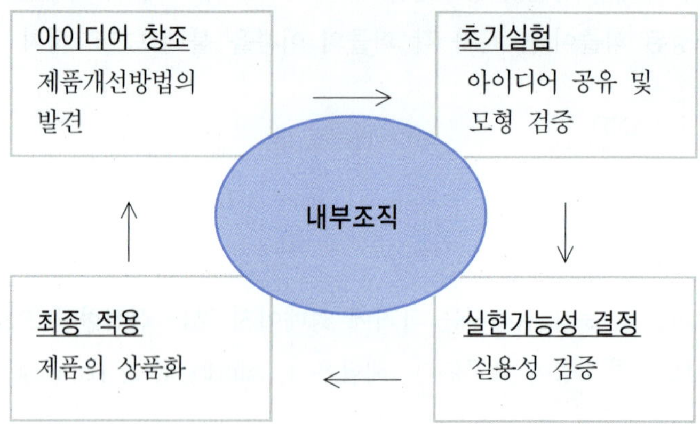

제 2 절 6시그마 경영

6시그마(Six Sigma)는 제품특성과 공정변수에 대한 핵심품질 지표(CTQ)를 찾아내어 불량수준을 3.4 PPM 수준 이하로 줄이고자 하는 것이다.

6시그마(Six Sigma)는 제품특성과 공정변수에 대한 핵심품질지표(CTQ)를 찾아내어 불량수준을 3.4 PPM 수준 이하로 줄이자는 것이다. 즉 제품 품질수준이 균일하지 않은 근본원인을 찾아내어 품질수준의 산포를 줄이고자 하는 것이다. 6시그마는 전략적 변화의 수단이다. 즉 뛰어난 성과추구에 대한 조직적 접근방법이다.[2)]

2) www.iemania.com

[그림 12-2] 6시그마의 개요

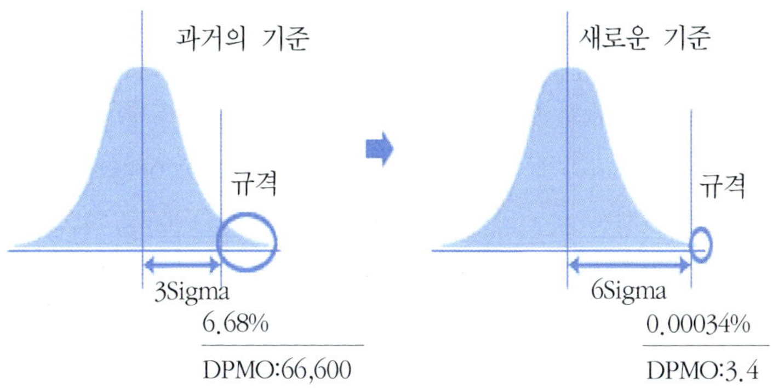

1) **혁신적 변화**(Transformational Change) : 회사 전반의 변화. 혁신적인 결과를 성취하고, 지속하기 위한 조직 전반에서 일어나는 근본적인 변화의 대규모 통합 - 프로세스, 문화, 고객

2) **운영적 변화**(Operational Change) : 비즈니스 프로세스. 산포를 줄이고 획기적인 프로세스 개선에 이용되는 도구와 방법론.

혁신과 새로운 패러다임을 원하는 기업이라면 프로세스를 개선해야 하고, 그 과정이 바로 6시그마 운동이다.

6시그마의 창시자인 Mikel Harry는 6시그마를 다음과 같이 정의하고 있다.

1) 6시그마는 통계적 측정치(statistical measurement)이다.

객관적인 통계수치로 나타나기 때문에 제품이나 업종, 업무 및 생산 process가 다르더라도 비교할 수 있다는 뜻이다. 따라서 고객만족의 달성 정도와 방향, 위치 등을 정확히 알 수 있게 해주는 척도다. 즉 "제품과 서비스, 공정의 적합성을 재는 탁월한 척도"인 셈이다.

2) 기업전략(business strategy)이다

6시그마는 경쟁우위를 갖게 해준다. 시그마 수준을 높이는 만큼 제품의 품질이 높아지고 원가는 떨어진다. 그 결과 고객만족 경영을 달성할 수 있다.

3) 셋째 철학(philosophy)이다.

6시그마는 기업내의 사고방식을 바꿔버린다. 무조건 열심히 일하는 것 보다는 'Smart하게' 일하도록 하는 철학이 바로 6시그마다. 이 운동은 제품을 생산하는 제조방식에서부터 구매 Order를 작성하는 방식까지 모든 작업에서 실수를 줄이는 일이다.

과거 품질관리 기법이 대량생산 시대에 부합하는 공장 중심의 운동이었다면 6시그마는 정보화 사회에 알맞은 21세기형 전방위 경영혁신 운동이다.

일반적인 회사들은 3～4 시그마 수준에 머물러 있다. 반면 세계적인 우량기업들은 6시그마 수준에 도달해 있다. 혁신과 새로운 패러다임을 원하는 기업이라면 프로세스를 개선해야 하고, 그 과정이 바로 6시그마 운동인 것이다. 무한경쟁의 시대인 현재는 기업경쟁력이 단순히 cost를 줄이거나 품질을 향상시키는 것만으로는 높아지지 않는다. 제품과 서비스의 품질은 물론, 전 관리 프로세스 경쟁에서 총체적으로 승리할 때에만 경쟁력은 올라갈 수 있다. 21세기 경영기법인 6시그마는 무한경쟁시대의 무기이며, 이는 제품의 불량률이나 서비스의 에러율을 1백만개당 3.4개로 줄이자는 것이다. 이것은 단지 공장의 일부 공정을 바꾸거나 최신기계 도입을 통해서는 이룰 수 없고, 총체적 프로세스는 물론 종업원 전체의 가치관도 바뀌어야 한다.

6시그마로 예상되는 기업의 성과는 다음과 같다.

1. 주주가치 실현
2. 높은 투자대비 이익
3. 전략적 목표를 결과로 실현
4. 수개월 내의 획기적인 성과개선
5. 이익향상과 비용감소를 동시에 달성
6. 핵심 프로세스와 고객 서비스 일류화를 위한 개선
7. 시장중시와 시장선도력 개발

즉 기업은 6시그마를 통해서 불량을 감소시키고, 생산성을 향상시켜, 고객만족을 개선시키고 순익을 증가시키려 한다.

6시그마는 QC(품질관리), TQC(전사적 품질관리), TQM(전사적 품질경영) 등 전통적인 품질관리기법과는 큰 차이가 있다. 과거 품질관리기법이 대량생산시대에 부합하는 공장 중심의 운동이었다면 6시그마는 정보화 사회에 알맞은 21세기형 전방위 경영혁신 운동으로 요약할 수 있다.

6시그마는 특정 부문의 '개선' 이 아니라 경영 전반을 대상으로 한 '혁신' 활동이다.

우선 불량에 대한 개념부터 다르다는 점을 들 수 있다. 전통적 품질관리 운동의 목표는 고객에게 인도되는 최종 생산품의 불량을 줄이는 것이었다. 제조공정에서 아무리 많은 불량품이 나오더라도 회사 밖으로 나가는 제품에 대해선 불량품이 없어야 한다는 것이다. 그러나 회사내에서 실제로 제조된 제품은 출하된 제품의 평균 3배에 달하며, 그만큼 품질실패비용이 크다. 수익구조가 나빠지는 것도 당연하다. 이에 반해 6시그마는 불량이 일어날 수 있는 원인을 근본적으로 제거하는 기법이다. 회사내의 전 부문에서 오류가 발생할 수 있는 구조, System 그 자체에 메스를 가한다는 장점이 있다. 이는 곧 비용과 시간을 줄이고 고객에게 항시 변함없는 품질을 제공할 수 있는 기반을 마련한다는 획기적인 의미를 지닌다. 6시그마는 또 진정한 의미의 '전사적 품질운동'이다. 80년대 일본 제조업체의 품질수준을 개선하는데 큰 역할을 담당한 QC는 생산현장에 국한된 것이라고 할 수 있다. 특정공정을 대상으로 숙련도를 향상시키는데 초점이 맞춰져 있으며, 자동차나 가전공정 등에 Line Balancing(흐름식 공정)을 도입한 것도 QC운동의 일환이었다. TQC와 TQM은 QC의 한계를 극복하기 위해 품질운동의 대상범위를 확대했으나 부분적인데 그쳤다. 반면 6시그마는 특정부문의 '개선'이 아니라 경영 전반을 대상으로 한 '혁신' 활동이다. 개선과 혁신은 일견 유사해 보이지만 실제에선 엄청난 차이가 있다. 생산공장의 해외이전을 예로 들어 보자. 대부분의 기업들은 본국에서 파견된 기술자가 일정한 시간을 두고 현지 채용인력을 교육해 가며, 생산 프로세스를 정착해 간다. 그러나 6시그마로 전개할 경우 사전에 완벽하게 Design된 생산 System을 그대로 수출해 턴키 방식으로 곧바로 조업에 들어갈 수 있는 것이다.

6시그마는 또 QC 등이 분임조를 바탕으로 한 'BOTTOM-UP' 방식인데 비해 'TOP-DOWN' 방식을 취한다. 경영능력이 검증된 최고경영자가 뚜렷한 목표를 향해 강력한 추진력을 동원할 때 전사적인 효과를 낼 수 있다는 의미이다.

6시그마 경영과 과거의 품질경영과의 차이는 〈표 12-1〉과 같이 요약할 수 있다.

〈표 12-1〉 6시그마 경영과 품질경영과의 차이

구분	과거의 품질 경영	6 시그마 경영
측정지표	% (불량률)	시그마 (σ)
목　　표	제조공정 만족	고객 만족
목표설정 방법	추상적, 정성적	구체적, 정량적
품질수준	현상의 품질	경영의 질
추진방법	Bottom-up	Top-down
문제의식	겉으로 드러난 문제 중시	드러난 문제 외에 잠재적 문제까지 포함
성공요인	감각과 경험	감각과 경험, 객관적 데이터 분석 중시
개혁대상	문제점이 발견된 곳	모든 Process
적용범위	부분 최적화(제조공정)	전체 최적화(전사적 업무 프로세스)
기본수법	PDCA	MAIC
평가방법	노력을 중요시	가시화된 이익으로 평가
추 진 자	제조현장 담당자 중심	사내전문가 중심
교　　육	자발적 참여중시	체계적이고 의무적

현장혁신의 다섯 가지 원칙

기업문화는 어떤 정보나 외부 변화에 대해 그 조직 구성원들이 생각하고, 판단하며 행동하는 방식이라고 볼 수 있다. 어느 기업이나 현장 조직원 규모가 가장 크고 역동적인 만큼, 현장 직원은 그 기업의 문화를 구축하는 핵심계층이 된다. 이것이 현장을 변화와 혁신의 원천으로 새롭게 인식해야 하는 가장 큰 이유다. 가치 사슬 측면에서 보면, 고객 니즈에 맞는 제품 생산을 위한 기획, 설계, 구매 등의 과정은 일반적으로 엔지니어 계층이 주도한다. 하지만 결국 구체적인 부가가치를 실현하는 품질, 생산성, 납기 등 양산과정의 주요 요소는 현장 작업자의 손에서 완성되기 때문에 현장 직원의 중요성은 아무리 강조해도 지나치지 않다.

기업의 경쟁력과 발전을 만들어내는 과정은 바로 '혁신'이다. 그 발전이 지속되려면 먼저 혁신이 지속 가능해야 한다. 구성원들의 근무강도를 높이는 희생과 양보가 있다면 단기성과는 창출할 수 있겠지만, 지속 가능한 발전은 불가능하다. 먼저 '왜 해야 하는가(Why)?'라는 질문에 대답을 주고, 그 이후에 '무엇을 할지(What)?', '어떻게 할지(How)?'에 대한 방안을 제시하는 것이 바람직한 혁신이라고 할 수 있다. 이를 위해서는 다섯 가지의 현장 혁신 원칙을 기억해야 한다.

첫째, 자율추진 원칙이다. 스스로를 변화 주체로 혁신을 공감하고 이해하는 선순환이 돼야 한다. 자신과 목표와의 관계는 '현장에 있는 나 자신으로부터 시작되는 변화'를 뜻한다. 스스로 얼마나 노력해서 목표를 달성하는가에 대한 '개선'과는 조금 다른 의미다. 자신이 문제라고 느끼는 것을 가장 쉽고 편한 방법으로 대책을 찾고 실행하는 것이야말로 자율적인 문제해결의 핵심이다.

둘째, 전원 참여 원칙이다. 구성원 모두가 스스로에게 할당된 역할로 혁신 추진과정에 참여해 달성된 성과와 보람을 나누는 것을 뜻한다. 구성원간 다양한 토론과 이해를 바탕으로 혁신 방향에 대한 공감과 합의가 필요하다. 그렇지 않다면 다시 혁신활동 이전으로 회귀할 수 있다. 모두의 혁신활동 참여는 성과의 보람과 기쁨을 소외되는 인원 없이 함께 공유할 수 있다는 것이 큰 강점이다.

셋째, 형식 배제 원칙이다. 보통 특정 '절차'나 '기법'을 지키는 것을 혁신활동으로 이해하는 경우가 많다. 그러나 사실상 현장에서 생기는 문제는 눈에 보이는 문제, 알면서 해결되지 않는 문제가 대부분이다. 이는 경험과 직관으로 쉽게 해결할 수 있으며, 현장에 속한 조직과 문제의 속성을 정확히 이해하는 것으로부터 시작된다. 문제 해결역량을 가진 '현장'에서의 실질적인 활동에 집중해야 한다는 의미이며, 현장에 문제와 답이 있다고 이야기하는 이유다.

넷째, 속도 차 인정 원칙이다. 현장 활동의 주체는 사람이고, 사람마다 혁신의 필요성에 대해 이해하고 인식하기까지 걸리는 시간은 각기 다르다. 모두가 공감할 수 있는 기다림의 시간이 필요하다. 혁신의 필요성을 충분히 이해, 공감하지 못한 상태에서 혁신활동을 시작하는 것보다 모든 구성원이 이에 대한 설득과 이해 과정을 거칠 수 있도록 충분한 기다림을 갖는 것이 중요하다. 현장 혁신은 정답을 찾고 끝나는 것이 아닌 지속되어야 하는 활동이기 때문이다.

다섯째, 성취 격려의 원칙이다. 칭찬은 고래도 춤추게 한다지만, 과잉칭찬은 응석받이를 만든다. 또한 억지 칭찬은 오히려 올바른 성취자들을 제거하며, 일관성 없는 칭찬은 변화의 방향을 왜곡시키고 혼란을 초래한다. 이른바 칭찬의 역습이다. '당근과 채찍'이라는 통상적인 관리방식으로는 혁신을 이룰 수 없다. 특히 활성화 수단으로 금전적인 포상을 극대화하는 것은 오히려 근본적 목적을 상실하고 실패의 원인이 되기도 한다. 올바른 실행력은 곧 지속력이다. 회사가 나아가려는 방향에 대해 현장 구성원의 올바른 공감과 참여가 중요하다.

우리나라는 선진 강국이 100년, 200년 이상 지나오며 이룩한 산업화를 압축적으로 성공시켰다. 오늘날에도 지속 가능한 성장을 위해 기술, 디자인, 설비, 재료 등 산업 전반에 있어 다양한 혁신 기법을 도입하고 있다.

하지만 지속 가능하고 기업문화로 정착될 수 있는 바람직한 혁신은 '어떤 기법을 도입하는가'의 문제가 아니다. 조직의 구성원들이 각자 영역에서 바람직한 미래 비전과 목표를 향해 공감하고 동의하며 기꺼운 노력을 기울일 수 있도록 하는 것. 그것이 바로 내 기업에 맞는 혁신의 모습이다.

(이코노믹리뷰, 2015년 6월 9일)

제 3 절 경영혁신기법

여기서는 기업의 대표적인 경영혁신기법들을 살펴보기로 하자.[3] 경제학자 슘페터는 기업의 사명을 '혁신'이라고 주장하며, 혁신을 '연속적인 창조적 파괴의 과정'이라고 정의한 바 있다. 경영혁신은 낡은 것을 버리고 새것을 취하는 것이므로 '창조적 파괴'는 경영혁신을 설명하는 적절한 표현일 수 있다.

경영혁신은 기업내의 잘못된 부분을 바로 잡아 닥쳐올 위기를 극복하고 건강한 조직체질을 유지하며 사회에 지속적으로 이바지하려는 기업변신의 노력이다.

3) 대한산업보건협회 기획홍보부, 경영혁신기법 소개, KIHA 경영혁신시리즈 4, pp. 67-73.

경영혁신기법은 실제 경영활동, 즉 프로세스를 변화시키는 기법과 경영활동이 일어나는 장(場)을 변화시키는 기법으로 나뉜다. 비전 작성, 리스트럭처링, 학습조직, 기업 아이덴티티, 벤치마킹 등은 경영내용 중 특정부분에 영향을 끼친다기 보다는 기업 전체 차원에서 영향을 끼치며 경영 프로세스 조건을 변화시키는 근본적인 혁신기법에 속한다. 관리와 업무처리의 방법을 변화시키는 기법인 경영 프로세스 변화기법은 기업기능, 사업부 또는 기업 전체와 같은 특정 적용대상에 영향을 끼치며 그 내용에 따라 계획프로세스(장기 전략계획, 경쟁전략, 영점기준 예산, 신인사제도), 실행프로세스(리엔지니어링, 다운사이징, 시간기준 경쟁), 평가프로세스(전사적 품질경영, 전략평가시스템)로 구분한다.

경영혁신은 기업 내의 잘못된 부분을 바로 잡아 닥쳐올 위기를 극복하고 건강한 조직체질을 유지하며 사회에 지속적으로 이바지하려는 기업변신의 노력이다.

1. 경영의 장을 변화시키는 기법

1) 비전 만들기(Vision Making; VM)

비전이란 곧 꿈이다. 개개인이 미래에 대한 꿈을 설계하는 것과 마찬가지로 기업에게도 미래에 대한 꿈이 필요하다. 기업 비전은 기업이 미래에 실현할 구체화된 목표이며, 기업의 활동방향을 한 곳으로 모아주는 나침반인 것이다. 또한 비전은 현실성있고 믿을 만하며 매력적인 조직의 미래상으로서, 조직이 도달해야 하는 종착지이고, 현재보다 더욱 발전된 성공적이고 바람직한 미래를 자세하게 시나리오화 한 구성원 모두의 공감대인 것이다.

그래서 기업의 비전은 미래에 실현될 사업의 모습으로 구체화(정량적, 정성적 표현)되어야 한다는 면에서 막연한 꿈과는 엄격히 다르다.

2) 리스트럭처링

리스트럭처링(Restructuring)은 변화하는 경제환경 속에서 기업이 생존, 성장해 나가기 위해서 기업의 미래상인 '비전'을 사업구조 차원에서 구체화시키는 혁신기법으로서, 채산성이 없는 분야로부터 과감한 철수, 미래 유망산업분야로의 진출, 경쟁력 있는 사업의 집중 육성 등을 포함한다. 즉 기업을 발전가능성이 큰 영역으로 사업구조를

리스트럭처링은 기업을 발전가능성이 큰 영역으로 사업구조를 변경하거나 비교우위가 있는 사업 분야에 자원을 집중적으로 투자하는 경영전략기법이다.

변경하거나 비교우위가 있는 사업분야에 자원을 집중적으로 투자하는 경영전략기법이다.

따라서 기업을 둘러싼 외부환경에 대한 분석에 입각하여 새롭게 나타나는 사업기회에 자원을 배분함으로써, 무한경쟁시대에 기업은 패러다임의 전환이 요구되고 있다. 무한경쟁시대를 눈앞에 두고 오늘날 기업은 패러다임의 전환을 요구받고 있다. 리스트럭처링은 새로운 출발, 신선한 스타트를 의미한다. 무한경쟁사업영역 확장을 도모하는 '사업다각화'나 기업사냥꾼에 의한 인수합병을 막기 위해 우수한 재무구조를 가지고 있음에도 불구하고 고정자산 및 유가증권 매입이나 자사주 확보 등을 하는 '재무 리스트럭처링'과는 근본적으로 다르다.

리스트럭처링은 경쟁시대에 살아남기 위하여 지금까지의 기업경영에 관한 로직(Logic) 구조, 기능, 활동목표 등 기업체제를 근본적으로 재구축하는 것을 뜻한다. 리스트럭처링이 지향하는 것은 패러다임 전환이다. 점진적인 개선책이 아니고 단숨에 하는 근본적이고 철저한 개혁, 과거의 성공에 얽매이지 않고 어떻게 하면 보다 나은 고객 서비스를 제공할 수 있을 것인가라는 관점에서 모든 일에 대하여 철저하게 다시 생각하는 것이다. 변화의 불확실성 속에서 미래를 예측하며 기업의 새로운 생명력을 재발견하는 수평적 사고의 발상이라고 할 수 있다. 즉, 기업이 전체적으로 과거에서 벗어나고 미래의 변화에 대응할 수 있도록 새로운 변신전략을 모색하는 것이다.[4]

리스트럭처링의 대표적 사례로 GE의 잭 웰치 회장은 과거 10년간에 걸쳐 시장점유율이 나쁜 사업(세계 2위권 밖)에서는 신속하게 철수한다는 원칙하에 기존사업을 제조사업군, 서비스사업군, 첨단기술사업군 중심으로 재편성하였으며 기존의 주력사업군인 제조에서 첨단기술 및 서비스 사업군으로의 성공적 이동으로 오늘날의 GE를 구축하였다.

이와 같이 기업은 국내외 환경변화, 경쟁사의 동향, 기술혁신, 고객욕구 변화 등을 고려하여 현재의 전략이나 기존사업만으로는 미래의 비전을 달성하기가 어렵다고 판단되면 과감하고도 신속한 리스트럭처링을 실시해야 하는 것이다.

---

4) 백영훈, 리스트럭처링, 문화저널21, 2011. p. 2를 참조

3) 벤치마킹(Benchmarking)

벤치마킹은 체계적이며 지속적인 측정 프로세스로서 자사의 성과 개선에 유용한 정보를 갖기 위해 자사의 업무수행방식을 측정하고 동 방식을 전세계 어느 곳, 어느 조직이든 선도자적 위치에 있는 조직의 프로세스와 비교하는 혁신기법이다.

벤치마킹은 자사의 성과 개선에 유용한 정보를 갖기 위해 자사의 업무수행방식을 측정하고 동 방식을 전세계 어느 곳, 어느 조직이든 선도자적 위치에 있는 조직의 프로세스와 비교하는 혁신기법이다.

개인이든 조직이든 준거점은 있기 마련이다. 또한 기업의 성과는 시장 매커니즘에서 경쟁기업에 대해 비교가 되지만 이것은 기업활동의 결과로 얻어지는 제품이나 서비스 자체에 대한 평가이지 제품이나 서비스를 만들어 내는 각 프로세스에 대한 평가는 아니다. 완제품과 서비스를 만들어 내는 각 기업마다 프로세스는 비교 기준이 없기 때문에 자사의 프로세스가 효율적인지를 판단할 수 없다. 따라서 기업내부 프로세스에 경쟁개념을 도입하여 경쟁기업 프로세스와 비교하여 지속적으로 자사의 프로세스를 개선하려는 노력인 것이다.

4) 학습조직(Learning Organization)

강한 조직은 강한 구성원을 필요로 한다. 또한 급변하는 환경에 올바로 대처하고 개선하기 위해서는 개인별 조직별 학습을 필요로 한다. 학습조직 기법은 기업 내부에 경쟁원리를 도입한 벤치마킹과 유사하다. 벤치마킹 역시 '외부로부터의 학습'을 주요한 내용으로 하고 있기 때문이다. 학습조직을 유행시킨 경영학자 피터 생게는 '자신이 원하는 결과를 창조하기 위해 지속적으로 능력을 배양하고 집단적인 열망이 자유롭게 이뤄지며, 어떻게 서로 배울 것인가에 대하여 논의하는 과정'으로 정의한 바 있다.

21세기와 같이 지식주도형 사회에서 생존하기 위해서는 변화가 필요하다. 또한 변화하기 위해서는 지속적이고 끊임없는 개선과 학습이 요구되어지는 것이다.

5) 기업 아이덴티티(Corporate Identity)

기업 아이덴티티(CI)는 기업 이미지를 형성하고 내재화시킴으로써 기업아이덴티티(CI)는 기업이미지를 형성하고 내재화시킴으로써 기업문화를 기업비전과 전략에 맞추어 변화시키는 적극적 마케팅 활동이다.

기업문화를 기업 비전과 전략에 맞추어 변화시키는 적극적 마케팅 활동이다. 즉 기업의 정체성을 확보하자는 것이다. 보통의 사람들은 '나는 누구인가'라는 질문을 스스로 던지면서 변화하는 환경 속에서 자신의 개성을 추구한다. 기업 역시 '우리 기업이 사회에서 왜 존재하는가'를 찾는 과정에서 기업의 사회적 역할, 기업과 종업원간의 공동목표, 기업비전 등을 명확히 인식하게 된다.

1990년대 초반 삼성, LG 등 대기업들과 은행들의 심벌마크나 로고가 경영혁신의 시작과 더불어 바뀌었음을 볼 수 있다. 즉 CI는 시각적 디자인 측면만을 강조하는 단순한 기법이 아니라 기업문화와 관련하여 기업전체를 장기간에 걸쳐 변화시키는 혁신기법인 것이다.

2. 경영 프로세스를 변화시키는 기법

장기전략계획은 기업목표를 설정하고 전략수행에 필요한 자원을 배분하는 전략적 판단을 포함하며 사업구조나 제품구조와 같은 경영구조 자체의 변혁을 의도하는 전사적, 종합적, 포괄적 성격의 거시적 계획이다.

1) 장기전략계획(Long-term Strategy Planning; LSP)

장기전략계획은 1973년 오일쇼크 이후 미국기업에 등장한 기업전체 차원의 전략계획 기법으로서, 기업목표를 설정하고 전략수행에 필요한 자원을 배분하는 전략적 판단을 포함한다. 사업구조나 제품구조와 같은 경영구조 자체의 변혁을 의도하는 전사적, 종합적, 포괄적 성격의 거시적 계획으로 불확실성의 정도가 높은 비계량적, 질적 계획이다.

기업들이 전략계획을 수립하는 목적은 불확실성의 급변하는 기업환경에 효과적으로 대처하기 위한 것으로서 자동차의 헤드라이트에 비유된다. 즉, 어두운 밤에 헤드라이트 없이 자동차가 움직이기 곤란한 것 같이 과거처럼 어느 정도 미래예측이 가능했던 시절에는 장기전략계획의 필요성이 절실하지 않았으나 요즘과 같이 급속하게 변화하는 세계 경영환경에서 미래를 예측하기 어려운 불확실성의 시대에는 장기전략계획이라는 밝고 멀리 비출 수 있는 헤드라이트가 절대적으로 필요한 것이다.

2) 경쟁전략(Competitive Strategy)

경쟁전략은 1980년대 초에 등장하여 현재까지도 전략부분에서 가장 많이 사용되는 혁신기법으로서, 경쟁이 일어나는 기본영역이라 할 수 있는 사업내에서 유리한 경쟁적 지위를 확보하기 위해 기업이 추구하는 전략적 기획을 하는 기법이다. 즉, 자신이 속한 사업내 기업들의 장기적 수익을 결정하는 공급자, 구매자, 대체품, 잠재적 진출기업 및 기존기업 등 5개의 경쟁원인을 분석하여 사업내에서 상대적으로 유리한 경쟁지위를 확보하는 새로운 경영기법으로서 장기전략계획이 기업 미래 경쟁에 대한 계획인 반면 경쟁전략은 기업의 현재를 위한 전략계획으로서 양 계획은 동시에 똑같은 비중을 가지고 상호 연결되어야 그 효과를 거둘 수 있다.

3) 영점기준예산(Zero-based Budgeting)

영점기준예산은 예산편성시 과거수치를 물가변동률로 조정하여 새로운 예산을 세우던 종래방식에서 벗어나 조직이 장래 추구하는 목표를 세우고 이를 달성하기 위해 새롭게 예산을 편성하는 방법이다. 전통적인 예산제도가 무엇을 생산해 내는가 하는 기업의 가치창출보다는 얼마나 많은 자원을 소비하였나 하는 원가통제에 지나친 관심을 둔 반면, 영점기준예산 편성은 발상부터가 고객으로부터 출발하여 시장상황과 고객욕구에 맞추어 제품에 대한 수요량을 예측하고 매출목표를 수립하는 것으로부터 예산편성이 시작되는 것이다. 즉, 예산 편성전에 필수과정인 우리가 해야 할 일을 정의하고 소요자원량을 측정하는 가치창출활동 분석부터 시작하는 것이다.

영점기준예산은 예산편성 시 과거수치를 물가변동률로 조정하여 새로운 예산을 세우던 종래방식에서 벗어나 조직이 장래 추구하는 목표를 세우고 이를 달성하기 위해 새롭게 예산을 편성하는 방법이다.

4) 신인사제도(New Presonnel Planning)

신인사제도(NP)는 1994년 삼성그룹에서 시범적으로 실시하여 주목을 끈 제도이다. 신인사제도는 인사제도의 계획부문에서 혁신을 지향하는 기법으로 인재육성, 적재적소의 활용, 적극적 평가 및 공정한 처우제도를 체계화하는 기법으로서 연공서열식의 전통적인 인사관리로는 극심한 경쟁환경을 헤쳐 나갈 수 없다는 위기감에서 출발하였다.

5) 리엔지니어링(Reengineering)

리엔지니어링(RE)은 비용, 품질, 서비스, 스피드와 같은 핵심부분에서 기업이 획기적인 성과의 향상을 이루기 위하여 업무처리과정(프로세스)을 기본적으로 다시 생각하고 근본적으로 재설계하는 것이다.

리엔지니어링(RE)의 창시자인 마이클 해머에 의하면, 리엔지니어링이란 비용, 품질, 서비스, 스피드와 같은 핵심부분에서 기업이 획기적인 성과의 향상을 이루기 위하여 업무처리과정(프로세스)을 기본적으로 다시 생각하고 근본적으로 재설계하는 것이라고 정의하였다.

왜 이러한 일이 필요할까? 왜 이와 같은 방법으로 하여야 할까? 등의 업무수행방식을 원점으로 돌려놓고 현재 업무수행방법의 근간을 이루는 조직구조, 규칙, 절차, 정보 시스템 구조 등을 무시한 채 완전히 새로운 방법을 모색하는 것이다.

6) 다운사이징(Downsizing)

1980년대 초반 스태그플레이션을 겪으면서 조직의 거대화에 제동이 걸리게 된 미국기업들은 일본을 위시한 신흥공업국가들의 미국내 시장잠식에 따른 경쟁력 회복 및 생존을 위하여 비대한 관리층과 비효율적인 조직을 바꿔야만 했다. 이에 따라 분권화, 슬림화, 프로세스의 통합화를 표방하는 다운사이징이 등장하였다. 일반적 다운사이징은 정보 시스템 구축 차원에서의 분산처리 시스템을 의미하며 광의의 다운사이징 개념은 조직규모 및 조직구성원에 대한 조직 다운사이징도 포함한다.

조직 다운사이징은 리스트럭처링의 일부분으로 조직의 슬림화 및 재정비 차원에서 분류되며, 일반적으로 정보 시스템 다운사이징은 경영의 내용 중 집행 부분에 관련되는 정보 흐름을 기업전체 차원에서 분산화시키는 기법이다.

7) 시간기준경쟁(Time-based Competition)

시간기준경쟁은 경쟁기업과의 가장 중요한 경쟁자원을 시간으로 간주하는 혁신기법이다. 미국의 보스턴 컨설팅에 의해 창안된 이 기법은 과거 1차원 경영의 축인 원가(cost), 2차원 경영의 축인 품질(quality), 3차원 경영의 축인 유연성(flexibility)의 다음 단계로서 극도로 다양화되고 있는 고객욕구의 충족을 위해 고객입장의 시간에 축을 맞추는 것이다. 1차원 경영이 통용되지 않으면 2차원 세계로 눈을 돌리라는 혁신 용어가 있다. 기업들은 고도로 발달된 경영기법의 도입으로 기존의 원가, 품질, 유연성에서 경쟁기업과의 뚜렷한 차별화가 되지 않았던 것이다.

8) 전사적 품질경영(Total Quality Management)

전사적 품질경영(TQM)은 최고경영층에서부터 일선 근로자에 이르기까지 전 종업원이 참여하는 제품의 품질뿐만 아니라 가격, 납기, 서비스 등을 포함한 모든 부문의 품질향상을 추구하고자 하는 기법이다. 이는 선진 제도나 기법을 단순히 적용시키는 차원이 아니라 기업 구성원 모두가 의식개혁을 통하여 품질에 대한 인식을 전환하고 고객지향적인 기업문화를 창조하고자 하는 전사적인 기업활동이다.

전사적 품질경영은 최고경영층에서부터 일선 근로자에 이르기까지 전 종업원이 참여하는 제품의 품질뿐만 아니라 가격, 납기, 서비스 등을 포함한 모든 부문의 품질 향상을 추구하고자 하는 기법이다.

품질경영 분야의 권위자인 필립 크로스비에 의하면 품질경영이란 결국 원가경쟁력의 원천으로서 첫째, 품질은 좋은 것이 아니라 고객기대에 부응하는 것이며 둘째, 품질은 예방이고 셋째, 품질기준은 무결점(ZD)이며 넷째, 실천적 활동 이후에는 피드백을 위한 평가가 반드시 뒤따라야 한다고 하였다.

9) 전략평가 시스템(Strategy Evaluation System)

평가없는 목표란 허공에 뜬 구름과 같다는 말이 있다. 따라서 측정과 평가는 모든 경영혁신 노력을 실체화시키는데 필수불가결한 수단인 것이다. 전략평가 시스템은 경영환경의 변화요인을 고려하여 수립된 전략의 실행 및 결과를 평가해 주고, 조직 전체적인 관점에서 장기적으로 기업의 경쟁력을 향상시킬 수 있도록 평가여건까지 고려된 시스템이다.

기존의 많은 기업들이 계획-실행-평가(plan-do-see)의 경영활동에서 중간단계인 실행과정은 전혀 도외시한 채 결과 위주의 단기성과에만 집착한 나머지 장기적 전략을 소홀히 하였으나 전략평가 시스템은 실행결과뿐만 아니라 활동과정까지도 포함하며 기존의 재무적인 체크리스트보다는 기업의 장기적인 경쟁력을 확보할 수 있는 내용에 중점을 두는 것이다.

3. 블루오션 전략

1) 블루오션의 개요

레드오션은 오늘날 존재하는 모든 산업을 뜻하며 이미 세상에 알려진 시장 공간이다. 반면에 블루오션은 현재 존재하지 않는 모든 산업을 나타내며 아직 우리가 모르고 있는 시장 공간이다.

블루오션 전략은 김위찬과 르네 마보안 교수가 현명한 전략의 이동이야말로 블루오션을 창출하는 지름길이라는 것을 발견하고 유혈경쟁에서 벗어나 새로운 기회에 도전하는 블루오션 전략을 수립하였다.[5] 저자들에 의하면 레드오션은 오늘날 존재하는 모든 산업을 뜻하며 이미 세상에 알려진 시장 공간이다. 블루오션은 현재 존재하지 않는 모든 산업을 나타내며 아직 우리가 모르고 있는 시장공간이다. 레드오션에서는 산업간의 경계선이 명확하게 그어져 있다. 이와는 대조적으로 블루오션은 미개척 시장공간으로 새로운 수요창출과 고수익 성장을 향한 기회로 정의된다. 블루오션은 기존 산업의 경계선 바깥에서 완전히 새롭게 창출되는 경우도 있으나 대부분 기존 산업을 확장하여 만든다. 블루오션 전략의 저자인 김위찬, 르네 마보안 교수는 150년 동안 30개 업종에서 새로운 시장을 창출한 기업의 공통점을 찾아내었다.

블루오션 전략은 무엇인가? 블루오션의 초석은 바로 가치혁신(value innovation)이다. 가치혁신이란 경쟁자를 이기는데 집중하는 대신 구매자와 회사 모두를 위한 가치도약을 이루어 비경쟁시장 공간을 창출하는 것으로, 가치혁신은 기업활동이 회사의 비용과 구매자에게 제공되는 가치 모두에 긍정적으로 영향을 주는 가운데 창출된다. 또한 비용절감은 업계의 경쟁요소를 제거하거나 줄어듦으로써 이루어지게 된다.

5) 김계수 · 김용철 · 박주영 · 장정근, 프로세스 중심의 경영혁신, 도서출판 대경, 2008, pp. 313-332.을 참조하여 재구성하였다.

블루오션에서는 게임의 규칙이 아직 정해지지 않았기 때문에 경쟁과는 무관하다. 레드오션에서는 경쟁자를 능가하기 위해 붉은 바다를 잘 헤쳐 나가는 것이 중요하며 또한 항상 그럴 것이다.

기업의 매출과 수익에 대한 블루오션의 영향력을 파악하기 위하여 108개 회사의 새로운 비즈니스 런칭을 조사한 결과 86%는 기존 시장 공간에서 부분적 개선이나 라인 확장에 해당하는 레드오션으로 이들의 매출과 수익은 각각 62%와 39%를 차지했다. 블루오션 창출을 목표로 한 나머지 14%의 비즈니스 매출은 38%였으며 수익은 61%로 나타났다.

블루오션의 초석은 바로 가치혁신이다. 가치혁신이란 경쟁자를 이기는데 집중하는 대신 구매자와 회사 모두를 위한 가치 도약을 이루어 비경쟁 시장 공간을 창출하는 것이다.

위의 조사에서 레드오션과 블루오션 두 곳의 투자에서 블루오션 창출에 따른 수익이 확연히 높다는 것을 알 수 있다. 블루오션 창출의 절대적인 필요성 이면에는 여러 가지 추진동력이 있다. 기술적 진보가 가속화됨에 따라 산업 생산성이 실질적으로 향상되었으며 공급자들은 전례 없는 제품과 서비스 상품을 생산할 수 있게 되었다. 그 결과 수많은 산업분야에서 공급이 수요를 초과하였다.

세계화 추세는 이 같은 상황을 복합적으로 보여준다. 국가와 지역 간 무역장벽이 무너지고 제품과 가격정보는 세계 어디서나 즉시 얻을 수 있으며 틈새시장과 독점시장이 설 자리가 점점 좁아지고 있다.

〈표 12-2〉 블루오션 전략의 6가지 원칙

체계화 원칙	각 원칙이 약화시키는 리스크 요소
시장 경계선을 재구축하라 수치가 아닌 큰 그림에 초점을 맞춰라 비고객을 찾아라 정확한 전략적 시퀀스를 만들어라	탐색리스크 기획리스크 규모리스크 비즈니스 모델 리스크
실행원칙	**각 원칙이 약화시키는 리스크 요소**
조직의 주요장애를 극복하라 전략 실행을 전략화하라	조직리스크 관리리스크

2) 생존의 패러다임

기업의 경쟁 환경에서 다양한 경쟁자와 경쟁방법이 나타남으로 환경에 적응하지 못하는 기업은 자연에서 멸망하고 자생력을 갖춘 기업은 성장하게 된다.

최근 기업들은 경쟁환경에 노출되면서 경영의 패러다임이 급격히 변화하고 있다. 그동안 우리나라 기업들의 경영환경은 온실 속에서 성장하다 자연의 환경으로 되돌아가는 현상이 나타나고 있다. 기업의 경쟁환경에서 다양한 경쟁자와 경쟁방법이 나타남으로 환경에 적응하지 못하는 기업은 자연에서 멸망하고 자생력을 갖춘 기업은 성장하게 된다. 그러나 기업의 자생력은 타고난 것이 아니라 환경 속에서 만들어가는 것이다. 이와 같은 생존력의 조건은 〈표 12-3〉과 같다.

기업의 생존력은 가치혁신을 통한 전사적 시스템적 접근방법인 기능적, 운영적 활동의 통합 시스템이 요구된다. 지난 수년간 혁신은 기업의 일부분의 혁신을 시도하여 왔으나 이는 국지적인 효과로서 환경이 요구하는 전사적 변화를 이루지 못하였다.

〈표 12-3〉 기업의 생존조건

건강한 생태계	과거의 성공방식	글로벌 생존 조건
생명력	창업형 기업가 정신	혁신형 기업가 정신
자연 도태	정부 지원, 대마불사	시장선택
다양성	대기업 주도	특정 업종의 군집을 유지하는 산업 주도
공진화	사회의 기업지원	기업, 사회 공진화
개방	국내시장 보호, 수출주도	글로벌화/글로벌 니치

〈표 12-4〉 레드오션 전략과 블루오션 전략의 비교

레드오션 전략	블루오션 전략
기존 시장 공간 안에서 경쟁	경쟁자 없는 새로운 시장 공간 창출
경쟁에서 이겨야 한다	경쟁을 무의미하게 만든다
기존 수요시장 공략	새로운 수요창출 및 장악
가치-비용 가운데 택일	가치-비용 동시 추구
차별화나 저비용 가운데 하나를 택해 회사 전체 활동 체계를 정렬	차별화와 저비용을 동시에 추구하도록 회사 전체 활동 체계를 정렬

레드오션은 전통적인 접근 방법으로 경쟁에서 이기려는 국지적 방법이지만, 블루오션은 경쟁자를 벤치마킹하지 않는 가치혁신의 전사적 시스템이라고 할 수 있다.

따라서 최근 혁신도구들은 블루오션과 같이 전사적 변화를 추구하는 시스템적 도구로 변화하고 있다. 결과적으로 레드오션은 전통적인 접근방법으로 경쟁에서 이기려는 국지적 방법이지만, 블루오션은 경쟁자를 벤치마킹하지 않는 가치혁신의 전사적 시스템이라고 할 수 있다. 혁신적 경영은 보다 높은 고객가치를 창조하는 차별화와 경쟁우위의 경영이다.

3) 블루오션 추진절차

블루오션 전략을 추진하는데 필요한 절차와 도구는 다음과 같다.

〈표 12-5〉 블루오션 추진절차

블루오션 절차	세부 전략
시장경계 재구축	분석 툴 사용
전체목표 설정	목표관리
비고객 추적	시장분석(SWOT)
전략 수립	경영전략
장애물 제거	문제점 도출
전략 실행	혁신의 추진
평가	성과평가 및 보상

시장의 위치를 분석하는 기법에는 전략 캔버스법, 파레토 그림, 특성요인도, 연관도, 계통도 등의 기법을 사용할 수 있다.

(1) 시장경계 재구축

현재 기업의 제품과 경쟁기업의 제품 그리고 소비자들의 태도 등을 분석하여 시장에서 지금의 위치를 찾아본다. 이 방법은 기업의 현재상황을 분석하고 미래전략을 수립하는데 근본자료가 됨으로 현실적으로 분석하고 정확하게 판단하여야 한다. 시장의 위치를 분석하는 기법에는 전략 캔버스법, 파레토 그림, 특성요인도, 연관도, 계통도 등의 기법을 사용할 수 있다.

(2) 전체 목표설정

기업의 목표는 사업계획, 그룹의 목표, 개인의 목표, 변화관리 등을 이용하여 설정할 수 있다. 김위찬 등(2005)은 블루오션의 프레임워크를 바탕으로 조직원들의 닫힌 창의력을 열어주는 다양한 시각적 자극요소를 내포하는 4단계 프로세스를 제시하였다.

(3) 비고객 추적

〈표 12-6〉 블루오션 추진절차

1. 시각적 지각	- 현재(as is)전략 캔버스를 작성하여 경쟁사와 자사를 비교하라. - 현재 전략에서 변화할 필요가 있는 부분을 확인하라.
2. 시각적 탐색	- 블루오션 창출의 6가지 통로를 탐색하기 위해 현장으로 가라. - 대안 제품과 상품의 차별화 강점을 관찰하라. - 어떤 요소들을 제거, 창조 또는 변화시켜야 할지 확인하라.
3. 시각적 전략 품평회	- 현장 조사를 통해 얻은 통찰력을 기반으로 미래(to be) 전략 캔버스를 작성하라. - 고객, 경쟁자의 고객, 비고객으로부터 대안전략 캔버스에 대한 피드백을 받아라. - 피드백을 이용하여 최상의 미래 전략 캔버스를 작성하라.
4. 시각적 커뮤니케이션	- 과거와 미래의 전략 프로파일을 쉽게 비교할 수 있도록 한 장에 담아 사내에 배포하라. - 회사의 새로운 전략 실행에 도움이 되는 프로젝트나 업무만 지원하라.

현재의 고객개념을 넘어서 새로운 고객 또는 비고객을 찾는 것은 가치혁신 달성의 중요한 일부분으로서 새로운 공급 상품에 가장 큰 수요를 집결시킴으로써 신시장 창출과 연관되는 규모의 리스크를 낮춰준다. 이를 성취하기 위하여 기업은 다음과 같은 두 가지 전략에 도전해야 한다. 하나는 기존고객에 포커스를 두며, 다른 하나는 구매자 차이점에 맞추기 위해 고객층을 더욱 세분화하는 것이다. 일반적으로 기업은 시장점유율을 높이기 위해 기존고객들을 유지하고 확대하려 애쓴다. 이는 흔히 고객들의 취향에 더욱 부합하는 상품의 세분화와 타깃 맞춤식으로 이어진다.

블루오션을 창출하는 데는 고객을 포커스하는 대신 비고객을 찾을 필요가 있다. 그리고 고객들의 차이점에 초점을 맞추기 보다는 구매자들이 가치를 두는 강력한 공통점에 기초를 둘 필요가 있다. 새로운 수요창출을 위하여 고객보다는 비고객을, 구매자의 차이점 보다는 공통점을, 세분화 추구보다는 비세분화를 먼저 생각해야 한다.

(4) 경영전략 수립

경영전략은 기업이 추구하는 사업의 전환속도 그리고 현재의 수준에서 미래를 지향하는 대안으로 안정, 확장, 축소, 결합의 전략을 추진할 수 있다.

> 경영전략은 기업이 추구하는 사업의 전환 속도 그리고 현재의 수준에서 미래를 지향하는 대안으로 안정, 확장, 축소, 결합의 전략을 추진할 수 있다.

안정전략은 현재의 사업이 경쟁기업보다 평균 이상의 성과를 거두는 사업군에서 성공적 운영을 하는 것을 말한다. 이 전략은 현재의 목표와 전략을 유지하면서 안정을 추구하는 전략으로 제품과 서비스 시장의 변화가 없어 방어적 전략을 취하는 레드오션적인 전략이다.

확장전략은 모든 목표를 성장지향적으로 설정하고 도전적인 경영사고로서 혁신적 전략을 추구하는 전략이다. 현재의 제품사고에서 새로운 개념의 제품사고로 전환하고 경영활동의 속도를 가속화하여 전략적인 의사결정을 추구하는 전략이다.

축소전략은 제품의 경쟁위치가 악화되어 전략적으로 규모를 축소하거나 긴축전략을 추구하는 것이다. 이는 제품 및 서비스가 현금흐름을 창출하지 못하여 기능적으로 개선이 요구되는 레드오션의 제품에 해당하는 전략이며, 레드오션에서 블루오션으로 전환이 요구되는 전략이다.

결합전략은 다양한 업종 또는 다양한 제품을 성장지향적으로 발전시키기 위하여 안정전략, 확장전략, 축소전략 그리고 이외의 필요한 전략을 복합적으로 결합하여 추진하는 전략이다.

(5) 장애물 제거

블루오션을 추진하는데 걸림돌이 되는 고정관념의 조직문화를 도전적인 사고로 종업원의 마음을 움직여 주어야 한다. 조직문화는 공동체 마인드로 조직의 관습, 마음 자세, 행동으로 정의된다. 조직문화란 사람이 각각 다른 개성을 갖고 있듯이 조직도 다른 조직과 구분되는 독자적인 고유한 정체성과 특성, 능력과 자질을 갖고 있다고 인식한다는 것이다. 조직문화의 중요성은 무엇보다도 그 속에 행동지향성과 고객의 요구에 대한 배려가 있으며, 경영자의 자율성과 기업가 정신이 고취되어 있다는 것이다. 또한 조직문화는 종업원의 욕구에 관심을 제고시킬 뿐만 아니라 최고경영자로 하여금 문화적 가치에 관

> 블루오션을 추진하는데 걸림돌이 되는 고정관념의 조직문화를 도전적인 사고로 종업원의 마음을 움직여 주어야 한다.

심을 가져 생산성을 향상시키고 조직구성원에게 핵심적 가치를 주지시켜 주며, 이것을 증진시켜주고 명료화하는데 노력하는 기업철학을 추구할 수 있도록 해준다.

(6) 전략의 실행

기업의 조직은 전략을 중심으로 하나가 되어 움직이고 전략을 추진하게 될 때 일관성이 있는 기업이 된다. 기업의 가장 근본적인 실행의 토대를 마련할 필요가 있다. 근본적인 토대는 조직 깊이 깔려 있는 사람들의 태도와 행동이다.

모든 직급의 신뢰와 참여를 고취하고 자발적인 협력을 진작시키기 위해 기업은 처음부터 블루오션의 실행을 전략화하여야 한다. 이 원칙은 불신과 비협조, 심지어 태업과 같은 관리 리스크를 최소화하는데 도움이 된다. 브루오션 전략을 실행할 때는 중대한 변화를 수반하기 때문에 블루오션에서 관리 리스크는 더욱 크다. 그러므로 블루오션 전략을 실행할 때 이러한 리스크의 최소화가 중요하다.

(7) 평가와 지속성

평가의 결과는 조직원 모두가 공유하여야 하며 결과에 따른 보상이 이루어져야 새로운 블루오션 창출에 도전하게 된다.

성과의 평가는 정량적인 방법과 정성적인 방법으로 평가할 수 있다. 이러한 평가의 결과는 조직원 모두가 공유하여야 하며 결과에 따른 보상이 이루어져야 새로운 블루오션 창출에 도전하게 된다.

블루오션 창출은 정적인 성취가 아니라 역동적인 프로세스이다. 어떤 기업의 블루오션 창출과 뛰어난 성과가 일단 알려지면 머지 않아 모방자들이 나타난다. 따라서 다음과 같은 전략으로 모방장벽을 구축하여야 한다.

a) 가치혁신 이동은 기존의 전통적 전략논리로는 이해가 되지 않는 것이다.
b) 브랜드 이미지 마찰도 블루오션 전략모방을 막아 준다.
c) 시장의 규모가 다른 산업 참가자의 신규진입을 수용할 수 있을 정도로 충분히 크지 못할 때 자연적 독점은 모방을 막아준다.
d) 특허나 법률적 허가도 모방을 차단한다.

e) 가치혁신에 의해 생성되는 큰 규모의 경제는 빠른 비용 우위로 이어져 잠재력 모방자의 비용구조를 불리하게 한다.

f) 이베이가 온라인 경매시장에서 누리는 것처럼 네트워크의 외형규모 역시 다른 업체들이 블루오션 전략을 쉽게 흉내내는 것을 막아준다.

g) 흔히 모방은 기존 비즈니스 실행에 대한 실제적인 변화를 필요로 하므로 조직내 정치성이 개입하게 된다. 이에 따라 어떤 기업이 블루오션 전략을 전격적으로 모방하려 해도 그 결정을 실행하는데 몇 년씩 걸린다.

h) 어떤 기업이 비약적 가치를 제공하면 순식간에 시장공간에서 브랜드 인지도와 충실한 고객군을 갖게 된다. 모방자가 대규모 예산으로 공격적인 자세를 취할지라도 가치혁신으로 획득한 브랜드 인지도를 추월하기는 힘들다. 그러나 언젠가는 블루오션은 모방될 것이다. 여러분의 가치곡선이 경쟁자들과 비슷한 형태를 나타내기 시작하면 이것은 또 다른 블루오션을 창출해야 한다는 경보이다.

가치곡선이 경쟁자들과 비슷한 형태를 나타내기 시작하면 이것은 또 다른 블루오션을 창출해야 한다는 경보이다.

블루오션을 모방자들로부터 지키는 방법은 다음과 같다.

a) **블루오션으로 들어가는 길목을 좁혀라**

단순한 아이디어 차원을 넘어 진정한 '나만의 블루오션'을 만들기 위해서는 블루오션으로 들어가는 길목에 커다란 장애물을 세워야 한다. 그것이 기술적인 방벽이든, 특허와 같은 제도적인 장벽이든 경쟁자가 쉽게 들어 올 수 없을 때, 비로소 블루오션 영역으로서 가치를 지닐 수 있다.

b) **움직이는 블루오션을 만들어라**

영원한 블루오션은 없다는 얘기다. 따라서 진정한 블루오션의 주인이 되기 위해서는 계속해서 블루오션을 옮길 수 있어야 한다. 나만의 블루오션이 경쟁자에게는 움직이는 타겟이 되어야 한다.

c) **나만의 블루오션 매니아를 확보하라**

'움직이는 블루오션'을 만들고 그 영역을 지속적으로 확대해 가기 위해서는, 무엇보다도 그들만의 열렬한 팬이 필요하다. 이른바 블루오션 매니아를 확보하는 것이 중요하다는 얘기다. 블루오션의 지속성과 성과의 크기가 모두 여기에 달려 있다고 해도 지나치지 않다.

도즈 "한국 기업, 혁신과 협력정신 강화해야"

이브 도즈(Yves Doz) 프랑스 INSEAD 경영대학원 교수는 한국 대기업의 오너십과 경영방식이 주요 의사결정 면에서 책임성이 분명하지만 중간급 관리자들의 혁신추구 기회를 박탈할 수 있다면서, 앞으로는 빠르고 사려 깊은 모방자가 아니라 창조적인 혁신자로 거듭나야 한다고 주문했다.

그는 또 "미래 혁신은 생태계를 염두에 둬야 하며 이를 구축하고 지속할 수 있는 기술을 필요로 한다"면서, "경쟁의식과 고립주의적 특징을 가진 한국 기업들은 진정한 '윈윈'(Win-Win) 정신을 가지고 협력하는 상생경영이 필요하다"고 강조했다.

도즈 교수는 성공한 한국 대기업에 대해 "빠르고 강력한 모방자"라고 지적했다. 이건희 삼성전자 회장과 정몽구 현대기아차그룹 대표이사 회장의 오너십 경영과 리더십에 대해서는 "가족 소유는 회사의 지속적인 경쟁력과 미래 육성 비전을 가진 경우가 많지만, 혁신을 직접 수행하기에는 자원의 한계를 느끼는 경우가 많기 때문에 외부에서 혁신을 가져오게된다"면서, "이 때문에 한국 기업들은 주요 혁신자나 관련 산업발전의 주도자가 아니라 다만 빠르고 강력한 추종자"라고 평가했다.

그는 한국 기업들은 다른 개척자들의 혁신에 기초한 사업기회가 열리면 대규모의 자원을 빠르게 동원하는 방식으로 승리했으며, 이 때문에 이미지가 창조적 혁신자가 아니라 모방자인 것이라고 강조했다.

도즈 교수는 또 세계를 대표하는 위치에 선 한국 기업들도 일단 선두가 되면 자신이 보유한 강점과 경쟁력을 조합하는 보다 어려운 과제에 직면하게 된다면서, "이를 위해서는 혁신과 생활양식, 유행 그리고 지역과 산업을 넘어서는 사업모델의 혁신이 중요한데, 애플이나 IBM, 자라나 유니클로, 일본, 독일 자동차기업들과 비교할 때 한국은 혁신 면에서 뒤처져 있다"고 충고했다.

그는 이어 "혁신을 강화하려면 위대한 기업가정신과 신념 그리고 자율과 권한분산이 요구되지만 이는 곧장 한국 기업들의 기업문화 및 지배구조와 충돌한다"고 지적했다.

그는 나아가 한국 기업들은 문화적 정체성과 글로벌 리더십 경쟁 등 여러 가지 이유로 인해 협동심이 부족해져 외국기업들이 선호하는 파트너 대상으로 지목받는 경우가 드문데, 따라서 협력 면에서 배우고 개선할 여지가 크다고 강조했다.

유럽에서는 대기업과 중소기업의 상생, 공생 방향에 대해 바람직한 사례가 있느냐고 묻자 도즈 교수는 자동차 산업을 예로 들었다. 그는 "네덜란드와 이탈리아 등 유럽 선진국들은 특화된 중소기업들이 대형업체에 부품을 공급하는 네트워크가 잘 형성되어 있다"면서, "규모가 작은 업체는 더 큰 업체나 외국 업체에 부품을 공급하며, 고객사들 역시 전체 하부산업을 위해 중소기업이 업무량과 쇄신 면에서 균형을 잡을 수 있도록 배려한다"고 소개했다.

그는 상생과 관련한 대형 재벌기업들의 역할에 대해서는 "비용이 더 들어가는 층위를 자체적으로 유지해 스스로 경쟁력을 떨어뜨리지 말고, [하위]기업의 양육을 통해 추가적인 가치를 창출해야 한다"면서 "개도국의 경우 불완전한 제도나 정치적 인맥 등을 이용하는 혜택이 있으나 한국은 선진화되고 민주화된 사회인만큼 재벌들이 이런 식으로 얻는 혜택은 줄어들 수밖에 없을 것"이라고 말했다.

글로벌 기업 혁신 모델의 경우 한국 기업에게는 유럽식 보다는 미국식이 맞다고 도즈 교수는 주장했다.

그는 특히 "미국식 모델은 기업가적 회사에서 혁신을 아웃소싱하려는 대기업들이 수용하는 사례가 점차 증가하고 있다"고 조언했다. 그는 벤처투자와 지역시장의 혁신적인 생태계를 구축한 '시스코'(Cisco Systems)의 사례가 가장 주목할만 하다고 소개하기도 했다.

한국 기업의 혁신노력에 대해서는 "당분간은 현재와 같이 기업 연구소를 중심으로 혁신이 이루어지는 것이 적절하다고 보지만, 과학자들이나 대학생들이 창업을 하려는 분위기가 무르익으면 다른 혁신 모델을 찾는 움직임이 활발해질 것"이라고 예상했다.

도즈 교수는 유럽 시장을 공략하는 기업들에게 "유럽이 단일시장이라는 잘못된 생각을 버리라"고 조언했다. 유럽은 문화적이고 역사적인 맥락의 차이가 중요한 곳이기 때문에 이를 잘 이해하는 것이 중요하다고 했다.

삼성전자가 유럽 이동통신사를 통해 갤럭시를 판매하는 방식이나 혹서기가 왔을 때 삼성과 LG가 주거용 에어컨 개발을 통해 새로운 범주를 만들어낸 것, 자동차 산업에서의 딜러망 합리화를 추구한 현대차 등의 사례가 좀 더 손쉬운 접근방식이 될 수 있다고 그는 주장했다.

도즈 교수는 유럽 기업이 M&A 매물로 나오고 있고 중국이 활발한 관심을 가지고 있는 것에 대해서 "중국인들은 이미 좋은 물건이 팔리고 없어 경영상태가 악화된 기업들을 사들이는 것"이라고 지적했다. 그는 "투자 의향이 있더라도 죽어가는 기업을 살릴 줄 모르면 절대 사지 말라"면서, "먼저 유럽의 정세와 문화에 대해 배우는데 더 투자하라"고 조언했다.

한편, 도즈 교수는 위기 이후 유럽 기업들의 변화에 대해 묻자 "세계화로 인한 압력이 강해지면서 '린 경영'(Lean Management)이 확산되고 있다"고 대답했다.

'린 경영'이란 관리구조와 직제를 간소화하고 인력감축과 사업통합 등으로 비용을 줄여 효율성을 높이는 기법인데, 이를 통해 비효율성이 제거되고 팀 관리자에 대한 강조가 강해지고 있다고 그는 말했다. 이를 통해 경영은 정치적인 요소가 줄고 좀 더 사무적인 요소가 강해지고 있고 위계적 요소도 줄어들었다고 도즈 교수는 전했다.

(뉴스핌, 2012년 5월 7일)

주요용어

6시그마(Six Sigma)
가치혁신
결함(Defect)
결합전략
경쟁전략
과정혁신(process innovations)
기업 아이덴티티
다운사이징
레드오션
리스트럭처링
리엔지니어링
벤치마킹
불량(Defective)
블루오션
비전만들기
시간기준경쟁
신인사제도
안정전략
영점기준예산
운영적 변화(Operational Change)
장기전략계획
저품질비용

전략평가 시스템
전사적 품질경영
제품혁신(product innovations)
창조성(creativity)
축소전략
파레토도
학습조직
학습조직(learning organization)
핵심품질특성(CTQ; Critical to Quality)
혁신적 변화(Transformational Change)
확장전략
COPQ(Cost of Poor Quality)
DMAIC 방법론
QC(품질관리)
RTY(Rolled Throughout Yield; 누적수율)

개념확인

1. 제품혁신의 과정을 설명해 보자.
2. 6시그마의 개요에 대하여 설명해 보자.
3. 6시그마 경영과 품질경영의 차이에 대하여 설명해 보자.
4. 비전 만들기에 대하여 설명해 보자.
5. 리스트럭처링에 대하여 설명해 보자.
6. 벤치마킹에 대하여 설명해 보자.
7. 학습조직에 대하여 설명해 보자.
8. 기업 아이덴티티에 대하여 설명해 보자.

9. 장기전략계획에 대하여 설명해 보자.

10. 경쟁전략에 대하여 설명해 보자.

11. 영점기준예산에 대하여 설명해 보자.

12. 신인사제도에 대하여 설명해 보자.

13. 리엔지니어링에 대하여 설명해 보자.

14. 다운사이징에 대하여 설명해 보자.

15. 시간기준경쟁에 대하여 설명해 보자.

16. 전사적 품질경영에 대하여 설명해 보자.

17. 전략평가 시스템에 대하여 설명해 보자.

18. 블루오션의 개요에 대하여 설명해 보자.

19. 레드오션 전략과 블루오션 전략을 비교하여 설명해 보자.

20. 블루오션의 추진절차에 대하여 설명해 보자.

제 13 장

창업 및 중소기업경영

제 1 절 창 업

창업이란 사업의 기초를 세우는 것으로, 기업가의 능력을 갖춘 개인이나 집단이 사업 아이디어를 가지고 사업목표를 세우고 적절한 사업기회에 자본, 인력, 설비, 원자재 등 경영자원을 확보하여 재화의 생산 또는 용역을 제공하는 기업을 세우는 것을 말한다.

우리나라에서 창업이라 함은 '새로이 중소기업을 설립하는 것'으로서 중소기업창업지원법 시행령 제 2 조 제 1 항 각호의 규정에 해당되지 아니하는 경우를 의미한다. 즉 새로운 사업자(법인 또는 개인사업자)로서 기존사업과 연관이 없이 원시적이고 실질적으로 사업을 개시하는 것을 의미한다.[1)]

창업이란 '새로이 중소기업을 설립하는 것', 즉 새로운 사업자(법인 또는 개인사업자)로서 기존 사업과 연관이 없이 원시적이고 실질적으로 사업을 개시하는 것을 의미한다.

[그림 13-1] 창업으로 인정되지 않는 경우

타인의 사업을 승계해서 승계전사업과

법인전환 또는 법인간 기업형태를 변경하여 ➡ 동종의 사업을 계속하는 경우

폐업후 사업을 개시하여 폐업전사업과

1) http://www.digitalsme.com

타인으로부터 사업을 승계하여 승계 전 사업과 동종의 사업을 계속하는 경우, 법인전환, 조직변경 후 동종의 사업을 계속하는 경우 및 폐업 후 사업을 개시하여 동종사업을 계속하는 경우는 창업지원법상 창업으로 인정하지 않는다.

타인으로부터 사업을 승계하여 승계 전 사업과 동종의 사업을 계속하는 경우, 법인전환, 조직변경 후 동종의 사업을 계속하는 경우 및 폐업 후 사업을 개시하여 동종사업을 계속하는 경우는 창업지원법상 창업으로 인정하지 않는다.

첫째, 타인으로부터 사업을 승계하여 승계전 사업과 동종의 사업을 계속하는 경우는 다음과 같다. 즉 원시적으로 사업을 새로이 개시하지 않고 기존의 사업을 인수하여 동종사업을 계속 영위하는 경우는 중소기업을 신규로 창설하는 효과가 없으므로 창업의 범위에서 제외하기 위해 규정된 것으로서 그 구체적 사례를 보면, ① 상속이나 양도에 의해 사업체를 취득하여 동종사업을 계속하는 경우, ② 폐업한 타인의 공장을 인수하여 동일한 사업을 계속하는 경우, ③ 기존공장을 임차하여 기존법인의 사업과 동종의 사업을 영위하는 경우 등을 들 수 있다. 단, 사업승계일지라도 이종의 사업을 영위하는 경우, 예를 들어 다른 사업종목의 법인으로부터 공장 등을 임차하여 사업을 개시하는 때에는 창업으로 인정한다.

둘째, 법인전환, 조직변경후 동종의 사업을 계속하는 경우란 단순히 조직을 변경함으로써 형식상의 창업절차만 있을 뿐 실질적으로는 중소기업의 창설효과가 없는 경우는 창업의 범위에서 제외하기 위해 규정된 것으로서 그 구체적 사례를 보면 다음과 같다. ① 개인사업자가 법인으로 전환하여 동종사업을 계속하는 경우, ② 합병회사・합자회사・유한회사・주식회사로 상호간 법인형태를 변경하여 동종사업을 계속하는 경우, ③ 기업을 합병하여 동종사업을 영위하는 경우 등을 들 수 있다. 다만, 조직변경 전후의 업종이 다른 경우는 변경전의 사업을 폐지하고 변경후의 사업을 창업한 것으로 인정한다.

셋째, 폐업후 사업을 개시하여 동종사업을 계속하는 경우란 사업을 폐지한 후 동종사업을 재개하더라도 창업으로 보지 않기 위해 규정된 것으로서 그 구체적 사례를 보면 다음과 같다. ① 사업의 일시적인 휴업이나 정지후에 다시 사업을 재개하는 경우, ② 공장을 이전하기 위하여 이전전의 장소에는 그 사업활동을 해지하고 새로운 장소에서 그 사업을 재개하는 경우 등을 들 수 있다. 다만, 폐업을 한 후에 사업을 재개하더라도 폐업전의 사업과는 다른 종목의 사업을 새로이 개시하는 경우에는 창업으로 인정한다.

우리나라의 유형별 창업인정여부는 다음 〈표 13-1〉과 같다.

〈표 13-1〉 유형별 창업인정여부

주체	사업장소	사례		창업여부
A개인이		갑장소에서의 기존사업을 폐업하고	B법인을 설립하여 동종업종을 생산	조직변경
			B법인을 설립하여 이종업종을 생산	창 업
		갑장소에서의 기존사업을 폐업않고	B법인을 설립하여 동종업종을 생산	형태변경
			B법인을 설립하여 이종업종을 생산	창 업
A법인이	갑 장소 에서	갑장소에서의 기존사업을 폐업하고	B법인을 설립하여 동종업종을 생산	위장창업
			B법인을 설립하여 이종업종을 생산	창 업
		갑장소에서의 기존사업을 폐업않고	B법인을 설립하여 동종업종을 생산	형태변경
			B법인을 설립하여 이종업종을 생산	창 업
A개인이	을 장소 에서	갑장소에서의 기존사업을 폐업하고	B법인을 설립하여 동종업종을 생산	법인전환
			B법인을 설립하여 이종업종을 생산	창 업
		갑장소에서의 기존사업을 폐업않고	B법인을 설립하여 동종업종을 생산	창 업
			B법인을 설립하여 이종업종을 생산	창 업
A법인이	을 장소 에서	갑장소에서의 기존사업을 폐업하고	B법인을 설립하여 동종업종을 생산	사업승계
			B법인을 설립하여 이종업종을 생산	창 업
		갑장소에서의 기존사업을 폐업않고	다시 A명의로 동종업종을 생산	창 업
			다시 A명의로이종업종을 생산	창 업
A가	을 장소 에서	갑장소에서의 기존사업을 폐업하고	A명의로 동종업종을 생산	사업이전
			A명의로 이종업종을 생산	창 업
		갑장소에서의 기존사업을 폐업않고	A명의로 동종업종을 생산	사업확장
			A명의로 이종업종을 생산	업종추가

주) 1. 이종업종은 표준산업분류의 세분류를 달리한 업종이 매출액의 50/100을 넘는 경우임.
2. '갑'장소는 기존의 사업장, '을'장소는 신규의 사업장으로서, 사회통념으로 볼 때 공장확장으로 인정할 수 없을 정도의 거리를 충분히 유지한 경우임.
3. 'B'법인은 A가 출자한 법인임.

제 2 절 창업절차

1. 개인기업

개인기업은 개인이 출자자인 동시에 경영자로 재산을 소유 및 관리하고 직접 기업을 운영하는 형태로서 사업활동에 대한 모든 권리, 의무의 법률효과가 전부 대표자에게 귀속된다.

따라서 창업시 출자하는 자금에 대해서도 혼자 책임져야 하고 사업체의 모든 결정사항에 대해서도 단독으로 책임져야 하며 채무에 관해서도 소유경영자 개인이 부담해야 한다.

개인기업을 창업하는 데는 별도의 상업등기 절차가 필요 없이 사업장(개인 가정도 가능)을 갖추고 사업장 관할 세무서에 사업자등록을 신청하여 영업을 개시하면 된다.

개인기업을 창업하는 데는 별도의 상업등기 절차가 필요 없이 사업장(개인 가정도 가능)을 갖추고 사업장 관할 세무서에 사업자등록을 신청하여 영업을 개시하면 된다. 다만 영위하고자 하는 업종이 법령에 의한 허가사업인 경우에는 사업자등록 신청전에 사업허가증을 발급받아야 영업을 할 수 있다.

이 같은 개인기업의 설립절차는 법인에 비해 간단하지만 경영결과를 공시하거나 사업체 재산의 공개에 있어서는 의무정도가 약하다.

창업하고자 하는 해당사업이 인·허가통지를 받은 개인사업자는 사업개시일로부터 20일내 사업장을 관할하는 세무서에 사업자등록을 신청하여야 하며, 사업자 등록신청시의 구비서류는 다음과 같다.

- 사업자등록신청서(세무서에 비치)
- 사업장을 임차한 경우에는 임대차계약서 사본
- 사업허가증 사본(법령에 의하여 허가를 받아야 하는 사업)

2. 주식회사

법인기업에 해당하는 주식회사의 경우 사업업종과 관련된 관할관청에서 사업에 대한 인·허가를 취득해야 하며, 인·허가를 취득한 다음에 법인설립등기를 한 후 20일 이내에 관할세무서에 법인설립

신고를 해야 한다.

주식회사를 설립하기 위해서는 우선 3인 이상의 발기인 전원이 기명날인한 정관을 작성하여 공증인의 인증을 받는다. 그리고 주식의 인수와 청약 및 기타 설립요건에 필요한 사항을 법원에 신고함과 동시에 창립총회를 거쳐 설립등기를 마침으로서 설립하게 된다.

주식회사를 설립하는 경우 사업업종과 관련된 관할 관청에서 사업에 대한 인·허가를 취득해야 하며, 인·허가를 취득한 다음에 법인설립등기를 한 후 20일 이내에 관할세무서에 법인설립 신고를 해야 한다.

주식회사를 설립하는데 있어서 자본금을 확보하는 방식에는 주식을 인수하는 방식과 현물출자를 통하여 자본금을 확보하는 방식이 있다.

정관에는 발행예정 주식의 총수와 설립시에 발행하는 주식의 총수를 기재하여야 하는데 발기인만이 전부 인수하여 회사를 설립하는 경우를 발기설립이라고 하고, 그 일부만을 발기인이 인수하고 나머지에 대하여는 주주를 모집하여 주식을 인수시키는 것을 모집설립이라고 한다.

주식회사의 설립절차를 설명하면 다음과 같다.

1) 발기인

발기인이란 형식적으로는 정관에 발기인으로 기명날인한 사람을 말하며, 실질적으로 회사의 설립사무에 참가하더라도 정관에 발기인으로서 기명날인하지 않은 이상 법률상 발기인이 되지 못한다. 이를 반대로 해석하면 정관에 발기인으로서 서명한 이상은 실제로 설립사무를 담당하지 않았다고 하더라도 발기인으로서의 책임을 지게 된다. 상법은 발기인이 설립사무에 종사한 회사에 참여토록 하기 위하여 각 발기인은 적어도 1주 이상의 주식을 인수할 것을 요구하고 있다.

2) 정관의 작성

정관이란 실질적으로는 회사의 조직활동을 정하는 근본규칙을 말하고 형식적으로는 그 근본규칙을 기재한 서면을 말한다. 정관은 곧 회사의 준칙이기 때문에 설립자는 물론이려니와 그 후의 신입사원도 구속하는 자치적 법규의 성질을 가지므로 공증인의 인증이 있어야만 효력을 발생시킨다.

정관에는 절대적 기재사항, 상대적 기재사항 및 임의적 기재사항이 있다. 정관의 절대적 기재사항은 목적, 상호, 회사가 발행하는 주식의 총수, 본점의 소재지, 회사가 공고하는 방법, 발기인의 성명과 주소이며 이들 절대적 기재사항 중 하나라도 기재를 누락하면 정관은 무효가 된다.

정관에는 절대적 기재사항, 상대적 기재사항 및 임의적 기재사항이 있다.

상대적 기재사항이란 이를 정관에 기재하지 아니하여도 정관 자체의 효력에는 아무런 영향을 미치지는 않지만 그 사항을 정관에 기재하지 않으면 그 사항이 회사와 주주에 대한 관계에 있어서 효력이 발생하지 않는 사항을 말한다.

임의적 기재사항은 정관에 기재할 것인가, 기재하지 않을 것인가를 완전히 회사의 자유의사에 맡기는 사항이다. 일반적으로는 발행주권의 종류, 주식의 명의개서 등의 절차, 주권의 재발행에 관한 사항, 주주총회의 의장, 이사 및 감사의 수, 사업연도, 주권불소지제도 등이 있다.

3. 이사 및 감사의 선임

현물출자의 이행과 주금납입이 완료되면 발기인은 의결권의 과반수로 이사와 감사를 선임하여야 한다.

4 검사인의 선임 및 조사보고

이사는 취임후 관할소재지의 지방법원에 검사인의 선임을 청구하여야 한다. 이때 검사인의 신입선정은 이사 전원의 연서로서 하여야 한다. 검사인은 설립사항과 납입 및 출자의 이행사항에 대하여 조사를 실시하고 조사보고서 등본을 각각 발기인에게 교부하여야 한다.

5. 법인설립등기

법인설립등기는 회사의 설립절차에 있어서 최후의 단계에 속한다. 회사는 설립등기에 의해서 성립하며 법인으로서 존재하게 된다. 창립총회가 종결된 날로부터 2주내에 이사의 공동신청에 의하여 법원(본점소재지 관할등기소)에 설립등기를 하여야 한다. 구체적인 법인설립 등기업무는 법무사에 의뢰하여 신청한다.

6. 사업자등록신청

신설법인의 사업자등록신청은 법인설립신고와 병행하여야 하는데, 관할세무서(법인세과)에 사업자등록을 하여야 한다.

중소기업 창업시 기본적으로 거쳐야 하는 과정은 다음의 5단계로 구분할 수 있다.

중소기업 창업 시 기본적으로 거쳐야 하는 과정은 (1) 업종/아이템 선정 및 사업계획 수립, (2) 회사설립 및 사업자 등록, (3) 공장입지 선정 및 공장설립 승인, (4) 공장건축 및 공장설립 및 (5) 마무리 행정절차의 5단계로 구분할 수 있다.

1단계 : 업종/아이템 선정 및 사업계획수립

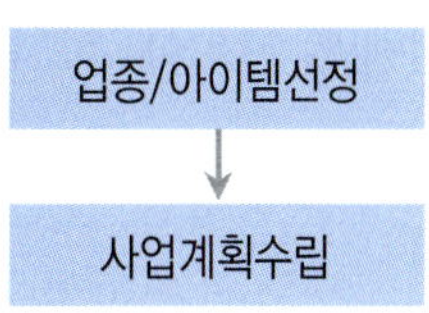

2단계 : 회사설립 및 사업자 등록

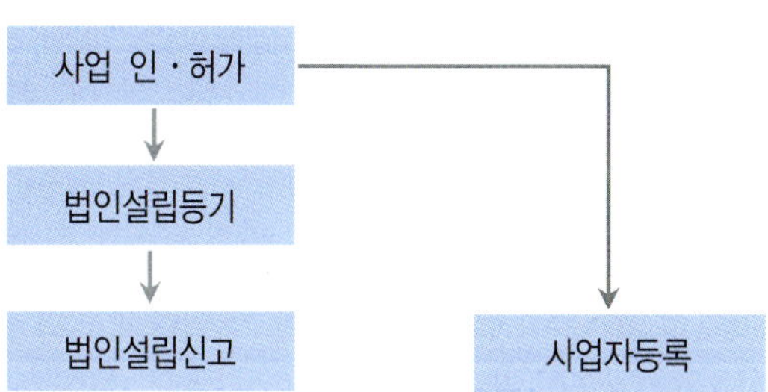

3단계 : 공장입지선정 및 공장설립승인

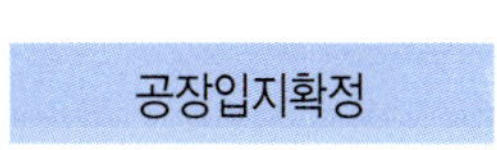

4단계 : 공장건축 및 공장설립

공장설립신고
↓
공장건축
↓
공장설립완료보고

5단계 : 마무리 행정절차

- 부동산 등기, 취업규칙 신고, 산재보험 성립신고 등

1) 업종/아이템 선정 및 사업계획 수립(1단계)

창업을 하려면 먼저 업종 및 사업 아이템을 선정한 후, 이에 대한 타당성 조사를 실시하고 사업규모, 기업형태, 창업 멤버와 조직구성 등을 포함한 사업계획을 수립하여야 한다.

업종선정		사업계획 수립
· 업종 및 사업 아이템의 결정 - 적성에 맞는 아이템 결정 · 사업타당성 조사 - 객관적인 입장에서 검토	➜	· 업종 및 사업 아이템의 결정 - 적성에 맞는 아이템 결정 · 사업타당성 조사 - 객관적인 입장에서 검토

공장설립이 필요한 때에는 먼저 사업계획 수립단계부터 다음 사항을 검토하여 자신이 설립하고자 하는 공장의 업종·규모 등에 대한 이해를 충분히 한 후에 관계법령에 맞추어 설립절차를 이행하여야 시행착오를 줄일 수 있다.

2) 회사설립 및 사업자 등록(2단계)

사업계획 수립 이후부터는 예비창업자가 직접 사업계획을 실행에 옮기는 단계다. 즉 해당업종을 담당하는 관청에서 사업의 인·허가를

받아야 하고 해당관청에 사업자등록 또는 법인설립등기를 하는 단계이다.

'개인기업'의 경우에는 사업장을 관할하는 세무서에 사업자등록을 위한 신청서를 제출한 후 사업자등록증을 교부받음으로써 간단히 설립할 수 있으나 '법인'의 경우에는 관할 지방법원이나 등기소에 설립등기를 한 후에 관할세무서에 법인설립 신고를 하여야 한다.

회사설립 및 사업자 등록의 단계는 다음 [그림 13-2]와 같다.

[그림 13-2] 회사설립 및 사업자 등록 단계도

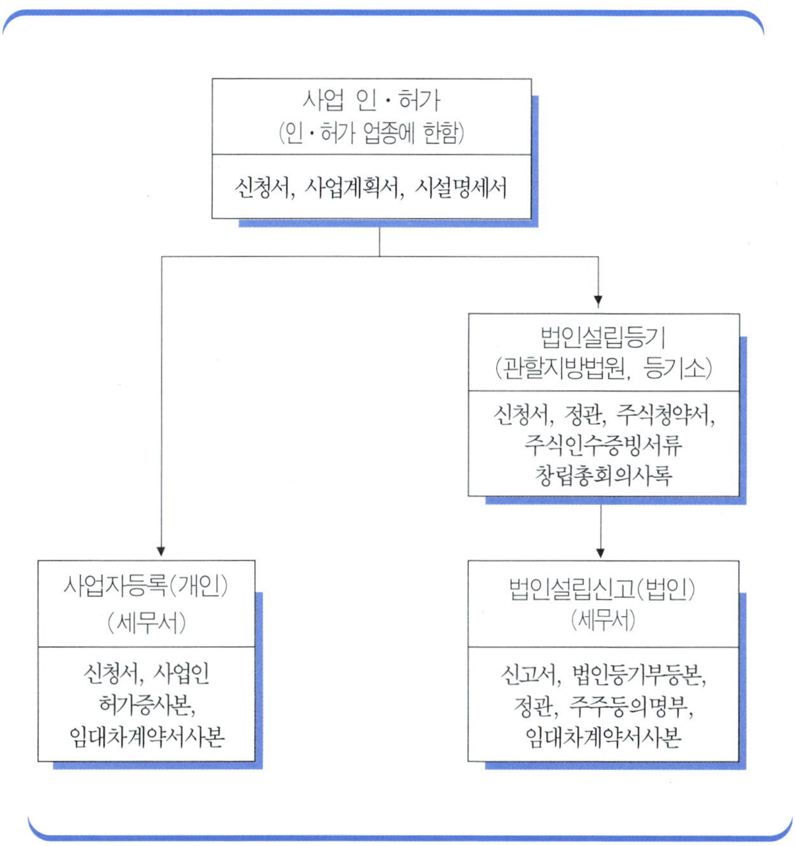

3) 공장입지 선정 및 공장설립 승인(3단계)

(1) 공장입지 선정

공장을 설립할 수 있는 지역은 국가공단, 지방공단, 농공단지와 같

공장을 설립할 수 있는 지역은 국가공단, 지방공단, 농공단지와 같이 공장을 건설하기 위해 국가 등에서 조성해 놓은 곳(계획입지)이나 "국토이용관리법" 및 "도시계획법"상으로 세분된 개별적인 용도지역(지구) 중 공장설립이 허용되는 지역(자유입지)이다.

이 공장을 건설하기 위해 국가 등에서 조성해 놓은 곳(계획입지)이나 "국토이용관리법" 및 "도시계획법"상으로 세분된 개별적인 용도지역(지구) 중 공장설립이 허용되는 지역(자유입지)이다.

(2) 공장설립 승인

공장을 설립할 장소를 선정한 후, 관할 시장·군수·구청장에게 공장설립 승인을 얻어야 한다. 계획입지인 공단지역(국가공단, 지방공단, 농공단지)에 공장을 설립코자 하는 경우에는 "공업배치 및 공장설립에 관한 법률"에 의거 공업단지 입주계약을 체결하면, 별도의 공장설립 승인을 받을 필요가 없다.

4) 공장건축 및 공장설립(4단계)

공장 건축물이 완료되면 기계, 장치 등을 설치한 후 공장설립 완료신고를 하면 관할 시·군·구에서 현지 확인을 거쳐 10일 이내에 발급하는 공장등록증을 교부한다.

토지를 매입한 후 공장부지 조성을 위하여 각 개별법에서 정하고 있는 토지형질 변경행위를 위한 개발행위 신고(산림을 훼손하는 작업을 하고자 하는 경우에 작업 착수계를 제출하는 등) 등의 절차가 있는 경우 이를 이행하여야 한다. 또한, 부지조성을 완료한 후, 각 개별법에서 정한 준공검사 등 개발행위 완료에 따른 행정절차를 이행하여야 한다.

부지조성이 완료되면 공장을 건축하기 위하여 건축허가를 받아야 하는데 이때 건축공사를 위한 도로점용, 건축물 안의 수도·전기·소방 시설과 환경배출시설 설치허가 등을 동시에 신청하여 건축허가시 한꺼번에 모든 인·허가를 받을 수 있다.

또한, 건축허가를 받은 후 착공신고 및 최종 건축완료시 사용승인을 신청하여야 하며 사용승인신청시 각종 시설(수도, 전기, 정화조 등)에 대한 준공검사를 동시에 신청하여 한꺼번에 검사가 가능하다.

공장 건축물이 완료 되면 기계, 장치 등을 설치한 후 공장 설립 완료신고를 하면, 관할 시·군·구에서 현지확인을 거쳐 10일 이내에 발급하는 공장등록증을 교부한다. 또한, 환경배출 시설이 설치된 경우에는 가동개시 신고를 한 후 공장을 가동하여야 한다. 공장등록증을 교부받으면 이제 창업의 절차는 끝내고 본격적인 사업에 착수할 수 있다.

제 3 절 사업타당성 분석

1. 사업타당성 검토의 개요

사업타당성 검토란 사업을 시행하기 이전에 특정사업의 성공가능성에 대한 정보를 파악하기 위해 사업추진능력, 기술성, 시장성, 경제성, 위험정도 등을 분석하고 평가하는 총체적인 과정을 말한다.

즉, 사업타당성 검토는 특정사업을 추진하는 내부주체 또는 그 사업의 투・융자와 관련되는 외부관계자가 사업주체의 사업추진능력, 제품의 생산과 판매에 따르는 제반의 기술적인 문제, 시장조사와 판매가능수요의 예측, 손익추정 및 경제성 등에 관한 정보를 입수하기 위해서 행하는 일련의 활동을 말한다.

사업타당성 검토를 필요로 하는 집단은 다양하지만, 크게 두 유형으로 나누어 볼 수 있다. 하나는 직접 사업의 주체가 되는 창업자 또는 새로운 사업을 계획하고 있는 기존사업자이며, 다른 하나는 사업의 주체는 아니지만 사업에 필요한 자본을 투・융자하거나 정부의 예산을 배분해야 할 입장에 있는 금융기관과 정부기관 등이다. 전자를 내적 사업성 검토, 후자를 외적 사업성 검토라 할 수 있는데, 이들 평가주체들은 모두 특정사업의 성공가능성에 대한 정보를 필요로 하기 때문에 사업성 검토에 관한 강한 필요성을 갖게 된다.

> 사업타당성 검토는 특정사업을 추진하는 내부주체 또는 그 사업의 투・융자와 관련되는 외부관계자가 사업주체의 사업추진능력, 제품의 생산과 판매에 따르는 제반의 기술적인 문제, 시장조사와 판매가능수요의 예측, 손익추정 및 경제성 등에 관한 정보를 입수하기 위해서 행하는 일련의 활동을 말한다.

내적 사업성 검토는 창업자 또는 기존사업자의 입장에서 계획하고 있는 사업을 추진하는 데 있어서 제기되는 제반의 문제와 위험요소를 사전에 점검해 보고, 계획 중인 사업이 수익성 있는 해볼 만한 사업인지를 확인하려는 데 기본관심이 놓여진다.

반면에 외적 사업성 검토는 계획사업에 투・융자된 원금과 이자가 차질 없이 회수될 수 있을 만큼 충분히 경제적인 사업인지 또는 국가자원의 효율적인 배분에 기여할 수 있는 사업내용인지를 확인하려는 데 기본관심을 두게 된다.

커피전문점, 지금 시작해도 사업타당성 있을까?

요즘 웬만한 도심의 거리는 물론 주택가 상권에도 심심치 않게 눈에 띄는 곳이 커피전문점이다. 예전의 편의점처럼 많아진 곳이 요즘의 커피전문점이 아닐까 싶다.

이러한 추세는 우리나라 커피시장의 성장과도 맞물린다. 우리나라 커피시장 규모가 2012년 3조 7000억 원을 넘어섰다. 이는 커피전문점과 음료시장, 믹스커피 등을 모두 포함해서이다.

자영업시장에서도 커피전문점은 이제 한집 건너 한집이며, 유명브랜드의 값비싼 커피가 아니어도 이젠 거리에서도 저렴한 가격으로 유명 브랜드커피 부럽지 않은 맛좋은 고급커피를 맛볼 수 있게 되었다. 소비자의 입장에서는 반가운 소식이지만, 창업시장에서는 사실 어려운 현실이 아닐 수 없다.

통계자료를 보면 국내의 대형 커피브랜드의 매장수가 2009년 1063개에서 2011년 2524개로 137% 증가했다. 이외에도 독립브랜드 커피점까지 고려한다면, 커피전문점 창업은 치열한 경쟁 속에서 이뤄져야 하는 부담이 있다.

그럼에도 불구하고 꿈꿔오던 커피점 창업을 하겠다고 한다면 정확한 시장의 분석과 준비가 필요하다. 우선 치열한 경쟁에서 살아남기 위해서는 소비자의 요구를 정확하게 파악하여 대응해야 한다.

커피전문점을 찾는 소비자들의 성향을 살펴보면 가격에 민감한 반응을 보이고 있으며, 편하게 이용할 수 있는 위치가 좋은 곳을 찾고 있다. 또한 테이크아웃으로 쇼핑 중 마시거나, 일하면서 즐기는 커피를 선호한다.

브랜드별로 살펴봐도 단순히 커피를 마시는 것이 아니라 커피 문화를 즐기는 공간으로 새롭게 만들어 나가는 곳도 있고, 커피재료의 신선함을 유지하여 차별화 시키는 브랜드, 다양한 메뉴의 디저트로 차별화 하는 브랜드도 있다.

내가 하려는 커피전문점은 어떠한가? 커피전문점을 창업하려면 재료, 메뉴, 분위기, 서비스 입지, 마케팅부분에서 경쟁력을 갖추고 있는지 확인해봐야 한다.

첫째, 신선한 재료를 안정적으로 공급받을 수 있는 공급망을 확보하고 있어야 한다. 우리나라 커피수입량이 약 12만 6000톤으로 세계 6위를 차지하고 있어 사업주의 역량에 따라 경쟁력을 가질 수 있는 부분이기도 하다.

둘째, 재료의 안정적 공급은 메뉴의 경쟁력으로 연결된다. 독창적 레시피로 차별화된 맛을 가질 수 있고, 일정한 품질 유지가 가능해야 한다. 또한 다양한 사이드 메뉴로 소비자의 선택의 폭을 넓혀 줄 수 있어야 한다. 이러한 서비스제공의 가격은 합리적이어야 한다. 저가의 제품이 아니라 최적의 원가와 고품질에 맞는 합리적 가격으로 경쟁력을 확보해야 한다.

셋째, 청결한 매장과 차별화된 인테리어로 우리 점포만의 분위기를 만들어야 한다.

넷째, 신속하고 친밀한 고객응대를 통하여 고객친화력과 회전율을 높이면, 고객만족도를 높일 수 있다.

다섯째, 점포 입지가 소비자가 접근하기에 편리한 곳이어야 하며, 주요 고객층을 확보할 수 있는 곳이어야 한다.

여섯째, 참신한 디자인과 광고, 고객에 맞춰 특화된 이벤트 등의 차별화된 마케팅과 다양한 홍보채널을 확보할 수 있어야 한다.

창업을 하려면 어느 업종이나 마찬가지이지만 상권에 따른 매장의 콘셉트 확보와 그에 맞는 차별화된 사업전략이 필요하다. 나의 커피전문점은 어느 부분에 맞춰 전략을 세워야 할까? 어느 것 하나 빠뜨릴 수 없는 중요한 요소이지만, 이 중 한두 가지쯤 남들보다 뛰어난 부분이 있다면 커피전문점으로 성공할 수 있을 것이다.

(굿모닝충청, 2015년 11월 25일)

2. 사업타당성 분석의 단계

사업타당성 분석은 크게 나누어 1단계 사업성 분석(예비 사업성 분석)과 2단계 사업성 분석(사업성 분석)으로 나누어 볼 수 있다.

예비 사업성 분석은 소수의 특정 프로젝트 선정전에 다수의 예비 프로젝트를 선별해 가는 과정이라 볼 수 있다. 이 예비 사업성 분석은 후보사업 아이디어의 발견, 예비 사업성 분석 및 후보사업 아이디어의 1차적 선정으로 이어진다.

제2단계 사업타당성 분석은 예비 사업성 분석에서 1차적으로 선정된 후보사업 아이디어의 상세한 분석, 즉 아이템 적응성 분석, 시장성 및 판매전망 분석, 제품 및 기술성 분석, 수익성 및 경제성 분석, 국민 경제적, 공익성 분석 등을 통해 사업 성공가능성을 확인하는 과정이라 볼 수 있다.

사업타당성 분석은 크게 나누어 1단계 사업성 분석(예비 사업성 분석)과 2단계 사업성 분석(사업성 분석)으로 구분할 수 있다.

사업타당성 분석의 기본절차는 다음 [그림 13-3]과 같다.

[그림 13-3] 사업타당성 분석의 기본 절차

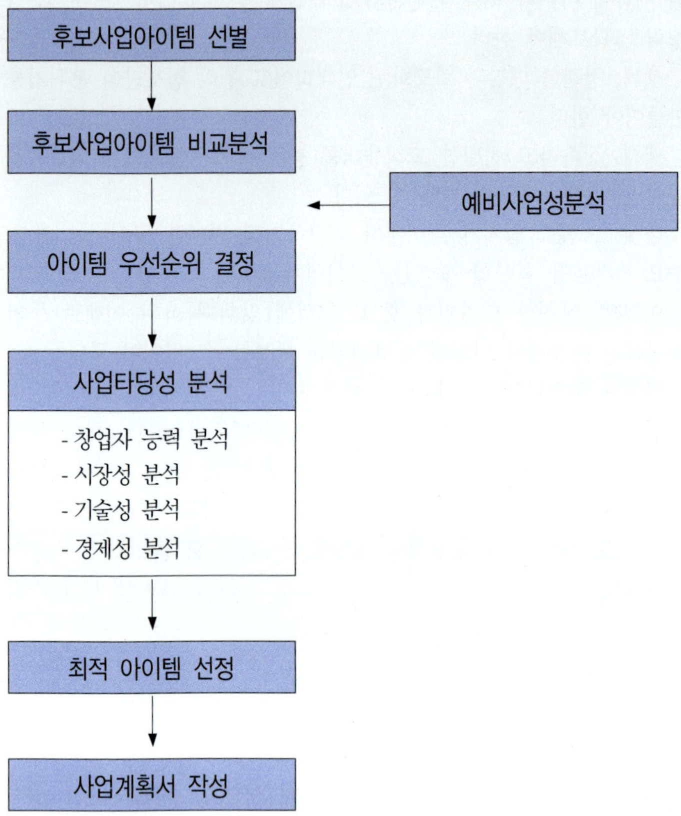

3. 사업타당성 평가요소

사업성 평가요소란 사업타당성 검토를 위해 분석해 보아야 할 항목을 말한다.

사업성 평가요소란 사업타당성 검토를 위해 분석해 보아야 할 항목을 말하며, 이는 사업타당성 검토목적에 따라 해당 항목에 따라 약간의 차이가 있다. 엄격하게 말하면 어떤 목적으로 사업타당성 분석을 하느냐에 따라 사업성 평가요소의 가중치가 달라질 수 있음을 의미한다.

그러나 근본적으로 사업의 성공가능성을 분석한다는 목적은 같은 것이며, 결국 이 평가항목의 차이란 사업성 평가 각 요소의 차이라기보다는 어느 정도 심층적인 사업성 분석이 가능한가에 있다고 보아야 할 것이다.

계획사업의 성공가능성을 체계적이고 합리적으로 분석, 평가하기 위한 사업성 평가항목은 일반적으로 아래와 같다.

1) 창업자의 사업수행능력 평가

기업가로서의 적성과 자질(장단점 파악), 창업자의 경험과 경력 그리고 이것에 의한 업종선택의 적합성 등을 검토

2) 시장성 분석

시장의 특성 및 구조, 잠재수요, 유통경로, 판매시장 환경, 경쟁상태, 시장진입 가능성 및 중장기 수급전망 등을 검토

3) 기술성 분석

제품의 기술수준, 품질, 성능분석, 생산시설 계획, 기술 및 기능인력 확보 등을 검토

4) 경제성(수익성) 평가

수익전망, 소요자금의 규모 및 조달가능성, 자금운용 계획, 사업의 위협요소, 성장가능성 등을 검토

4. 사업 아이템 선정

예비 사업성 분석은 후보 아이템을 비교・분석하여 아이템의 우선순위를 결정할 수 있도록 후보 아이템 상호간의 상대평가 및 후보 아이템에 대한 창업자의 적응도 분석을 통해 최적의 아이템 선택을 위한 정밀 사업타당성 분석을 하기 전 단계의 과정을 말한다.

모든 후보 아이템에 대해 개별적인 예비 사업성 분석이나 세부분석을 한다는 것은 현실적으로 많은 시간과 비용이 소요된다. 그러므로 성공할 가능성이 희박한 사업 아이템은 예비선별을 통해 과감히

> 일반적으로 사업성을 평가하는 것은 창업을 실현하기 위한 투자규모는 어느 정도가 적정한지, 기술과 제품의 신뢰성은 어느 정도이며, 계획 아이템 상품이 시장판매가 어느 정도 가능하며, 판매 후에는 계획 아이템 상품의 시장판매가 어느 정도 가능하며, 판매 후에는 제조원가, 관리비용, 판매비용 등을 제외하고 얼마 정도의 이익이 실현될 수 있는지도 검토되어야 한다.

제거하여야 하며, 남아있는 사업 아이디어를 비교 평가함으로써 사업 아이템의 우선순위를 결정한다.

일반적으로 사업성을 평가하는 것은 창업을 실현하기 위한 투자규모는 어느 정도가 적정한지, 기술과 제품의 신뢰성은 어느 정도이며, 계획 아이템 상품이 시장판매가 어느 정도 가능하며, 판매후에는 계획 아이템 상품의 시장판매가 어느 정도 가능하며, 판매후에 제조원가, 관리비용, 판매비용 등을 제외하고 얼마 정도의 이익이 실현될 수 있는지도 검토되어야 한다.

또한 상시종업원은 어느 정도 필요하며, 적정인원의 확보가 용이한지, 사업장 입지는 어디가 좋으며, 가능한 기계설비, 건축규모는 어느 정도 크기가 가능하며, 여기에는 얼마 정도의 시설자금과 운전자금이 소요되는지도 필히 분석해 보아야 할 항목이다. 뿐만 아니라, 투자에 대한 수익분석과 자금조달 운영 및 추후 상환계획 등 복잡하기 이를 데 없다.

그러나 사업성 평가에서 가장 중요한 점은 창업자의 주관을 배제함과 동시에 보편·타당하며 객관성이 확보되어야 한다는 것이다. 창업자가 사업성을 검토할 때 외부 전문가에게 의뢰하여 평가하면 이런 점이 상당히 보완되지만, 창업자 자신이 분석·평가할 때는 이런 점에 주의를 기울이지 않으면 안 된다.

후보 사업아이템 상대평가 시 검토항목은 다음 〈표 13-2〉와 같다.

〈표 13-2〉 후보 사업아이템 상대평가 시 검토 항목

주요항목	평가요소	세부 검토사항
상품성	상품의 적합성	- 창업자가 잘 아는 제품인가? - 상품이 비 필수품이거나 사치품은 아닌가? - 정부의 인·허가 등에 의한 제한이나 독점은 없는가?
시장성	시장의 규모	- 예상되는 고객의 수는 어느 정도인가? - 국내 및 해외 시장 규모는 금액으로 어느 정도인가?
	경쟁성	- 경쟁자의 세력 및 지역별 분포는 어떤가? - 경쟁제품과 비교했을 때 품질과 가격관계는 유리한가? - 판매유통이 용이하며, 물류비용이 저렴한가?
	시장의 장래성	- 잠재 고객수의 증가는 있는가? - 새로운 창업기업의 침투 가능성은 어느 정도인가? - 소비자 성향이 안정적이고, 필요성이 증가하는가?

주요항목	평가요소	세부 검토사항
수익성	제품생산 비용의 효익성	- 적정비용으로 제품을 생산할 수 없는 요인이 있는가? - 생산공정이 복잡하지 않고, 효율성은 있는가?
	적정 이윤 보장성	- 원자재 조달이 용이하고, 값은 안정적인가? - 필요한 노동력 공급이 용이하며 저렴한가? - 적정이윤이 보장되는가?
안정성	위험수준	- 경제순환 과정에서 불황 적응력은 어느 정도인가? - 기술적 진보수준은 어느 정도이며, 기술적 변화에 쉽게 대처할 수 있는가?
	자금투입 적정성	- 초기 투자액은 어느 정도이며, 자금조달이 가능한 범위인가? - 이익이 실현되는데 필요한 기간은 어느 정도이며, 그 동안 자금력은 충분한가?
	재고수준	- 원자재 조달, 유통과정상 평균재고 수준은 어느 정도이며, 재고상품의 회전기간은 어느 정도인가?

5. 사업계획서의 작성

창업을 추진함에 있어서 사업계획서는 새로운 건축물을 지을 때 없어서는 안 될 설계도면과 건축일정과 같은 창업에 관한 일종의 청사진이다. 즉 사업계획서는 추진할 구체적인 사업내용과 세부일정계획을 기록해 놓은 서류를 말한다.

사업의 타당성 검토가 끝난 단계에서 사업계획서의 작성이 중요한 이유는 아무리 훌륭한 사업 아이디어를 가지고 있다 할지라도 그 실행계획이 구체적이지 못하면 성공하기 어려울 뿐만 아니라, 이해관계자들로부터 그 사업의 중요성과 가치를 인정받지 못할 것이기 때문이다.

이는 입원한 환자가 심각한 병에 걸리거나 구체적인 진단이 끝난 상태에서 어떻게 수술하고 처방할 것인지에 대한 전문가적인 치유계획이 환자를 살리느냐 죽이느냐를 판가름하듯이 사업의 성패를 좌우하는 요인으로 될 수 있다.

따라서 비록 사업의 규모가 작고 간단한 사업이라 할지라도 구체적인 계획 없이 즉흥적으로 대처한다면 성공하기 어렵다. 그러므로 어떤 경우의 창업일지라도 사업계획서를 작성하는 것이 좋다. 그리고 사업계획서를 머리속에 작성해 놓는 것보다는 구체적인 기록으로 문서화해 두어야 한다.

제4절 벤처 기업

> 벤처기업은 다른 기업보다 상대적으로 사업의 위험성은 높으나 성공하면 높은 수익이 보장되는 기업으로 일반적으로 Venture Capital (모험자본)로부터 투자를 받은 기업을 의미한다.

벤처 기업의 정의는 학술적으로 명확히 정리된 개념은 없으며, 국가에 따라 정책대상으로 다양하게 사용되고 있다. 원래 미국에서는 다른 기업보다 상대적으로 사업의 위험성은 높으나 성공하면 높은 수익이 보장되는 기업으로 일반적으로 Venture Capital(모험자본)로부터 투자를 받은 기업을 의미하나, 다른 나라에서는 이와는 다른 개념으로 '신사업' '기술집약기업' '첨단기술기업' 등을 의미하는 것으로 사용하고 있다.[2)]

우리나라는 미국의 전통적인 개념과는 다르게 다른 기업에 비해 기술성이나 성장성이 상대적으로 높아, 정부에서 지원할 필요가 있다고 인정하는 기업으로서 "벤처기업 육성에 관한 특별조치법"의 3가지 기준 중 1가지를 만족하는 기업을 의미한다. 우리나라의 벤처 기업은 미국과 달리 '성공한 결과'로서의 기업이라기보다는 정책이라는 수단을 통해 세계적인 일류기술기업으로 육성하기 위한 '지원대상으로서의 기업'이라는 성격이 강하다.[3)]

벤처 기업 확인은 중소기업법상 중소기업 범위에 해당되면서, 벤처기업 제외대상업종을 영위하지 않은 사업자이면 신청가능하다. 벤처기업 확인신청 대상에서 제외되는 경우는 대기업, 대규모 기업집단의 계열회사, 벤처 기업 제외대상업종 영위사업자, 외국법인의 국내지사 등이 있다.

---

2) http://www.kova.or.kr
3) 우리나라에서는 벤처기업 확인요령에 의거 1998년 5월부터 전국의 11개 지방중소기업청을 통해 벤처기업확인을 해주고 있다.

예비창업자가 지녀야 할 10 가지 수칙

1. 바닥부터 시작한다는 프로의식을 가져라.
2. 고객 앞에서는 체면, 자존심을 버려라.
3. 자신의 자금능력에 맞게 시작하라.
4. 처음부터 큰 투자는 하지마라.
5. 고객과 상권을 선점하라.
6. 도입기 업종보다는 성장기에 접어든 업종이 좋다.
7. 창업 전문가를 적극 활용하라.
8. 시장변화에 대한 정보수집을 게을리 하지 마라.
9. 신문기사, 광고를 맹신하지 마라.
10. 건강에 신경써야 한다.

거품 뺀 실속창업 인기몰이 불황이 장기화되면서 창업비용을 극단적으로 줄인 실속창업 아이템이 속속 등장하고 있다.

이들 실속 창업 아이템들은 점포구입비, 인테리어비 등 창업비용 항목 중 줄일 수 있는 것은 모두 줄이고 있는 게 특징이다.

점포사업을 무점포사업으로 전환해 창업비용의 약 60%를 차지하는 점포구입비를 없애거나 배달전문으로 바꾸거나 자택근무 혹은 기존에 살고 있는 집의 일부를 개조하는 식으로 인테리어 비용을 줄이고 있다.

또 장비와 기술만 있으면 사업을 시작할 수 있는 숍인숍 형태의 창업도 소자본 창업자들에게 1,000만~2,000만 원대의 저렴한 사업기회를 제공하고 있다.

현재 벤처 기업 대상제외업종은 〈표 13-3〉과 같다.

〈표 13-3〉 벤처 기업 대상제외업종

업종분류	업　종
숙박 및 음식점업 (19개 업종)	여관업, 휴양콘도 운영업, 기타 관광숙박시설운영업, 그 외 기타 숙박시설운영업, 한식점업, 중국(일본, 서양) 음식점업, 기관 구내식당업, 기타 일반음식점업, 피자, 햄버거 및 치킨점문점, 분식 및 김밥전문점, 이동 음식점업, 그 외 기타 음식점업, 일반유흥주점업, 무도 유흥주점업, 간이주점업, 제과점업, 찻집

업종분류	업　종
부동산업 및 임대업(7개 업종)	주거용 건물 임대업, 비주거용 건물 임대업, 기타 부동산 임대업, 주거용 건물 공급업, 비주거용 건물 공급업, 기타 부동산 공급업, 부동산 중개업
오락업 및 문화업(4개 업종)	골프장 운영업, 노래방 운영업, 무도장 운영업, 도박장 운영업,
공공, 수리 및 기타 서비스업(13개 업종)	이(미)용업, 욕탕업, 마사지업, 기타 미용관련 서비스업, 가정용 세탁업, 세탁물 공급업, 장례식장 및 장의업, 묘지 및 화장업, 예식장업, 점술업, 개인간병인 및 유사서비스업, 그 외 기타 분류 안 된 모든 서비스업

우리나라의 벤처기업은 미국과 달리 '성공한 결과'로서의 기업이라기보다는 정책이라는 수단을 통해 세계적인 일류기술기업으로 육성하기 위한 '지원대상으로서의 기업'이라는 성격이 강하다.

사람들은 오래 전부터 중소기업부문의 건전한 육성이 사기업제도 발전의 근간을 이루는 것으로 믿고 있다. 중소기업들은 치열한 경쟁에서 이겨내려는 노력을 게을리 하지 않음으로써 사기업제도를 보다 효율적인 방향으로 유도하고 있다. 중소기업의 발전과 계속성을 확보하기 위해서 그동안 정부는 수많은 조치를 취해 왔다. 한편 수출주도형 경제발전의 기조 위에서 산업구조를 고도화하여 가는데 우리 경제는 여러 가지 도전에 직면하고 있다. 미국을 위시한 선진국의 신보호주의의 대두와 우리 산업의 체질약화현상이 그것이다. 이러한 도전을 극복하는데 있어서 중소기업의 역할은 그 어느 때보다 중요시되고 있다. 국민경제의 생산성과 국제경쟁력을 높이기 위해 중소기업과 대기업은 유기적 분업체계와 계열화를 구축하는 한편, 중소기업간의 협동화 추진, 고용확대의 돌파구로서 중소기업에 대한 혁신적 재정금융정책, 중소기업에 대한 창업지원 등이 우리나라 경제의 지속적인 발전의 관건이 되고 있다.

중소기업에 대한 기준을 정하는 데는 매출액, 종업원 수, 자산규모, 자기자본, 시장점유율 및 경쟁기업과의 관계 등이 이용된다.

중소기업은 어느 경제에 있어서나 중요성이 간과되어서는 안 된다. 정부의 통계에 의하면 모든 비농업부문 기업의 98% 이상이 중소기업에 속하며, 생산액 및 부가가치 면에서는 각각 42.3% 및 45.0%를 점하고 있는 실정이다. 이러한 통계결과로부터 현대의 경영에 있어서 중소기업이 차지하고 있는 비중이 얼마나 큰지를 알 수 있다. 그들이 소비자들에게 제공하는 수많은 상품 및 서비스는 차치하고라도 중소기업들은 대기업들이 효율적으로 기능할 수 있도록 직·간접적으로 도움을 주고 있다. 대기업들에게 원자재 및 부품을 공급하는 공급자들은 대개 중소기업들로서 그들은 경쟁자들보다 더 좋은 제품과 서비스를 공급하려고 노력하고 있다.

제 5 절 중소기업

중소기업에 대한 기준도 여러 가지 측면에서 다른 사업체와의 비교에 의해서 정해진다. 그러한 기준을 정하는 데는 매출액, 종업원 수, 자산규모, 자기자본, 시장점유율 및 경쟁기업과의 관계 등이 이용된다. 따라서 중소기업을 정의하는 방법은 수없이 많다고 할 수 있다.

우리나라에서는 원칙적으로 상시 종업원 수를 기준으로 중소기업자의 범위를 책정하고 있다. 중소기업 기본법 제2조 제1항에 따르면 공업·기타 제조업·광업·운송업의 경우는 300명 이하, 건설업의 경우는 200명 이하, 그리고 상업 및 기타 서비스업의 경우는 20명 이하인 경우에 중소기업으로 분류되고 있다. 그러나 동법 제 2 조 제 1 항 단서규정 및 시행령 제 2 조에서는 노동집약도와 자본집중도가 큰 업종에 대해서는 중소기업자의 범위책정에 관하여 별도의 기준을 설정하고 있다. 즉 노동집약도가 큰 업종의 경우는 상시 종업원 수 1,000명 이내에서 업종별로 11단계로 구분하고 있으며, 자본집약도가 큰 업종에서는 자산총액 600억 원 이내에서 업종별로 8단계로 세분하고 있다. 여기에서 비록 노동집약도에 따른 범위조정에 의한 중소기업자라도 특정 업종별 자산총액이 규모기준을 초과하는 경우에는 중소기업의 분류에서 제외하고 있다.

공업·기타 제조업·광업·운송업의 경우는 300명 이하, 건설업의 경우는 200명 이하, 그리고 상업 및 기타 서비스업의 경우는 20명 이하인 경우에 중소기업으로 분류되고 있다.

한편 미연방 중소기업 담당국(Small Business Administration)에 따르면 "중소기업이란 자기사업 분야에서 지배적이지 않고 독립적으로 소유되고 운영될 뿐 아니라 여러 가지 정해진 기준에 드는 사업체"를 말한다. 이러한 기준은 매우 다양해서 대출시에만 적용되는 기준이 따로 있고 구매분야와 관련해서 적용되는 기준이 따로 있어 각양각

색이라고 할 수 있다. 한편 중소기업육성을 위한 백악관 회의에서는 종업원 수에 따라 중소기업을 네 가지 등급으로 구분하였는데, A등급은 0~9명, B등급은 10~49명, C등급은 50~249명, D등급은 250~400명의 종업원을 가진 사업체이다.

중소기업은 혁신적 경영, 저렴한 원가, 그리고 소외된 틈새시장(market niche)의 확보 등에서 대기업에 비해 상대적인 이점을 갖고 있다.

중소기업에 대한 정의 중에서 가장 타당성이 있는 것은 미연방 경제개발위원회(Committee for Economic Development)에 의해 제시된 것으로서, 이 정의에 따라 한 기업이 중소기업으로 분류되려면 다음의 요건 중 적어도 두 가지 이상의 특징을 가져야 한다. 자격요건들을 살펴보면 ① 회사를 소유한 경영자의 독립적 경영, ② 소수(대개 한 명)에 의한 출자, ③ 사업체의 인근지역을 대상으로 영업하는 경우, 그리고 ④ 해당 산업에 비하여 규모가 아주 작은 경우 등이다. 이상을 정리해 보면 중소기업들은 일반적인 특징으로서 ① 독립적 소유, ② 독립적 운영 및 경영, ③ 해당 산업내에서 극히 작은 비중, ④ 400명 이하의 종업원, 그리고 ⑤ 제한된 자본원천 등을 나타내고 있다.

제 6 절 중소기업의 장단점

1. 중소기업의 장점

중소기업은 단순히 대기업의 축소판이 아니다. 법적 조직, 시장, 관리능력, 경영 스타일 및 조직과 재무자원 등 모든 면에서 대기업과는 판이하게 달라 오히려 그러한 점 때문에 상대적인 이점을 갖고 있다. 혁신적 경영, 저렴한 원가, 그리고 소외된 틈새시장(market niche)의 확보 등은 그 중에서도 가장 중요한 것들이다.

1) 혁신적 경영

기업경영에 있어서 먼저 새로운 개념 등을 도입하여 혁신(innovation)을 꾀하거나 신제품을 시장에 내놓는 것은 대개 중소기업인 경우가 많다. 미국의 제넨테크(Genentech), 페더럴 익스프레스(Federal Express) 및 애플 컴퓨터(Apple Computer)는 최근에 성공한 사례들이다. 실제로 소규모 첨단기술회사의 창업은 국내외적으로 최근 들어 엄청나게 증가하였다.

중소기업의 능력발휘는 비단 과학기술면에서의 혁신에 그치지 않는다. 대규모 시리얼 제조업체인 켈로그(Kellogg)와 제너럴 푸드(General Foods)와의 경쟁 속에서 유에스 밀스(U. S. Mills)는 스키너스(Skinners)라는 상표의 새로운 건포도 브랜 시리얼을 팔기 위해 그들의 탁월한 마케팅 능력을 발휘하였다. 단독기업인 유에스 밀스는 경쟁업체에 비해 훨씬 소규모이며 상품광고에 막대한 돈을 쓸 여력이 없었다. 그 대신 슈퍼마켓과의 긴밀한 유대를 바탕으로 신제품인 건포도 브랜(1926년에 처음 출하)을 판매하였다. 유에스 밀스는 소매상들에게 아주 싼 가격으로 제품을 공급함으로써 3%밖에 안 되는 시장점유율을 높이려고 하였다.

대기업이 수행하기에는 시장의 규모가 비교적 작은 틈새시장(isolated market niches)을 확보하는 데는 중소기업이 상대적으로 유리한 입장에 서게 된다.

2) 저렴한 원가

중소기업은 대기업보다 훨씬 저렴하게 상품이나 서비스를 생산하여 소비자들에게 공급할 수 있다. 그들은 보통 큰 회사에 비하여 상품이나 서비스의 생산과는 직접적인 관련이 없는 간접비용(overhead costs)이 아주 적다. 결과적으로 중소기업들은 대기업이 제시하는 것보다 훨씬 싼 가격을 받고도 여전히 이익을 낼 수 있을 것이다.

중소기업에는 관리부서와 지원부서의 인력이 많지 않기 때문에 조직이 결코 비대하지 않다. 상시관리직 인원이 적은 결과로 간접비용이 많이 들지 않는 것은 중소기업이 지니고 있는 이점 중의 으뜸으로 꼽힌다. 중소기업들은 변호사나 공인회계사 등의 전문가들을 상임으로 고용하지 않고 그들의 조력이 필요할 때에만 임시로 고용하는 경향이 있다. 따라서 통상 성장기업은 대개 라인(경영) 인력보다 스태프 인력을 보다 신속히 보충시킨다. 대기업들은 그러한 전문인력을 대개 상임으로 고용하고 있다.

중소기업에는 또한 무보수 노동인력이 상당수 있게 마련이다. 기업가 스스로 시간외 근무를 하지만 누구도 그가 연장근무 혹은 휴일근무를 한다고 해서 임금을 지불해 주지 않는다. 더욱이 기업주의 가족들까지도 장부계원, 현장근로자, 안내원, 배달인력 등으로 봉사하지만 대개 무보수 봉사에 그치게 마련이다.

3) 틈새시장의 확보

대기업은 규모가 너무 크기 때문에 어떤 종류의 사업활동을 하기에는 곤란한 경우가 있다. 기업이 시장에서 경쟁력을 확보하려면 최소한의 매출목표는 달성되어야 하는데 대기업의 경우 간접비용이 많이 발생하기 때문에 그 목표는 중소기업에 비하여 훨씬 높게 마련이다. 따라서 대기업이 수행하기에는 시장의 규모가 비교적 작은 틈새시장(isolated market niches)을 확보하는 데는 중소기업이 상대적으로 유리한 입장에 서게 된다. 예를 들어 대규모 출판사들은 간접비용을 고려하여 최소한의 판매부수를 정하고 있다. 어떤 책의 경우 적어도 7,000부 이상을 판매하지 못하면 편집, 제본 및 인쇄비용은 회수될 수 없을 것이다. 상황이 이렇기 때문에 간접비용이 낮은 소규모 출판업자들에게 기회가 더 많게 된다. 또한 어떤 종류의 사업은 본래 중소기업에게 훨씬 더 유리하다. 대부분의 서비스 사업이 그 대표적인 예이다. 끝으로 경제적 및 조직적 요인들을 통해 살펴보면 각 산업이 본래 중소기업들로 구성되어 있음을 나타내고 있다.

2. 중소기업의 단점

중소기업은 앞에서 열거한 장점과 동시에 허술한 경영, 부족한 자본 그리고 정부규제 등 여러 가지 단점도 가지고 있다.

중소기업은 앞에서 열거한 장점과 동시에 여러 가지 단점도 가지고 있는데, 허술한 경영, 부족한 자본 그리고 정부규제 등이 이에 포함된다. 이러한 문제점들은 종종 극복될 수 있지만 소규모 사업을 시작하려는 사람이면 누구나 심각하게 고려하여 대처하여야 할 것이다.

1) 허술한 경영

매년 수많은 중소기업들이 창업되지만 그 중에서 30%는 당해 년도에, 그리고 반가량은 2년 내에 실패하고 있다. 매 15개의 신규사업체 중 10개 가량이 자발적으로 혹은 자금부족의 이유로 문을 닫는다. 사업실패의 대부분은 허술한 경영(poor management)에서 그 원인을 찾을 수 있다. 즉 사업을 시작하는 대부분의 사람들은 경영자로서의 자질이 아직 충분히 갖추어지지 않은 상태에 있다고 하겠다.

사실 허술한 경영이라는 말 자체는 애매하기 때문에 주로 중소기업에 두드러진 경영상의 결점을 살펴보는 것이 중요하리라 본다. 사람들은 대체로 사업체를 경영하는데 필요한 훈련이나 교육을 별로 받지 않은 상태에서 무모하게 사업을 벌인다. 그들은 제품이나 서비스에 대한 좋은 아이디어만 가지고 있으면 경영기술은 사업을 해나가면서 차츰 배울 수 있는 것으로 믿는 듯 하다. 그러나 이러한 식으로 사업을 시작하면 결과는 불을 보듯이 뻔하여 파산으로 귀착된다. 따라서 사업을 시작하려면 세심한 주의를 기울여야 하는데, 사업가가 되려면 모험을 시작하기 전에 먼저 경영에 관한 기본원리를 잘 터득해야 한다.

또 다른 사업실패의 원인으로서 소규모 사업가들이 때때로 너무 낙관적인 견해에만 집착하는 것을 들 수 있다. 그들은 사업계획과 성공 가능성에 대해서 지나치게 낙관적이기 십상이나 이에는 세심한 주의가 필요하다.

사업실패는 무엇보다도 사업을 하려는 사람이 사전에 충분한 준비를 게을리 하는데 가장 큰 원인이 있다. 그들은 소비자들이 자신들의 제품 및 서비스를 경쟁상대보다 훨씬 낫게 보아 줄 것으로 믿고 싶어하지만, 이것의 사실여부는 엄밀하게 검증되어야 한다. 물론 검증은 시장조사를 통하여 이루어져야 하나 개발 중인 상품이나 서비스의 시장은 사실 아직 존재하지 않는다. 따라서 이러한 검증은 이미 출판된 자료 및 조사 결과, 심층면담, 과학적 분석 및 관찰 또는 기타 여러 가지의 연구기법을 사용하여 이루어질 수 있다.

2) 부족한 자금

중소기업경영상의 여러 문제점은 주로 자금부족(inadequate financing)

때문에 발생한다. 대부분의 사업은 자금이 충분하지 않은 상태에서 시작되며 얼마 되지 않아 자금부족에 직면한다. 그들은 종종 어려운 상황을 극복하기 위하여, 또는 사업확장의 경제적 타당성이 매우 높다고 판단될지라도 이에 충당할 재원이 부족하다.

중소기업경영상의 여러 문제점은 주로 자금부족(inadequate financing) 때문에 발생한다. 대부분의 사업은 자금이 충분하지 않은 상태에서 시작되며 얼마 되지 않아 자금부족에 직면한다.

미국의 경우 일반적으로 중소기업의 경우 자금의 60% 가량이 기업가의 개인적 재원으로 충당된다. 평균 9% 가량이 친구들이나 친인척에 의해 조달되며, 은행, 개인 투자자, 중소기업담당국 또한 자금의 원천이 된다. 그러나 금융기관에서는 중소기업체의 높은 실패율 때문에 대출을 기피하는 경향이 높고, 대출을 해주는 경우라도 이를 정당화시키기 위한 여러 가지 세부적인 요건을 요구하고 있다.

미국정부가 수행한 중소기업의 자금조달에 관한 연구에서 나타난 결과에 의하면 은행이 중소기업의 대출신청을 기각하는 가장 큰 이유로 부족한 자기자본을 꼽는다. 그 다음으로 꼽는 이유는 담보의 부족이었다.

모험자본가(venture capitalists)는 유망한 신규사업에 투자하고자 하는 기업체나 또는 일반투자자들의 단체를 일컫는다.

모험자본가(venture capitalists)는 유망한 신규사업에 투자하고자 하는 기업체나 또는 일반투자자들의 단체를 일컫는다. 그들은 기업에 돈을 빌려주기도 하고, 때로는 창업회사나 자금곤란을 겪는 회사의 공동소유주가 되기도 한다. 모험자본(venture capital)은 기업자금의 중요 원천이 되어 왔으며 특히 혁신적인 상품이나 서비스를 생산하는 신규사업의 경우에는 그 비중이 더욱 높게 나타난다.

정부는 주로 기업은행 등과 같은 특수은행을 통해 중소규모 사업체에게 여러 종류의 정책자금을 제공하고 있다. 이러한 대출자금은 주로 사업체의 건설・전환・확장, 설비・시설・기계・원자재・사무용품 등의 구입, 또는 운영자금으로 쓰인다.

3) 정부의 과도한 규제

중소기업가들은 정부의 지나친 규제 및 관료주의에 대해 불평을 많이 한다. 매년 소규모 사업을 시작하기 위한 각종 서류를 구비하는데 드는 비용을 추산해 보면 엄청날 것이다. 더욱이 대부분의 중소기업체에는 관공서가 요구하는 각종 서류작성능력이 갖추어 있지 않다.

충분한 인력을 확보하고 있는 대기업의 경우는 각종 서류와 보고서 등의 작성을 자체에서 처리할 수 있으나 중소기업가들은 그러한 일을 자체에서 하려면 추가인력을 고용해야 한다. 여러 전문가들은 정부가 기업에 대해 불필요하게 각종서류를 요구하는 것은 국가적 낭비이자 특히 중소기업들에게 큰 부담을 안겨주기 때문에 이를 대폭 줄이는 노력이 긴요하다고 주장하고 있다.

이스라엘 청년 10명 중 7명 "창업성공 자신"

창조경제 선진국인 이스라엘 청년들은 한국 젊은이들에 비해 창업에 대한 자신감이 높고 실패에 대한 두려움이 덜한 것으로 나타났다.

이는 이스라엘 현지에서 국가공인 경영·경제 이해력 인증시험인 '매경TEST'의 영어 버전 'MK-TEST인터내셔널'을 치른 응시자 100여 명을 대상으로 실시한 설문조사에서 드러났다. MK-TEST인터내셔널은 현지 최고 명문대학인 히브리대에서 재학생과 창업·취업 준비생 등 100여 명을 대상으로 지난 5월 26일과 6월 27일 두 차례에 걸쳐 시험을 치렀다. 아울러 국내 우송대 솔브릿지 국제경영대학(Solbridge International School of Business)에 재학 중인 외국인 유학생 50여 명도 지난달 12일 'MK-TEST인터내셔널'에 응시한 뒤 설문에 응했다.

이스라엘 청년들은 설문 응답을 통해 같은 또래 한국인과는 다른 의식을 보여줬다. 응시자들을 대상으로 경제·창업 등에 대한 의식을 조사한 결과 이스라엘 청년들은 특히 창업에 진취적인 모습을 보였다.

'본인이 창업을 한다면 성공 가능성은'이라는 질문에 이스라엘 응시자 중 23.1%는 '매우 높다', 50.0%는 '높다'고 답했다. 10명 중 7명이 창업에 상당한 자신감을 드러낸 것이다. '매우 낮다'는 응답은 없었고 '보통이다'는 26.9%였다.

이에 비해 한국 청년들은 상대적으로 창업에 비관적이었다. 한국직업능력개발원이 2013년 국내에서 실시한 '청년 창업지원정책 프로그램' 참여자 501명을 대상으로 같은 문항을 설문조사한 결과에 따르면 '매우 높다'는 4.8%, '높다'는 20.2%에 그쳤다. 반면 '낮다'는 25.0%, '매우 낮다'는 6.8%였다. 한국 청년들은 창업 성공보다는 실패 가능성이 높다고 답해 이스라엘과는 극명한 대조를 이뤘다.

중국·동남아·중앙아시아 등 주로 아시아 지역 외국인 유학생이 많은 솔브리지 응답자들도 창업 성공 가능성에 대해 한국보다 높은 자신감을 보였다. '매우 높다'가 21.9%, '높다'는 40.6%를 기록했다.

한국 청년들은 '실패 후 재기의 어려움' 때문에 창업에 적극적이지 않았다.

'창업을 주저하는 가장 큰 이유'를 묻는 질문에 한국 응답자 중 가장 많은 25.6%가 이같이 답했다. 이에 비해 이스라엘 청년들은 11.5%만 '실패 후 재기의 어려움'을 지적했고, 절반이 넘는 57.7%는 '초기 자본 조달의 어려움'을 꼽았다. 이는 실패를 소중한 경험이라고 여기는 이스라엘 문화가 반영됐기 때문으로 해석된다. 이와 관련해 창업 후 성공적으로 안착한 이스라엘 기업 '파이버'의 리론 스맛자 마케팅 매니저는 "이스라엘 창업가들은 위험을 감수(Take risks)해야 더 큰 보상을 받을 수 있다고 생각한다"며 "창업가에게 초기 실패는 향후 성공을 위한 큰 자산이 된다"고 말했다.

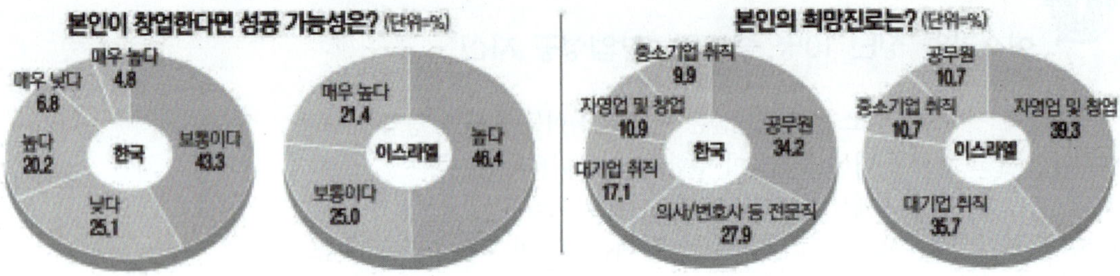

이 같은 차이 때문에 양국 청년들이 바라는 미래 진로도 크게 엇갈렸다. 이번 MK-TEST 설문과 한국경제연구원이 2013년 국내 19세 이상 남녀 2000명을 대상으로 실시한 설문 결과를 비교해보니 한국 청년들은 안정적인 '공무원'(34.2%)과 '의사 · 변호사 등 전문직'(27.9%)을 선호했다. 반면 이스라엘 청년들은 '자영업 · 창업'(40.7%)을 가장 많이 선호했다. '기업 이윤을 누구에게 최우선적으로 배분해야 하는가'라는 질문에 대한 응답도 극명하게 갈렸다. 한국 청년들은 '종업원'(45.4%) '소비자'(33.4%)를 우선시했지만 이스라엘은 '경영자'(57.1%) '주주'(39.3%)가 훨씬 많았다. 이스라엘 청년들이 자본주의 근본 원칙을 더 잘 따르는 것으로 해석된다. 또 '기업이 우선순위에 두어야 할 일은'이라는 질문에 한국 청년들은 '일자리 창출'(28.3%)을 가장 많이 꼽았지만 이스라엘은 '기술개발'(37.8%)이라는 응답이 많았다.

한국 청년들은 '정부의 최우선적 국정 운영 방향은'이라는 질문에도 '일자리 창출'(33.2%)을 가장 많이 선택했다. 반면 이스라엘은 '중소기업 지원'(40.7%)이라고 답해 대조적이었다. 안병근 한국경제교육학회 부회장(공주교육대 사회교육학과 교수)은 이번 결과에 대해 "양국 청년들의 경제 의식 차이는 기업과 정부 역할, 그리고 취업 성향에서 두드러지게 나타나고 있다"면서 "이는 이스라엘이 한국보다 기업의 성장을 중시하고 있다는 것을 의미한다. 전반적으로 이스라엘은 친(親)기업적이며 진취적인 모습을 보이고 있다"고 평가했다.

(매일경제, 2015년 7월 8일)

주요용어

개인기업의 창업
모집설립
발기설립
발기인
법인설립등기
법인전환
벤처 기업
사업계획서의 작성
사업승계
사업자등록
사업타당성 검토
상대적 기재사항
상업등기 절차
이사 및 감사
임의적 기재사항
자금부족(inadequate financing)
절대적 기재사항
정관
조직변경
주식회사의 창업
중소기업
중소기업창업지원법
창립총회
창업인정
창업절차
틈새시장(market niche)
허술한 경영(poor management)
Venture Capital(모험자본)

개념확인

1. 창업으로 인정되는 경우와 인정되지 않는 경우에 대하여 설명해 보자.
2. 개인기업과 주식회사의 창업절차에 대하여 설명해 보자.
3. 사업타당성 분석에 대하여 설명해 보자.
4. 사업타당성 평가 요소에 대하여 설명해 보자.
5. 사업 아이템 선정에 대하여 설명해 보자.
6. 벤처기업의 대상제외업종에 대하여 설명해 보자.
7. 중소기업의 장단점에 대하여 설명해 보자.

찾아보기

ㅇ

ㅈ

ㅊ

ㅋ

ㅌ

ㅍ

ㅎ

저자약력

장경천(張慶天)

[학력 및 경력]
서울대학교 경영학과 졸업(경영학사)
서울대학교 대학원 경영학과 졸업(경영학 석사)
University of Massachusetts 경영학 박사
University of Massachusetts 경영대학 조교수
재정경제부 금융발전심의회 위원 역임
정보통신부 체신금융 발전위원회 위원 역임
서울시 투자기관 경영평가위원 역임
중앙대학교 경영경제대학 교수
중앙대학교 산업경영연구소 소장
전자거래진흥원 e-Trust 심사위원
한국능률협회 인터넷 대상 심사위원

[저서 및 논문]
「증권투자 입문」, 삼영사, 1997
「금융선물 개론」, 중앙대학교 출판부, 1997
「인터넷을 이용한 증권투자의 이해」, 삼영사, 1999
「사이버주식.com」, 북마크, 2000
Tax-Loss Trading, Is the Game Over or Have the Rules Changed?
效率的市場에서의 證券分析技法과 最適投資決定
裁定價格 決定 模型에 의한 企業의 規模效果에 관한 研究
株價收益率과 普通株 投資成果에 관한 研究
金融先物 및 옵션去來의 導入方案
우리나라 時價發行制度의 定着方案
株價指數先物의 國內 導入에 따른 去來對象指數 開發에 관한 研究
韓國證券市場에서 株價指數先物의 헷징 效果에 관한 疑態分析
Low Price Stocks and the January Effect
우리나라 外換市場에서의 週中效果의 存在與否에 대한 實證的 分析
韓國證券市場의 株價過剩反應에 관한 研究
Chaos 이론을 이용한 증권시장 특성에 관한 연구
그외 논문 다수

황선웅(黃善雄)

[학력 및 경력]
서울대학교 외교학과 졸업(정치학사)
동아일보 기자 역임
Indiana University 경영대학원 졸업(M.B.A.)
New York University, Stern School of Business(Ph.D.)
Boston College 재무학과 조교수
Fulbright Senior Research Fellow(New York University)
공인회계사시험 출제위원 역임
한국증권학회 회장 역임
중앙대학교 사회과학대학 학장 역임
현, 중앙대학교 경영경제대학 교수
재정경제부 금융발전심의회 증권분과위원회 위원장
산업자원부 기술표준원 증권전문위원회 위원장
한국금융학회 부회장

[저서 및 논문]
「현대기업경영원론」(공저, 영지문화사, 1994)
「금융기관론」(공저, 문영사, 1999, 2002)
「재무관리」(문영사, 2001)
「기업이 실패하는 5가지 이유」(시그마인사이트, 2001)
「증권투자론」(문영사, 1999, 2002)
자본자산포트폴리오의 효율성에 대한 다변량 검증
효율적시장가설과 변태적 월중효과에 관한 연구
위탁증거금의 변경이 주가변동률 및 주가의 잠정적 구성부분에 미치는 영향에 대한 실증적 고찰
한국주식시장에서의 주가지수 선택에 따른 기업규모효과의 실증결과 비교분석
지수수익률의 선택과 초과수익률 추정치의 편의
한국주식시장에서의 주가과잉반응가설에 관한 종합적 실증분석
기간별 구성정보에 의거한 포트폴리오 투자성과 측정모형의 이론적 도출
그외 논문 다수

정헌용(鄭憲龍)

[학력 및 경력]
중앙대학교 및 동 대학원 졸업(경영학박사)
대신증권 근무
대신경제연구소 근무
국회사무처 근무
필리핀 Holy Angel University, visiting professor
중국 대외경제무역대학, visiting professor
파생상품투자상담사 등 자격시험 출제위원 역임
AP(미국 선물거래중개사)
FRM(국제재무위험관리사)
공공기관 경영평가위원 역임
남서울대학교 대외협력처장 역임
현, 남서울대학교 경영학과 교수, 대학원장

[저서 및 논문]
「금융선물옵션」, 형설출판사, 1998
「증권투자」, 삼영사, 1999
「자산관리와 재테크」, 형설출판사, 2009
「재무관리」, 탑북스, 2010
「파생금융상품론」, 탑북스, 2012
The motivations and the disclosure effects of parent-subsidiary mergers in Korea
합병의 동기와 공시효과
Spillover effects in different time zones: Evidence from China, Korea and USA
A comparison of volatility models in the Korean stock market
Comovements between Asian equity markets
환율변동이 경상남도와 충청남도의 무역수지에 미치는 영향의 비교
그 외 논문 다수

21세기 경영학의 이해 [제2판]

2012년 8월 30일 1판 1쇄 발행
2017년 2월 10일 2판 1쇄 발행
2018년 3월 10일 2판 2쇄 발행

저 자 장 경 천 · 황 선 웅 · 정 헌 용
발행인 김 광 식
조 판 아 람 기 획

07285
발행처 서울특별시 영등포구 선유로3길 10, 617호
도서출판 **탑 북 스**
등 록 2009.12.21 제 2016-000101 호
전 화 02)365-2223 팩스 02)365-2224

정가 27,000 원
ISBN 979-11-87343-14-1-93320